普通高等教育"十一五"国家级规划教材

现代教育论（黄　济　王策三主编）　　教育学概论（石中英著）
中学教育学（班　华主编）　　　　　教育社会学（吴康宁主编）
教育经济学（靳希斌编著）　　　　　教育经济学新编（范先佐著）
教育人类学教程（冯增俊主编）　　　教育法学（尹　力主编）
学校管理学（萧宗六主编）　　　　　教育政策研究基础（陈学飞主编）
多元文化教育导论（郑新蓉主编）　　学校健康教育概论（王建平等主编）
现代课程与教学论（黄甫全主编）　　现代教学论基础（裴娣娜主编）
现代教学论（李　森主编）　　　　　教与学的策略（张大均主编）
教学艺术论（李如密著）　　　　　　小学数学教学论（马云鹏主编）
中国教育史纲（王凌皓主编）　　　　中国现代教育史（李剑萍著）
中国学校教材史（吴洪成主编）　　　外国幼儿教育史（杨汉麟著）
比较学前教育（周　采主编）　　　　心理学导论（黄希庭著）
教育心理学（冯忠良等著）　　　　　教育心理学（张大均主编）
智育心理学（皮连生著）　　　　　　社会心理学（章志光主编）
发展心理学（林崇德主编）　　　　　儿童心理学（朱智贤著）
幼儿心理学（李　红主编）　　　　　人际关系心理学（郑全全　俞国良著）
人力资源管理心理学（朱永新主编）　心理与教育测量（郑日昌主编）
学校心理咨询（郑日昌　陈永胜主编）现代汉语教程（周建设主编）
中国现代文学史（孔范今主编）　　　中国当代文学史（孔范今主编）
数学思维方法（王宪昌主编）　　　　自然科学导论（李春杰主编）
管理沟通（赵慧军主编）　　　　　　石版画研究（李晓林等著）
光与空间设计（常志刚著）　　　　　外部空间环境设计（王　铁著）
丝网版画的语言探索（张桂林等著）　文字空间到视觉空间设计（王　铁著）

本书荣获
教育部第二届人文社会科学研究成果奖一等奖
第四届吴玉章奖优秀奖

普通高等教育"十一五"国家级规划教材
全国高等师范院校教育学专业通用教材

现代教育论

第三版

黄　济　王策三　主　编
石中英　王本陆　副主编

人民教育出版社
·北京·

图书在版编目（CIP）数据

现代教育论/黄济，王策三主编. —3 版. —北京：人民教育出版社，2014.6(2018.3 重印)
普通高等教育"十一五"国家级规划教材
ISBN 978-7-107-24301-1

Ⅰ.①现… Ⅱ.①黄…②王… Ⅲ.①现代教育—高等学校—教材 Ⅳ.①G40-06

中国版本图书馆 CIP 数据核字（2012）第 025285 号

现代教育论　第三版

出版发行		人民教育出版社
		（北京市海淀区中关村南大街 17 号院 1 号楼　邮编：100081）
网	址	http://www.pep.com.cn
经	销	全国新华书店
印	刷	人民教育出版社印刷厂
版	次	2012 年 3 月第 3 版
印	次	2018 年 3 月第 7 次印刷
开	本	787 毫米×1 092 毫米　1/16
印	张	32
字	数	480 千字
印	数	20 001～26 000 册
定	价	37.30 元

版权所有·未经许可不得采用任何方式擅自复制或使用本产品任何部分·违者必究
如发现内容质量问题、印装质量问题，请与本社联系。电话：400-810-5788

第三版出版说明

《现代教育论》原是北京师范大学教育基本理论国家重点学科项目的重要成果，主要供全国高等师范院校教育相关专业本科生、研究生和教育管理干部学习使用。

本书自1996年出版以来，受到广大师生的好评，曾荣获教育部第二届人文社会科学研究成果奖一等奖、第四届吴玉章奖优秀奖。经多次印刷并修订再版，已累计发行近十万册。2003年，它被教育部研究生工作办公室推荐为全国唯一的一部研究生教育学教学用书；翌年，本书经过修订，印行第二版；2006年，教育部组织专家评审，本书被评定为普通高等教育"十一五"国家级规划教材。

根据国家教育改革有关精神和教育部关于高校教材改革要求，作者对第二版内容进行了修订完善，并更新了部分资料，力图反映教育发展与变革的时代特征与新的需求。欢迎专家、学者和广大师生继续提出宝贵意见和建议，以使本书日臻完善。

人民教育出版社
教师教育课程教材研究开发中心
2012年2月

第二版前言

本书被教育部指定为高校教育专业研究生的教材。根据教材要在一定年限里及时修订的要求，我们修正了本书的缺点错误，以新的科学研究成果充实、提高。

本书写成于1994年，正式出版于1996年，距今近十年。近十年来，教育实践和教育科学有新的发展；我们主观认识也有所提高。回过头来审视，书中对一些问题的观察、分析和论述，的确有诸多的不足。有的是当时认识所限；有的则是后来的发展出现了新的情况，提供了新的材料。

尽管近十年来教育理论和实践发生不少变化，本书所论述的基本原理、主要论点和内容，我们认为大体上还是正确的，这是教育基本理论的性质所决定的。教育基本理论具有继承性和相对稳定性，是全人类长期教育实践和教育科学研究共同创造、积累的文明成果，是关于教育发展的基本的历史联系的理论，不同于一家一派的学说，不同于应用的、技术的、实践的学科，它不追随一时、一地、某些偶然的事变，不纠缠于个别枝节或争执。因此，我们对本书主要进行局部的修订，改正明显的错误，修改个别的提法，补充少许新材料……

本书的基本论点是："现代教育就是朝着与生产劳动相结合、培养全面发展个人这个道路前进的教育。""教育与生产劳动相结合已逐步发展成为教育与社会经济、政治乃至整个社会生活相结合。""现代教育的开放性逐渐凸显的重要表现，就是大教育观的诞生。"社会学习化、终身教育。"一个多世纪以来，在世界范围内，教育的发展和变革，当然发生很多的前所未有的变化，但总体上是沿着这条路线进行的。"

本书出版后近十年来，现代教育研究的进展，一个重要表现，就是1996年发表的国际21世纪教育委员会向联合国教科文组织提交的报告《教育——

财富蕴藏其中》①。各师范院校在教学中紧密结合这个报告，创造性地使用本书。

最引人注目的是这个报告提出"教育的四个支柱"的论点。它认为，在新的21世纪，"教育应围绕四种基本学习加以安排；可以说，这四种学习将是每个人一生中的知识支柱：学会求知，即获取理解的手段；学会做事，以便能够对自己所处的环境产生影响；学会共处，以便与他人一道参加人的所有活动并在这些活动中进行合作；最后是学会做人，这是前三种学习成果的主要表现形式。""这四种获取知识的途径是一个整体。"

这四个支柱与社会学习化、终身教育紧密联系。国际21世纪教育委员会"把与生命有共同外延并已扩展到社会各个方面的这种连续性教育称之为终身教育"。教育包括从童年到生命终止的所有活动，而所有活动都是与四种基本学习结合的，都是为了每个人能生动地了解世界、了解他人和了解自己。

这四个支柱的终极目的或主要成果，就是使每个人全面发展。报告说："委员会从它举行的第一次会议开始就坚决地重申了一个基本原则：教育应当促进每个人的全面发展，即身心、智力、敏感性、审美意识、个人责任感、精神价值等方面的发展。""扩大了的教育新概念应该使每一个人都能发现、发挥和加强自己的创造潜力，也应有助于挖掘出隐藏在我们每个人身上的财富。"

以上这些新的论点和新鲜材料，丰富和深化了我们对现代教育概念的理解。

国际21世纪教育委员会向联合国教科文组织提交的这个报告，还特别关注教育改革，提出"调整改革战略"的问题。它强调"要采用长远的战略和方法来设计教育改革"。它着重指出，"过多的连续不断的改革势必扼杀改革，因为这样做不能给现有制度留有吸收新思想和使所有有关方面都能参与改革过程的必要时间。此外，正如过去的失败所表明的，许多改革者采用的是一种过于激进的或过于理论化的方法，他们无视从经验中吸收有益的东西，或

---

① 国际21世纪教育委员会著，联合国教科文组织总部中文科译：《教育——财富蕴藏其中》(书名原文是 Learning：The Treasure Within)，教育科学出版社1996.年版。

否定过去的成绩。因此，教师、家长和学生都受到干扰，不大愿意接受和进行改革。""不断进行的互相矛盾的改革尝试，似乎更加强了许多国家教育系统的保守主义。"

我们认为，"现代教育的基本特征之一，就是不断变革逐渐成为它的本性和存在形式。"同时也指出，"因适应变革趋势重视变革是对的；如果陷入变革主义则是错误的。"上段所引《教育——财富蕴藏其中》关于教育改革的论述，可以说是总结了20世末期二三十年国际范围教育改革的经验教训，帮助我们认识更加全面，在积极热情投入的同时，保持冷静、清醒的头脑。

这个报告还突出讨论了教育如何应对信息社会的来临的问题。它指出，"信息社会的出现是20世纪末的、对未来将有重大影响的事件之一。""这些新技术正在我们眼前引起一场真正的革命。""它要求对在未来世界里如何获取知识的问题进行全面探讨。""它将使人们在越来越短的时间内传输永远是越来越多的信息。""由此，教师和学校丧失了很大一部分属于他们的教育经验优势，必须面对新的任务：把学校办成更能吸引学生的场所，并向他们提供真正理解信息社会的钥匙。""教育系统应能培养所有学生驾驭和掌握这些技术。""大中学生被这些新的工具武装起来之后，就成了研究人员。教师教学生评估和实际管理提供给他们的信息。这种方法比传统的传授知识的方法更加接近实际生活。一种新的伙伴关系正在课堂里出现。""新技术的发展大大改变了教师的作用，也为他们提供了一个机会。他们应当抓住这个机会。""应向教师们宣传这些新技术给认识过程带来深刻的变化。对他们来说，已不再只是教学生学习的问题了，而且还要教学生寻找信息，使这些信息互相联系起来，并且以批判的精神对待这些信息。"这个国际报告同时也提醒："只靠技术是无法奇迹般地解决教育系统面临的困难的。尤其应把技术与传统的教育形式结合起来加以使用，而不应将其看作是一种取代传统形式的独立的手段。""信息技术的发展及其网络的扩大既便利了与他人的交流，有时是在世界范围的交流，又增加了自我封闭和离群索居的趋势。……人们对这样一种变化已表露出一些担忧：一些人认为，接触这种虚拟世界可能导致失去现实感。而且有人已经指出，学习和获取知识已在某种程度上脱离正规教育系统，给青少年融入社会生活的过程带来严重影响。……这个问题已经提了出来，而且变得越来越紧迫。""教育系统承担着重大的责任：它应使每个人拥有控制信息大量增加的手段，即有办法本着批判精神，对信息进行筛选，将其分出主次；它还应帮助人们与传媒和信息社会（逐渐变成短暂性和瞬时性的社会）保持一定的距离。"

希望广大读者在阅读本书时要密切关注现代教育的这些最新情况，也希望广大读者进一步提出宝贵的意见和建议。

作　者
2003年12月

第一版前言

这本《现代教育论》是我们北京师范大学教育系教育基本理论国家重点学科项目的一个阶段性成果。

一

我们体会,自觉地严肃认真地进行关于现代教育的理论探索,是有重大意义的。我国在教育现代化的道路上,曾经历过许多曲折,付出过很高代价,原因固然复杂,但缺乏理论研究不能说不是重要原因之一。进入历史新时期以来,我们加强了理论研究,对教育的一系列重大问题如教育本质、教育起源、教育功能、全面发展等,进行了热烈的讨论。这些问题总起来说正是现代教育的基本理论问题,在分别探讨的同时,特别是分别探讨到一定程度之后,还需要从整体上进行综合的探讨,并要求概括化系统化。必须掌握现代教育发展规律,才能使教育现代化运动和教育改革实践不致陷入经验主义泥淖和盲目性。我们进行教育科学研究,研究教育规律,首先就要研究现代教育规律。我们进行教育学科建设,特别是要建设迈向21世纪的教育科学,这包括基础、部门应用和技术开发等几个层次,其中,主要就是要建设现代教育的科学范畴和理论体系。尤其是作为中国马克思主义教育理论工作者,必须系统地总结现代教育发展的历史经验,回答当代世界范围内教育新发展所提出的重大现实问题和理论问题,展望21世纪的前景,坚持和发展马克思主义教育基本理论,为建设有中国特色的社会主义教育体系,提供较坚实的理论基础。正是基于以上认识,我们越来越明确地把关于现代教育的理论探索,作为自己的基本任务和义不容辞的责任。出版本书作为现阶段的成果,今后还要继续研究下去。

二

关于现代教育的理论研究,教育科学界出现多种思路和见解的争鸣局面,我们学科组成员之间也是这样。这是正常的，并且是好事。我们认为，无论哪一种思路和见解，都是宝贵的财富，并且形成了不少的共识。

在学习和吸收已有成果的基础上，我们试图着重探讨现代教育的基本概念。之所以这样，是考虑它关系到如何准确地把握现代教育的本质，具有统率全局的极端重要性。同时，概念问题在我们教育理论和实践中争议很大，乃至出现某些混乱，需要尽可能理出一些头绪，供进一步研究。我们关于探讨这个问题的思路和初步取得的认识，主要有以下三点。第一，要着力探寻现代教育确定的内涵或内在的质的规定性，避免简单地从外部条件的影响来定义现代教育；避免仅仅从年代、地域、发展水平等外部标志来描述现代教育；避免把现代教育概念完全相对化。至于现代教育确定的内涵究竟是什么，自然还需要大家讨论。我们反复学习、比较了众家定义，认为马克思关于教育与生产劳动相结合、培养全面发展个人的论点，其实就是对于现代教育本质的概括，今天看起来仍然是科学的准确的。现代教育就是致力于同生产劳动相结合、培养全面发展个人的教育。第二，要着力去观察分析现代教育的矛盾运动。现代教育是从手工业逐步发展到大工业、自然经济逐步发展到商品经济、科学技术和文化大发展、教育自身逐步摆脱宗教和封建专制束缚的过程的综合产物。起先是资本主义教育同封建主义教育对立和逐步取代的矛盾运动。社会主义制度出现后，就发生了社会主义教育和资本主义教育的矛盾运动，并且形成了现代教育的基本格局：既不再是单一的资本主义教育，也还不是单一的社会主义教育，而是这两种教育体系并存发展。二者有区别，有对立，但由于有着共同的历史背景，又面临许多共同课题，所以又有联系和共同之处。在两种教育体系并存发展这一基本格局下，由于社会发展水平不同，文化传统、教育传统不同，指导教育的思想理论不同，因而，不同的国家、民族、地区的现代教育又表现出极其多种多样的形式，但又都属于现代教育的范畴。在这个意义上，现代教育乃是一个多样矛盾的统一体，不是某种单一的教育体系，更不是某种单一的模式，不能把它看成铁板一块，也不能认为各种教育体系或模式完全水火不容。第三，要着重探讨现代教育的历史发展过程。现代教育是历史的产物，它本身又有自己的历史。现代教育不是某种完成了的不变化的范本，而是一个形成性范畴。与生产劳动结合得更完满、真正培养全面发展的个人，那是未来教育即共产主义社会里的教育。当年马克思就曾指出，这些"普遍规律"，到处遇到障碍，伴随着"不断牺牲"、"无限浪费"、"盲目破坏作用"而为自己开辟道路。我们虽已建立起社会主义制度，这些"普遍规律"的实现，也是举步维艰，伴随着沉重代价。但不管怎样，教育在现代化道路上毕竟逐步地向高级形式发展。例如，培养全面发展的个人，已经从一种理想和理论逐步转化为现实实践；教育与生产劳动相结合的内容和形式大大丰富，正在形成大教育观；教育民主化不断向纵深发展；教育手段出现新的革命；教育功能增多增大；教育地位空前提高；教育的理论自觉程度或科学性越来越强。……现代教育的一些基本特征，虽然到处都难以完满地看到，但又都不同程度地看到。在这个意义上，现代教育乃是从资本主义发展起来的直到共产主义社会完全实现的一种教育。

现代教育概念怎样具体化，或者说，这本书包括一些什么样的内容，采取什么样的结构体系，对此，我们也进行了一定的思考。

关于现代教育与外部的联系，如现代教育与现时代、现代教育与现代社会、现代教育与现代人的联系等等，这些领域已经有了许多的探讨，发表了不少的论文和专著。有鉴于此，我们试图把较多力量用于探讨和阐述现代教育本身的基本范畴和问题，用自觉的现代教育观重新审视教育学的诸范畴，用现代教育历史发展的全部实践重新检验教育学的已有范畴乃至探寻新的范畴。我们认为，从时代发展、社会发展和人的发展来观察现代教育，这是重要的出发点和方法。但出发点和方法还不是现代教育本身。应该进一步探讨教育与外部条件的联系的历史发展变化，怎样在教育内部反映出来。因此，本书用三章篇幅简要地讨论现代教育的主要基础——社会基础、哲学基础、心理学基础，之后，就展开讨论现代教育本身的或内部的基本问题。它们主要是：现代教育目的、现代教育制度、现代教育管理、现代教学、现代德育等。目前，我们尚不能涉及很多的方面。在这些问题上，我们试图逐一探讨它既是对古代教育的变革，它本身又有一个发展过程，怎样地随着现代社会、现代人的发展变化，不断改变自己的形式，不断更新和丰富自己的内容。我们还考虑到，现代教育在实践上的每一步进展，都是与现代教育思想理论的进展紧密相关；而现代教育思想理论的进展又和现代教育的研究方法的进展分不开。19世纪后半期和20世纪初期实验教育学的兴起和发展,是一个突出的例证。因此,我们也用一定的篇幅,讨论现代教育研究方法,试图探讨现代教育研究方法相对独立的发展规律和特点。最后,我们也在目前力所能及范围内,根据现代教育在当代的发展状况,对它的未来,主要是即将来临的21世纪的发展趋势,试图作些展望。总之,我们试图通过以上这些内容,使现代教育的概念,向具体化方向前进一步。

我们这样做也是为了把基础理论的深一步阐述和一定程度上探讨新的论点结合起来。在形式上,兼顾专著和教材两方面的特点。或更确切地说,主要试图改造、更新、充实、丰富教育学基础理论。这是为了满足本科生和研究生学习教育学的需要。因为我们是以教学为基本任务的单位,我们进行的是学科建设工作。只是由于一般教育学教科书主要阐述基本知识并讲究完整的结构体系,这对于吸收新成果、展开论证、特别是考察每个范畴的历史发展,是有一定局限的,因此我们采取了现今这种形式。

我们在学习、研究和写作过程中,力求贯彻辩证唯物主义和历史唯物主义的方法论原则。过去一个时期中,这些科学的方法论原则曾经被严重地简单化乃至庸俗化了。因此,我们特别注意试图在每一具体问题上尽量克服这种倾向。我们体会,马克思主义要坚持,坚持的前提是要拨乱反正,恢复它的本来面目,掌握它的精神实质,做到这一点不是一次性的事情,也不能停留在一般原则的层面上,而要结合具体的问题,不停息不间断地进行。坚持还要以发展为条件,这是马克思主义的本性所决定的。它本身就是人类全部文明成果的产物,也必然要在不断吸收全人类新的文明成果中发展。因此,我们也力求在现代教育每一具体问题上,尽量吸收当代哲学、心理学、社会学、科学技术诸方面的积极成果,包括我们自己的和世界各国的、特别是西方的有价值的研究成果,来丰富我们对现代教育诸问题的理解。把继续不断地拨乱反正、坚持、发展统一起来。在这个过程中,我们引用了相当数量的各方研究成果资料,除了尽量注明以外,也在这里表示衷心的感谢。

三

我们的课题研究始于1987年。本书的写作从1992年春正式开始。由教育学教研室来具体地组织实施。教研室的主要力量参与了研究和写作。本着集体讨论、个人负责的原则，个人写出初稿，在集体中互相传阅，举行若干次讨论会，然后，个人参考讨论中的意见再加修改。本书是一个集体研究成果，全书的基本观点，反映了我们课题组的共同认识，但是，本书的每一章又是分工编写的，我们在观点基本上一致的前提下，充分尊重每位作者的学术自由，各章节的具体观点和内容，代表的是作者自己的思想。

下面是一些工作分工的情况。

课题组负责人：黄济、王策三。具体组织工作：靳希斌。秘书：刘健儿、王本陆。各章编写者：前言（王策三、王本陆）；第一章（靳希斌）；第二章（申振信）；第三章（黄济、石中英）；第四章（王策三、王本陆）；第五章（劳凯声）；第六章（成有信）；第七章（陈孝彬）；第八章（王策三、王本陆）；第九章（胡厚福）；第十章、第十一章（裴娣娜）；第十二章（刘健儿）。统稿组：黄济、王策三、靳希斌。黄济、靳希斌审阅了部分章节；王策三通阅了全稿。教育学教研室其他同志，包括进修教师，参加了课题的部分研究工作。

最后，要说几句绝非客套的话。现代教育这个问题难度极大，而我们的理论水平有限。并且，我们没有也不可能完全放开其他工作，用更大的气力来从事这项研究和写作。因此本书从内容到形式当然还是粗糙的，也可能有不少的错误。现在，当做阶段性成果而不是最后成果拿出来，恳请教育理论工作者同行、广大读者，给予批评指教。

1994 年 4 月

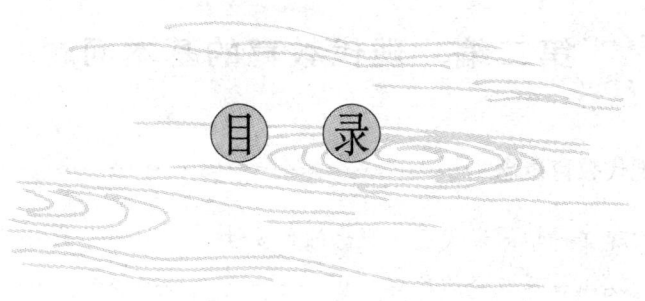

目 录

第一编 现代教育的基础

第一章 现代教育的社会基础 ·· [2]

　　第一节 现代社会的界说及表征 ·· [2]
　　第二节 现代教育的经济基础及功能 ···································· [11]
　　第三节 现代教育的政治基础及功能 ···································· [22]
　　第四节 现代教育的社会文化基础及功能 ······························ [26]
　　第五节 现代教育的科技基础及功能 ···································· [30]

第二章 现代教育的哲学基础 ·· [38]

　　第一节 哲学是教育的理论基础 ·· [38]
　　第二节 马克思主义哲学与社会主义教育 ······························ [52]
　　第三节 现代西方哲学与现代西方教育 ································· [68]

第三章 现代教育的心理学基础 ·· [83]

　　第一节 心理学的发展历程及其对教育的影响 ························ [84]
　　第二节 心理学在教育几个主要问题上的集中反映 ················ [114]

· 1 ·

第二编　现代教育的基本问题

第四章　现代教育概念 [126]

第一节　建立科学的现代教育概念的重要性 [126]
第二节　现代教育概念的界定 [127]
第三节　现代教育的基本特征 [139]
第四节　中国教育现代化的几点思考 [165]

第五章　现代教育目的 [172]

第一节　教育活动与教育目的 [172]
第二节　马克思主义关于人的全面发展学说与社会主义教育目的 [185]
第三节　我国的教育目的 [200]

第六章　现代教育制度 [210]

第一节　现代教育制度的概念 [210]
第二节　现代学制及其类型 [215]
第三节　现代学制的变革 [225]
第四节　我国现代学制的变革 [231]

第七章　现代教育管理 [238]

第一节　现代教育管理产生的背景 [238]
第二节　现代教育管理的概念 [240]
第三节　现代教育管理理论及其流派 [255]
第四节　对中国教育管理现代化的几点思考 [265]

第八章　现代教学 [280]

第一节　现代教学的形成和发展 [281]

第二节 现代教学的基本理论与实践 ……………………… [297]

第九章 现代德育 ………………………………………………… [339]

第一节 现代德育的基本特点 ……………………………… [339]
第二节 现代德育基础或背景问题的探讨 ………………… [350]
第三节 我国社会主义初级阶段德育的基本理论和实践 …… [363]

第三编 现代教育的研究方法

第十章 现代教育发展趋势及研究方法特点 ………………… [388]

第一节 现代教育研究方法的历史发展 …………………… [388]
第二节 现代科学的发展与教育研究方法论的变革 ……… [393]
第三节 现代教育研究方法的主要特点 …………………… [403]

第十一章 现代教育研究的结构体系及研究过程 …………… [412]

第一节 现代教育研究的基本结构体系 …………………… [412]
第二节 现代教育研究过程及方法的科学性 ……………… [416]
第三节 现代教育研究的主要方法论问题 ………………… [439]

第四编 现代教育的展望

第十二章 现代教育的展望 ……………………………………… [446]

第一节 未来教育的背景、理论和评价 …………………… [446]
第二节 现代教育的发展趋势 ……………………………… [459]
第三节 中国教育现代化的展望 …………………………… [484]

第一编

现代教育的基础

第一章 现代教育的社会基础

现代社会是现代教育的基础。界定现代社会及其特征,是确立现代教育特征的主要依据。现代教育是一个复杂的社会现象,是现代社会的有机组成部分,它与现代社会有着紧密的关系。现代教育既要依托于现代社会,受现代社会诸多要素发展程度的制约,又要服务于现代社会,促进现代社会的进化与发展。

构成现代社会的要素纷繁多彩,有社会经济、政治、文化、科学技术、人口以及社会环境、婚姻家庭等。现代教育与现代社会及其诸要素之间具有相互依存、相互联系、相互制约的关系。现代经济、现代政治、现代科技、现代文化等,是现代社会的主要内容或组成要素,确立现代教育的社会基础,必须阐释现代教育与现代社会经济、政治、科技、文化以及社会人口的关系。这些关系是现代教育与现代社会一种基本的、必然的、稳固的关系,具有普遍性质,是一种不依人们的意志为转移的客观规律。分析现代教育的社会基础,把握现代教育与现代社会主要要素之间的关系,有助于对现代教育基本发展趋势的认识与理解,是研究现代教育形成与发展规律的基础理论。

第一节 现代社会的界说及表征

一、社会划分的依据及标志

根据马克思主义历史唯物主义基本观点,社会划分主要依据社会物质生产力发展水平、社会生产方式与社会关系,以及人的发展水平与特征。

(一)社会物质生产力发展水平是社会划分的根本依据与标志

人类社会的历史漫长纷杂,其存在与发展的动因很多,但社会发展与进化的终极动因,则是社会物质生产力的发展,其根本标志是社会物质生产力发展水平与程度。生产工具是衡量社会物质生产力发展的尺度,是人类改造自己与外部世界能力的主要标志。因此,衡量社会物质生产力发展水平与程度的物质尺度,则是社会生产工具的性质。根据这一基本观点,可以将人类社会划分为三大类型。其一是以极其低下生产力水平为标志的原始社会。其二是以手工工具为标志的古代社会,包括奴隶制社会与封建制社会。这两种社会形态的社会生产力都是以手工工具为标志,只是手工工具发展与使用的程度不同。例如,奴隶社会生产力是以青铜器手工工具为标志,封建社会生产力则是以铁器手工工具为标志。其三是以机器大工业生产工具为标志的现代社会。社会物质生产力的不断发展,推动了生产工具的改造与进化,社会物质生产力出现了更高水平上的变化。社会生产力以机器大工业生产工具为标志的现代社会,包括资本主义社会与社会主义社会。资本主义社会与社会主义社会虽然在社会制度、社会关系上有着本质区别,但在社会物质生产力发展水平与程度上则是相同的,都是建立在以机器为标志的生产力发展水平基础上的。由于机器大工业生产广泛运用科学原理与现代生产技术,使得机器发展的水平与现代化程度出现差别,从而也就带动着现代社会的进一步细分。以蒸汽机等常规机器生产工具为标志的(即人手的延伸)现代社会称之为工业社会;以电气化、信息化机器,即电动机、电子计算机为生产力标志的(人脑与智力的延伸)的社会为后工业社会、信息社会。

现代教育是以工业社会、信息社会为基础的,是建立在工业化、信息化社会基础上的教育。

(二)社会生产方式与社会关系状况,也是划分社会的重要根据与标志

在社会物质生产力发展的推动下,社会生产方式及社会关系,也会相应发生变化,正如马克思所论述的:"随着新生产力的获得,人们改变自己的生产方式,随着生产方式即保证自己生活的方式的改变,人们也就会改变自己的一切社会关系。手工磨产生的是封建主为首的社会,蒸汽磨产生的是工业资本家为首的社会。"[①] "劳动资料不仅是人类劳动力发展的测量器,而且是

---

① 《马克思恩格斯全集》第4卷,人民出版社1958年版,第144页。

劳动借以进行的社会关系的指示器。"① 恩格斯也指出："正如蒙昧人和野蛮人的工具同**他们的**生产分不开一样，轮作制、人造肥料、蒸汽机、动力织机同资本主义的生产也是分不开的。正如现代工具制约着资本主义社会一样，蒙昧人的工具也制约着**他们的**社会。"② 这些精辟的论述一方面阐述了社会生产力、生产关系及生产方式以及社会形态之间的不可分离性与相互适应性；另一方面也证明了以不同生产工具为标志的社会物质生产力，对社会生产方式及社会关系、社会形态的界定作用，从而也导致了通过社会生产方式及社会关系对社会的划分。

以社会生产方式及社会关系为依据，可以将人类社会历史分为五种社会形态，即原始社会、奴隶主义社会、封建主义社会、资本主义社会和社会主义社会与共产主义社会。这五种社会历史形态，若按其社会发展、社会关系、社会进化程度、现代化程度划分，除原始社会之外，则可将奴隶制社会、封建制社会归属为古代社会；将资本主义社会与社会主义社会、共产主义社会归属为现代社会。也有人简化为蒙昧、野蛮、宗法与文明四个阶段，或称原古社会、古代社会与现代文明社会。

与五种社会形态相适应，形成为五种社会形态的教育，即原始时代教育、奴隶主义社会教育、封建主义社会教育、资本主义社会教育、社会主义与共产主义社会教育。从教育社会化程度、现代化程度上划分，则将原始时代教育称之为原古教育，将奴隶制社会教育、封建制社会教育，归属为古代教育与古代学校教育；将资本主义社会教育与社会主义社会教育归属于现代教育。

（三）以人的发展水平与特征为标志对社会划分

社会物质生产力的发展，推动着社会生产方式及社会关系的变更与发展，从而也推动着人的发展，即人对自然、社会、自身认识的发展，对改造自然、变革社会、挖掘自身潜在能力的发展。这说明社会生产力、生产关系与人的发展具有自然历史的协调性、一致性。这种协调性、一致性，主要表现为人类对自然界、对社会以及人与人之间的相互依赖性及其发展程度。马克思对

---

① 《马克思恩格斯全集》第23卷，人民出版社1972年版，第204页。
② 《马克思恩格斯全集》第36卷，人民出版社1974年版，第169～170页。

此有过极其精辟的论述："人的依赖关系（起初完全是自然发生的），是最初的社会形态，在这种形态下，人的生产能力只是在狭窄的范围内和孤立的地点上发展着。以**物**的依赖性为基础的人的独立性，是第二大形态，在这种形态下，才形成普遍的社会物质变换，全面的关系，多方面的需求以及全面的能力的体系。建立在个人全面发展和他们共同的社会生产能力成为他们的社会财富这一基础上的自由个性，是第三个阶段。第二个阶段为第三个阶段创造条件。因此，家长制的，古代的（以及封建的）状态随着商业、奢侈、**货币、交换价值**的发展而没落下去，现代社会则随着这些东西一道发展起来。"① 根据马克思这一理论，按照人的发展水平与特征标准，可以将社会划分为古代社会、现代社会、未来理想社会。

1. 古代社会

古代社会是以人的依赖关系为基础的，社会人的发展程度与特征，主要表现为没有人身自由，人没有独立性，没有自由个性，人依赖人，人统治人。这种依赖性依次为人对部落族长的依赖、依附；人对"神"的依赖、依附；人对"君"的依赖、依附；人对"权威"的依赖、依附等。这种依附关系被称为自然依赖、依附关系。这包括原始社会、奴隶制社会、封建社会。

2. 现代社会

现代社会，人的发展程度与特征，主要表现为摆脱了人的依附关系，转化为对物的依存关系，人相对有了人格的独立性与发展的自由。因为现代社会特别是市场经济社会，打破了人身依附的自然关系，使人对人的依赖、依附转变为人对物、对自己劳动成果的依赖、依存。人的人格表现为自立、自主、自律及自由的独立性。但同时由于人对物质的依赖性，人的发展及特征，仍没有达到能够完全驾驭自然、驾驭社会、驾驭自我，自由充分发展的水平。现代社会包括以商品经济或市场经济为特征的资本主义社会与社会主义社会前期阶段。

3. 未来社会

未来社会是既无人身依附，也无对物（即资本）依附的社会，即既摆脱

---

① 《马克思恩格斯全集》第46卷上册，人民出版社1979年版，第104页。

了人的依存性,也摆脱了物(资本)的依存性,人的发展达到充分自由、全面发展的程度,人能够驾驭自然、驾驭社会、驾驭自我,成为自由王国的公民。

以人的发展水平与特征为标志划分社会,从更为直接意义上阐述了以人的培养发展为对象的教育的社会基础。现代人的培养与发展,需要实施现代教育,而现代教育形成、发展及其功能的发挥,必须以现代社会为对象,必须面向未来理想社会的要求,推动现代社会进步,实现未来社会理想。①

二、现代社会发展目标

(一)现代社会发展目标概述

为了实现未来理想社会,现代社会发展必须有其发展目标及标志。现代社会发展目标,一般通称为经济、社会发展目标。经济、社会发展目标的内涵非常广泛,既包含了经济的增长和发展,也包含了政治文明的提升、文化事业的繁荣、科学技术的革新以及更为根本的国民素质的提升和人民生活水平和质量的改善。

经济、社会发展目标,既包括经济增长目标、经济发展目标,也包括社会发展目标以及经济与社会协调发展的实现。因为国民经济增长并不能代替整个经济、社会发展目标,它只是其中的一部分,只有使经济增长与社会发展协调起来,实现整个社会发展战略目标,才是最终理想。所谓经济、社会发展目标,是指通过发展经济,将要建立一个什么模样的社会,包括社会经济、政治、文化、精神、道德等方面,使经济、社会实现现代化。有关国家现代化的标准,众说纷纭。美国斯坦福大学教授莫克尔斯调查了各种不同类型的国家后,提出现代化国家的几项标准:人均国民生产总值达到3 000美元以上;农业产值在国民生产总值中占12%~15%;非农业人口在总就业人口中占70%以上;第三产业在国民生产总值中占45%以上;识字人口在总人口中占80%以上;适龄青年受高等教育的人数占15%以上;城市人口占总人口的50%以上;平均每个医生服务人口在100人以下;平均预期寿命70岁;人

---

① 参见成有信主编:《现代教育引论》,河南教育出版社1992年版。

口自然增长率在1‰以下。联合国开发计划署则采用综合评价发展水平的人文发展指标,即用预期平均寿命、识字率和按购买力平均计算人均国内生产总值指标。

(二)中国社会发展目标

中国的经济、社会发展目标是实现现代化。现代化建设包括经济建设即物质文明建设、精神文明建设和民主与法制建设。具体表现在三个方面:一是经济上要接近或达到目前发达国家的水平;二是要有高度健全的民主,人民要成为真正的国家主人;三是要有高度的文明,培养出比现代发达国家数量更多、质量更好的各种建设人才。为了实现中国经济、社会发展战略目标,我们应该在科学发展观的统领下,从三个大的方面着手:一是抓经济建设,这是中心;二是抓社会发展,包括民主与法制建设、思想道德建设、人口控制、环境改造、生态平衡等;三是发展科学文化教育事业,促进科学技术进步和文化教育事业大发展。

(三)现代教育与现代社会发展目标的关系

现代教育与经济、社会发展战略目标的关系,从根本上讲,就是教育必须为经济、社会发展目标服务,而发展目标的实现必须依靠教育。经济、社会发展目标的实现,需要各方面的建设人才,需要大力发展科学技术。这就给教育提出了客观要求,要求教育同现代化建设特别是经济建设更加协调发展;要求正确理解和处理教育事业这个局部同整个发展目标全局的关系。为此,就要主动了解经济、社会发展目标特别是经济建设的新情况、新问题,了解经济和社会发展对教育提出了哪些新的要求,了解教育所培养的人才是否能适应现代化建设的需要,是否满足现代化建设的要求,着重研究现代教育如何深入改革。经济、社会发展目标的实现必须依靠教育,主要是指依靠教育培养各种建设人才。从这个意义上讲,经济、社会发展目标能否实现,关键在于人才的培养,要解决人才问题,就必须大力发展教育,必须真正依靠教育。

三、现代社会、现代教育基本特征

现代社会是现代教育的社会基础,现代教育的基本特征是由现代社会基本特征决定的。

(一) 现代社会的基本特征

1. 现代社会是生产社会化社会

从生产方式上看,现代社会的生产方式呈现出高度的社会化特征,主要表现是社会生产不再以自给自足的家庭生产为标志,而是以社会分工、协作和交换为标志的社会化大生产,而且随着现代化程度的不断提高,分工的精细化程度、协作的复杂性程度与交换的范围都呈现出日常提高与扩大的趋势。目前,现代社会的生产方式在诸多领域和若干环节已具有鲜明的全球化色彩,生产社会化发育到一个前所未有的新水平,其管理的规范化、标准化与复杂化也达到一个前所未有的新水平。

2. 现代社会是社会关系现代化社会

社会关系现代化是指对传统的社会关系进行更新、改造,建立起适应社会化大生产的新的社会关系。在社会大生产的推动下,在社会市场经济发展的条件下,必然带来现代社会关系的重构,其主要表现为多种社会关系与单一血缘关系相分离。由于社会生产与商业活动中必然形成的契约关系,成为社会主要关系,传统旧式的血缘家族财产关系虽然存在,但已不是占主导和支配地位的社会关系,而且经常受到契约关系的冲击或削弱。在市场经济发育较为成熟的国家,企业主宁愿高薪聘请高级管理人员,也不愿意将企业交给自己的子女来经营,充分说明了社会化大生产基础上社会关系的变革。传统的血缘关系必须服务或服从于新型的契约关系。在政治领域,社会关系现代化表现为生产关系与政治关系相分离。传统旧式的宗法政治关系,必然被社会法律关系、民主政治所代替。生产实体、企业集团成为独立经济活动实体,法人代表脱离对政治的依附关系。此外,社会关系现代化还表现为社会关系中所有制关系的多样化,包括劳动就业,分配制度的多样化。

3. 现代社会是科学化社会

现代社会科学化浸透于社会生活各个方面。社会生产广泛运用科学技术,而且逐步变为社会生产的第一生产力。科学技术第一生产力运用与发展水平,从一定意义上标志着社会现代化程度;社会组织管理科学化,软科学、高技术、电子计算机系统,深入到社会管理决策领域,推动着社会组织管理的系统化、信息化与现代化；社会生活方式的科技化、现代化，诸如社会文化娱乐生活的现代化，家庭生活的电气化、自动化，生活消费水平的现代化，工作学习活动的科技化、现代化等。

4. 现代社会是民主化、法制化社会

社会整体结构的现代化，必然以社会民主化发展程度为基础。这种民主化，最终则表现为法制化。我们知道，古代社会基本上是专制社会，人治社会；而现代社会则必然是民主社会，法制社会。现代社会是社会化生产，生产机械化、自动化、信息化程度很高，物质生产的参加者与管理者必须具有民主意识、法制观念和严格的组织纪律。现代社会是商品经济、市场经济社会，它要求自由、公平、竞争，同时必然要求法制。

5. 现代社会是不断变革的社会

现代社会还是一个不断变革的社会。现代社会生产使用机器，运用科学原理和先进生产技术。大工业生产的基本特性是其不断变化与革命，从而带动社会生产力的变革，带动科学技术的发展，进而促进社会变革。再加之现代社会是以商品经济、价值规律、市场调节为其经济运行机制。社会经济活动的竞争机制，必然促进社会不断变化与发展。总之，现代社会是一个革命性变革的社会，不断向前发展的社会。①

（二）现代教育的基本特征

现代教育是现代社会的有机构成部分，是现代社会的反映。现代社会必然产生相应的现代教育。现代社会的特征制约并影响着现代教育的特征。

现代教育的特征具有多方面性与多层面性，因此可以从多维角度分析揭示。

1. 从现代教育与古代教育区别性角度分析

古代教育与现代教育的分界线，理论界有争议，一种意见认为应以欧洲文艺复兴时期为界；另一种意见则认为应以产业革命为界。笼统地说是自文艺复兴以来，经过产业革命，便产生了现代教育。古代教育与现代教育表现出不同的特征。

---

① 参见成有信主编：《现代教育引论》，河南教育出版社1992年版。

古代教育具有鲜明的阶级性和等级性。其主要表现在受教育权上，只有奴隶主、封建主阶级才享有受教育权利，而且统治阶级内部的受教育权的等级性也是有严格规定的；古代教育是远离社会生产活动的，是与生产劳动相分离的教育，形成了与生产劳动相分离的特征；古代学校教育有了独立的教育形式。总之，古代教育是建立在以手工工具为标志的小生产的基础之上的，其功能主要是承担社会上层建筑的职能，其实质是统治术与愚民政策的教育。

现代教育具有鲜明的生产性，实施教育与生产劳动相结合；现代教育具有普及性，普及教育是现代社会、现代生产以及民主政治的客观要求；现代教育形式多样化，包括对新生一代人的普通教育、成人教育、继续教育、终身教育，教育社会化和社会化教育；现代教育内容的科学化、更新化以及教育手段现代化、网络化和高效能等。总之，现代教育是以社会化机器大工业生产为基础，以现代社会生活和科学技术为教育内容，以现代技术为教育手段。①

2. 从教育现代化程度上分析

现代化教育包括三个层面：第一个层面是教育在数量、规模上的发展以及在办学条件、经费、设备、技术手段等方面的先进程度；第二个层面是制度层面的现代化，包括建立适应社会现代化发展的教育制度、教育体制、教育机制，使教育制度与民主政治制度、市场经济体制以及法制化相契合；第三个层面是在教育价值、教育思想、教育内容以及教育观念等方面的现代化，吸收世界教育改革与教育科学研究先进成果，革除不适应社会现代化的陈旧落后的教育观念、教育内容及僵硬刻板的教育方法等，培养富于责任感和创造力的现代公民。②

3. 从现代教育与市场经济关系角度分析

市场经济的发展，对现代教育的特征会发生重大影响，必然导致现代教育具有新的特征，诸如现代教育的某些商品性、生产性、科学性、民主性、

---

① 参见孙喜亭、靳希斌、陈孝彬著：《简明教育学》，北京师范大学出版社1988年版。

② 参见杨东平：《教育现代化：跨世纪的主题》，载1993年4月15日《光明日报》。

发展性以及国际性、开放性等。

关于现代教育特征的专门讨论，我们将在第四章进行。

第二节　现代教育的经济基础及功能

现代教育的经济基础，是现代教育社会基础的重要部分或称基础的基础；现代教育的经济功能，也是现代教育的主要社会功能；现代经济与现代教育有着相互依存、相互促进、相互制约的辩证关系。

一、经济及现代经济

经济的含义，有多种理解与界定。其一，依据马克思主义观点，社会经济一般是指经济基础而言，即社会生产关系的总和或经济制度，它是政治制度和意识形态等上层建筑的基础。其二，社会经济泛指社会生产力或社会生产力发展程度及水平。其三，社会经济是指经济体制及经济结构。经济体制是指国民经济的总称，包括国民经济各部门的构成与功能。经济结构，则是指国民经济系统中各部分的排列、组合与结合方式，包括产业结构、部门结构、技术结构、劳动力结构、生产力要素结构、生产资料所有制形式以及国民收入分配结构等。

对各种经济界定分析归类，基本上可以概括为以下几种表述：其一为社会生产关系的总和或经济制度；其二为一个国家国民经济的总称，也指国民经济各部分；其三是指社会物质资料的生产，包括社会生产与再生产过程中的生产、交换、分配、消费。它是现代社会存在与发展的物质基础。社会再生产是物质资料的再生产、劳动力再生产、生产关系再生产的统一。这里所使用的经济概念，主要是指物质资料的生产与再生产。

现代经济是社会发展到一定阶段的产物。现代经济主要是指以机器、电子技术生产工具为标志的社会生产力和以价值规律、竞争机制为特征的市场经济。

二、现代教育的社会生产力基础及功能

(一) 现代教育的社会生产力基础

现代教育是建立在以机器大工业生产工具为标志的生产力基础之上的。这一基础主要体现在对现代教育既提供了物质技术条件，又提出了客观要求。这主要是由机器大工业生产力本身的特性决定的。马克思曾在《资本论》中说："现代工业从来不把某一生产过程的现存形式看成或当做最后的形式。因此，现代工业的技术基础是革命的，而所有以往的生产方式的技术基础本质上是保守的。"① 这种技术不断革命的生产力主要特征如下。其一，机器大工业生产的发展，创造发明和技术革新的增加，自然科学在生产中的应用，便产生了对新机器的需求，这样就使机器制造业日益分为多种多样的独立部门，使机器的发展建立在运用自然科学，用机器生产机器的技术基础上面。所以机器大工业借助于自然科学，借助于机器，建立起了与自身的生产方式相适应的新基础。其二，机器大工业发展在技术上同手工业的基础发生冲突，机器各部分的规模日益扩大化、复杂化、规则化和自动化，难于加工的材料不断被应用。这都要求突破旧的技术基础实行新的技术革命。其三，一个生产部门生产方式的变革，必然引起其他生产部门的生产方式的变革。这种技术基础是革命的机器大工业社会生产力，为教育提供了客观条件、要求和可能性。现代工业通过机器、化学过程及其他方法，使生产者的职能与劳动过程的社会结合，不断地随着生产的技术基础发生变革，也使得社会内部分工不断发生革命，不断地把大批资本和工人从一个生产部门投到另一个生产部门。因此，机器大工业的特性决定了劳动的变换、职能的更动和工人的全面流动性。"承认劳动的变换，从而承认工人尽可能多方面的发展是社会生产的普遍规律。"② 适应这一普遍规律，劳动者必须全面发展，必须接受现代教育。若进一步分析其深层次原因，则因为：机器大工业生产把自然力变为动力，社会生产力中增加了自然科学和生产技术。这就要求劳动者必须具有科学技术知识，熟悉机器构造，掌握机器原理与操作技术；要求劳动者必须在从事体力劳动的同时，发展智力，掌握科学技术，使体力劳动和脑力劳动结合起来，

---

① ② 《马克思恩格斯全集》第 23 卷，人民出版社 1972 年版，第 533、534 页。

使科学知识同劳动结合起来。

机器大工业生产促进了科学技术的发展，也为劳动者在生产中掌握现代科学技术、发展智力与体力、促进脑力与体力的结合，创造了精神文化条件。

机器大工业生产要求劳动者必须不断地改变自己的生产实践活动的范围，并为其能从事多方面的生产劳动，从事现代化生产提供了条件和可能。

机器大工业生产不但扩大了现代教育的范围，出现了终身教育、继续教育等，也丰富充实了现代教育的内容。这就为劳动者接受现代教育，使其适应现代社会生活与生产的客观要求，提供了现实的可能性。

现代化工业生产力为现代教育所提供的物质技术基础及其作用具体表现如下。

1. 社会生产力是教育发展的物质基础

物质基础是现代教育发展的前提条件，既包括经济技术条件，也包括提出的客观需求。发展教育事业，总要有一定的经济条件，有一定的人力、物力和财力，包括教育资金、教育技术设备、物质资源以及其他人力资源。一般地说，社会生产力发展到什么样水平，教育才能达到什么样程度。生产力发展水平与教育发展水平具有一致性。如果抛开社会生产力发展水平，随意或盲目发展教育，那就必然会违背教育与经济发展之间的客观规律。同时，社会生产力的发展和提高，也对教育提出了客观需求。这种需求既有社会方面的，也有个人方面的。社会要求教育伴随着生产力的发展而发展，以保证社会生产力发展所需用的各种专门人才和熟练劳动力；而社会上每一个人在文化、科学、教育等方面的需要，也是伴随着生产力的提高而不断增长。只有经济富裕起来的人们，才会有受教育的要求。随着经济社会生活智能化程度的提高，人们对教育程度和质量的要求也会越来越高。

2. 社会生产力对现代教育的培养目标、内容和手段有决定性作用

现代教育的根本目的是培养和造就人才。培养人的规格要求，除了受社会政治制度制约之外，同时还要受社会生产力发展水平的制约。例如，古代社会由于生产力发展缓慢，直接从事生产的劳动者和经济活动人员，不需要经过教育和训练。学校也不担负培养劳动者的任务，培养目标只是政治、法律、宗教、军事等方面的统治人才。随着生产力的发展，到了现代社会，现

代教育培养目标发生了新的变化。新的生产力发展水平对人才的培养提出了新的要求。新的生产力要求生产工作者比闭塞无知的农奴更有文化，更加伶俐，能够懂得机器和正确地使用机器。这样就使教育培养目标发生了质的变化，现代学校教育替代了古代的家庭教育和手工作坊里的师徒制教育，担负起了培养熟练劳动者、工程师、科学家和科学管理人员的职能。

现代教育内容和教育手段也要受社会生产力发展水平的制约。在生产力发展水平低下的古代社会，教育内容主要是传授直接的生活经验和生产经验，学校开设的课程门类很少，自然科学内容更少，教育手段也极其落后。随着生产力的发展，教育内容和手段也发生了变化。到了现代社会，现代教学内容为了适应经济和技术发展的要求，大大加强了自然科学方面的内容，学校开设的课程门类增多，初步形成了较完整的学科门类体系，教育手段也逐步现代化。一般地说，生产中的技术手段，直接影响着教育手段。只有具备了现代化的生产技术手段，才会有现代化的教育手段。当代，随着计算机技术、数字技术和网络技术的不断发展，学校教育的手段与环境也正在发生革命性的变化。

3. 社会生产力决定着教育发展的规模与速度

社会生产力发展水平对教育发展的规模和速度有着直接影响，起着直接作用，因为社会生产力发展速度和程度，决定着培养各种劳动力的数量和质量。教育系统培养多少劳动力以及培养多少简单劳动力、多少复杂劳动力，都不是由人们的主观意志所能决定的，要受制于生产力发展水平。例如，生产力发展程度决定了社会所能提供的剩余劳动力的数量，即受教育人口数量；决定了国家平均教育程度和国民受教育年限；决定着教育资金支付的绝对量与增长比例；还决定着教育体系与结构。特别是从文艺复兴和产业革命开始，社会出现了大工业生产。大工业生产有两个显著特征：一是采用机器；二是生产中应用自然科学。这样就使得社会生产力发展起了质的变化。社会生产力的空前发展，促使现代教育体系逐步向着普及化、科学化、完整化方向发展。

当然，我们说现代大工业生产力为现代教育提供了物质技术基础，并对现代教育具有决定作用，是在一定社会关系、生产关系条件下实现的。因为社会生产力总是在一定生产关系前提下对教育发生作用的。现代教育的发展，还要受生产关系发展程度的制约。一定社会生产力为教育提供的物质技术基础、客观可能性及各种条件，能否充分发挥作用，归谁使用，怎样使用；社会生产力对现代教育所提出的要求，是受到阻碍，还是得到发展与促进，阻碍与促进采取什么样的形式，要受社会生产关系的限制。因为社会生产关系决定着教育发展方向与目标，决定着谁掌握着教育发展的物质与精神条件以及如何在社会中分配这些条件。

（二）现代教育的社会生产力功能

社会生产力为现代教育奠定了物质技术基础，并发挥着重大作用，而现代教育对社会生产力发展的影响，也是非常巨大的。现代教育对社会生产力的发展具有直接功能、间接功能与相互制约性。

1. 现代教育对社会生产力发展的直接功能

从总体上讲，现代教育对社会生产力发展的直接功能表现在两大方面：一方面现代教育通过培养训练各种合格劳动力和专门人才，提高在职与未来劳动力、专门人才的智力和技术水平以及生产、发展科学技术，对社会生产力发生直接作用；另一方面现代教育通过培养经济与社会各个方面管理人员，提高现有的与未来的管理人员素质，对社会生产力发生直接作用。具体地讲，则表现为如下几方面。首先，现代教育对社会生产力中的主要要素，即劳动力的生产、再生产具有重要功能。现代教育是劳动力生产、再生产的重要内容与主要手段。劳动力生产、再生产主要是指人的自然成长过程，人的生命过程。这个过程主要形成劳动者的体力。其次，现代教育是科学技术生产力生产、再生产的重要途径。科学的生产与再生产以及将科学转化为直接生产技术，均离不开现代教育。因为现代教育具有传递、积累、发展和再生产科技生产力的经济功能；现代教育具有使科学转化为生产技术中心环节的功能；现代教育又是科学知识再生产和科学转化为生产技术最有效的形式。随着时代发展和科技进步，现代教育这一功能将越来越重要。再次，现代教育是提高经济管理水平的重要条件。管理是当代生产的重要因素，教育对经济管理起着十分重要的作用，因为现代教育可以培养一支管理者队伍。一般来说，经济管理者主要有两个来源渠道：一是直接从生产和技术人员中提拔；二是靠学校教育培养。后者则是主渠道。现代教育也可以提高经济管理者素质。提高管理者素质也有两条途径：一是靠在管理实践中提高；二是靠教育培训。

2. 现代教育对社会生产力发展的间接功能

这种功能的表现则是通过现代教育与社会政治、文化、道德以及人口等因素关系反映出来的。也就是说，现代教育通过对政治、文化、道德以及人口的功能，进而对生产力发生作用。例如，现代教育通过培养非物质生产部门的人才，即上层建筑、意识形态各领域的人才，对社会生产力发生影响。因为社会是个有机的整体，物质生产领域与非物质生产领域是相互发生影响的。现代教育还通过陶冶人的思想和道德，提高劳动者的精神文明程度，从而提高他们的劳动主动性、积极性和创造精神，对社会生产力发生作用。

3. 现代教育与社会生产力相互制约

现代教育与社会生产力之间，除表现为直接或间接相互影响、相互作用关系外，还表现为相互制约关系。因为社会生产力所创造的物质财富，只能提供一部分用于发展教育事业。教育在使用社会物质财富时，需要同用于其他部门的物质资料和经济条件相协调、相平衡。还因为现代教育对社会生产力的功能具有周期性长、发效性迟缓等特点，也就是说在短期内教育不仅不能立刻满足社会生产力的需求，而且要占用一部分强壮劳动力，延缓一部分劳动力直接从事物质生产活动。因此在处理教育与社会生产力关系时，既要考虑社会生产力发展的状况与水平，实事求是地发展教育事业，又要克服只顾眼前短期经济利益，忽视现代教育对社会生产力发展作用的长期性和迟效性的特点，要用发展的观点看待现代教育的社会生产力功能。

三、现代教育的商品经济基础及功能

商品经济的社会化及其生产的集约化，必然出现现代市场经济。市场经济以市场调节、等价交换以及竞争机制为其基本规律与主要特征。现代商品经济的产生与发展，为现代教育的产生与发展奠定了经济基础，现代教育也促进着现代商品经济的发展。

(一) 现代教育与现代商品经济的联系

现代教育与现代商品经济有着天然的联系。现代教育是在现代大工业生产、现代科技与现代商品经济发展条件下的产物，是适应现代商品经济发展的要求而产生与发展起来的。现代教育与现代商品经济有着必然性联系，或者说是一种社会自然历史过程的必然关系。

首先，在资本主义社会商品经济产生的初期，由于生产发展的客观要求，由于商品经济的发展，在物质生产部门产生了适应商品生产要求的职业技术学校。这种最初的职业技术学校，是现代教育的一种表现形式。因为职业技术学校或职业技术培训，是向劳动者或未来劳动者传授各种职业技术知识与技能技巧，从而不断提高劳动者劳动熟练程度、生产技能与技巧以及劳动速度，进而缩短社会必要劳动时间，提高商品价值，发展商品经济。

其次，现代教育，包括普通中小学与大学，同现代商品经济也有直接的联系。我们知道，古代学校教育是古代自然经济的产物，它与商品经济特别是现代商品经济，没有、也不可能有直接联系。而现代普通中小学与大学教育，则是现代社会、现代商品经济的产物，是适应现代商品经济发展的要求而产生和发展起来的。例如，欧洲中世纪最早的中小学，像基尔特学校、行会学校等，就是工商界人士为培养经济人才而举办的。欧洲中世纪大学，北方的（今巴黎地区）最初是由教师联合会举办的，在市场上招收学生出卖知识；南方的（今意大利地区）是由学生联合会举办的，雇用教师上课。尽管当时大学曾被教会与封建统治所统辖，但西方大学所保留下来的民主、自治的传统，是与商品经济直接相关的。同时还应肯定，近现代大学的产生与发展是现代商品经济发展推动的结果。[①]

再次，从理论上或者深层次分析现代教育与现代商品经济的联系，基本观点为：劳动力、人才市场的供求规律把现代教育与现代商品经济联系了起来。也说是说，劳动力和人才是现代教育与现代商品经济联系的中间环节或称关键性环节。因为劳动力和专门人才，既是现代教育的对象，又是现代生

---

① 成有信：《现代教育和商品经济的本质联系以及对我国教育改革的几点思考》，载《教育研究》1992年第9期。

产力要素即生产商品的劳动力,它们之间是一种供求关系。现代商品经济通过劳动力和专门人才市场,对现代教育提出人力资源的要求,而现代教育通过培养劳动力和专门人才并通过劳动力与人才市场,来满足现代商品经济的需求。

商品经济等价交换规律,把现代教育与现代商品经济联系起来。现代商品经济等价交换的法则,改变了过去人的依附关系,确立起人对物的依附关系。这种关系也是现代教育所依附的基础,它影响着人们对现代教育的管理和运作。例如,平等原则或称机会均等原则,它既是现代商品经济的基本原则,也是现代教育的原则,其主要表现为教育管理的科学化、民主化,教育权利的均等化,人人均有受教育的机会与权利以及受教育者相对独立性、个性自由主动发展等。

自由、平等、民主的价值观与社会观,把现代商品经济与现代教育联系起来。自由、平等、民主是商品经济基础上的产物,从深层次意义上说,它是现代教育的基本精神和价值追求。教育者应该教育受教育者不仅具有适应现代商品经济生产的知识与技能,还应具备适应现代商品经济的价值观与社会观,具有科学、民主、自由、平等的时代精神。

(二) 现代教育对现代商品经济的功能

现代教育对现代商品经济具有多方面的功能,主要有:现代教育对物质形态商品的功能,对人才市场、科技市场、劳务市场、服务市场的功能等。这里仅就现代教育对物质形态商品生产,对劳动力商品价值以及对科技知识形态商品生产的功能,作些简要分析。

1. 现代教育对物质形态商品生产的功能

现代教育对物质形态商品生产的功能,是通过现代教育对缩短社会必要劳动时间的意义表现出来的。社会物质生产所生产的产品或称物品,拿到市场上交换,就变为商品,商品既具有使用价值特性,又具有价值特性。商品价值是指凝结在商品中的一般的无差别的人类劳动,是由生产商品所消耗的抽象劳动形成的。商品的价值量是指凝结在商品中的社会必要劳动量,由社会必要劳动时间来计量。社会必要劳动时间是在社会正常生产条件下,在社会平均的劳动熟练程度和劳动强度下创造某种使用价值所需要的劳动时间。

这就说明了决定人类劳动支出和劳动时间的各种因素，说明了社会必要劳动时间是确定商品价值的重要尺度，而社会必要劳动时间，在很大程度上是由社会平均劳动熟练程度决定的。那么又如何确定和衡量社会平均劳动熟练程度呢？我们知道，社会必要劳动时间以及与其相关的商品价值，是由两大因素决定的：一是客观因素，即社会一般生产条件；二是主观因素，即劳动力的劳动熟练程度、劳动技巧和劳动速度等。正如马克思所说："劳动的物质因素是否具有正常性质并不取决于工人，而是取决于资本家。再一个条件，就是劳动力本身的正常性质。劳动力在它被使用的专业中，必须具有该专业占统治地位的平均的熟练程度、技巧和速度。"① 马克思在这里所说的劳动力本身的正常性质，即平均的劳动"熟练程度"、"技巧"、"速度"，是确定和衡量社会平均劳动熟练程度的重要因素，而现代教育正是训练和培养劳动力劳动熟练程度、生产技能和技巧以及劳动速度的基本手段。因此，现代教育对商品生产的功能，主要是通过教育对劳动熟练程度、劳动技巧和劳动速度发生影响，进一步对社会必要劳动时间发生影响，从而对商品生产发生作用体现出来的。

现代教育通过对社会必要劳动时间发生影响，进而与商品生产和商品经济发生关系，首先是从劳动力所活动的产业部门中表现出来的，后来随着现代生产的发展，特别是科学技术在生产中的逐步应用，教育对确定社会必要劳动时间的作用，进而对商品生产的作用，对商品经济发展的作用，大都是通过职业技术学校，通过职业技术教育和训练表现出来的。产业部门或者职业技术学校，或者职业技术培训，都是通过教育和训练，向在职劳动者或者未来劳动者传授各种职业技术部门、产业部门所需要的专门性质的理论知识和专门性质的技能技巧，从而不断提高他们的劳动熟练程度、生产技能和技巧以及劳动速度，进而不断缩短社会必要劳动时间，提高劳动生产效率，生产更多的商品，获得更高的价值和更多的经济效益。基础教育，即普通中小学教育，对社会必要劳动时间的影响是间接的，是从基础教育与职业技术教育、专业教育关系上加以分析的。因为产业或职业部门的职业技术和专业技

---

① 马克思：《资本论》第1卷，人民出版社1965年版，第52页。

术,都是建立在普通中小学教育基础上的,因此劳动力在产业或职业部门的劳动熟练程度、劳动技能和技巧以及劳动速度,都与基础教育相关联,都是不能脱离普通中小学这个基础的。从这种意义上说,基础教育对于确定社会必要劳动时间,对于提高劳动生产率,对于商品生产和发展商品经济的作用虽然是间接的,但是是不容忽视的。

2. 现代教育对劳动力价值的功能

现代教育对劳动力价值的功能,主要是通过教育提高劳动力素质和改变劳动力形态,从而增大它自身的价值与它所创造的价值之间的差别表现出来的。劳动力是指存在于人体内,每当人们生产某种使用价值时就运用的体力和智力的总和。投入市场作为交换对象的劳动力,是一种特殊的商品。所以说它特殊,是指它与其他商品的区别。因为在资本主义社会里,整个商品世界由两大部分构成:一是劳动力,即人的劳动能力;二是不同于劳动力商品的其他商品。劳动力商品与其他商品主要有三方面区别:其一,它是人的活的劳动力,并且存在于人的活体中,是同劳动者本身分不开的;其二,它只有在一定产业部门中,在劳动中,在生产某种使用价值时才能发挥出来;其三,它除了生产自身的价值之外,还能创造新的价值。也就是说劳动力可以使它本身的价值和它所创造的价值之间有差额,别的商品不具备这一特征。这正如马克思所说:"**劳动能力**所以是生产的,是由于它的**价值**和**它创造的价值之间有差别**。"① 还说:劳动力"这个商品具有一种独特的特性:它是创造价值的力量,是价值的源泉,并且——在适当使用的时候——是比自己具有的价值更多的价值的源泉"②。那么如何才能充分发挥劳动力创造价值的力量,如何使它所创造的价值大大超过自身的价值呢?我们认为关键在于首先提高劳动力自身的价值,因为劳动力自身价值越高,它所创造新价值就越多。按照恩格斯的说法,劳动力价值包括三项:①成长维持生活的费用;②养育子女生活需要费用;③一定的教育和训练费用。这说明,劳动力所受教育和训练费用,是其价值总和的重要组成部分。劳动力的教育费、培训费和学习

---

① 《马克思恩格斯全集》第 26 卷第 1 册,人民出版社 1972 年版,第 422 页。
② 《马克思恩格斯选集》第 1 卷,人民出版社 1995 年版,第 328~329 页。

费,是对劳动力自身发展的投资,它可以提高劳动力的素质,提高劳动力劳动熟练程度,它还可以改变劳动力的形态,由简单劳动力变为复杂劳动力、专门劳动力、智力劳动力。劳动力的素质和劳动复杂程度,与他的教育训练程度,与他所创造的价值是密切相关的,是一种正比例关系。马克思曾精辟地指出,比社会平均劳动较高级的复杂劳动,是这样一种劳动力的表现,这种劳动力比普通劳动力需要较高的教育费用,它的生产要花费较多的劳动时间,因此它具有较多的价值。既然这种劳动力的价值较多,它也就表现为较高级的劳动,它就在同样长的时间内物化为较多的价值。这充分说明,劳动力的复杂程度与它的教育训练费用,以及它自身的价值和所创造的价值之间,是正相关关系。有学识的劳动力要比普通劳动力贵得多,因为教育训练有学识的劳动力要耗费较多的时间和金钱,所以有学识的劳动力价值就高。劳动力复杂程度越高,所创造的价值就越多。"一小时复合劳动的产品同一小时简单劳动的产品相比,是一种价值高出一倍或两倍的商品。"①

3. 现代教育对科技知识形态商品生产的功能

现代教育对科技知识形态商品生产的功能,主要是通过教育可以再生产科技知识形态商品表现出来的。大家知道马克思有一段著名论断,即"对脑力劳动的产物——科学——的估价,总是比它的价值低得多,因为再生产科学所必要的劳动时间,同最初生产科学所需要的劳动时间是无法相比的,例如学生在一小时内就能学会二项式定理"②。这里主要阐明这样几个思想:①肯定了科学知识是具有价值的,是商品;②生产科学知识形态商品的价值量,是由社会必要劳动时间决定的;③现代教育可以生产和再生产科学知识形态的商品;④科学知识形态的商品最初生产,与通过教育再生产,所需要的社会必要劳动时间是有差别的,通过教育再生产的科学技术商品,所需要的社会必要劳动时间大大缩短,缩短到无法相比的程度。这些论述充分说明了现代教育与商品经济的联系,以及教育对科技知识形态商品生产的作用。

---

① 《马克思恩格斯选集》第3卷,人民出版社1995年版,第542页。
② 《马克思恩格斯全集》第26卷第1册,人民出版社1972年版,第377页。

随着社会生产力的发展，随着教育的现代化，现代教育不仅可以生产一般的科技知识形态的商品，而且将会生产大批的高新科技产品，生产高新科技商品，如微电子技术产品、生物工程产品、激光产品、光纤技术产品、空间技术产品、海洋技术产品等。这些高新技术产品，不仅要面向国内科技市场，而且要参与国际科技市场的竞争，从而为国家创造更高的价值，获得高额利润和经济效益。其中特别是高等教育在生产高新科技商品中起着更为突出的作用。例如，众所周知的美国的"硅谷"、日本的"筑波"、中国的"中关村"高新科技中心，周围都有一些闻名于世的高等学校，许多高新科技产品是高校直接生产出来的，或者是高校与科研单位联合生产出来的。当前面临新的科技革命的挑战，面临激烈的国际经济竞争和商品经济的发展，世界各国都十分重视改革和发展高等教育，充分发挥其创造发明新科技、高科技的功能。因为高等教育具有生产和发展高新科技的优越条件。高校内部本身就有许多科学研究单位和技术开发中心，具有强大科技发展的环境条件和力量；具有雄厚的科技信息情报资料；具有十分齐全的科研技术装备和实验设备；具有一支既能从事教学，又能从事科研并承担着国家重大科研项目的师资队伍和科研力量。同时高校机构内部系科专业和学科门类比较齐全，学术和科研气氛浓厚，国际学术交流频繁，再加之高校科研与教学可以相互促进，因此十分有利于高新科技的创造、发明，有利于高新科技的发展，有利于科技商品的繁荣和发展。

第三节 现代教育的政治基础及功能

现代社会政治是现代社会的有机组成部分，也是构成现代教育社会基础的主要部分，同时现代教育对现代政治也具有巨大的影响作用与强大的功能。

一、社会政治界说及其形态

社会政治是一个复杂的社会现象，对它的理解有多种层面与多个维度。社会政治产生于阶级社会，具有极其强烈的阶级性质；政治属于社会上层建筑范畴，它是建立在一定社会经济基础上的，并又反映和作用于社会经济基础；政治还指某个国家或者政党在特定历史时期的主要任务和奋斗目标；政治也包含劳动群众参与国家事务，对国家的监督和管理。

在阶级社会里，政治的鲜明特征是政权，是夺取政权和巩固政权的斗争。但政治特性也会随着社会历史的发展，不断发生变化，这主要是由不同历史时期特定任务决定的。如我国目前社会政治的首要任务是确保经济建设，实现社会主义现代化。

政权问题仅是社会政治斗争一个时期的集中表现，但不能把政权问题代替政治的全部内容和形态。社会政治除政权斗争形态外，还有其他表现形态。如政治活动形态，即维护政党、阶级利益的各种政治活动；政治机构形态，即国家政治制度、法律制度以及政府、党派的各种组织机构和管理；政治观念形态，即反映政党、阶级利益和要求的政治路线、政治方针政策以及与其有关的理论和学说。所谓现代政治，或社会政治现代化，它包含有相互联系的两层意思：其一，从社会政治发展进程上分析，是指从废除封建专制制度，建立新的社会制度，并向民主政治转化与发展的进程；其二，从社会政治所担负的任务上分析，则是指根据现代经济发展的要求建立新的政治结构、政治制度与政治秩序，保障人们的经济活动和经济利益。

二、现代教育的社会政治基础

在阶级社会里，教育总是阶级的教育，必然由掌握政权的阶级通过政治组织机构、法律形式和思想意识影响来控制教育，从而决定着、制约着教育的各个方面，即对教育性质、目的、制度、内容乃至方法都具有强烈的制约作用。现代教育的社会政治基础，是通过现代政治对现代教育的决定作用反映与表现出来的。

社会政治通过政治组织机构或团体，决定着教育的领导权和支配权，从而决定着教育阶级性质、教育目的、制度和内容。这主要从两方面表现出来。一方面是掌握政权的阶级，必然掌管着社会生产资料，从而必然掌握着精神生产资料，也就掌握着教育的领导权和支配权，使教育为本阶级服务，具有本阶级阶级性质。教育目的、制度和内容，反映本阶级的要求。另一方面从政治、组织上直接领导、控制教育。从客观上分析，国家政治管理形式不同，教育管理形式必然随之不同，政治管理形式制约着教育管理形式。目前世界上基本有三种类型国家政治管理体制，相应地也有三种类型教育管理体制，即中央集权、地方分权、中央集权与地方分权相结合体制。从微观分析，它反映在国家委任教育领导者和教师方面。教育领导者和教师是代表国家，代表阶级的利益在施行教育，他们对被教育者进行直接或间接的思想政治影响，使国家的政治方针政策和教育方针政策得以实际地贯彻执行，实现教育的阶级性质、教育目的和任务。

社会政治通过法律形式，对现代教育具有制约作用。法律是国家意志的体现，代表着国家或阶级的根本利益，并且具有政治强制性。法律形式对教育的作用，主要表现在两个方面。其一，通过法律形式争取受教育权利。如无产阶级在未夺取政权以前，曾利用合法斗争的形式为本阶级争取教育权利，争取科学教育内容和方法。其二，掌握政权的阶级，都要充分利用各种法律手段，包括教育立法，控制教育的领导权，确立符合本阶级意志要求的教育制度、教育内容和方法。如我国宪法中有关条款以及已经颁布实行的《中华人民共和国教育法》《中华人民共和国教师法》《中华人民共和国义务教育法》等，对我国教育的性质、方向、目的、制度、内容和方法都起到了规范化作用。

社会政治通过对受教育者进行思想政治教育，制约现代教育的目的和内容。这种作用更具有直接性。通过政治宣传，设置政治理论课、公民课，组织政治活动等形式，直接对受教育者的政治立场、世界观、人生观，以及道德行为习惯施加影响，从而实现国家或阶级所要求实施的教育内容和理想的人的规格。

三、现代教育的社会政治功能

现代政治为现代教育奠定了社会基础，发挥了决定性作用，但现代教育对社会政治并不是消极的，它同样具有促进社会政治发展的作用和功能。现代教育对社会政治的功能，还有它自身许多特点。它主要是通过培养人和宣传政治路线、方针、主张，推进社会民主进程，来为社会政治服务的。

(一) 现代教育通过培养人才为社会政治服务

无论哪个时代或阶级，都要通过教育来培养造就合格的公民和政治统治人才，从而使受教育者具备阶级或时代所希望的政治立场、政治观点和思想意识。因为教育所培养的人才，其中有一部分要进入社会上层建筑领域，组织管理国家各项事务。这部分人才对社会政治具有更为直接的作用。如我国古代的教育向学生传授的大都是"修己治人之道"，目的是要他们能够"致君泽民"。古代学校实际上就是培养官吏的场所。封建时代则需要驯服的、听天由命的臣民，这就决定了封建统治者在教育上施行愚民政策和等级制。资产阶级出于本阶级的需要，教育要培养既能为资本主义制度创造利润，又不打扰统治者安宁的人。社会主义教育则要培养当家做主的公民，培养关心国家政务，参加国家管理的人才。这是现代教育的政治活动功能的基本表现。

(二) 现代教育对社会政治制造舆论的功能

通过教育宣传一定阶级或政党的政治纲领、方针、路线和政策，也是教育对社会政治的基本功能。现代教育这一功能可以从两方面理解。其一，学校是知识分子和青年学生聚集的地方，师生对社会政治上的各种主张、思潮作出反应，对于进步的符合时代潮流政治观点和政治变革，进行积极的学习、研究和宣传，扩大其影响，从而促进社会政治进步和变革；对于消极腐败的社会政治理论和观点，进行有效的抵制，不让其在社会上扩散和蔓延。其二，学校教育对社会政治的决策，即政治路线、方针、政策的确定具有咨询作用，特别是高等学校在这方面的功能更为显著。

(三) 现代教育推进社会民主化进程的功能

社会民主属于政治范畴，民主政治是政治现代化的重要标志，现代民主是现代政治的重要组成部分。民主政治必然要求民主教育与之相配合。民主教育，即实现教育的普及化、民主化、法制化，则是现代教育的重要标志。现代教育同时也是民主政治的一个条件。现代教育具有通过传播民主政治，启发、激励人们政治参与意识和能力等功能。例如，现代教育具有提高人们政治素质的作用。因为社会民主政治发展的程度，同参与政治活动的人所接受教育程度密切相关，一般情况为正相关，即人们受教育程度越高，政治素质越高，民主政治的参与意识和能力也会相应提高；现代教育具有加工、选择、再生产民主政治的作用。因为从一定意义上讲，教育特别是高等教育，不仅具有传播民主政治的功能，而且还具有创造民主政治的机制与作用，可以说是社会民主政治的发源地。民主与法制息息相关，民主政治只有在法制轨道上才能更好实现，因此现代教育通过对社会公民的法制教育，提高公民的法制意识，增强他们的法制观念，包括人权观念、权利义务观念、遵纪守法以及法律面前人人平等观念等，从而促进社会民主化的进程。

第四节 现代教育的社会文化基础及功能

社会文化与现代教育是一对孪生姐妹，社会发展不可能没有文化，而社会文化的传播、发展，又必须依赖现代教育。现代社会文化与教育是相互包含、相互作用、互为目的和手段的交融关系，二者处于同一个层次，均由社会政治经济所决定。论述现代教育的社会文化基础，主要是从它们的关系的角度展开的。

一、文化界说及存在形式
（一）文化界说

文化的定义众说纷纭，莫衷一是。文化可分为广义文化与狭义文化。广义文化是指与"自然"相对应的概念，是由人所创造的、非自然所提供的、社会性的人适应环境的超生物手段与机制的总和，包括物质文化、制度文化、精神文化。狭义文化仅指精神的或观念性文化，主要是指人类以社会成员的身份习得的复合性整体，包括知识、信仰、艺术、道德、法律、风俗和其他一切能力和习惯。我们这里要阐释的文化与教育关系，是使用狭义的文化概念。狭义的文化与教育有着更为直接的关系，因为狭义文化是人类必须学习才能获得；人类必须以社会成员的身份习得，它具有复合性整体等特征。[1]

---

[1] 参见厉以贤主编：《现代教育原理》，北京师范大学出版社1988年版。

(二) 社会文化的存在形式

要深入论述现代社会文化与教育的相互关系，除了了解文化的本身特征之外，还必须理解社会文化存在的主要形式。

物质形态文化 指科学、艺术、技术等创造发明物化在物质产品上的文化，如历史文物、工艺用品等。

制度形态文化 指人类为满足或适应某种基本需要而建立的各种典章制度及法则，如政治制度、经济制度、教育制度以及法律、军事、家庭、婚姻制度等。

观念形态文化 指人类创造的各种语言文字、数学抽象符号以及各种科学著作和文化作品，即各种文化的物质载体。

活动形态文化 指各种文化创造和传播活动，以及文化团体和设施。如各种学术活动、文娱活动，文化出版机构、学术机构等。

心理形态文化 指不同民族的心理素质、价值取向、精神风貌、思维和生活方式，以及传统和行为习惯等。

二、现代教育的社会文化基础

社会文化对现代教育具有多种功能和作用。其作用是一种影响性的。这种影响作用，就是现代教育的基础。

(一) 社会文化背景对现代教育的影响作用

现代教育总是在一定的社会文化背景下进行的，随着社会文化的发展，必然提高人们对现代教育的需求，满足人们的教育需求，就必须发展教育事业。某个社会或国家的人民文化水平越高，对受教育的需求程度就越高。在文化高度发展的社会里，其各级各类教育必然是十分发达。同时文化的社会背景也对学校教育与社会联系发生影响。特别是文化发展后，受教育的层次和方面将大大拓展，教育体系和办学形式将会多种多样。多种多样的教育体系和办学形式，扩展了教育与各种不同层次、不同类型、不同行业人员的联系，使现代教育与社会生活各方面加强了联系，从而带动了教育事业的发展。

(二) 民族文化传统对现代教育的影响作用

每个民族都有自己特定的文化传统，即民族思想信念、道德观念、价值取向、风俗习惯以及思维和生活方式等。这些民族文化传统，对现代教育具有强烈的影响功能。因为民族文化传统特别是优秀的文化传统，需要通过教育进行传递，这样就必然影响社会对教育内容的选择。因此，民族文化传统对教育传递的具体内容具有制约和影响作用。同时，民族文化传统的核心，即价值观念和取向，将极大地影响着人们对现代教育目的的确定、教育地位的认识以及教育内容、手段和方法的选择。世界是多民族的，因此各民族的教育体系、结构和教育形式是纷纭繁多的，即使在政治、经济制度以及生产力发展水平基本相同的国度里，由于其文化传统各异，反映在教育上也会不尽相同。

从微观或具体层面上分析，社会文化对现代教育的功能，直接影响着学校教育的课程结构和教育内容。社会文化的丰富和发展，必然促进学校教育内容的丰富和课程结构的变化。虽然教育内容变化相对于文化发展来说，具有相对的稳定性，但在社会文化大发展，特别是科学技术突飞猛进的发展条件下，可以打破教育内容的稳定格局，促进教育内容的发展和课程结构的变化。现代科学包括人文社会科学的迅猛发展，带动了学校课程内容的更新与增加，也带动了学校课程结构的变化，出现了选修课比重增加的趋势。

三、现代教育对社会文化发展的功能

社会文化影响着现代教育，现代教育对社会文化也不是消极被动的。现代教育对社会文化具有保存、传递功能，传播、交流功能，创造、更新功能等。①

(一) 现代教育对社会文化的保存、传递功能

人类文化是后天习得的，因此它不可能通过遗传的方式延续，而只能通过传递方式发展下去，从这个意义上讲，现代教育是传递和保存社会文化的重要手段。社会文化是人类创造的，人类同时也是社会文化的继承者。那么如何使社会文化得以更好的保存和继承呢？这是必须回答的问题。首先必须解决工具问题，教育既是社会文化保存的工具，又是社会文化传递的工具。

---

① 参见厉以贤主编：《现代教育原理》，北京师范大学出版社1988年版。

教育传递着文化，使得新生一代能够较经济高效地占有社会文化。如果社会文化不从上一代传递给下一代，那么社会文化的保存、积累和发展是绝对不可能的。教育对社会文化的保存、传递的作用，是通过教育对社会文化的选择、整理过程实现的。因为教育首先离不开确定教育内容，而确定教育内容的过程，实际上就是选择文化的过程，人们总是要把人类最基本的、最精华的文化传授给下一代。教育也离不开编写教材和教科书，这实际上是整理和选择社会文化的过程。这个整理与选择过程在人类文化传递中起着十分重要的作用。因为整理与选择文化就是提出易于被人接受和理解的传递方式，这样可以使人们更快更好地习得更多的社会文化，促进个体的社会化和文化化。

（二）现代教育对社会文化的传播、交流功能

教育既然具有传递社会文化的功能，也就可以具有传播、交流社会文化的功能。文化传播是一种民族文化向另一种民族文化传输的过程，是单向传输。而社会文化交流，是两个或两个以上民族文化相互传输的过程，具有双向性或多向性。社会文化的传播、交流有多种途径和手段，如教育、贸易、战争、移民、旅游等。其中，教育是最基本、最有效的途径和手段。因为通过教育途径吸收其他民族的文化，都要经过去劣存优、吸取精华、去其糟粕的选择过程，这样可以克服文化交流中的盲目性。在现代化条件下，多元文化交流十分活跃，因此，现代教育的社会文化交流作用，显得更为重要。如国际间书籍、著作、教材、课本交流，互派教师讲学、考察和学术研究，互派留学生等。多元文化间的传播、交流，不仅促进了世界文化的发展，同时也促进了本民族文化的繁荣。

（三）现代教育对社会文化的创造、更新功能

教育对社会文化的传递、保存、传播、交流的功能，基本上是在原有社会文化的基础上进行的。要使社会文化不断发展，还必须对社会文化进行创造和更新。现代教育对社会文化的更新发展同样具有十分重要的作用。首先，现代教育通过创造并普及新的思想、新的观念，就可以形成社会文化因素；其次，教育通过发展科学技术，为社会创造新的科技成果，充实、更新、发展社会文化；再次，现代教育可以为社会文化的不断发展，提供具有创新精神的各方面人才，通过这些人才，再去创造新的社会文化。因为没有具有创

造精神的人才，社会文化就无法更新发展。

第五节　现代教育的科技基础及功能

科学是研究自然发展变化规律的，技术则是根据实践经验和科学原理在生产过程中运用各种操作方法和技能的综合。科学技术是一种在人类历史上起推动作用的革命力量。它具有社会和经济价值，同时也具有教育价值，是现代教育发展的基础。现代教育与科学技术有着十分密切的关系。科学技术进步可以促进教育的发展，充实教育内容，改进教育手段；现代教育则是科学技术繁荣和发展的重要手段和基本途径。

一、科学技术的社会和经济价值

科学技术是社会历史和生产发展的产物，但科学技术对社会历史发展和经济增长具有巨大的甚至划时代的意义。因为在马克思看来，"科学是一种历史上起推动作用的革命的力量"①，"是最高意义上的革命力量"②。也就是说，科学技术不仅直接指导和推动社会生产的发展，经济的增长，而且对社会革命、社会历史发展也具有先导作用。马克思曾明确指出："生产力中也包括科学"③，社会生产力的发展也来源于智力劳动，特别是自然科学的发展及其在生产过程中的应用。马克思还说，资本主义大生产在于"整个生产过程不是从属于工人的直接技巧，而是表现为科学在工艺上的应用"④，"资本是以生产力的一定的现有的历史发展为前提的——在这些生产力中也包括科学"⑤。还说："自然界没有制造出任何机器，没有制造出机车、铁路、电报、走锭精纺机等等。它们是人类劳动的产物，是变成了人类意志驾驭自然的器官或人类在自然活动的器官的自然物质。它们是人类的手创造出来的人类头

---

①②　《马克思恩格斯全集》第19卷，第375、372页。

③④⑤　《马克思恩格斯全集》第46卷下册，人民出版社1979年版，第211、219~220页。

脑器官；是物化的知识力量。固定资本的发展表明，一般社会知识，已经在多么大的程度上变成了直接的生产力，从而在社会生活过程的条件本身在多么大的程度上受到一般智力的控制并按照这种智力得到改造。"① 马克思这些科学论断集中论述了科学技术的社会历史价值，特别是经济价值和发展社会生产力价值。这说明科学技术是社会历史发展的推动力量，其本身就是社会生产力，是一种一般社会生产力，科学知识形态的生产力。现代化生产过程是从简单劳动过程向科学化过程转化，也就是向驱使自然力为自己服务并使它为人类需要服务的科学过程。邓小平发展了马克思提出的这一科学原理，明确提出"科学技术是第一生产力"。科学技术对社会生产发展和经济的价值，有如下一些表现。

（一）科学是潜在的社会生产力，技术则是社会直接生产力

科学可以通过与物质生产资料相结合，物化为生产技术，转化为物质生产过程中的直接生产力、现实生产力。现代化生产发展的历史，则是科学通过技术与社会物质生产逐步相结合的历史。科学通过技术与物质生产相结合，具体表现在科学物化在社会生产力各种要素上，例如，科学物化在劳动力要素上，则表现为劳动力以自觉地应用自然科学知识、生产技术，代替了单纯的劳动经验；科学物化在劳动资料和劳动对象要素上，则表现为以机器代替手工工具，提高劳动手段智力化程度，以新的生产材料代替旧的生产材料，开拓新的劳动领域。总之，科学通过物化环节，转化为生产技术，使科学从知识形态上的生产力，转化为直接生产力。这说明科学技术一旦应用于物质生产过程，并与物质生产资料相结合，就会成为巨大的社会物质力量。

（二）科学技术是现代生产的重要因素

随着物质生产的社会化、科学化和现代化，科学技术已经成为生产过程中独立的、不可缺少的因素，甚至可以说是关键性或决定性的因素。正如马克思所说："生产过程成了**科学的应用**，而科学反过来成了生产过程的因素即所谓职能。每一项发现都成了新的发明或生产方法的新的改进的基础。只有资本主义生产方式才第一次使自然科学为直接的生产过程服务，同时，生产

---

① 《马克思恩格斯全集》第46卷下册，人民出版社1979年版，第219~220页。

的发展反过来又为从理论上征服自然提供了手段。"①

(三) 劳动生产效率提高程度取决于科学技术进步程度

我们知道，影响社会劳动生产效率的因素是多种多样的，有主观因素，也有客观因素，但在现代化生产发展的条件下，社会经济发展和社会生产力提高，主要不再是依靠劳动数量、劳动强度、劳动时间，而是主要依靠提高社会劳动生产效率，而社会劳动生产效率的提高，又主要取决于现代科学和现代技术进步程度。对此，马克思也有科学的论断。他说："随着大工业的发展，现实财富的创造较少地取决于劳动时间和已耗费的劳动量，较多地取决于在劳动时间内所运用的动因的力量，而这种动因自身——它们的巨大效率……取决于一般的科学水平和技术进步，或者说取决于科学在生产上的应用。"②

二、现代教育的科学技术价值

教育的科学技术价值，是指教育在科学技术发展中的地位和作用。科学技术的社会和经济价值，在一定意义上是通过现代教育实现的。因此，阐明现代教育与科学技术是第一生产力的关系，也就揭示了教育的科学技术价值。

根据马克思主义的观点，社会生活过程本身的条件，要受智力和与这种智力相适应的教育的控制。这里所说的社会生活过程，包括物质生活和物质生产，精神生活和精神生产。这些均要受到社会科学力量和教育的影响。随着新兴科学技术领域的不断开发和应用，现代教育与科学技术的关系，将越来越显得重要。因为在新的科技革命时代，劳动技能主要不是靠体力，而是以知识和智力为基础。科学技术生产力已成为决定性、关键性因素。同时，未来社会发展趋势，将是高知识、高技术、高智力和信息社会。在未来的社会里，物质生产的发展，主要依靠科学技术的应用，依靠知识形态的生产力。这一方面将进一步证明科学技术是第一生产力的论断是正确的；另一方面也说明现代教育将是适应和促进未来生产发展趋势的重要力量。现代教育的科

---

① 《马克思恩格斯论教育》，人民教育出版社 1986 年第 2 版，第 174 页。
② 《马克思恩格斯全集》第 46 卷下册，人民出版社 1979 年版，第 217 页。

学技术价值具体反映在以下几个方面。

（一）教育具有使科学技术传递、积累、发展的价值

恩格斯曾指出，科学的发展是"同前一代人遗留下的知识量成比例"①。马克思也说："每一项发明都成了新的发明或生产方法的新的改进的基础"②。这些科学论断，说明科学技术发展具有很大的继承性。传递、积累和借鉴前人的科技成果，是科技本身发展和再生产的前提条件。因为科学技术不仅是某个历史时代的产物，而且是人类社会历史发展过程的结晶，是一个不断传递、积累和发展的历史过程，在这一过程中现代教育起着十分重要的作用。因为现代教育一方面通过加强基础学科的传授，使人类已经积累起来的基本知识、基本生产经验和技术得以世代相传，为新的更高层次科学技术发明发展打下基础；另一方面现代教育还要不断发展科学技术，再生产新的科学技术，创造和开拓新的科学技术领域。这就是我们所说的专业技术教育和大专院校的科学研究工作。据有关材料介绍，美国许多科学研究单位和科研课题，大都设置在名牌大学里，许多新的科研成果是在高等院校取得的。

（二）现代教育具有使科学转化为生产技术的价值

马克思在论述机器和大工业发展历史过程时，论述了现代教育是现代工业生产的必然产物，并且论述了当时由于产业革命而创立了许多职业技术学校和工艺学这门科学。当时职业技术学校和工艺学是使科学变为技术，变为直接生产力和现实生产力的重要途径。通过职业技术教育和工艺学，可以使手工工具转化为机器，发展完善生产工具，改进生产技术，提高社会生产力。这正如马克思恩格斯曾经说过的，社会生产力不仅取决于劳动者的技巧，而且取决于它的工具完善程度。教育可使年轻人很快就能够熟悉整个生产系统。社会现实中许多情况都说明了这个问题。例如，从国外引进一批新的机器设备和生产技术，因国内技术力量所限，不会使用和操作。这实际上还没有将科学转化为生产技术，转化为生产力的一般条件，没有形成直接生产力。这时如果由一些学者、专家组织创办短期技术教育培训班，就会使已有的先进

---

① 《马克思恩格斯全集》第1卷，人民出版社1956年版，第621页。
② 《马克思恩格斯论教育》，人民教育出版社1986年第2版，第174页。

生产工具和生产技术进入生产过程，提高生产效率。

目前，我国把科学发明转化为生产技术，特别是农业的科学发明转化为技术，是一个十分薄弱的环节。科技进步在国民经济增长中所占的比重还十分低下，其根本原因是我国科学研究成果转化为生产技术，转化为直接生产力的效率太差。要改变这种局面，重要的一个条件是，必须大力发展教育事业，改革和完善教育体系，重视现代教育在科学变为生产技术中的价值。

（三）现代教育是科学技术得以发展的有效形式

马克思曾经说过："对脑力劳动的产物——科学——的估价，总是比它的价值低得多，因为再生产科学所必要的劳动时间，同最初生产科学所需要的劳动时间是无法相比的，例如学生在一小时内就能学会二项式定量。"[①] "一小时复合劳动的产品同一小时简单劳动的产品相比，是一种价值高出一倍或两倍的商品。"[②] 因为教育是把人类长期所积累的科学知识、生产技术，经过有目的选择、提炼、加工、概括而进行传递的，同时在传递过程中，又有科学的讲授、传授方法和现代化手段，因此效率比较高。所以说现代教育是科学技术传递和再生产的有效形式。通过现代教育可以大大缩短科学技术再生产的必要劳动时间。目前世界各国都十分重视高等教育，提高其质量，因为高等教育是发展科学技术的阵地，它具有再生产科学，推广技术，推动生产力发展的重要功能。高等学校内有许多科研机构和优越科研条件，具有发展科学技术的潜能。例如，它具有雄厚的科技学术队伍，特别是高层次的专门人才比较集中；具有较好的信息资料和实验设备条件；具有系科专业和学科门类齐全，学术空气浓厚以及教学与科研互补等学术环境，十分有利于科学研究和创造发明。因此，把高等学校办成教学、科研中心，是符合现代教育规律的。随着改革开放的深入发展，现代教育在科学技术发展、推广等环节，将起着更为重要的作用。

---

① 《马克思恩格斯全集》第26卷第1册，人民出版社1972年版，第377页。
② 《马克思恩格斯选集》第3卷，人民出版社1995年版，第542页。

三、现代教育面临着新的科技革命的挑战

现代教育面临着新的科学技术革命的挑战,如何迎接这一挑战,如何更好地发挥现代教育的科学技术价值,是当前面临的一个重要研究课题。

当代,科学技术迅猛发展,出现了许多新兴的科学技术,如微电子技术、生物工程、激光、光纤技术、空间技术、海洋技术等,并且正在逐步形成为一个新兴的科技群体。现代科学技术有两个同时存在的明显发展趋势:一是科学迅速转化为技术,转化周期在不断缩短;二是技术升华为科学,形成新的科学。如电子计算机出现后,很快形成计算机科学,说明科学与技术综合、分化同时并存。新的科技发展趋势,必然对现代教育产生深刻影响,提出更高要求,现代教育发展既面临着契机,也面临着挑战。现代教育如何进一步改革、开放和发展,迎接挑战,抓住契机,是当前教育面临的新的任务。

为了适应新的科技革命的要求和挑战,今后教育改革开放的方向和发展趋势,仍必须坚持面向现代化,面向世界,面向未来。

(一)改革教育结构,使教育结构与产业结构相适应,为经济建设服务

如何改革和确立合理的教育结构,使之适应科技发展所带动的产业结构变化的要求?从总体上说,就是要使教育的类别和专业设置及其比例,同产业部门由于科技引起的产业结构的变化相适应;使教育级别结构及其比例,同产业部门由于科技所引起的技术结构、劳动力就业结构相适应。科学技术革命所产生的经济部门产业结构变化的总趋势是:第一产业比重下降,第三产业迅猛发展,第四产业即信息业迅速兴起。经济部门产业结构的变化趋势,首先引起劳动力就业的变化,出现新的劳动力结构性就业。劳动力就业结构的变化,直接引起教育结构的变化。目前,我国教育级别结构和类别结构,都不适应经济部门产业结构变化和劳动力结构性就业的要求,极需要尽快改革和调整。我国产业部门的技术结构与教育专业、学科结构也不适应,也需要改革调整。产业部门的技术结构大体分为三种:先进技术、中间技术和传统技术;教育部门的专业、学科结构,大体可分为理、工、农、医、师等。目前,我国教育专业、学科构成,经过近几十年的调整改革,逐渐向经济建设主战场靠拢,但仍有失调现象存在。例如,农业、林业、商业、服务业以及管理专业等比例还是过小,同产业部门的技术进步和技术结构变化的要求,

还有一定的距离。又如，我国农业部门，50％以上的农业科学技术没有转化为直接生产力。还有一个问题也必须引起教育部门的高度重视，那就是现代教育培养人才的知识结构、智力结构，如何适应产业部门科学技术发展速度以及应用的深度和广度。这就要求现代学校教育教学活动，必须转变教育观念，加强对学生创造精神、科研能力、探究能力以及参与竞争意识的培养。我国集中精力搞经济建设，迎接国际经济竞争和科技竞争，极需要一批基础知识雄厚，有创造才能的科技人才，有开拓进取、奋斗拼搏精神的经济建设精英。

(二) 改革和发展现代教育内容，使现代学校教育内容紧密结合经济建设的实际，适应经济和科技发展的要求

新的科学技术革命，不但使得物质生产领域出现了许多新工艺、新技术，而且还出现了大批新的经济部门和生产领域。这就要求教育必须加速改革课程设置和教学内容，使教学内容反映新的科学技术发展水平，反映经济建设的要求，反映现代化生产发展水平。具体地说，就是要用先进的科学技术知识，充实教育内容，使教育内容以最先进的科学技术成果作为起点。也就是说，一方面，要及时淘汰陈旧的内容，增添新的内容，用先进的代替陈旧的；另一方面，改革课程结构，调整课程设置方向，突出反映经济建设、生产发展和科学技术革命方面的内容。由于教育周期长，在考虑教育内容时，不但要看到近期的需要，还要看到远期的要求，更要预见到未来科学技术发展的趋势。教育内容要在通俗化、科学化的基础上向现代化、综合化、信息化方向发展。例如，在中小学的教育内容中，增加普及信息技术方面的内容，大学文理科教育内容相互渗透等。

(三) 改革教育组织形式和手段，使教育尽快采用新的组织形式和技术手段

用现代科学技术武装教育形式和手段，以适应经济和科技发展的要求。现代化教育必须有现代化的教育组织形式、方法和手段。所谓教育组织形式现代化和教育方法现代化，是指不仅要广泛运用现代科学技术成就，发展现代化教育技术，而且还要运用现代科学研究成果，不断改革教育组织形式和方法。例如，在教育组织形式方面，应该考虑逐步改革那种以标准化、同步

化为特点的教育组织形式和体系，积极开拓课外、校外新的形式。在教育方法上，应该大力使用现代化手段，如电视、电影、录像、广播、电子计算机网络等。尽快把生产现场的先进技术手段，引入教育领域，使教育手段现代化；还要注意在教育上运用各种传播社会信息的现代化工具，如情报资料、图书资料、报刊等，使教育逐步信息化。

总之，现代教育要真正适应新的科学技术革命的挑战，充分发挥现代教育在社会物质生产和经济建设中的作用，推动科学技术进步，必须改变陈旧的传统的教育观念，把教育摆在战略重点地位，发挥现代教育的功能。

第二章　现代教育的哲学基础

第一节　哲学是教育的理论基础

一、哲学与教育的一般关系

(一)教育与哲学自古以来就存在着密切的关系

哲学是关于自然、社会和人类思维的最一般规律的学问。哲学是研究世界总体的，它着眼于世界的统一性及其规律。哲学在其发展中形成了不同层次。它的最高层次是元哲学（或一般哲学）。在元哲学的下一个层次，分别为研究自然、社会和思维这三大领域元问题的哲学学科，即自然哲学、社会历史哲学、精神（或思维）哲学。自然哲学、社会历史哲学、精神哲学在分别研究各自的元问题时，又要求建立更为具体的哲学学科。例如，自然哲学之下可以建立科学哲学、技术哲学、生态哲学，在社会历史哲学之下可以建立政治哲学、经济哲学、管理哲学，在精神哲学之下可以建立文化哲学、艺术哲学、逻辑哲学。在这些具体学科之下如再细分，可以建立分属于某一学科的哲学，可称为应用哲学。

教育是有目的地培养人的社会实践活动。自然、社会和人类思维都会影响教育的发展。直接影响教育发展的社会因素，主要包括经济、政治和文化。教育构成的因素主要有教育者、教育对象、教育内容和手段。教育自身的实践领域则有智育、德育、体育、美育、劳动技术教育。教育本身还有自己的组织管理系统。教育作为一种培养人的社会实践活动，教育过程既是教师教育实践的过程，也是学生自我学习和自我教育的过程，是受教育者自身实践的过程，是受教育者通过自身实践使文化内化的过程。当然，教育作为一个系统工程，它也是整个社会结构系统实践的结果。

教育作为一种社会实践，它是哲学理论的重要来源之一。哲学是研究自然、社会和人类思维的共同规律的，因此它需要自然、社会和人类思维三大领域提供材料，光靠社会生活某一领域的材料还不能有充分根据得出哲学概念。但是由于一般存在于个别之中，社会生活的个别领域包括教育必定是哲学形成的一个来源，并包含哲学概念的必要要素。例如，孔子通过教育发展与人口和经济的联系，得出"庶、富、教"的结论，这就包含了社会历史哲学和唯物史观的因素。教育的对象是人，教育的目的是要使受教育者获取知识、发展智力和能力，形成思想品德。因此，哲学家们关于人性论和认识论的哲学思考，很多是来源于教育实践的。例如，中国古代教育以伦理道德教育为主要内容，中国哲学关于人性善恶的思考很多就是来源于教育实践的。近代西方哲学关于认识论的思考很多也都来自教育实践。教育实践要把受教育者培养成什么人，这涉及教育价值观和哲学价值论问题。

(二) 哲学对教育实践起指导作用

1. 哲学的整体认识功能

哲学对教育实践的指导作用，首先表现在哲学的整体认识功能。哲学是关于世界观的学问，它回答世界的本质是什么，世界如何运动和变化，人与世界的关系是什么，意识的本质是什么，世界是不是可知，认识发展的动力是什么，等等。哲学对世界给予整体性回答，哲学概念或范畴是普遍与特殊的统一、共性与个性的统一。它既具有反映一切事物普遍规律的超越性，又具有反映不同事物特殊表现的具体性。因此，哲学认识带有透彻性和清晰性。哲学从事物的普遍联系中研究事物的运动变化，它既看到事物的对立，又看到事物的统一。矛盾是事物发展的动力，统一则是综合，是解决矛盾，推动事物发展。这便会给人以智慧、力量和信心。哲学要研究人类目的实现的可能性与现实性，这同样给人以智慧、力量和信心。

2. 哲学对教育实践具有预见作用

哲学对教育实践的预见作用，主要表现在教育者在教育实践前要思考教育目标、内容、方法、手段和步骤，哲学可以为教育者提供一种理论与方法，提供一个解决问题的理论框架，为教育实践提供一条恰当的思路，从而使教育者节省思考教育问题的精力和时间,以便少走弯路。

3. 哲学对教育实践中各种现象具有解释和说明作用

哲学概念和范畴是反映自然、社会和人类思维最一般规律的,它们具有很大的概括性和包容性,它能对具体的社会和教育现象作出解释,并且迅速抓住它的本质。科学史表明,一个科学家如果没有正确的哲学观点,即使掌握的材料很丰富,也不能作出正确的结论,不能有科学的发现。恩格斯认为,只有那些循着正确的哲学观点研究科学事实的科学家,才能发现真理。他强调,当自然科学进入理论领域的时候,经验的方法就不中用了。这里,只有哲学思维才能有所帮助。他强调,"然而恰好辩证法对今天的自然科学家来说是最重要的思维形式,因为只有它才为发生于自然界中的发展过程,为自然界中的普遍联系,为从一个研究领域到另一个研究领域的过渡提供类似物,并从而提供说明方法"①。这也适用于教育。

4. 哲学对教育实践具有选择和规范功能

哲学是一种规范理论,因为它是研究自然、社会、人类思维的最一般本质和规律的理论,它是综合自然、社会和人类思维而成为一个整体的理论,它着眼于自然、社会、人类思维的统一性。哲学与教育的关系是理论与实践的关系,从其反映和表现的本质和规律说,包含着一般与个别的关系,一般对个别有指导和规范作用。哲学作为世界最高本质和规律的理论,它对教育理论和实践有评价和选择作用。

二、哲学影响教育的历史回顾

(一) 古代哲学影响教育实践以教育观为中介

在古代社会,学术思想尚未产生分化,哲学和科学还混在一起,哲学家在阐述自己的哲学观点时,也阐明自己多种多样的科学思想。古代哲学家大都同时是教育家,他们在阐述自己的哲学观点时,也阐述自己的教育观点。古代教育学说尚未形成独立的学科和系统理论,而只是一些零散的教育观点或思想。所以,古代哲学影响教育实践是以教育观点或教育思想为中介的。

---

① 恩格斯著,于光远等译编:《自然辩证法》,人民出版社1984年版,第46页。

古代西方哲学是以研究本体论为重点的。例如，德谟克里特以物质性原子作为世界本体，柏拉图以善的理念作为世界本体，阿奎那和奥古斯丁以上帝作为世界本体。我们这里以奥古斯丁的宗教神学对教育思想的影响，来说明古代哲学对教育的影响。

奥古斯丁是基督教教父哲学的集大成者。他认为世界上的一切都是上帝创造的。上帝不但创造了万物，而且创造了人和人的精神。奥古斯丁认为，上帝是全智全能的，人也是全智全能的。人之所以有缺陷或有罪，是因为违背了上帝的意志。他在《上帝之城》一书中，把社会成员分为两部分：一部分是上帝的信徒，企图建立上帝之城；一部分是魔鬼的信徒，企图建立世上之城。在神和魔鬼激烈斗争之后，神战胜魔鬼，基督二次降临，建立上帝的国度。奥古斯丁把社会的现实矛盾归结为人和神的矛盾，他着力宣传人的渺小和上帝的伟大，人无力解决自己的问题，人的问题的解决只能靠神的力量。奥古斯丁的这种神学宇宙观、人性观和历史观，直接影响他的教育观。他认为教育的任务就是使人认识上帝和皈依上帝。教育的目的就是培养神职人员，能忠于教会，为基督教服务。

奥古斯丁的认识论是宗教神秘主义的先验论。他认为人的灵魂具有三种功能：知、情、意。人的认知活动在人的灵魂活动中占着极重要的地位。人的认知活动包括三种能力：一是感觉，二是记忆，三是思想。他将柏拉图的回忆说加以改造，使它成为适合基督教会所需要的东西。他认为在人的记忆中，也就是说在人的心灵中，有着共性、一般、普遍的知识，有着概念学术方面的知识，其中包括文学、雄辩术、数学法则等。这些知识都不是从感觉进入人的心灵中的，它是人心中所本有的，是上帝所赐予的。人要认识它们，也只有通过上帝给予人的"灵魂的眼睛"、"超自然之光"、"智慧之光"始能做到。基于这种认识论，他认为教学的目的在于使学生发现心中已有的真理，而不是去认识客观的物质世界。教学活动就是通过符号、言语、数等，引起学生对其心中已有概念的重新认识。他从人的精神能力和知识都来自上帝出发，强调信仰高于理性，宗教虔诚高于知识。他把追求学问和真理看做一种危险的好奇欲，他把一切有关客观事物的知识都诬之为"虚妄的知识"。他认为一个人面向自然、追求自然科学，就是对上帝的背叛。他虽然不完全弃绝知识，但他认为学习的目的是为了认识永恒的存在，认识上帝。他认为世界上最重要的书是《圣经》，它是上帝的语言，是一切知识的源泉。

奥古斯丁的神学思想也影响了他的伦理学与道德教育思想。首先他认为人认识上帝、认识真理的目的是为了过永恒幸福生活，而通向幸福之路则是热爱上帝和鄙弃自己。他所说的幸福生活是建立在来世基础上的，是以上帝为中心的。他所说的幸福就是在天国中与上帝在一起。他认为人生只不过是参拜上帝的历程，现世不过是他乡，来世才是故土。人来到这个世界上，就是为来世进天堂、享永生之福做准备。他认为要达到这个目的，人就要热爱上帝，而鄙弃自己，因为人生来就是有罪的，人只有犯罪的自由，而不能自己救自己。人要使自己得救，只有依靠上帝。这就是他的德育目的。奥古斯丁还用自己的观点解释了古代四种美德，即智慧、勇敢、节制、正义。他还提出这四种美德若无"爱"上帝作前提，就没有道德意义。于是他又在四德基础上补充了信仰、希望和爱这三种美德，合起来即是中世纪"七主德"，这成为他的德育内容。他认为"七德"之首是"爱"，爱是最高的德性，是一切美德之源。世界上没有爱便没有一切，谁爱谁就分享了天堂的光辉和幸福，谁爱谁就是在景慕天堂之美。从这种泛爱出发，他还鼓吹《圣经》中的原始平等思想。奥古斯丁还提出与"七德"相对的"七恶"，即贪婪、骄傲、肉欲、愤怒、吝啬、忌妒和懒惰。他认为七恶之首是肉欲，这反映在道德教育上就是禁欲主义。他认为人的欲望是人犯罪的根源，人要获得神恩，使自己得救，就要过禁欲生活。他在禁欲上谈得最多的是禁绝淫欲，主张独身，主张"为天国而自阉"。他还强调要控制口腹之欲，不做口腹之乐的奴隶。为此，他每天用鞭打自己而强行克制并进而扑灭自己的任何情感。这种办法后来在中世纪修道院学校和大教堂学校中颇为盛行。奥古斯丁强调人生而有罪，人类的祖先亚当、夏娃因偷吃禁果而犯罪，并将其罪恶遗传给他们的后裔。因此人都是生而有罪的，在上帝面前没有人是纯洁无瑕的，即使婴儿也不例外。因此，这种理论后来成为中世纪学校恐吓和鞭打儿童的理论根据。

（二）近代哲学影响教育实践以教育学为中介

近代学术思想已经发生分化，各门学科已从哲学中独立出来，教育学也已经形成独立学科。这样，在近代社会，哲学对教育的影响就通过以教育学学科理论的影响为中介而实现。西方近代出现了许多教育学家，出版了许多教育专著。他们有的以研究哲学为主，有的以研究教育学为主。但他们的教育著作都渗透了哲学思想。近代西方哲学以研究认识论为重点，分为经验主义认识论和理性主义认识论。前者以洛克为代表，后者以康德为代表，他们对教育的影响各具特色。下面从这两方面阐明近代哲学对教育的影响。

1. 经验主义及其对教育学的影响

经验主义是指主张一切知识均来自感官经验的认识论学说。经验主义不但是一种认识论，而且有本体论的内涵。近代经验论多数都认为，宇宙是由物质组成的，上帝或神是不存在的；物质是第一性的，意识是由物质派生的；宇宙是发展的，物质和运动是不可分的。因此，近代经验论者多数都是唯物主义者，他们的认识论也是唯物主义认识论。近代经验论主要包括17世纪英国唯物论、18世纪法国唯物论、19世纪德国费尔巴哈唯物主义。经验论者从唯物主义经验论的认识论出发，认为教育本质和作用就是向受教育者传授知识，培养各方面的人才。经验论者从经验主义认识论出发，对教育在培养人的作用上表现了坚定的信念。例如，洛克批判了天赋观念说，论证了认识来源于感觉的经验论原则，提出了著名的"白板说"。他强调人的心灵如同白板，人的观念和知识都是来自后天的。人们的天赋智力是平等的，"人类之所以千差万别，便是由于教育之故"。他还利用经验论反对封建阶级的特权教育，主张人人都有受教育的平等权利。法国的爱尔维修吸收了洛克的唯物主义的经验论的认识论，也反对天赋观念说，认为人的智慧是后天教育的产物。他也反对贵族和教会对学校的垄断，提出世俗教育的主张。近代经验论是机械论的认识论，他们只看到人的认识来自人的感官对外物的感觉经验，看不到人的主体能动性，看不到人的天赋素质的作用，认为人的智力的一切差别均来自人的环境和教育，甚至认为教育可以创造天才，这就过分夸大了教育的作用。另一方面，经验论是机械论，他们不懂得人通过实践反作用于环境和改造环境，人是在认识环境和改造环境的实践中认识世界和获得知识的。因此，他们不能正确说明知识的来源，也不能准确把握人在知识产生以及智慧建构中的主体作用。

经验主义认识论虽然肯定了人的认识来源于客观对象作用于人的感官所

获得的感觉经验这个唯物主义原则，但他们不懂得人的感性认识必须深化到理性认识，人的知识应由感性知识提高到理性知识。他们虽然看到了理性认识和理性知识的存在，却不能作出科学的概括与说明。例如，洛克的经验论认为，经验的来源有两种，即"感觉经验"和"内省经验"，这就是"二重经验"。他所说的"内省经验"就是理性认识和理性知识。但是由于他的片面的经验主义立场，不能全面地把握认识的过程，只把理性认识归结为经验认识（即内省经验）的一种形式。这就充分表现了经验论对它的束缚作用。洛克还提出复杂观念是简单观念的联合的思想。他所说的简单观念就是感觉表象，他所说的复杂观念就是通过内省认识获得的概念等理论知识。但是在洛克那里，简单观念和复杂观念只有量的差异，没有质的区别。经验论的认识论对教学理论有重大影响。从知识价值观和课程理论来说，经验主义重视描述性知识和实科课程。所谓实科课程就是自17~18世纪以来在实科学校设置的课程，即在社会生活和生产中较为有用的自然科学和社会科学课程。由于时代的需要，也由于经验主义认识论的特点，即它把人的认识和学习看成是环境和教育的简单习染，所以主张全科教育。这种全科教育在古典教育和实科教育激烈斗争时期，在实科课程向古典课程争地盘的18~19世纪尤为突出。经验主义认识论不仅影响课程理论，而且影响到教学任务的观点。经验主义认识论是机械被动的认识论，它把人的认识看做外部事物在人的头脑中的简单印刻，看不到人的主体能动作用，看不到作为认识主体的人的能动参与，因而不重视人的能力的发展，而只是强调知识的掌握。虽然经验主义并不排斥能力的发展，但他们从经验主义的观念联合论和联想主义心理学出发，认为能力是由知识建设成的，颇有以知识代替能力的倾向。经验论把教学过程看作是掌握知识的过程，它的教学过程的模式是："感知教材—理解教材—巩固知识—应用知识"。重视感性经验的获得是经验主义教学过程理论的特点。经验论把教学过程看做外部环境的刺激和习染的过程，所以在教学方法上重视讲授，在讲授中使用的逻辑方法主要是经验归纳法，即从经验到概念，从个别到一般，从具体到抽象。

经验主义注重经验观察和感性经验，在对人的认识上也重在人的感性生活，如衣、食、住、行和物质享受。他们把人看做一个有血肉之躯的生物机体，看成是一个有感觉和感受性的肉体的人。他们把人的幸福归结为人的感官享乐，注重人的物质利益和个人幸福。因此，经验主义伦理学被称为功利主义和幸福主义。例如，霍尔巴赫就说过："人是一个纯粹肉体的东西，精神的人只不过是从某一个观点，亦即从某些为特殊的机体所决定的行为方式去看的那个肉体的东西罢了。"① 感觉主义人性论从凡生命机体都有感受性出发，强调追求自我保存的愿望，追求快乐和逃避痛苦是真正人的本性。他们认为衡量人的行为是否道德，就看他能否为个人带来享乐和幸福。因此，经验派哲学家的功利主义道德哲学都主张利己主义。经验派哲学家主张利己主义，不免经常和他人与社会冲突。因此他们又提出个人和社会利益一致的观点。例如，培根的"全体福利说"，洛克的"有远见的利己主义"。特别是在资产阶级掌握政权和资本主义制度普遍建立后，他们更加倡导注重社会利益。因而边沁、葛德文、穆勒等人又都提出"最大多数人最大快乐"说，这是出于维护资本主义生产关系的需要。但他们仍然认为，个人利益是真实的，社会利益只不过是个抽象，社会利益只不过是个人利益的总和。因而他们认为，为他人或社会幸福而牺牲个人幸福是不可能的。此外，建立在经验主义基础上的功利主义道德观，强调效果而不强调人的行为动机。他强调人的行为受外界环境制约，而不强调人的意志自由。这种以经验主义为基础的功利主义道德观，对道德教育有重要影响。这一是表现在他强调训练人的好行为，不强调培养人的好动机。他强调人的好行为的思想基础是合理的利己主义，即个人追求自己的幸福，而不妨碍别人的幸福。他讲的道德行为主要是一些个人品性之类的东西。二是以经验论为基础的功利主义道德教育观强调从外部提供好的经验性影响，因此重视环境陶冶和说服及榜样教育的作用。例如，文艺复兴时期的人文主义者维多里诺建立"快乐之家"，就是以美丽的校园环境陶冶人的高尚情操。三是以经验论为基础的功利主义道德教育说重视奖励和惩罚。由于经验论是教育上的主外派，强调趋乐避苦是人的行为的唯一动机，因而要使儿童顾全公众利益而不为恶，就必须采取奖励和惩罚的手段。

---

① [法]霍尔巴赫：《自然的体系》，载《十八世纪法国哲学》，商务印书馆1963年版，第625页。

四是以经验主义为基础的功利主义道德教育观,还主张建立系统的训练程序:第一阶段是由奖惩引导的道德行为与教育;第二阶段是道德行为训练与动机教育结合;第三阶段是普遍义务心的养成。

2. 理性主义及其对教育学的影响

理性主义是指确认一切知识均来自某种先验的普遍的必然的理性原则的认识论学说。凡承认认识对象是不依人的意识为转移的客观存在的理性主义,称为唯物论的唯理论。凡否认人的认识对象是不依人的意识为转移的客观实在的理性主义,称为唯心论的唯理论。理性主义者大部分是唯心论者,他们把世界的最高存在看做人的理性,理性在他们那里具有创造一切的功能。西方近代理性派有17世纪英国新柏拉图主义、17世纪大陆唯理派笛卡儿、斯宾诺莎和莱布尼茨,它的最大代表是19世纪德国古典哲学家康德、费希特、谢林、黑格尔等。理性主义否认人的认识来源于感觉经验,因而具有唯心主义性质。但它承认人的知识和能力对人的认识的能动作用,因而又具有合理性。理性主义者不但把世界的存在归结为人的理性,而且把人性或人的本质也归结为理性。例如,康德认为,人的感性存在和自然欲望不是人的本性,人的趋乐避苦和追求幸福是动物的本性或人的动物性,只有理性才是人的本性。理性在理性主义者那里还是推动历史发展的决定因素,因此,它的历史观也是唯心主义的。理性主义对教育观产生了重大影响。康德从理性主义人性论出发,充分肯定了教育对人的发展的作用。他说,人是一个有理性的人,但又受自然性的束缚,只有通过人类的即教育的力量,才能成为理性的人和社会的人。黑格尔也说,未受教育的人在一切事情中听从暴力和自然因素的支配,有教养的和能内省的人则受自己的精神力量支配。他强调教育就是使人去掉粗野性和野蛮性,使思想驾驭冲动的自然力;教育就是"训练精神以反对任性的想法,并要求对这些任性的想法加以破坏和克服,来替合乎理性的思维扫清道路"①。理性主义十分重视教育的社会功能。例如,康德对通过教育进步促进人类进步充满信心。他认为教育是人类一代一代的无穷的事业。

---

① [德]黑格尔著,范杨、张企泰译:《法哲学原理》,商务印书馆1961年版,第171页。

通过实验教育措施的逐步完善，实施教育的人本身也会随着逐步提高，总有一天人类必将实现自己的崇高的社会目标。显然，康德过分夸大了教育的社会作用，是一种社会改良主义观点。

理性主义认识论对教学理论也有强烈影响。首先从知识价值观和课程理论方面看，理性主义重视理性思维，因而重视理论知识的价值，重视理论学科的设置，教育史上称之为形式课程。例如，数学和哲学，还有文科课程。在学科结构上偏重基本概念和原理，不重视实用知识的学习。理性主义课程主要有文法修辞、辩证法、数学、天文、几何、希腊文和拉丁文。理性主义强调，设置基础课程和文科课程，既有利于智慧和能力的发展，又有利于品德的培养。在教学目的上，理性主义强调能力的培养，而不强调知识的传授。例如，在康德看来，教育的重要不在于增添知识，而在于训练心理功能。心理功能分低高两级，低级心理功能包括感觉、想象、记忆、注意等。记忆力是心智发展的基础，要及早训练，但不可死记，而要以感觉和理解帮助记忆。高级心理功能即逻辑思维活动，包括理解、判断和推理。他主张以苏格拉底的问答法启发儿童"洞见原理之所在"。康德还把实践引进智育方法。例如，学地理便要绘地图，学文法规则便要做造句练习。德国古典哲学所发展了的主观能动性原理，在他的教育思想中得到了生动的体现。理性主义形式训练说和形式目的说，其理论渊源是亚里士多德的对事物结构的形式和质料的划分以及官能心理学。亚里士多德把形式看得高于并决定质料，虽有唯心主义性质，但它看到形式表现事物更深层的本质和规律确有积极因素。官能心理学把人的心能看做一个整体，不同学科训练的官能可以互相迁移。这就为形式目的说提供了理论依据。理性主义关于教学过程理论也有特色。与经验主义不同，它的基本模式是："学习—思考—辩论—训练"。它在教学中经常运用的逻辑方法是演绎法，即从一般到个别、从抽象到具体。这种方法源自笛卡儿，他认为数学方法是科学方法之典范，它从少数不证自明的公理演绎出知识体系，整个科学方法也应如此。

理性主义道德哲学和道德教育思想也有自己的特点。理性主义道德哲学是建立在理性主义人性论和认识论基础上的。它把人的理性知识和智慧看做道德的来源，把人的精神高尚和快乐看做幸福和快乐。例如，康德认为，人的道德行为来自人的"纯粹理性"或"善良意志",人按善良意志发出的绝对命令行事就会幸福。理性主义在说明个人和社会利益的关系上,强调社会利益或他人利益。例如,新柏拉图主义者沙夫慈伯利和赫起逊认为,人的道德来源于人的情感,他们把人的情感分为天然情感和自我情感,认为天然情感把人引向社会幸福,自我情感把人引向个人幸福。他们崇尚天然情感的价值,认为社会幸福高于个人幸福。理性主义把人的理性当做道德的来源,把知识当做道德的依据,就必然在动机与效果的关系上重动机而轻效果。康德就认为只要人出自善良意志行事,不管产生什么效果,也是道德的。理性主义认为道德来自人的理性,人的理性是自由的,人的道德行为就能表现意志自由。理性主义道德哲学对道德教育的影响表现为如下几方面。①理性主义一般强调道德的社会性,在道德教育上强调培养社会精神,强调为社会造福。理性主义认为德行与幸福是合而为一的,只有社会道德而没有个人道德。②理性主义主张培养高尚纯真的道德动机,培养高尚的人格。例如,康德就主张道德教育要培养高尚纯真的道德动机,主张按纯粹理性和绝对命令行事。主张为义务而义务,不夹杂任何其他考虑。非为利害之计较,而为义务心所驱使。③理性主义强调善存于善良意志,认为训练善良意志比养成行为习惯更重要。康德的教育学说,乃集中强调存养善意。他主张善意在于存养,不在规范或限制。他认为如果父母或教师限制过严,会使儿童的意志消沉,会使善之根本遭到损害。④理性主义强调培养理性,强调服从必然规律,强调要按计划进行品格训练。理性主义者一般都有比较严格的生活,并把它与品格训练联系起来。康德就是个有严格生活的人。⑤理性主义在道德上属主内派,在德育方法上强调启发诱导,而不重奖赏或惩罚等外部措施。在道德权威上诉诸内,而不诉诸外。他虽然不完全排斥外部制裁,但认为这不是理想的手段。⑥理性主义主张"道德自律"。康德把"意志自律"作为道德教育的最终目标,主张让儿童明白了解道德的合理性,能理得心安地服从规律和义务。

三、教育哲学是现代哲学影响教育的形式

(一)教育哲学是现代社会与现代教育发展的产物

教育哲学是哲学与教育学的结合。它是从哲学的角度看教育,又把教育

提高到哲学的高度来认识。教育哲学作为哲学与教育学的结合，它不同于古代和近代的那种结合。在古代和近代，哲学与教育学的结合，都是自发的和零碎的。现代哲学与教育学的结合，以独立的教育哲学学科的出现作为标志，它的结合是自觉的和系统的。独立的教育哲学的出现是现代的事情。1848年德国黑格尔派哲学家罗生克兰兹出版了《教育学的体系》一书，后来美国教育家布莱克特用英文译成《教育哲学》，这就是教育哲学的由来。这本书虽然理论味道浓一些，但还不是自觉建立的教育哲学。1912年美国的麦克文内尔发表了《教育哲学教程纲要》，明确提出讨论教育哲学与教育学的关系问题，这是确立教育哲学研究对象的开始，也是自觉把教育哲学作为一门独立学科加以研究的开始。1916年杜威的《民主主义与教育》一书问世，它的副标题是"教育哲学导论"，它是按实用主义观点建构教育哲学的尝试。从此，教育哲学的学科地位就被确定下来。

教育哲学是现代社会与现代教育发展的产物。现代社会的发展是由现代科技发展推动的。现代科学发展异常迅速，呈现一种加速度发展的趋势。现代科学的发展不但使知识量猛增，而且学科日益分化。因此，它需要建立高层次的学科，概括这些知识，协调各门学科知识，推动各门学科的发展。现代科技的发展推动了现代社会的发展，也推动了社会科学的发展。现代社会科学的发展，也要求建立高层次的学科对之进行概括、协调和深化。现代科学发展还出现了综合化的趋势，出现了边缘学科、综合学科、交叉学科、横向学科，它也要求有新的高层次的学科知识加以概括、协调和深化。现代科技和现代社会发展，推动了教育科学的发展。自19世纪起，随着自然科学和社会科学的分化，教育科学也开始分化。这就产生了建立概括这些学科知识的新的高层次学科的需要。当时人们把应用科学方法建立这一概括各教育学科知识的学科称为教育学，把应用哲学方法建立这一概括各教育学科知识的学科称为教育哲学。自20世纪中叶以来，随着现代科学的发展，教育科学又有了新的发展，这就更加需要建立和发展教育哲学。特别是现代西方哲学学派林立，各派哲学家都从各自的哲学立场解释教育。这就更加需要建立和发展教育哲学，以对这些教育哲学流派的观点加以评价，帮助人们进行教育价值选择。

(二) 现代社会与现代教育哲学的发展

自19世纪中叶起，由于资本主义内部矛盾的发展，出现了资产阶级哲学与马克思主义哲学的对立，出现了资产阶级教育哲学观与马克思主义教育哲学观的对立。自19世纪末20世纪初开始，现代西方资产阶级教育哲学逐步形成独立学科，不同教育哲学流派纷呈。自20世纪初，由于社会主义制度的建立，马克思主义教育哲学观已在一些国家占统治地位。到20世纪80年代，我国独立的马克思主义教育哲学学科也开始建立。

现代西方教育哲学属资产阶级教育哲学范畴。由于现代科学技术的发展和现代资本主义社会矛盾的加剧，现代西方哲学出现了科学主义和人本主义两大思潮的对立，这种对立在教育上也得到了充分反映。现代西方科学主义由英美经验主义发展而来，但它抛弃了近代经验论的唯物论倾向，走向了主观唯心主义经验论；现代西方人本主义由大陆唯理论发展起来，但它走向了反科学主义和反理性主义。

马克思主义是反映正在成长着的无产阶级和社会主义利益的，它能比较全面客观地反映世界。马克思主义的辩证唯物主义和历史唯物主义，是当代最科学的世界观和方法论。当然，世界是不依人的意志为转移的客观存在，人们认识它的本质和规律是一个过程。无产阶级也会犯错误，甚至遭到失败和挫折。但是，无产阶级经过反思，一定能不断实现对世界的认识和改造。马克思主义哲学和教育哲学必定在实践中不断完善和发展。

马克思主义教育哲学与现代西方教育哲学虽然阶级基础不同，但也存在一定联系。因为两个哲学都反映现代科学和现代社会问题，二者之间有共同的交汇点。现代西方哲学对资本主义某些弊端有较充分揭露，可以成为马克思主义教育哲学的思想资料。现代资本主义通过政策调整缓解了社会矛盾，使资本主义社会得以延续，这也可以为马克思主义借鉴。马克思主义哲学与现代西方哲学互相转化，既有现实社会原因，也有认识原因。这也适用于教育哲学。

(三) 现代教育哲学影响现代教育的特点

1. 广泛性

现代教育哲学影响教育的广泛性，特别表现在现代西方各哲学流派广泛建立了教育哲学。例如，在实用主义中，不但杜威把《民主主义与教育》副标题定名为"教育哲学导论"，他的学生克伯屈也专门写了《教育哲学》一书。此外，布拉梅尔德写了《改造主义的教育哲学》。永恒主义者艾德勒写了《为教育哲学辩护》。存在主义者波尔诺夫写有《存在哲学与教育学》、《哲学教育学入门》，布贝尔写了《生存的对话：哲学与教育学全集》，奈勒写有《存在主义与教育》、《教育哲学导论》，莫里斯写了《教育中的存在主义》，特劳特纳写了《存在主义、现象学与教育哲学》。分析主义教育哲学家奥康纳写有《教育哲学引论》。关于教育哲学著作，我国近年来也有大量出版。

2. 深刻性

现代教育哲学对现代教育影响的深刻性，首先表现在它已不是简单依据某一哲学家的观点阐明教育问题，而是要依据一定的哲学观点，综合各派的观点，并对它们进行评价，帮助人们澄清思想，明确目标，作出选择。现代教育哲学对现代教育影响的深刻性，还表现在教育哲学已向专题研究发展。自20世纪80年代起，考虑到教育哲学问题非常庞杂，教育哲学家提出一个分区研究的计划，即按哲学亚领域如认识论、伦理学、美学、逻辑学、社会哲学、科学哲学等领域开展深入研究。在我国教育哲学也开展了专题研究，如教学认识论、教育价值论。

3. 自觉性

现代教育哲学对现代教育影响的自觉性，首先表现在广大教育工作者已经树立了教育哲学的信念。他们认为每个人都有一个哲学信念，他的一切行为都是他的哲学信念的体现。每个教育工作者都有一个教育哲学信念，他的一切工作都是他的教育哲学信念的体现。现代教育哲学对现代教育影响的自觉性，还表现在按一定的教育哲学观念进行广泛的教育实验。例如，杜威依据他的实用主义教育哲学，在哥伦比亚实验学校实验。罗素依据他的新实在论教育哲学观点，进行了皮肯希尔学校实验。英国的尼尔还在萨莫希尔进行了自由教育的实验。

第二节 马克思主义哲学与社会主义教育

一、社会主义教育理论与实践必须以马克思主义哲学作指导

马克思主义哲学是由马克思和恩格斯两人在19世纪中叶创立的，它是当时科学发展的最新成果的概括，是无产阶级运动经验的总结的产物，并且吸收了人类思想史上最优秀的成果。马克思主义哲学是辩证唯物主义和历史唯物主义，它把唯物主义和辩证法巧妙地结合起来，并且应用于社会历史领域。因此，马克思主义哲学是最完备、最科学、最彻底的哲学思想体系，是自然界、社会和人类思维的最一般规律的正确反映，它克服了以往各种旧哲学的片面性，成为真正科学的世界观和方法论。从整体上讲，只有马克思主义哲学才能指导科学健康发展，只有马克思主义哲学才能使教育理论成为真正的科学。

教育理论是社会科学，它是有阶级性的学问。马克思主义哲学公然申明自己是有阶级性的，它是无产阶级的世界观和方法论，是为无产阶级的解放斗争服务的。为了保证我国的教育理论与实践坚定地沿着社会主义方向和道路前进，保证有中国特色的社会主义教育理论的建设正确进行，必须坚持以马克思主义哲学作指导。

坚持马克思主义必须和发展马克思主义相结合。马克思主义哲学公开申明，它是行动的指南，而不是僵死的教条。它只是为真理的发展开辟道路，而不是结束真理。马克思主义必须随着社会实践的发展而不断丰富和发展。马克思主义哲学是第一次科学技术革命的产物，是资本主义制度业已确立和工人运动蓬勃兴起的产物。列宁在第二次科学技术革命和资本主义进入帝国主义阶段，创造性地发展了马克思主义，把马克思主义发展到列宁主义阶段。毛泽东和中国老一辈无产阶级革命家，把马列主义普遍真理与中国革命实际相结合，创造了中国化的马列主义即毛泽东思想。现在我们的社会主义事业正面临着世界范围内的新的科学技术革命和经济竞争的挑战，面临着如何加速我国社会主义现代化建设和建设社会主义强大国家的挑战。面对诸多的挑战,马克思主义哲学必须在实践中发展,并推动社会主义教育理论的丰富和发展,从而推动教育的发展。

我们要在新的现实条件下,按照马克思主义的总方向,研究新情况,揭示新矛盾,解决新问题,从而丰富和发展马克思主义。我们要把坚持马克思主义和发展马克思主义结合起来。不坚持马克思主义,就不能真正发展马克思主义。反之,不发展马克思主义,也不能真正坚持马克思主义。

我们要发展马克思主义,就要在马克思主义指导下,概括现代科学最新成果,如相对论、量子力学以及现代系统论、信息论、控制论等。我们要发展马克思主义,还要在马克思主义基本原理指导下,研究现代西方资本主义社会基本矛盾的发展趋势和资产阶级如何调整这些矛盾以及它的限度。我们要批判地吸收现代西方科技和经济管理中的积极成果。我们还要批判地研究现代西方哲学各派,吸取它的合理内核。当然,我们还要批判地吸取民族文化传统中的优秀成分。只有这样才能使马克思主义与时代要求相适应,真正对教育理论的建设和发展起指导作用。

二、马克思主义哲学与教育理论和实践

(一)马克思主义唯物史观和教育本质观

把唯物主义应用于历史,是马克思唯物主义哲学的特点。唯物史观的创立,是马克思对人类思想史的一大贡献。马克思第一次提出"社会存在决定社会意识"、"经济基础决定上层建筑"的唯物史观的基本原理。这里所说的社会存在是指人们的社会物质生活条件,主要是指社会生产方式,它是生产力与生产关系的统一。这里所说的社会意识包括哲学、科学、道德、艺术、宗教等。这里所说的经济基础是指一定社会占统治地位的生产关系。这里所说的上层建筑是指由生产关系决定的社会意识形态,如政治和法律观点以及与之相适应的制度、政策、机构、设施等。马克思唯物史观把社会历史的发展的基础,归结为物质生产方式的发展,归结为生产力与生产关系的矛盾运动。列宁在谈到关于这个学说的革命性及其实质时说,当人们还局限于思想的社会关系……时,始终不能发现各国社会现象中的重复性和常规性……当人们一分析物质的社会关系时,立刻就可能看出重复性和常规性。只有把社

会关系归结于生产关系，把生产关系归结于生产力的高度，才能有可靠的根据把社会形态的发展看做自然历史过程，这样才可能把社会历史学科变为科学。马克思主义是行动指南，而不是教条。马克思不仅提出了唯物史观的一般原理，而且把它应用来分析私有制社会，特别是资本主义社会的现实矛盾，在继承前人成果的基础上提出了阶级斗争学说，提出了资本主义社会基本矛盾学说，提出了资本主义必然灭亡和共产主义必然胜利的基本原理，提出了用无产阶级革命和专政手段建立社会主义制度并向共产主义发展的理论。马克思这一学说指引无产阶级从一个胜利走向另一个胜利。当然，马克思主义历史观以唯物史观为特征，肯定社会存在对社会意识的决定作用，并不否认历史的辩证法，不否认社会意识和上层建筑的反作用。关于这一点，恩格斯晚年在关于历史唯物主义的通信中，反复作了申述。列宁在实现无产阶级革命和专政、建立和巩固社会主义制度的实践中，更把社会意识和上层建筑的作用提到了新的高度，并提出了政治是经济的集中表现的著名原理。毛泽东在《新民主主义论》中总结：一定的文化（当做观念形态的文化），是一定社会的政治和经济的反映，并给予伟大影响和作用于一定社会的政治和经济，而经济是基础，政治则是经济的集中表现。

马克思主义创始人从唯物主义历史观出发，提出了教育本质观。马克思主义创始人把教育看做人类自身再生产的活动或形式，看做科学文化的再生产活动。因此，他们把教育列入社会的精神生活的生产和再生产。马克思主义创始人从唯物史观出发认为，借助于科学文化再生产，实现人类自身素质的再生产，这是教育本质的一般规定。教育作为科学文化再生产的活动，它是由社会物质生产方式决定的。社会生产方式的发展，是生产力与生产关系矛盾运动的结果，生产力与生产关系的矛盾被视为社会的基本矛盾。教育发展受社会基本矛盾制约，它既具有生产力属性并执行生产功能，又受生产关系制约而执行上层建筑职能。由于社会历史发展的不平衡，社会基本矛盾的两个方面在不同历史时期占主要矛盾的方面不同，因而受它制约的教育的两个方面的属性和功能表现也不同。因此，教育的本质和功能在一定时期主要表现为生产力方面，另一个时期主要表现为上层建筑方面。马克思主义经典作家在无产阶级准备和进行革命时期，强调了社会的生产关系本质和教育的上层建筑本质。我国进入社会主义建设新时期，阶级斗争已经不是主要矛盾。邓小平发展了马克思主义唯物史观，提出社会主义的本质和任务首先是解放和发展生产力。因此，我国现阶段教育的本质也首先和主要表现为它的生产力属性和经济功能方面。这里是就哪一个方面是主要矛盾而言的，它不排斥教育本质和功能的表现的上层建筑方面。邓小平在我国进入社会主义现代化建设新时期，提出了"教育要面向现代化，面向世界，面向未来"的教育方针。"三个面向"的中心是面向现代化，是要使教育为社会主义现代化建设服务，尽快把我国建成具有四个现代化的社会主义强大国家。

邓小平发展了马克思关于"生产力里面也包括自然科学"的观点，提出了"科学技术是第一生产力"的论断。这一论断为确立我国教育在社会主义现代化建设中的地位和作用，奠定了理论基础。"科学技术是第一生产力"，既是一个带普遍性的社会历史哲学命题，又是一个颇具时代特征的价值判断。恩格斯曾经提出，人类高出动物的地方，正在于人能认识和利用自然规律。所以，人类劳动本质上就是利用自然规律的知识改造自然的活动。因此，科学知识是人类生产活动的原动力，马克思称为一般生产力，邓小平称它为"第一生产力"。不但人类劳动是劳动者运用知识劳动的过程，就是生产工具和劳动对象也是知识的物化，这也表明科学知识是生产活动的原动力或第一生产力。马克思认为，在古代社会科学知识就是生产活动的原动力，例如，他把中国古代四大发明称作资本主义产生的摇篮。但是，古代科学知识的理论形态很少，古代手工生产主要靠经验和手艺，科学知识的作用还被掩盖着。在近代大工业中，大机器生产成了科学知识的应用，科学与机器独立并存，并参与到生产过程中去。机器体系及其运动过程，就是人类劳动活动及其过程的再现，就是知识的物化或客体化的结果。机器体系越发达，内含的科学知识越多，就越能提高劳动生产力。现代科学技术的发展及其在生产上的运用，又出现了许多新特点，使科学知识越来越成为第一生产力。现代科学技术发展的第一个特点是理论与经验、科学与技术的关系发生了新的变化，理论知识在技术发明中起决定作用。现代科学技术发展的另一个特点是科学的加速度发展，科学知识总量激增，使越来越多的生产领域知识化。现代科学技术在生产中的应用也出现了新的特点，即理论知识向技术转化的速度加快，技术向生产转化的速度加快，呈现科学、技术、生产一体化的趋势。因此，在现代生产中，科学技术作为第一生产力的作用越来越突出。由于科学技术是生产力的第一要素，作为通过科学文化知识再生产进行人类自身再生产的教育则是生产力的根本要素。

（二）马克思主义人性观和人的发展观

关于如何理解马克思主义创始人的人性观和人的本质观，学术界尚无统一的看法。但认为马克思主义创始人关于人性的观点，也像马克思唯物史观的创立一样，是人类思想史上的一次革命性变革，这却是共同的。马克思主义创始人肯定人有自然属性、社会属性和意识属性。人的本质是指人的区别于动物的根本特点，是指形成人的属性的动力和基础的东西。马克思主义创始人把生产劳动和社会实践看做人的本质的表现。人与动物的根本区别之一在于，动物只是被动地适应自然，人则能够通过生产劳动改造自然，以满足人不断发展的需要。同样，人也不会被动地适应社会，而是要通过社会实践改造社会，使社会关系更合理，更有利于人的生命力量的发展和发挥。人正是通过改造世界的实践来提高认识、改造自己，并获得自己的属性的。人类的生产劳动和其他实践活动本质上是社会性活动，人作为实践主体，也首先是社会主体。不仅生产劳动和其他实践活动是社会的，就是生产劳动和社会经验的摸索、保存和传递也是社会地进行的。人的社会实践活动不仅有社会的，也有个人的，但个人的实践也是社会需要引起的，他还需要社会为他创造条件，并借助于社会的知识和经验。马克思说：人的本质并"不是单个人所固有的抽象物，在其现实性上，它是一切社会关系的总和"①。因此，社会性是人的根本属性，实践性也是人的社会性的表现。不仅如此，人的意识性也是社会地形成的，人的自然属性也打上了社会的印记。

马克思的人性观和人的本质观，直接制约着他的人的发展观。马克思主义创始人充分肯定了人的遗传素质在人的发展中的作用，认为人的发展是遗传和变异在劳动和实践基础上相互作用的结果。马克思主义创始人也十分重视环境和教育对人的发展的巨大影响作用。他们在评论18世纪法国唯物主义

---

① 《马克思恩格斯选集》第1卷，人民出版社1995年版，第56页。

者和19世纪空想社会主义者的"人是环境和教育的产物"的观点时说过："并不需要多大聪明就可以看出，关于人性本善和人的智力平等，关于经验、习惯、教育的万能，关于外部环境对人的影响，关于工业的重大意义，关于享乐的合理性等等的唯物主义学说，同共产主义和社会主义之间有着必然的联系。"又说："既然人的性格是由环境造成的，那就必须使环境成为合乎人性的环境。既然人天生就是社会的生物，那他就只有在社会中才能发展自己的真正的天性。"① 重视环境和教育对人的发展的影响，是符合马克思主义唯物史观和人性观的。当然，马克思主义创始人认为对人的发展影响的最根本的因素是社会实践，离开了人的生产劳动和实践，就不能说明猿的素质如何能变为人的素质，也不能说明人的素质的发展为何能如此迅速。同样，离开了生产劳动和社会实践，也不能说明环境如何会改变，新的知识和教育何以能产生，因而也就不能说明社会人的发展。马克思在批判环境和教育的万能论时说："有一种唯物主义学说，认为人是环境和教育的产物，因而认为改变了的人是另一种环境和改变了的教育的产物——这种学说忘记了：环境正是由人来改变的，而教育者本人一定是受教育的。""环境的改变和人的活动的一致，只能被看做并合理地理解为**革命的实践**。"② 马克思说："从前的一切唯物主义——包括费尔巴哈的唯物主义——的主要缺点是：对事物、现实、感性，只是从**客体**的或者**直观**的形式去理解，而不是把它们当做**人的感性活动**，当做**实践**去理解，不是从主观方面去理解。"③ 马克思这里说了主客体关系和人的主体性问题。强调人的主体性是现代哲学的重要特征。这是因为现代科技的发展及其应用，极大地推动了经济和社会的进步，充分显示了人的主体能动性。20世纪中叶以来世界各国的发展和改革，也表现了对人的主体性的尊崇。现代教育哲学也重视人的主体性在人的发展中的作用。

根据马克思主义人性观和人的本质观，人的全面发展不是理性的自然展开，也不是人的生命本能的自我扩张，或文化的简单内化，而是人在实践基础上的现实的社会化的本质力量的极大发挥，人的个性的丰富完美。这里包

---

① 《马克思恩格斯全集》第2卷，人民出版社1957年版，第167页。
②③ 《马克思恩格斯全集》第3卷，人民出版社1960年版，第4、3页。

含两层意思：一是指通过社会实践使因文化内化形成的人的各种潜能素质最大限度地得到开发，从潜在的可能性转化成为客观的现实性；二是指人的对象化关系的全面生成和社会关系的高度丰富，是"人以一种全面的方式，也就是说，作为一个完整的人，占有自己的全面的本质"①。人的发展的历史总体上是不断前进的历史，但其中也包括着无数的倒退、曲折和无数个人甚至整个阶级的不可避免的痛苦、牺牲。"人实际上把自己的**类的力量**统统发挥出来（这又是只有通过人类的全部活动、只有作为历史的结果才有可能），并且把这些力量当做对象来对待，而这首先又是只有通过异化的形式才有可能。"②因此，马克思主义经典作家总是把人的发展的历史描述为循环继进、螺旋上升的过程，或"肯定—否定—肯定"的过程。在社会发展的早期，发达的社会分工还没有形成，生产活动同其他形式的社会活动以朴素自然的形式融合于个体活动中，那时的人具有原始的丰富性。但在低下的生产力状态下，却不可能有充分而自由的发展。社会分工的发展造成了私有制，人类在从必然王国到自由王国的道路上迈进了一步。但是个人的原始丰富性却又丧失了，代之而起的是劳动及其社会关系的异化。资本主义把这些矛盾推到了尖锐化的程度。一方面劳动者创造了大量的剩余产品，使越来越多的人从体力劳动中解脱出来，去从事科学、艺术、文化和其他社会活动；另一方面，劳动者本身却被禁锢在物质生产的狭小领域内，成为机器的附庸品，固定分工使人日益片面化和畸形化了。然而矛盾的运行也就孕育着矛盾的解决，共产主义作为经济发展的结果，必将是私有财产即人的自我异化的积极扬弃。在未来共产主义社会是"人们周围的、至今统治着人们的生活条件，现在受人们的支配和控制，人们第一次成为自然界的自觉的和真正的主人，因为他们已经成为自身的社会结合的主人了"③。劳动不再是异己的活动而成为自由自主的事情，因为它是在彻底消灭了剥削和奴役的条件下，为包括自己在内的全社会而进行的劳动；是摆脱了自发的分工，每个社会成员能够根据社会需要和个人素质自由选择职业的劳动。只有在这时，每个人才有充分的时间

---

① ② 《马克思恩格斯全集》第42卷，第123、163页。
③ 《马克思恩格斯选集》第3卷，人民出版社1995年版，第633~634页。

和条件去发展、培养和发挥自己的才智、体力、品格和个性。因为"一直统治着历史的客观的异己的力量,现在处于人们自己的控制之下了"。"只是从这时起,人们才完全自觉地自己创造自己的历史;只是从这时起,由人们使之起作用的社会原因才大部分并且越来越多地达到他们所预期的结果。这是人类从必然王国进入自由王国的飞跃。"①

(三) 马克思主义的价值论和教育目的理论

价值从最一般意义上讲,它是指客体对主体的意义或有用性。价值是关系范畴,它是客体功能属性对主体需要的满足关系。价值观念或价值意识就是按主体需要把握客体的意识形式。教育价值是指作为客体的教育对于主体人的效用或意义。教育价值是人的价值的一种表现形式,人的价值是通过人的创造性活动表现的。人的活动结构由活动对象、活动目的、活动工具、活动方法和步骤构成,人的价值是这些要素共同起作用的结果。教育活动也由这些因素构成,教育价值也是由这些因素起作用的结果。学者们认为,教育价值包括教育目的价值、教育手段价值、教育的社会价值。教育价值的中心是教育目的价值,其含义是指根据社会需要,借助于文化知识等手段,培养具有一定素质的人,为社会服务。

价值论的中心是研究价值的追求。教育价值论的中心是研究教育目的价值的追求,促进受教育者的素质的发展。受教育者素质的发展最终是通过受教育者自身价值追求和价值内化实现的。价值追求首先是精神价值的追求。精神价值在文化层次上包括科学、道德和艺术。科学是以抽象概念形式掌握世界的方式。它有智力价值和学术价值,技术价值和经济价值,它影响唯物主义世界观的形成,并具有社会革命的价值。道德是以善恶评价掌握世界的一种方式。道德是社会关系的一种形式,它具有认识功能、教育功能、社会功能、经济功能、调节功能。艺术是用艺术形象掌握世界的一种方式。它具有认识功能、情感功能、道德功能、经济功能、创造功能。相对于科学、道德和艺术,真、善、美是精神价值的最高最概括的层次,是科学、道德和艺术价值的结晶或集中表现。真、善、美在最一般意义上,分别表示主体和客

---

① 《马克思恩格斯选集》第3卷,人民出版社1995年版,第633～634页。

体相统一的三种状态和主体活动所追求的三种理想境界。真、善、美是基于功利而又高于功利的价值表现形式，是整个价值体系的核心内容。在哲学范畴上，真是主体对客体本质和规律的真实而正确的反映，其本质在于合规律性。善在哲学上，泛指人的一切合目的性行为或事件，其本质在于合目的性。善在伦理学上则被理解为一种道德价值。美是人的本质力量在客观对象中合乎人性地实现或对象化，它是合目的性与合规律性的统一。就真、善、美三者的关系而言，真是善和美的前提与基础，善是真和美的核心与灵魂，美是真与善的理想形式。真是客观的，它可善可恶。善是主观的和为人的，它不能包括一切现实对象。美是主客观的统一，真与善的统一，但它只存在于精神领域。它需要通过实践把真和善在更高的基础上统一起来，把主客观统一起来。人类认识和实践就是通过真、善、美的相互作用，不断达到新境界。真、善、美的统一为全面制订教育目的和进行人的全面发展教育奠定了理论基础。

（四）马克思主义认识论和教学理论与实践

马克思主义创始人最初是在建立科学的唯物史观基础上，探讨对社会历史问题的认识的。因此，马克思主义认识论一开始就受着唯物史观的制约。马克思主义认识论的首要特点就是坚持从人的社会实践和历史发展观察人的认识活动。马克思主义认识论认为，无论是人的认识内容、认识方式、认识能力，只有从人的社会实践，从人的历史发展去考查，把人的认识看成本质上是社会性和历史性的活动，才能科学说明人类的认识及其规律。正是由于人类祖先建立了紧密的社会联系，彼此交流劳动和社会生活经验，使经验内容不断丰富，并产生了语言和抽象思维能力，才使猿脑变成人脑。人的思维方式本质上是思维内容的概括化，它是社会生产方式和生活方式的产物，是社会历史的产物。马克思主义把实践纳入认识论。人类结成社会正是由改造自然的生产劳动和改造社会的社会实践需要产生的。人类认识的社会性和历史性都是由社会实践引起的。人类认识的丰富性和深刻性，来源于人类认识的实践性。实践是联系主体和客体的中介或桥梁，主客体的相互作用正是通过实践实现的。实践是人的主体能动性的主要表现，人类正是在能动地改变世界的过程中认识世界的。只有这样，才能使人的认识成为不断发展的历史过程，使人的认识不断深入，不断达到对本质和规律的认识。实践不但是人类认识的基础，而且是人类认识的标准和目标。人类正是为了实践需要而去认识世界的，并且在实践中使认识受到检验。马克思主义把辩证法应用于反映论。列宁说："形而上学的唯物主义的根本缺陷就是不能把辩证法应用于反映论，应用于认识的过程和发展。"① 把辩证法应用于反映论，首先是说精神与物质、思维与存在、主体与客体在实践基础上是可以互相转化的。把辩证法应用于反映论，还表现在感性认识和理性认识不是绝对对立的，而是由低级向高级的发展过程，由现象到本质的深入过程。唯理论和经验论都有一定真理性，但在总体上都是片面的。把辩证法应用于反映论，还要看到客观真理是通过相对真理和绝对真理的矛盾运动达到的，人类认识正是通过相对真理而走向绝对真理。把辩证法应用于认识论，还涉及正确处理归纳和演绎、分析与综合、抽象和具体、历史和逻辑的关系问题。马克思主义认识论强调，作为人类思维的逻辑方法，它们都是人类认识不可缺少的环节，它们既互相区别而又互相补充。

马克思主义认识论，深深地影响了教学理论和教学改革思想。马克思主义经典作家着重强调了理论联系实际原则，列宁强调脱离实际是旧教育的最大弊端。毛泽东更强调，理论与实际统一是马克思主义的一个原则。根据实践论的认识论，马克思主义经典作家提出教育与生产劳动相结合的观点。马克思把教育与生产劳动相结合，看成是提高社会生产的方法，改造旧社会的方法，培养全面发展的人的方法。恩格斯强调，教育与生产劳动相结合是为掌握科学技术知识提供实践基础。列宁认为，没有和生产劳动结合的教学，既不能把教学、也不能把生产提高到现代科学要求的水平。

马克思主义教学理论，还涉及了各个具体方面。马克思主义经典作家不像经验派那样只重视科学课程、描述性课程；也不像理性派那样，单纯注重纯理论课程或学术性课程。马克思主义要求课程充分反映现代科学最新成果，并且要具有很高的理论水平和学术水平。恩格斯曾批评杜林的生物课程十分

---

① 列宁著，中共中央马克思恩格斯列宁斯大林著作编译局译：《哲学笔记》，人民出版社1974年版，第411页。

陈旧、落后，不但没有反映生物学的最新成果，而且大都是"描述性"内容。同时他们也重视技术课程，例如，综合技术教育课程。他们不像理性派那样，使课程脱离生产、经济和社会生活。马克思主义创始人也十分重视文科课程，包括古文和现代外语等，以掌握古代和外域的知识。此外，如美学、现代诗歌等，也深为他们所重视。马克思主义经典作家既强调掌握现代知识，用丰富的知识武装头脑，又强调培养实际技能和发展能力。毛泽东强调，教学的任务主要是培养学生分析问题和解决问题的能力。他们主张多种教学模式和方法。他们不但重视讲授法，而且特别重视自学和讨论以及实干的方法。

（五）马克思主义道德哲学和道德教育

道德是以善恶评价掌握世界的方式。道德是社会物质生活条件的反映，特别是社会经济关系和其他形式社会关系的反映，并为它们服务的。道德本质上是产生于维护社会和社会关系的需要，自觉的道德行为表现人的社会责任意识。人与动物不同，人有自我意识，有意识到自己责任的能力，有按社会准则和规范行事的倾向。道德要求人们为他人和社会利益着想，做出有利于他人和社会的行为。道德行为包含个人利益，但它是从全局和长远利益表现的。道德行为与个人利益存在一定矛盾，它要求个人为社会和他人做出牺牲。"奉献"和"牺牲"是道德价值的本质。中国哲学史上有所谓义、利之争。道德既具有协调性，又具有进取性。离开协调讲进取，就只是个人进取。离开进取讲协调，就会使道德成为历史的赘物。检验人们行为的道德标准，是先进阶级和广大人民群众的利益和实践，是社会进步的要求。在阶级社会中，道德既具有阶级性，又具有社会共同性。阶级社会道德的共同性，产生于共同的社会关系和物质生活条件。阶级社会是人类历史发展的必要的社会形式，各阶级必须处于社会共同体中，它要求各阶级必须遵守一些基本的共同的社会生活准则。民族是各阶级共同的社会关系，它要求各阶级共同维护民族的尊严，维护祖国的权益。道德既具有因时代而变化的相对性，又具有超时代的永恒性和继承性。特别是那些历史上进步的思想家，往往能反映社会发展规律，提出一些超阶级、超时代的道德规范。马克思主义道德本质观，为教育工作者观察和处理道德和道德教育，提供了科学思想武器。

马克思主义道德哲学肯定阶级社会的道德随着历史的进步而进步，肯定了道德在历史发展中的积极作用。道德随历史的进步而进步的重要标志，是劳动者地位的不断改善。劳动者地位的不断改善，意味着统治阶级对劳动者的政策包含道德的因素。道德随社会历史的进步而进步，新社会道德是高于以往社会道德的新的道德类型。尽管在阶级社会中，道德也有某种退步的表现，但从历史发展总趋势上看，人类道德是不断进步的。马克思主义创始人充分肯定了道德在历史发展中的积极作用。恩格斯在《费尔巴哈与德国古典哲学的终结》中指出，人类社会历史的发展都是有意识的人推动的，真正对历史起推动作用的是反映生产力与生产关系的矛盾运动、反映先进阶级和广大人民利益和愿望的社会性动机和行为，它是一种道德性动机和行为。他强调历史上一些伟大人物往往能反映历史发展和整个阶级乃至整个民族的愿望和要求，他们能团结先进阶级和广大人民投入到斗争中来，他们的思想和行为对历史发展起巨大推动作用。在一个社会处于稳定和上升时期，统治阶级提出的较为开明的主张和政策也具有这种性质。统治阶级贪欲和权势欲在历史发展中也有一定推动作用，但那是从属的和有限的。统治阶级贪欲和权势欲的膨胀，必定要造成社会的腐败和崩溃。近年来有一种价值（或道德）与历史"二律背反"的理论，是一种颇具影响的理论。"二律背反"是康德哲学的一个概念，它看到了事物的差异和矛盾，包含一定辩证法因素。但它把矛盾绝对化了，因而走向谬误。马克思主义肯定道德随历史的进步而进步，肯定了道德在历史发展中的积极作用，就肯定了道德教育的地位和作用。

个人与社会、部分与整体的关系问题，是道德问题的理论基础。马克思主义充分重视个人自由，认为它是创造活力的源泉。因为个人具有自我价值，它通过个人的努力，可使自身素质得到发展。个人还具有社会价值。社会是由个人组成的，人是一切社会财富的创造者，没有个人的创造就没有社会的存在和发展。个人的兴趣和特长会造成生动丰富的社会创造，会满足多样化的社会需要，会使社会生活丰富多彩。马克思更重视社会和整体的价值。马克思认为，整体是由它的部分组成的有机体，它会产生整体性新质，它是一种增量效应。整体还影响部分的性质，影响部分的存在和发展。整体的有序性如果遭到破坏，它又会产生减量效应。马克思主义关于个人与社会、部分与整体的关系的理论昭示我们，既要重视个性和自由精神的培养，又要重视社会和整体精神的培养。马克思主义关于个人与社会、部分与整体的关系的理论，也是我们建立集体主义道德原则的基础。它告诉我们集体主义并不否认个人利益和要求、个人自由和发展，否则社会和集体就会缺乏发展的活力。但是个人如果不能组成社会和集体，也不能产生更大的整体效应。正确处理个人和集体的关系，要求我们反对忽视个体的整体主义倾向，整体主义否认个体的相对独立性和能动性及其价值，它往往发展为极权主义、官僚主义、专制主义。我们也要反对机械论的个体主义，个体主义把整体和社会看做个人的机械总和，否认社会的价值。个体主义往往要发展为个人主义、自由主义和无政府主义。正确处理个体与整体的关系，应该使个体与整体相结合。

（六）马克思主义美学和美育

美学是关于美和艺术的本质和规律的学问。马克思不仅建立了自己的美学思想，而且提出了他的美育理论。马克思说：人类在其社会生产和生活中，"不仅为需要提供材料，而且它也为材料提供需要。一旦消费脱离了它最初的自然粗野状态和直接状态"，便产生了美的需要。又说："消费本身作为动力就靠对象来作中介。消费对于对象所感到的需要，是对于对象的知觉所创造的。艺术对象创造出懂得艺术和具有审美能力的大众。"因此，"生产不仅为主体生产对象，而且为对象生产主体"①。人对美的需要，是一种不同于动物的、脱离自然粗野状态和直接状态的需要，是一种区别于简单的物质生理需求的高级需要。这种需要是随着人类精神文明发展和物质文明发展而发展的，并且在长期的历史运动过程中形成为人的全面发展的一个不可或缺的部分。如同人的生理需要一样，美的需要首先是由美的对象引起和逐渐形成的。然而美感又不同于一般的生理快感，它是经过长期的历史发展而由对象创造的复杂的人的主体活动，是与美的感受与感动相联系的具有教育作用的情感活动和思维活动。而要培养懂得艺术和能够欣赏美的大众，也只有通过美的教育来进行。由于艺术作品具有形象性和情感性，所以把美育称为形象的认识教育和情感教育。由于美是人的本质力量的感性显现，它具有蓬勃向上性，反映人对理想的追求，所以美感教育又有鼓舞人前进的意义。

---

① 《马克思恩格斯全集》第46卷上册，人民出版社1979年版，第29页。

马克思的美学和美育理论是他的唯物史观的一部分,也是他的共产主义学说的一部分。马克思的美学和美育理论揭露了资本主义劳动异化造成了人的异化和畸形发展,并且提出了未来共产主义社会将创造出具有多方面审美能力的全面发展的人。马克思在《1844年经济学哲学手稿》中揭露资本主义劳动异化造成人的异化和畸形发展时指出:"工人生产得越多,他能够消费的越少;他创造价值越多,他自己越没有价值、越低贱;工人的产品越完美,工人自己越畸形;工人创造的对象越文明,工人自己越野蛮;劳动越有力量,工人越无力;劳动越机巧,工人越愚钝,越成为自然界的奴隶。"① 在资本主义制度下,"劳动为富人生产了奇迹般的东西,但是为工人生产了赤贫。劳动创造了宫殿,但是给工人创造了贫民窟。劳动创造了美,但是使工人变成畸形"②。马克思还揭示在资本主义条件下,金钱与货币成了统治和左右人们的强大力量,使得人的感觉、激情等都会产生某些不正常的变化,以致以假为真,以恶为善,以丑为美。正如被马克思多次引用的莎士比亚的诗句所描绘的:"这东西,只这一点点儿,就可以使黑的变成白的,丑的变成美的;错的变成对的,卑贱变成尊贵,老人变成少年,懦夫变成勇士。""我是**丑**的,但是我能给我买到**最美**的女人。可见,我并不**丑**,因为**丑**的作用,丑的吓人的力量,被货币化为乌有了。"③所以在资本主义条件下,是非不分,美丑颠倒,人们的美感变得越来越畸形。马克思和恩格斯在《德意志意识形态》中站在唯物史观的高度,从全新的视角提出未来共产主义社会,不但人的审美观念恢复正常,而且人的审美能力都将获得高度而全面的发展。他们提出,在共产主义社会的组织中,完全由私有制和分工造成的艺术天才完全集中在个别人身上,因而广大群众的艺术天才受到压抑的状况将会消灭。共产主义社会将使每个社会成员的才能包括审美才能都得到充分而自由的发展。

马克思主义创始人在审美对象上,强调了文艺作品的思想政治方向和社会教育作用。马克思和恩格斯早年就厌恶格调低下的"庸俗的消遣文学",反对脱离"滚滚向前的时代洪流"的毫无生气的作品。他们主张文学作品应反映下层人民生活,特别是反映革命无产阶级情绪和要求,反映无产阶级和人

---

① ② ③ 《马克思恩格斯全集》第42卷,第92、93、151~152页。

民争取社会主义的斗争生活。他们赞扬狄更斯、萨克雷和巴尔扎克等人的现实主义作品,向世界揭示了政治和社会的真理,比起政治家和道德家合起来所做的还要多。他们赞扬许布纳尔的《西里西亚的织工》这幅画:"从宣传社会主义这个角度来看,这幅画所起的作用要比一百本小册子大得多。"① 在审美主体方面,马克思强调了美感能力在审美中的作用,强调了发展审美能力的重要。马克思强调,人的美感既与人的客观物质生活条件有关,又与审美主体的需要有关。他说:"忧心忡忡的穷人甚至对最美丽的景色都**没有什么感觉**;贩卖矿物的商人只看到矿物的商业价值,而看不到矿物的美和特性;他没有矿物学的感觉。"② 他强调人产生美感享受及其程度,既取决于审美对象,又取决于主体的审美感受的能力。他说:"从主体方面来看:只有音乐才能激起人的音乐感;对于没有音乐感的耳朵说来,最美的音乐也**毫无意义,不是对象。**"③ 他十分强调审美教育和审美能力的培养。他说:"如果你想得到艺术的享受,那你就必须是一个有艺术修养的人。如果你想感化别人,那你就必须是一个实际上能鼓舞和推动别人前进的人。"④

三、深入开展教育哲学研究,完善和发展马克思主义教育哲学

(一) 寻找和选择哲学与教育学的结合点

马克思主义教育哲学尚处于初创时期,它还面临建立和完善学科体系的任务。教育哲学是哲学与教育学的结合。因此,要建立教育哲学体系,就必须寻找哲学与教育学的结合点,深入开展理论研究。当然,哲学与教育学的结合点很多,还必须加以选择。教育哲学研究要选择那些理论价值和学术价值较高的问题。寻找和选择哲学与教育学的结合点,还要具有新视野、新思想、新高度。所谓新视野,就是教育哲学研究要突破传统哲学的理论框架,寻找新视点。所谓新思想,就是在传统哲学的理论框架内,要有新观点、新观念。所谓新高度,就是对传统哲学中的问题要有新的更高的视角。此外,

---

① 《马克思恩格斯全集》第 2 卷,人民出版社 1957 年版,第 589 页。
②③④ 《马克思恩格斯全集》第 42 卷,第 125~126、155 页。

寻找和选择哲学与教育学的结合点，开展理论研究，建立和完善马克思主义教育哲学体系，还需要探讨二者结合的形式以及问题的逻辑关系。

（二）对我国改革开放和社会主义现代化建设中的实际教育问题进行哲学探讨

自十一届三中全会以来，党中央重申了"实事求是"、"解放思想"的思想路线，制定了"一个中心"、"两个基本点"的基本路线，提出了一系列新的举措。对这些都要进行哲学探讨，以为人们的思想和实践指明正确方向，教育哲学也要作出相应的回答。我国的改革是社会主义制度的自我完善，其核心是建立有利于我国社会发展的运行机制，建设社会主义和谐社会。这里涉及宏观与微观、整体与部分、统一与分散、主体与客体等关系问题，涉及个人利益与社会利益、局部利益与全局利益、物质文明与精神文明建设、经济发展与社会全面进步的关系问题，哲学和教育哲学都应作出回答。我国的对外开放也提出了一些带根本性的问题，例如，如何培养通晓国际规则、参与国际事务和解决人类共同面对的一些全球性问题的人才等，哲学和教育哲学也应作出回答。

（三）开展对我国传统教育哲学遗产和外国教育哲学流派的研究

我国是一个有悠久文化传统的国家。虽然教育哲学作为独立学科的建立时间较晚，但作为教育哲学思想的存在却历史悠久。因此，挖掘和整理我国的教育哲学思想，是建立马克思主义教育哲学的不可缺少的工作。中国是一个幅员广大、地域文化和民族文化相互渗透和不断融合的大国，形成了中国教育思想发展史中多地域、多民族、多层次的多元主体网络。认真总结我国传统教育哲学遗产，可以为马克思主义教育哲学的建立提供丰富的资料。

教育作为一切社会之继承和延续所必要的手段，是人类社会的永恒范畴。在人类教育实践活动中，必然存在一些一般的规律。因此，有分析、有批判地借鉴外国教育哲学的研究成果，对于丰富和发展我国的教育哲学，也是一个不可缺少的方面。目前我国属于发展中国家，但又正在向着现代化目标前进。因此，西方教育哲学在建设和发展过程中所走过的道路，所遇到的问题，很值得我们研究和重视。对于西方教育哲学思想，我们要从目前的介绍、评论的状况提高到分析、综合、研究的水平。不仅要研究其现状，而且要研究其发展的历史轨迹。西方教育哲学学派林立，此衰彼起。对于现代西方教育哲学的发展过程和各流派所提出的课题，我们应当仔细研究其历史的、社会的、文化的诸方面的作用，吸取它们的成功经验，借鉴它们的挫折和教训，以发挥它们在我国教育哲学建设中的参考作用。

第三节 现代西方哲学与现代西方教育

一、科学主义对教育的影响

科学主义思潮是现代西方一种最广泛的哲学思潮。从历史演变来看，这一思潮可以说是自孔德、穆勒、斯宾塞等实证主义所开创的，所以有时也被称为实证主义思潮。这一思潮包括了马赫主义、实用主义、逻辑实证主义、当代科学哲学、结构主义等。科学主义思潮各派哲学观点并不一致，但它们有一些共同的特征，即否定哲学是关于世界观的理论体系，从而否定哲学应当研究自然界、社会和思维的一般规律，否定哲学应当研究整个世界的基础和本质，否定思维和存在、精神和物质的关系问题是哲学的基本问题。科学主义思潮各派哲学家把一切研究这些问题的哲学与传统的思辨形而上学相提并论，并在反对"形而上学"的借口下一律加以排斥，也就是既反对思辨唯心主义，更反对各种类型的唯物主义。他们要求超越于唯物主义和唯心主义对立之外，并把一切具有世界观意义的问题，一切必须作出唯物主义和唯心主义回答的问题都排除出哲学研究范围。他们要求把哲学改造为像实证科学一样的科学，或成为与世界观无关的所谓科学方法论。科学主义思潮是现代科学发展的产物。科学主义思潮强调以经验和事实为依据，具有明显的唯物主义倾向，但从总体上它仍是唯心主义，表现了西方资产阶级哲学家的阶级局限性。科学主义思潮对教育科学产生了重大影响。

（一）科学主义世界观和教育观

科学主义虽然标榜自己超越世界观和本体论，但这是不可能的。科学主义的世界观总的说仍然是唯心主义的。例如，新实在论者和分析哲学创始人逻辑实证主义者罗素把经验材料叫做"事件"或"事素"，并声称它们和世界的本质与基础无关，是非心、非物的和中立的。然而他把经验的客观内容和经验本身混为一谈，否认客观事实不以人的意识（经验）为转移而存在。这样，中立经验论就成了主观唯心论。当然，罗素等人又主张一般的共相和特殊的事物互相独立，一般的共相具有决定意义，因而带有柏拉图理念论色彩。实用主义者皮尔士、詹姆士、杜威等，也都把"感觉效果"和经验作为研究对象，并作为衡量一切事物的标准。他们也混淆了经验和作为经验的客观内容的区别，因而也是主观唯心主义。科学主义思潮各派哲学家不像人本主义那样把人的问题作为哲学的根本问题，但是这不意味着他们不重视人的问题的研究。但他们是从自然科学的观点来解释人和人的问题的，并且企图以现代科学技术改造人和改造社会。例如，孔德是从数学和力学的观点来说明人的。穆勒、斯宾塞的实证主义和杜威等人都把人当成生物看待。当代科学哲学家则企图利用现代自然科学说明人的心理结构，改造人的心理结构，调节人的思想和行为。科学主义各派哲学家在解释社会历史时，有的把自然科学方法搬用于社会历史，使社会学自然科学化，抹杀了社会历史领域的特殊性。例如，斯宾塞用力学和生物学概念解释历史，建立了社会达尔文主义。杜威对社会历史作了多元论的解释，以多元历史观反对马克思主义唯物史观。

科学主义思潮各派哲学家，从他们各自的哲学观点出发，提出了各自的教育本质观。例如，斯宾塞从他的主观经验论和生物社会学观点出发，提出了教育的任务是"为完满生活作准备"的教育本质观。杜威则从生物主义人性观和主观经验论出发，提出了"教育即生长，教育即生活，教育即经验的继续和不断改造"的教育本质观。罗素则提出教育是获得善良生活的手段，他认为构成人的善良生活的因素主要是知识和爱，他被称为科学人道主义教育哲学家。科学主义哲学家既强调人的本能的作用，又强调后天环境和教育的作用，因此他们对教育给予人的发展的影响充满坚定信念。例如，罗素认为，"婴儿生就的本能和反射，可以因环境形成各种习惯，因而也可养成各种品性"[1]。他强调"早期教育的任务是训练本能以形成和谐的品性"[2]。科学主义哲学对教育在人的发展中的作用的观点大部分是正确的，但也有过高估

---

[1][2]〔英〕罗素著，靳建国译：《教育论》，东方出版社1990年版，第196页。

计教育作用的倾向。例如，罗素说过：假如使用的方法正确，"我们就能够在一代人之内造就出几乎完全没有疾病、恶意和愚行的公民"①。科学主义在教育的社会作用上也有充分的估计，但有教育万能论的倾向。科学主义的教育万能论是与心理决定论和理性决定论相联系的。例如，罗素说："人们若要不被似是而非的东西所迷惑，他们的想象力应为心理上的建设所支配"；"通过知识，我们能够征服自身和环境……我们要与外部的混乱和内部的愚昧同时展开斗争，而那微弱的理性之光终能燃成冲天之火，让光明取代黑暗"。②

（二）科学主义认识论和教学理论与实践

科学主义认识论从经验出发，但经常动摇于经验主义和理性主义之间；在方法论上从归纳出发，又在归纳主义和演绎主义之间徘徊。例如，孔德的实证主义认为，只有经验知识才是确实可靠的知识。马赫主义也断言，人的全部认识均以感觉经验为对象。实证主义的第三代——逻辑实证主义，则把哲学的任务归结为对科学语言进行逻辑分析，把一切不能被感觉经验证实的命题，都当做无意义的形而上学命题从哲学中清除出去。逻辑实证主义把有意义的命题分为两类：一类是像诸如逻辑和数学等形式命题，另一类是事实命题。逻辑实证主义认识论，就是对这两类命题及其相互关系的论述。他们对事实命题或经验科学命题的解释，与老的实证主义一脉相承。他们对数学和逻辑命题即形式科学命题的解释，接受了弗莱格、罗素等人的数理逻辑的分析方法以及彭加勒的约定论的影响。在如何将这两类命题结合起来的问题上，他们的观点经历了一个发展过程。后来有的人越来越倾向于抛弃经验证实方法而转向单纯的逻辑分析，由经验主义转向理性主义。在方法论方面，科学主义思潮用数理逻辑等作为哲学分析的工具，把哲学局限于方法论的研究。逻辑实证主义的经验证实原则是归纳主义的典型，波普尔的否证原则则属演绎主义。科学主义注重概括自然科学成果，比较细致地研究人的认识机制，这是可取的。但他们离开本体论来谈方法论，用具体的科学方法代替世界观和方法论，则是错误的。

科学主义认识论对教学理论与实践产生了重大影响。从课程方面看，崇

---

① ② [英] 罗素著，靳建国译：《教育论》，东方出版社1990年版，第197、86页。

尚科学知识是科学主义的特征，重视科学知识教育也是科学主义教育哲学的特点。这是科学主义的积极方面，它对推动科技和社会现代化有重要意义。当然，由于科学主义认识论的差异，其知识价值观也有差异。这也反映在课程方面。斯宾塞的实证主义倾向经验主义，他强调实科知识的价值，轻视哲学和人文学科的价值。皮亚杰的结构主义有浓重的理性主义特征，它重视基础学科、哲学和人文学科。罗素的认识论虽属于经验主义，但又深受康德、黑格尔的理性主义影响，所以他不但重视科学课程，而且重视数学和哲学以及文科课程。罗素十分强调理论课程和纯学术课程。他认为"无偏见的学术非常重要，并且我希望看到它在院校生活中的位置不断加强，而不是削弱"①。他认为科学研究的目的在于认识世界，"一切伟大的进步起初都是纯理论的，只是后来才发现能够实际应用。即使有些辉煌的理论永无实用的可能，它本身就是有价值的，因为认识世界是最大的用处之一"②。罗素也重视文科课程，认为他可以激发人的理想和热望，摆脱单纯功利主义束缚，使人变得伟大。在教学任务上，斯宾塞的经验论强调知识学习，是实质教育的著名代表。皮亚杰重视能力的发展，罗素则强调智力美德的培养。他所说的智力美德就是求知的品性，它包括"好奇心、虚心、有志竟成的信念、耐心、勤奋、专心和一丝不苟"。他认为在智力美德中好奇心是最基本的。"如果好奇心强烈，并且目标正确，其余的品性便会随之而来。"③罗素认为，专心或专注是一种可贵的品质。他认为人的学习并不总是有兴趣的，"但只要人们有足够的动机，他们仍然能够强迫自己掌握它"④。他对一丝不苟的品性也给予了高度重视。他强调要追求知识就必须准确，要做到准确就要一丝不苟，他强调学习各种知识"都有各自的准确性，有能力的学生将会不厌其烦，并自愿接受严格训练"⑤。罗素还特别强调培养儿童在追求知识上的"冒险意识"或探索精神。科学主义各派哲学家都根据自己的哲学观点提出了独特的教学过程理论。在这方面过程哲学代表者怀特海的教学过程理论最具特色。他把教学过程分为奇异阶段、准确阶段、概括阶段。科学主义对教学原则和教学

---

①②③④⑤ ［英］罗素著，靳建国译：《教育论》，第190、195、151、153、155页。

方法也很重视。罗素吸收了传统教育和现代教育的优点，提出既要使课程变得容易有趣，又要进行准确而精细的研究的原则。在方法上他强调要靠自学，表现了欧洲新学校的特征。

（三）科学主义道德哲学和道德教育论

科学主义道德哲学也有自己的特点。科学主义打着科学的旗号，却并不承认理性对道德的积极作用。科学主义认为伦理学的根本宗旨不在于解释事实真理，而在于研究道德语言、逻辑、句法、语词等表达形式，以及功能、结构，分析道德概念彼此之间的联系和规则等。因此，科学主义伦理学主要是分析伦理学，表现出对传统规范伦理学的鄙视和对形式化（逻辑化）元伦理学的推崇。科学主义伦理学是个人本位主义。现代伦理学的个人主义是对传统利己主义的复活，它是对柏拉图和黑格尔代表的社会总体主义的反动。科学主义伦理学是相对主义和非历史主义，漠视道德的历史连续性和继承性，片面强调道德的创造性和更新性，使道德孤立化、主观化和相对化。科学主义道德哲学是中立主义，科学主义标榜道德无阶级性、无党性，强调伦理学中立地对待任何阶级和社会集团。

科学主义道德哲学对道德教育产生了重大影响。现代西方科学主义教育哲学家都强调进行个人主义教育。例如，罗素在《教育论》第七章专门谈了"私心和财产欲"的培养问题。他认为人的行为来自人的本能冲动，私心和财产欲为人的本性所固有；人的私心和财产欲一旦被禁止，人的建设冲动也就被压抑了。科学主义的道德中立主义在道德教育中也有明显表现。科学主义哲学家一般都对资本主义不满，但也反对革命，而主张对资本主义实行一点一滴的改良。因而在政治和道德问题上往往持一种客观主义和中立主义的不偏不倚的态度。例如，罗素说："我们应当把学生独立思考作为我们的目标，既不教正统观念，也不教异端学说。"他还批评激进政党迷恋于幻想，认为这也是民族主义、神学和阶级的荒诞的根源。科学主义的道德相对主义对道德教育也有重大影响。这主要表现在实用主义的境遇主义伦理学和价值澄清派的道德教育学说中。其中心是强调道德目标和价值的自由选择，而否认学生应去掌握确定的普遍的道德准则或道德规范。实用主义把道德的具体性、可变性绝对化了，否认了一切道德原则、道德规范的可能性和必要性，使善或道德失去了确定的内容。它在反对道德生活的形式主义、强调道德生活的灵活性和生动性的旗号下,把人们见机行事、逢场作戏、随机应变、不讲原则,都看做最高尚的道德。科学主义道德哲学对道德教育方法也有重要影响。科学主义道德哲学各派所强调的观点影响道德教育方法。例如,罗素作为科学主义者,重视科学知识在道德教育中的作用;作为一个情感主义者和人道主义者,又重视"爱"在道德教育中的作用。罗素认为,知识教育和爱的感化,是道德教育的两个重要手段。情感主义的代表之一史蒂文森从情感主义立场出发,强调采用非理性主义的劝导法。他强调道德产生的根源在于人的情感和态度。因此,要解决道德问题必须采用情感手段,先要通过改变信念来改变态度。他认为改变人的态度的最好方法是劝导法,这种方法完全直接依赖于言辞式的情感影响。

二、人本主义对教育的影响

人本主义以人、人的本质和人的价值为研究对象,轻视对科学知识的研究。现代西方人本主义哲学自19世纪20年代出现,它以叔本华和尼采的唯意志论为发端,经过狄尔泰、柏格森的生命哲学和弗洛伊德主义而获得迅速发展,在海德格尔和萨特的存在主义那里达到典型表现,它通过法兰克福学派和人格主义得到延续,在二战后出现了高潮。人本主义思潮的产生和发展,既是现代西方资本主义社会矛盾的反映,在学术思想上又是作为传统理性主义的对立物出现的。由于19世纪以来科学和理性的发展造成了科学和工业的发达,但经过两次世界大战给西方世界带来了物质上和精神上的巨大破坏和创伤。科学和技术的高度发展在资本主义制度下也造成了严重的副效应。资本主义大机器生产的发展减轻了人的劳动强度和改善了人们的生活,但却使人沦为机器和物质的奴隶。所以,科学和理性在资本主义条件下的发展,使人的尊严和价值受到严重挑战。现代西方人本主义哲学正是在这样的历史条件下产生的。它一方面对现代资本主义进行了批判,另一方面在学术上则抛弃理性主义人的理论,而从自我和非理性主义角度探讨人。现代西方人本主义与传统人的学说不同,它把人的存在本体化,把人的基本特性主观化,把人的生存状态个人化。因此,人本主义人的学说既是它的世界观或本体论,也是它的认识论,还是它的社会价值观和道德观。现代西方人本主义哲学对教育学产生了深刻的影响,出现了对当今世界颇有影响的教育哲学思潮,并对教育实践发生着重大影响。

(一)人本主义世界观与教育观

传统哲学一般都把思维与存在的关系作为哲学的基本问题。在这种本体论的框架中,人的问题固然重要,但毕竟不是根本所在,而只是世界的一部分。现代西方人本主义的人论则把人的存在本体化,因而把人当成世界的本体,当成一切存在的本原。例如,存在主义大师海德格尔就认为,世界的根本存在是"当下在此的人",即"此在"。正是人在其生存过程中将存在体现了出来,并且不断对自身、世界及其他"在者"有所领悟。法兰克福学派创始人霍克海默也强调,他的批判的社会理论是从人出发的,把人看做全部生活方式的生产者。现代西方人本主义的人的本体论,深深地影响着它的教育观,即影响他关于人的发展的观点、教育与人的发展的关系的观点、教育与社会发展的关系的观点。

现代西方人本主义持人的"自我生成论"观点。例如,萨特的"自我创造"理论就是如此。他认为,人不外是由自己造就的东西,这就是存在主义的第一原理,人的本质以及人的各种社会特征,都是由人按照自己的意志而造就的。[①] 海德格尔的"自我设计"、雅斯贝尔斯的"自我超越"和马斯洛的"自我实现",都是这种"自我生成论"的表现。现代西方人本主义"人的本体论"和"自我生成论",就其强调人的主体性和人的主观能动性说,是有其合理的内核的。但是现代西方人本主义"人的本体论"和"人的自我生成论",在总体上是错误的。科学史和现实都证明,只有自然和社会才是世界的本体。马克思主义肯定人是有主观能动性的人,是从事实践和创造活动的人。但是,离开社会的自我创造是不可能的。现代西方人本主义从人的"自我生成论"出发,轻视教育在人的发展中的作用。例如,萨特在《辩证理性批判》中说过:"人是环境和教育的产物的论断是荒谬无用的。"现代西方人本主义

---

① 参见[法]萨特著,周煦良译:《存在主义是一种人道主义》,上海译文出版社1988年版,第8页。

教育哲学从"人的自我生成论"和"自我实现论"出发，批判了"环境决定论"和"教育万能论"，其中含有合理因素。但是，它把人的成长的主观的内在因素绝对化了，因而走向反面。

在说明教育的社会作用上，人本主义过分夸大了教育对推动社会发展的作用。他们都把教育看成是人的解放的根本手段，主张通过人的意识的更新来实现对社会的根本改造。例如，法兰克福学派的马尔库塞主张进行本能革命或心理结构革命，从而实现对资本主义的改造。人本主义重视意识形态和社会心理改造对社会改造的作用，重视思想道德建设和教育改造社会的作用，其中不乏合理因素。但是，他们企图在不改变资本主义制度的条件下，在不依靠政治革命的条件下，单纯依靠思想道德建设和教育来克服资本主义弊端，这是不可能的。

（二）人本主义的认识论和教学理论与实践

现代西方人本主义不但把人的存在本体化，而且把人的基本特性主观化和非理性化，即认为人的根本特性是主观化的自我意识或非理性的本能。现代人本主义根本否认客观世界的存在，并把人的存在当做一切存在的根据。那么人之所以为人的根本特性是什么呢？传统哲学人论基本上是唯理主义的，它推崇人的理性和反对神性，要求建立一个合乎理性的自由、平等、博爱的未来社会，发展科学和工业以创造丰富的物质生活。但是，黑格尔把思维和理性当成人的本质，最终导致他把理性看成是脱离人的绝对精神和客观精神，并导致了承认上帝的存在。资本主义的现实和两次世界大战的结果都证明自由、平等、博爱的合乎理性的社会根本没有建立起来。人的理性和思维创造了科学技术和带来了经济的发展，但并没有给人幸福，反而造成人的异化。现代人本主义对人的本性再思考的结果则走向了两个极端：一方面是从客观性的对象性意识转向极端主观性的自我意识，另一方面则是从理性主义转向非理性主义。现代西方人本主义不但认为客观世界对人无意义，而且是与人敌对的。他们寻求人的特性时就尽可能避开客观世界对人的影响，只从人的主观性中寻找人的基本特性。他们反对把思维和理性当成人的本质，而把非理性的意识、情感、意志当成人的本质。传统的理性派都强调人的理性统帅情感和意志，现代人本主义则主张使理性从属于情感和意志。这种脱离了人的理性的情感和意志，只能是动物式的本能。人本主义都把人的本能当成人的活动的内驱力，这在唯意志论那里就是生存意志或权力意志，在生命哲学那里就是生命冲动，在弗洛伊德那里就是性欲，在存在主义那里就是自由、畏、死等。它们都是与客观物质世界脱离联系的、不受客观规律制约的非理性主义的纯粹主观性。

现代西方人本主义哲学家的反理性主义对智育和教学产生了重大影响。这首先表现在他们轻视科技教育和职业教育，而重视人文学科教育，不强调心智训练，而强调人的发展或全人格培养，即强调情感和意志的发展。他们有时也讲创造能力，但他们所说的创造能力主要是非理性主义的直觉。人本主义轻视科技教育和职业教育，根源于他们的反理性主义和反科学主义。批判理性和科学是现代西方人本主义的共同特征，尼采是通过批判理性和科学走上非理性主义思潮的先驱。尼采反对把人归结为理性的动物，否认理性和科学可以认识真实的世界和真理，否认科学和理性可以指导人生。他认为理性主义的科学精神培养了人类的求知欲望和发明的乐趣，结果把人降为一味追求物质利益的单纯的生产者，使他们丧失了精神的追求。尼采对理性主义的批判是时代的产物。他敏锐地觉察到在理性主义旗帜下发展起来的西方资本主义文明，由于对物质利益的贪得无厌的追求而造成了精神的空虚和堕落。同时也敏锐地觉察到，科学和知识并不是包医百病的灵丹妙药。这都是积极的、合理的。但是他对理性和科学的批判，走向了极端。他否认真理，否定人类认识世界和把握真理的能力，要人们抛弃对外部世界的认知而转回到内心世界，这比之于启蒙时代的理性主义是一个大的反动。他轻视科技教育，不能使人类生存和发展。他轻视理性和心智训练，也不能使人健康发展。

现代西方人本主义的反理性主义认为，客观世界是不存在的，世界的存在只有个人的自我意识和自我体验。因此，人的发展是无意识的本能冲动、自我体验和自我扩张。所以，他们都重视个性的培养。唯意志论者尼采和存在主义者海德格尔等，都是培养个性的积极鼓吹者，他们都主张教学内容、教学方法和教学组织形式均应个性化。例如，存在主义哲学家主张受教育者有权选择自己的学习内容，提倡课程个性化。他们认为教学进度也应适应个性要求。与此相联系，他们提出了非连续性教育思想。他们轻视集体教育和教学，主张把师生之间的对话作为教学的主要方法。他们反对传统教育机械化、划一化，主张发展个性，有其合理性。但是他们否认集体教育和教学是错误的，他们片面强调学生自由选择教学内容，这是对社会要求的忽视，并使部分学生害怕艰苦并放松对自己的要求。

人本主义还提倡用主观性方法发展人的生存能力。例如，存在主义者强调运用释义学方法。释义学是研究对文本的意义的理解和解释的理论。施莱尔马赫和狄尔泰的古典释义学的基本思想是通过批判性的解释，恢复文本产生的历史情境和揭示作者的心理个性，以达到对作品的真实理解。后来存在主义大师海德格尔和他的学生伽达默尔，把释义学发展为本体论的释义学，认为文本只不过是空白，它的意义全在人对它的理解或解释。存在主义的本体论释义学强调了理解的主体性，却忽视了理解的客观性；强调了理解的多样性，忽视了理解的统一性；强调了理解的时代性，忽视了理解的普遍性。因此说它是主观性方法。

（三）人本主义的道德哲学与道德教育

现代西方人本主义的人论把人的生存状态个体化。因为现代西方资本主义社会存在着阶级的矛盾和对立，垄断资产阶级以国家和社会代表的名义，对广大工人和劳动群众进行剥削和压迫，社会利益和个人利益表现出分离和对立。作为反映现代西方社会的小资产阶级及其知识分子的生存状态的学说，必然是将人的生存状态个体化。同时，由于传统的人的学说的理性主义原则，注重对一般的抽象的人的概念的研究，倾向于重社会的整体主义，并曾提出国家至上、社会至上的原则，对于个体存在的独立性、现实性和创造性受到忽视。这种国家至上、社会至上原则，虽然在资产阶级早期发展中，为巩固新建立的制度，反对封建残余势力等方面起过积极作用，但在20世纪以来又被法西斯主义所利用，给资产阶级利益带来新的破坏。此外，现代机器技术及其资本主义应用，使人机械化、划一化，使人失去了独立人格和自由，出现了人的异化。因此，现代西方人本主义极力反对这种把人一般化、普遍化，使个体完全消融于集体和社会中的看法。他们认为这种看法既不能说明人的生存处境，也不能给人指出一条解脱之途。因此，必须把人还原为个体。这在唯意志论尼采那里，就是"成为你自己"。存在主义先驱克尔凯郭尔认为，任何有生命的人的存在都是个体的存在，人生来就是唯一的和不可替代的，他不受任何普遍人性的规定。弗洛伊德认为，人是本能的个人，它与社会始终是处于对立状态的。

现代西方人本主义哲学家的人论把人的生存状态个体化，这强烈地影响着他们的社会价值观和道德教育。他们强调人文学科和人格教育。在社会价值上他们崇尚自我、弘扬自我、倡导自我中心主义。从反映资本主义社会内部的矛盾与对抗说，自我中心主义的出现有其必然性，但它是对社会本质的一种歪曲的反映。从反对理性主义片面的整体主义说，自我中心主义有其合理性，但它又出现了新的片面性。人本主义否认人的社会性，从根本上是错误的。其错误根源在于他们把资本主义社会与个人的矛盾和对立绝对化和普遍化了。倡导自我中心主义是人本主义各派哲学家的共同特点，但他们各自的表现形式则不尽相同。其中最具代表性的是尼采的唯意志论的自我中心主义，这是一个主张积极进取而又带浓厚贵族主义色彩的自我中心主义。尼采认为只有权力意志才是世界的本质，人生的目的就是追求强力意志或权力意志。一个权力意志坚强的人，应该成为一切价值的创造者，必须成为"独一无二"的人。他认为社会只是一种"脚手架"，是使少数人上升的工具。他把社会分为上等人和下等人、强者和弱者，他认为弱者只能服从强者，或者干脆被淘汰。

崇尚自我、高扬自我、倡导自我中心主义，在存在主义那里主要表现为崇尚个人自由。存在主义认为西方社会的人正处于精神困惑之中，他们感到世界和人生都是荒谬的。因此，他要给人指出一条拯救之路，这就是自由。他们所说的个人自由就是选择自由。萨特认为，人的自由选择是无条件的，他没有客观依据，也没有普遍的价值和道德准则的根据，它是非理智和突然从个人内心情感中涌出来的。萨特认为，人的自由选择是与责任联系在一起的，自由就是承担责任。他还强调，人的行为的自由选择既要承担责任，又没有任何客观必然性和任何价值准则作为依据，这必将成为不堪忍受的重负。但他强调人应正视自己的自由和责任，虽然它随时都感到烦恼、孤独和绝望，但应具有这种自由选择的勇气，有人称"绝望的勇气"。萨特的自由选择主张脱离客观必然性，就一定会走向冒险主义。他否定普遍的确定的价值和道德准则而自由选择，必定走向相对主义、个人主义和无原则性。

弗洛伊德主义崇尚自我、高扬自我、主张自我中心主义，是通过反对道德约束和放纵本能欲望上表现出来的。弗洛伊德主义把人的本质归结为无意识的本能，包括性本能、饥饿本能、攻击本能。他虽然在后期把人格结构分为本我、自我和超我，但他认为本我的非理性力量十分强大，它经常迫使自我屈从。因此，只有少数人才能艰难地过理性生活，多数人仍然主要受非理性的本能支配。弗洛伊德还提出社会起源于对本能的限制，文明是本能欲望升华的结果，它虽然给人带来了富裕生活，但压抑了人的本能，牺牲了人的幸福。弗洛伊德把人的本质归结为无意识的本能，也就必然把人的本性归结为恶。他认为人们要把他人当做性本能满足的对象，要把他人当做满足攻击性欲望的对象。他还认为人在本性上是"厌恶劳动"的，"大部分人只是在贫困压力下才工作"。他认为人的本质是对无意识本能欲望的追求，而社会则是对本能欲望的限制。因此，道德约束不但损害了个人幸福，而且会使自己变为懦夫，在人生竞争中成为软弱无力的弱者。弗洛伊德主义把资本主义的社会现实普遍化了，因而歪曲地反映了社会本质。

三、宗教和思辨唯心主义与教育

宗教和思辨唯心主义哲学是传统哲学的延续。宗教唯心主义哲学在尼采宣告"上帝死了"之后，遭到了越来越多的冷落。20世纪的社会进程的现实进一步打击了基督教的传统理想。一批思想家尤其是神学家，为了保持基督教的活力，要对宗教神学加以改造。于是出现了新托马斯主义、新正统派神学、存在主义神学、新激进神学、过程神学等新神学。20世纪新宗教神学的共同特点是：一方面表现为由神道主义转向以神为中心的人道主义；另一方面是由信仰至高无上、至善至美、全智全能的上帝，转向"没有上帝的宗教"。他们在教育上的代表有新托马斯主义和人格主义等。思辨唯心主义包括古典实在论及其在教育上的代表永恒主义。另一个是英美新黑格尔主义，它是在传统哲学崩溃之际，英美知识分子向欧洲大陆寻求精神武器的产物。它的主要代表是英国的格林和布拉雷德，他们都是教育家。他们主要是把黑格尔主义的社会与国家至上论应用于现代社会。宗教和思辨唯心主义主要是维护资本主义制度的，它对历史发展既有消极作用，又有积极作用。

宗教和思辨唯心主义教育观有许多相似之处。例如，新托马斯主义和永恒主义就是如此。这两派哲学家都从人性不变的观点出发，强调教育目的也是不变的。他们认为教育的目的就是培养人类智慧，发扬人性，完善人。他们强调普通教育的主要任务是进行理智训练，生活经验的知识应由生活本身去提供。他们从人性不变和教育目的不变论出发，批判了实用主义教育的"适应论"、"直接需要论"、"社会改造论"。他们为此强调教育是生活的准备，而不是社会生活本身。永恒主义者主张学习古典遗产、名著。他们强调核心课程应是：哲学、宗教、语言、文学、数学，西方伟大著作。他们重视古典文科教育，轻视职业技术教育。宗教唯心主义者主张以宗教课程为主，但不否定世俗的名著课程。永恒主义和新托马斯主义的教学理论，都是建立在内源论发展观基础上的，强调教学要依赖于学生的内在倾向。永恒主义和新托马斯主义都主张教师中心和权威，但又主张热爱儿童和尊重儿童主动活动，建立真正的理智权威。永恒主义强调天才教育，培养杰出人物，反对教育平等，并主张惩罚。新托马斯主义则强调爱的教育，主张"宗教信仰的复兴"和"理性道德力量的复兴"，它也强调纪律教育。

新神学对教育的贡献主要在道德与人生态度方面。西方基督教表现了希伯来文化的超越意识。他们不像人本主义那样单纯诉诸非理性的本能、情感意志，也不像实用主义那样过分追求功利。他们能超越感性现实，超越物质功利，追求精神永生。他们又能面对现实社会，回答人们关心的问题。所以他们特别起到这种教育作用。马利坦提出以神为中心的人道主义。他批评以人为中心的人道主义，认为那是给人带来困境和灾难的根源。只有以神为中心，才能解除人类的困境和灾难。他认为人类的真正伟大之处在于人具有不可毁灭的勇气和永恒不灭的尊严，人不顾失败和灾难，始终不渝地朝着实现神性、超升为神的方向前进，即在于人对于超越性的追求。所谓超越性，是指人具有信仰，追求比自己更为优越的东西，即永恒精神，并且为此献身。他认为这才是人的最高尚、最合乎人性的东西。以人为中心的人道主义之所以失败，就是放弃了灵魂的永恒精神的追求，一味讲功利，结果失去了人最宝贵的东西。马利坦还提出，人要正确对待现实生活或人的处境。马利坦认为，按照基督教精神，按照以神为中心的人道主义原则，人不能拒绝现实的处境，但也不能无条件地接受各种处境。关键是要区分两种情况，即人生所遇到的辛劳痛苦，到底是这个处境所固有的，还是因为道德的过失或罪恶所致？他认为凡属罪恶或道德上的过失，应当坚决拒绝；凡由偶然性带来的痛苦和快乐都可以接受。根据这个原则，人们不必排斥世俗的处境，但必须在上帝的信仰指引下努力行善，参与基督教的救世事业，承担道德责任。既不能遁世绝欲否定世俗环境下的生活，又要认真作出道德选择，尽量多行善事。这就是马利坦作出的结论。

蒂利希对"自我肯定"进行了分析，阐述了自我和世界的关系或个人与社会的关系。他提出以往的自我肯定有两种不同的类型：一是肯定自我的独特性，把自己当做一个独特的、自由的、以自我为中心的个体；二是参与世界的活动，把自己当做世界的部分或某一个社会集团的一分子。他强调，保持独特的个性和参与世界，二者缺一不可，是不可分割的两极。因为"没有世界的自我是空虚的，没有自我的世界是死寂的"。蒂利希还讨论了道德的绝对性和相对性问题，他强调道德原则应达到相对性与绝对性的统一。他认为道德的根基存在于人的本性之中，恢复道德就是恢复人的本质所具有的性质。道德以人和世界的本性为依据，它具有普遍性和绝对性。他强调在具体的道德实践中，道德准则又必须具有充分的灵活性，以适应变化着的世界的特殊的具体需要。这样，道德就具有相对性。布鲁内尔讨论了社会正义与上帝之爱（或仁爱精神）相结合的问题。他认为以往人们只把正义理解为社会秩序的最高概念，却不了解社会秩序不能离开上帝之爱。如果离开了上帝之爱，按某些人的意志任意解释正义，确定社会秩序，势必发生偏离。他认为正义就是给每人以应得到的。由于社会是一个有机体，每个人在社会中有不同的使命，其应得的部分也不同。因此，社会在一方面是平等的，在另一方面又是不平等的。上帝之爱则是超越一切之上，对所有人一视同仁的。这样，从上帝之爱出发，就可以使平等与不平等得到协调，建立合理的社会秩序，并达到真正的正义。

英美新黑格尔主义则创立了现代理性主义伦理学。格林与布拉雷德都摒弃了英国传统的伦理学方法，不再以个人的生活经验（快乐、满足、情欲等）

为道德研究的出发点，也不再满足于从人的经验行为和情感状态中寻找道德的基本解释。相反，他们继承了黑格尔的"观念辩证法"，主张在建立可靠的"道德形而上学基础"的前提下，探讨人类的道德现象；强调从人的意识出发，把人类道德作为一种"自我实现"之意识的现实过程。同样，与功利主义或利己主义相对立，新黑格尔主义伦理学以国家整体主义为基本的道德原则。格林、布拉雷德都主张，社会和国家高于个人，整体优于部分。他们既批判了功利主义只注重道德个体性和特殊经验性的狭隘做法，也批判了康德等人只注重"道德形式"、"抽象普遍性"，运用黑格尔的具体理性辩证法，主张把伦理学的内容与形式、特殊性与普遍性统一起来，建立所谓"具体的普遍性"道德。同时，他们还强调了道德的"关系性"、"共同性"、"社会性"等特点，以"共同善"为基础的道德理想。突出人类主体精神的意义是新黑格尔主义伦理学的又一特征，它带有明显的理性主义色彩。在格林和布拉雷德的伦理学中，"自我"是整体化的人类共同主体精神的自我，自我实现便是人类主体精神在社会及其社会关系中的道德价值的实现，即人类"共同善"的实现。格林强调这种道德的自我实现是"整体自我"和"社会自我"这双重人格的自我实现。布拉雷德也强调在整体自我中实现个体自我，在个体自我实现中求得整体自我的完善。

第三章 现代教育的心理学基础

研究教育现象、揭示教育规律的教育学同研究心理现象、揭示心理规律的心理学之间存在着一种天然的联系。自古至今，许多教育家同时又是心理学家，许多心理学家也积极地从事教育实践、参与教育改革，力图把自己的研究成果应用于教育。在心理学作为一门独立学科诞生以前，其研究大都是直接为认识教育现象、掌握教育规律服务的，有关心理学的论述也大都出自一些教育论著中。就是在心理学作为一门独立学科诞生并逐渐分化为一个庞大的学科群，有着广泛的研究领域和服务对象之后，教育仍是心理学家们饶有兴趣关注的领域之一，并逐步形成了教育心理学这门独立学科。究其原因，诚如我国著名心理学家潘菽所说："教育和心理学的密切关系已成为一种常识。就教育方面讲起来，教育是一种实践的技术，一切技术都须有科学的基础，而教育的一种主要的科学基础就是心理学。因为教育是培养人的，像农艺师培养禾苗和果树一样；而心理学则是研究人的基础学科。……教育有待于心理学的指导，而心理学也有待于教育所得的经验的帮助。"[①] 正因为如此，教育学在其科学化道路上所迈出的每一步都与心理学的发展密不可分。不同的心理学派别往往有着不同的教育观和教育方法论，从不同的方面促进教育学的科学化。一个不关注教育的心理学工作者或许还可以成为一名好的心理学工作者；而一个不关注心理学的教育工作者则永远不可能成为一名好的教育工作者。当然，这中间有自发与自觉的程度不同，从古到今经历过由自发到自觉不断提高的过程。现代教育必须自觉地加强对心理学的应用，把心理学作为主要理论基础之一，从心理学的角度来探讨现代教育中的若干基本问题。下面我们简略地从心理学的发展历程来回顾一下心理学是如何对教

---

① 潘菽：《心理学和教育》，载《教育心理研究》1940年创刊号。

育科学的发展产生影响的。

第一节 心理学的发展历程及其对教育的影响

一、古代心理学思想与教育

由于古代人们实践水平的低下，认识能力的局限，还不能从纷繁复杂的生产和生活现象中抽象出心理现象进行专门研究，古代人们对心理问题的研究，往往是围绕着哲学问题或教育问题的讨论而展开的。许多心理思想都统合在哲学的或教育的范畴之中，并借助它们进行表达，所以，这一时期也称为哲学心理学时期。

（一）中国古代心理学思想与教育

我国是个历史悠久的文明古国，心理学思想源远流长、丰富多彩。我国著名心理学家潘菽、高觉敷曾在《组织起来，挖掘我国古代心理学思想的宝藏》（讨论稿）一文中概括出我国古代心理学思想的八个特征，即天人论、人贵论、形神论、性习论、知行论、情二端论、节欲论和唯物的认识论，较全面地反映了我国古代哲学心理学的基本内容。其中与教育密切相关的是性习论，它提出了一些极为宝贵的学习心理思想，构成了我国古代教育的一个重要的思想基础。

我国古代哲学心理学思想中的性习论，最早出自于《尚书·太甲上》，所谓"兹乃不义，习与性成"，意思与"习惯成自然"相似。性习论着重揭示的是"性"与"习"这两种因素在人的身心发展中的关系问题，对这个问题的不同回答就形成了我国古代不同的教育观和教育方法论。

孔子在《论语·阳货》篇中提出"性相近也，习相远也"，在承认"性相近"的基础上，强调先天和后天相结合、内因和外因相互作用的身心发展观。在这种发展观的影响下，孔子一方面看到了学生有"上智"与"下愚"[1]、

---

[1] 《论语·阳货》。

"闻一知十"与"闻一知二"① 等智力与能力上的差异;有"狂"、"狷"②,"愚"、"鲁"、"辟"、"喭"③ 等性格和志向上的差异,因而倡导因材施教;另一方面又充分肯定教育和学习在人性完善中的重要作用,提出"博学于文"④、"学而不厌"⑤、"学而时习"⑥、"温故知新"⑦、"不耻下问"⑧等有关学习努力的要求。孔子的性习论的教育思想,有较多辩证的与合理的因素可供我们今天借鉴。

孟子和荀子从不同角度对孔子的"性近习远"说进行了发挥。孟子主张人性皆"善",人人生来就有"恻隐"、"羞恶"、"辞让"与"是非"之心⑨。在这"四心"中即包含有仁、义、礼、智的"四端",能否完美地转化为后天的仁、义、礼、智四种美德,还有赖于后天的"存养"和"扩充"。教育的职责就在于排除后天不良因素的影响,使"四端"发展为"四德"。可见,孟子是既坚持性善论,又坚持"塑造"的教育观。在方法论上,孟子强调"自求"、"自得",所谓"学问之道无他,求其放心而已矣"⑩;"自得之则居之安,居之安则资之深,资之深则取之左右逢其原,故君子欲其自得之也"⑪。同孟子相反,荀子认为人性皆"恶",人生而有"好利"、"好愉逸"、"残贼"、"好声色"⑫ 之心,顺其自然,则会残害礼、义、忠、信。基于此,荀子提出"化性起伪"的"改造"教育观,强调良好的环境和教育在人性发展中的重大作用。在方法论上,荀子强调"积"、"伪",所谓"积善成德"、"锲而不

---

① ⑤ ⑧ 《论语·公冶长》。
② 《论语·子路》。
③ 《论语·先进》。
④ 《论语·雍也》。
⑥ 《论语·学而》。
⑦ 《论语·为政》。
⑨ 《孟子·尽心上》。
⑩ 《孟子·告子上》。
⑪ 《孟子·离娄下》。
⑫ 《荀子·性恶篇》。

舍"①,"人之性恶,其善者伪也"②,重视教育环境的选择和道德意志的培养。孟子和荀子虽然在人性的问题上持有"性善"与"性恶"的不同观点,在修养的方法上也有"内省"与"外烁"的不同主张,但在强调积极教育与学习方面则是共同的。

先秦时期,除孟、荀二人的观点以外,尚有"素丝说"、"无善无恶说"、"有善有恶说"等人性观。汉以来,王充、朱熹、王夫之、颜元等许多思想家和教育家也先后论及这个问题。总的说来,我国古代思想家们尽管在对"性"、"习"的范畴和关系的理解上存在种种差异,但最后都强调环境和教育在完善人性、发展身心中的巨大作用。这可能是我国古代特别是先秦时期教育活动蓬勃兴起的重要原因之一。

在长期丰富的教育教学实践活动中,古代思想家们对学习心理有着较为深刻的认识,奠定了我国古代教学理论的基础。"学而不思则罔,思而不学则殆"③,揭示了学习与思维之间的关系;"知之为知之,不知为不知,是知也"④,揭示了学习与态度之间的关系;"多问阙疑"⑤揭示了学习同审问之间的关系;"学而不行,可无忧与?"⑥揭示了学习同意志行为之间的关系。我国古代著名的教育论著《学记》就明确提出把学习心理作为整个教学活动的重要出发点和依据,所谓"学者有四失,教者必知之。人之学也,或失则多,或失则寡,或失则易,或失则止。此四者,心之莫同也。知其心,然后能救其失也。"

(二)西方古代心理学思想与教育

西方古代心理学思想,主要是随着西方古代思想家们对哲学本体论和认识论的探讨而形成的。"灵魂"是西方古代哲学的一个重要范畴,也是古代西方心理学的一个重要范畴。有关心理学思想就集中在对灵魂问题的讨论上。亚里士多德的《论灵魂》被认为是西方心理学史上第一本有关心理学的著作。

---

① 《荀子·劝学篇》。
② 《荀子·性恶篇》。
③④⑤ 《论语·为政》。
⑥ 《韩诗外传》卷一。

柏拉图从客观唯心主义立场出发，反对古希腊唯物主义哲学家德谟克利特"原子说"的灵魂观，提出"理念说"的灵魂观。他认为，世界的本原是理念，灵魂来自于永恒的理念世界，人死后灵魂又回归到理念世界。灵魂具有自动性，认识只不过是灵魂对理念世界的回忆。"一切研究，一切学习都只不过是回忆罢了。"① 知识是内求的而非外铄的。这就是教育思想史上有名的"回忆说"。

为了进一步认识灵魂，柏拉图把灵魂划分为依次上升的三个等级：情欲、意气和理性。理性可以通过意气而控制情欲，从而达到心灵的和谐，接近理念世界，洞察真理。根据这一主张，柏拉图大致描绘了《理想国》中和谐教育的轮廓：所有雅典公民的子女入学以后开始受音乐教育，陶冶心灵，调和性情，培养具有"节制"美德的劳动者；其中的优异者继续进体操学校，接受体操、体格和军事训练，培养刻苦耐劳、勇敢爱国的精神，造就具有"勇敢"美德的卫国者；卫国者中的优异者继续接受10年的科学教育，研究高深的科学理论，心灵向上，认识至善，培养"智慧"的美德，以成为理想国中的高层统治者。显然，柏拉图的和谐教育理论在相当程度上不是指身心发展的和谐，而是指理性、勇敢和节制三者之间的适当秩序，即他所谓的"正义"。教育的职能就在于帮助社会实现这种适当的秩序。

亚里士多德这位"古代最伟大的思想家"，反对柏拉图把灵魂划分为三个等级，具体分析了感觉、记忆、想象、思维、意志和情感等心理过程间的相互制约，相互联系，对灵魂进行了类的划分：营养的灵魂、感觉的灵魂和理性的灵魂。"营养的灵魂，当单独存在时，是属于植物性的——植物性的灵魂；如果说它同时还能感觉，就是动物的灵魂；如果既是营养的，又是感觉的，并且也是理性的，那就是人的灵魂。"② 他认为，人的灵魂的发展顺序也大致如此，先是躯体，然后是非理性的感觉的灵魂，最后才是理性的灵魂。

---

① 北京大学哲学系外国哲学史教研室编译：《古希腊罗马哲学》，商务印书馆1961年版，第191页。

② 转引自［德］黑格尔著，贺麟等译：《哲学史讲演录》第2卷，商务印书馆1960年版，第339页。

据此，亚里士多德把教育划分为0~7岁的体格教育阶段、7~14岁的情感教育阶段和14~21岁的理性教育阶段。这是西方教育史上最早的教育年龄分期。亚里士多德所提倡的教育"效法自然"的实质，就是要遵循儿童灵魂或心灵发展的自然秩序。这一观点对近代心理学的发展和教育心理学化运动，产生了巨大的影响。

上面已经提到，古代心理学思想属于哲学心理学范畴，它混杂在古代思想家和教育家的哲学思想之中，还没有分化出来，更不可能为成为独立学科。中西古代心理学的共同特点是朴素的、直观性的，古代的思想家和教育家对于心理的认识，还只限于现象范围之内或活动过程之中。他们提出的问题，多属直观和推测，还未达到系统的理论探讨，是知其然而不知其所以然。如孔子对他的弟子的个性评价，就带有很大程度的直观性；亚里士多德关于灵魂的划分，也表现出较多的推测。中西的古代心理学思想，除了共同性之外，在理论基础上还是有差异的。例如，同属直观性，中国古代的心理学思想，主要表现为生活实践基础上的直观；而古希腊的心理学思想，则更多的表现为哲学思辨基础上的直观。中国的人性论，出自于天人关系，而且大都是在伦理的范畴内进行探索；古希腊的灵魂说却启发人们去探索生理与心理的关系，为以后在自然科学的基础上去寻求心理问题的解决打下了思想基础。

再加上中西两个社会发展的进程不同，更决定了中西心理学思想的不同发展状况。中国长期封建社会的稳定发展，同欧洲经过中世纪再到文艺复兴，是走着两条不同的发展道路。欧洲的中世纪从社会发展的水平来说，比中国的封建社会还要落后，心理学在神学思想的统治下，成为神学思想的附庸。但在文艺复兴之后，由于资本主义的发展，科学技术的进步，在神学思想统治下的灵魂官能心理学，便为理性的官能心理学所代替，为现代心理学的创建提供了社会和思想前提。

二、现代心理学学科的形成与教育

现代心理学的发展是以文艺复兴为契机，同人文主义教育思潮分不开的。人文主义教育家和教育思想家当时遍布了整个欧洲，其中比较著名的有意大利的维多里诺、康帕内拉，荷兰的伊拉斯谟，法国的拉伯雷、蒙田，英国的莫尔等人。他们的种族、宗教信仰、社会经济地位和文化环境各不相同，因此他们的人文主义教育观也各有所异。尽管如此，他们在体现着人文主义教育特质的问题上有着共同的见解：教育要尊重儿童；教育要适应自然。他们重新倡导了亚里士多德的教育主张。

这种教育要适应自然的人文主义教育思想被后来的夸美纽斯和卢梭大大地发展了。夸美纽斯在其名著《大教学论》中明确提出："如果我们要想找到纠正自然缺陷的办法，我们必须从自然本身中去找，因为肯定无疑的是，人事若不模仿自然，就一事无成"①，把人的发展过程同自然的变化过程作类比，得出了许多重要的至今仍显示着理性光辉的教育原则和思想。卢梭在其教育名著《爱弥儿》中提出了系统的"自然教育"理论。他把"自然的目标"作为"教育的目标"，强调"人的教育"、"事物的教育"必须服从于"自然的教育"。② 他要求教育者们深入地研究儿童的"自然状态"，按照学生的年龄去对待他。卢梭根据他对儿童身心发展的自然进程的理解，将儿童的教育划分为四个阶段：0~2岁阶段、2~12岁阶段、12~15岁阶段和15~20岁阶段。每个阶段都施以不同的教育内容，采取不同的教育方法。如果说夸美纽斯的"自然"还带有神学色彩的话，那么卢梭的"自然"就接近于心理学范畴了。

教育心理学化运动是在人文主义者的自然主义教育思想影响下逐渐酝酿形成的。最早明确提出这一口号的是瑞士著名教育家裴斯泰洛齐。他继承了卢梭"自然教育"的思想，提出"要把教育心理化"，"智力和才能的发展，要有一个适合于人类本性的、心理学的循序渐进的方法"③。接着，德国教育家赫尔巴特提出，"教育学作为一种科学，是以实践哲学和心理学为基础的。前者说明教育的目的；后者说明教育的途径"，"教育者的第一门科学，虽然

---

① ［捷］夸美纽斯著，任钟印译：《大教学论·教学法解析》，人民教育出版社2006年版，第79页。

② ［法］卢梭著，李平沤译：《爱弥儿》（上卷），人民教育出版社2001年版，第3页。

③ ［美］格莱夫斯著，庄泽宣译：《近三世纪西洋大教育家》，商务印书馆1931年版，第84页。

远非其科学的全部，也许就是心理学。"① 俄国教育家乌申斯基把心理学视作科学的教育学的三个理论基础之一。他认为："教育的主要活动是在心理和心理—生理现象的领域内进行的"，"不管讲教育学的人也好，听教育学的人也好，首先一定要在理解心理的和心理—生理的现象上意见一致，以求达到教育的目的"。② 上述都说明了18～19世纪教育实践和教育研究对心理学的重视，心理学已构成当时教育学各派划分的基础。

这一时期，在心理学的影响下，形成了形式教育、实质教育和实验教育学等几种主要的教育思潮。虽然它们的出现有其各自的社会历史和文化背景，但它们的一个重要理论基础就是各自不同的心理观。形式教育以官能心理学为基础，实质教育以联想主义心理学和统觉心理学为基础，实验教育学则以实验心理学为基础。把教育观直接建立在心理观之上，这是近代以来教育心理学化的一个基本特征和主要内容。

（一）官能心理学与形式教育论

官能心理学是心理学史上的一个古老概念，其思想源泉可以追溯到古希腊的柏拉图和亚里士多德。中世纪是官能心理学占统治地位的时期，奥古斯丁和托马斯·阿奎那都是官能心理学的代表人物。奥古斯丁把灵魂或心灵官能划分为三种：记忆、理智和意志。其中，意志官能是最根本的，制约着其他的心理活动。托马斯·阿奎那更多地接受了亚里士多德的影响，认为在各种心理官能中，理智的官能居于最高地位。到了17世纪末18世纪初，官能心理学为德国哲学家沃尔夫、苏格兰哲学家黎德以及法国哲学家加尔所发展。沃尔夫把官能心理学系统化，创立了官能心理学体系。黎德把心灵划分为31种上帝赋予的官能。加尔则更进一步，把心理官能划分为37种，概括为情感官能和理智官能两大类。

尽管不同的官能心理学家对心理官能的划分有不少的分歧，但他们都持下列的观点：①人的心理（或心灵、灵魂）是由许多官能组成的，注意、知

---

① ［德］赫尔巴特著，李其龙译：《普通教育学·教育学讲授纲要》，人民教育出版社1989年版，第190、11页。

② ［俄］乌申斯基著，郑文樾译：《人是教育的对象》（上卷），人民教育出版社1989年版，第28、30页。

觉、记忆、推理、情感、意志、想象均属人心理的重要官能；②各种心理官能是心理活动的动力，是人们认识活动的先决条件；③心理官能一方面是天赋的，另一方面也有赖于后天的训练，犹如人体的肌肉一样；④各种心理官能是彼此独立发生作用的，训练也宜分开进行。

以官能心理学为基础的形式教育思想可以追溯到古希腊和古罗马，然后纵贯整个中世纪，形成于17世纪，盛兴于18、19世纪，衰落于20世纪初。其代表人物有洛克和裴斯泰洛齐。

洛克在反对柏拉图以来天赋观念论的同时，又承认有所谓"天然官能"的存在。他说："人们单凭自己的天然官能，不借助于任何天赋的印象，就可以获得他们所有的全部知识"①。天然官能是人们获得经验知识和反省知识的必要前提。"只有通过对官能和能力的操练，才会使我们具有做任何事情的能力和技能，使我们达到完美状态。"② 洛克认为，学习的目的是要增进心的活动能力而不是扩大心的所有物，成为一个单纯博学的人。

洛克为未来的青年绅士准备了24门课程，但他并不要求青年人彻底地掌握每一门课程的知识，只是要求他们"普遍尝试"，以便"保持人心不被一种知识所占领"③，"打开和安排他们的心灵，使他们有能力在需要时专心于任何一门学科"④。例如，他最强调的数学学习就是这样，他不要求学习数学的青年人成为数学家，只是要他们通过学习数学获得心的自由与"探究和推理的方法"⑤。正由于官能心理学的深刻影响，洛克虽然想适应社会的需要，把青年人培养成能熟练地处理一切事务的绅士，为他们设计了诸如阅读、书写、速记、地理、民法、商业算学等广泛的课程，但最终仍不能满足18～19世纪英国资本主义发展的需要，以至于一个世纪以后，斯宾塞对洛克所主张的绅

---

① 任钟印主编：《西方近代教育论著选》，人民教育出版社2001年版，第84页。

② 转引自瞿葆奎、施良方：《形式教育论和实质教育论》，载《华东师范大学学报（教育科学版）》1988年第1期。

③⑤ 张焕庭主编：《西方资产阶级教育论著选》，人民教育出版社1979年版，第84、89页。

④ 转引自[美]佛罗斯特著，吴元训等译：《西方教育的历史和哲学基础》，华夏出版社1987年版，第330页。

士教育进行了辛辣的讽刺和尖锐的批判。

裴斯泰洛齐作为19世纪欧洲三位伟大的教育巨匠之一,对人类教育事业作出了卓越的贡献。在哲学上,他接受了莱布尼茨—沃尔夫体系的影响;在教育上,他继承并发展了洛克和卢梭的思想;在心理观上,他是一个官能主义者。他孜孜以求的"要素教育理论",就是以官能心理学为基础的。他所倡导的"教育心理学化"的实际内容,就是把官能心理学作为教育的理论基础。

裴斯泰洛齐认为儿童天生就拥有一些官能或能力,就是那些最贫穷的孩子也是同样。初等教育的目的就在于依照自然的法则去和谐发展儿童在道德、智慧和身体各方面的官能或能力。官能或能力,既是良好教育的出发点和手段,又是良好教育所追求的结果。他说:"我认为通常所指的儿童教育,应该只是一种官能的应用,而且我觉得应该首先练习注意、观察和记忆,以便在判断和推理以前先增强这些官能。"① 裴斯泰洛齐坚信,教育过程中官能训练的价值大于知识传授的价值,教学必须"集中地提高智力,而不是泛泛地增加知识"②。他认为,有多少种心理能力就有多少种感觉印象。不过他与其他形式教育论者稍微不同的是,裴斯泰洛齐认为各种官能的发展不是互不干涉、相互分离的,而是相互影响、相互作用的。裴斯泰洛齐在拼音、读书、写字、地理、自然史及劳工课的教学中,并不把它们所包含的实际内容或可能的利益作为目的,而只是把它们当成多方面发展儿童心智的手段。

改革教育、简化教法,是裴斯泰洛齐一生的主要事业。为了达成这一目标,他从官能心理学出发,认为人们的一切知识最终都来自于三种基本能力,即发音能力、感觉能力和计算能力。声音、形状和数目则是构成这三种能力的基本要素。这些简单要素在每一种教学中都是综合地发挥作用的,体现了人类认识的天然本质和教学艺术之间的伟大和谐。他认为,只有从简单要素出发才能使人们的认识"从模糊的感觉印象到准确的感觉印象,从准确的感

---

① 张焕庭主编:《西方资产阶级教育论著选》,人民教育出版社1979年版,第203页。

② 转引自曹孚编:《外国教育史》,人民教育出版社1974年版,第164~165页。

觉印象到清楚的映象,再从清楚的映象到明晰的观念"①。他认为这些要素是"一切方法和教学艺术的共同基础"②。从这个共同基础出发,他提出了教学艺术的一般原则,确立了各科教学的手段、步骤和方法,构建了自己完整的要素教育理论。

由上可见,尽管上述各位教育家有各自不同的形式教育观,但都认为:①教育的作用主要在于发展学生的各种官能或能力,而不是向学生传授知识;②课程的价值以其能否发展学生的能力及其适用性的大小来估价;③教学的原则、方式与方法应以心理官能发展的秩序和特征为依据。应当指出,以官能心理学为基础的形式教育论只看到知识的训练价值是片面的,但强调教学与发展之间的密切关系是有其"合理的内核"的。

(二)联想主义、统觉心理学与实质教育论

官能主义心理学由于固有的唯心的缺陷,在实证科学不断发展的情况下屡次受到各方的诘难。英国联想主义心理学用"联想"否定了"官能"的存在;德国的统觉心理学用"观念"否定了"官能"的存在。它们二者结合起来构成了实质教育论的理论基础。其代表人物为赫尔巴特和斯宾塞。

赫尔巴特是德国著名哲学家、心理学家和教育家。在心理学上,赫尔巴特一方面接受了德国官能心理学的一些影响,强调心理活动的主动性、自因性和统一性,反对英法经验主义心理学的机械性;另一方面又接受英国联想主义心理学的影响,坚决摈弃关于"官能"的任何思想,认为"把人的心灵视为各种各样能力的集合体是错误的"③,从而形成了他自己的统觉心理观。

赫尔巴特认为,心理学的研究对象不是灵魂的本质和心理的官能,而是观念(或表象)及它们之间的相互联结。观念是事物特征的混合体,人的全部心理活动都不过是各种观念相互吸引、相互排斥的结果。以往被认为是心理官能的记忆、想象、情感、理解、判断、推理等均不过是各种观念在一定条件下的不同联结。个别观念的联结过程就是"统觉",已有观念的系列化或

---

① ② 张焕庭主编:《西方资产阶级教育论著选》,人民教育出版社1979年版,第183页。

③ [德]赫尔巴特著,李其龙译:《普通教育学·教育学讲授纲要》,人民教育出版社1989年版,第197页。

联合体就是"统觉团"（或表象群）。观念和统觉团有两个主要来源：经验和交际。前者获得有关自然的观念，后者获得有关人的观念。经验和交际在教育教学中就具体化为以多方面兴趣为基础的管理、教学和训育活动。从这种统觉心理观出发，赫尔巴特建立了其系统的教学理论。

在课程论方面，赫尔巴特认为课程的价值不在于能否训练某一种所谓的心理官能，而在于能否提供适宜的材料去影响学生已有的思想和观念，充实他们的心智，激发他们的多方面兴趣。赫尔巴特把多方面兴趣分为两类六种：第一类是知识的兴趣、包括经验的兴趣、思辨的兴趣和审美的兴趣；第二类是感情的兴趣，包括同情的兴趣、社会的兴趣和宗教的兴趣。在此之上，赫尔巴特建立了自己的课程体系。为了激发学生经验的兴趣，他设置了自然（博物）、物理、化学、地理等课程；为了激发学生思辨的兴趣，设有数学、逻辑、文法等学科；为了激发学生的审美兴趣，设有文学、唱歌、图画等学科；为了激发学生同情兴趣，设有外国语、本国语等学科；为了激发学生社会兴趣，设有历史、政治、法律等学科；为了激发学生宗教兴趣，设有神学学科。赫尔巴特以学生的多方面兴趣为课程设置基础的思想，是赫尔巴特学说后来在美国备受欢迎的重要原因。

关于教学阶段的划分，赫尔巴特认为兴趣活动在过程上可以划分为四个阶段：注意、期望、要求、行动。相应地，赫尔巴特把教学过程也划分为四个阶段：明了、联想、系统、方法。在明了阶段，教师应清楚明白地讲解新教材，使用直观教学以集中学生的注意力。在联想阶段，教师宜采用谈话法，让学生把上一阶段获得的观念同新观念联结起来。在系统阶段，教师应指导学生对新旧观念间关系作出概括和总结，形成统觉团。在方法阶段，教师要采用练习法，指导学生把所学知识应用于实际。赫尔巴特的教学四阶段说后被其弟子们发展为五段教学法，成为影响深远的一种课堂教学模式。

在教学方法论方面，赫尔巴特根据兴趣过程的四个阶段，提出了与之相适应的四种教学方法：叙述法、分析法、综合法和应用法。这四种教学方法又分别与四个教学阶段相适应。在四种教学方法中，赫尔巴特特别强调综合法。这一方面是由于兴趣是多方面的，只有综合的方法才能引起学生多方面的兴趣；另一方面是因为只有综合的方法才能促使新旧观念联结的实现。因此，在历史教学中他强调历史事件的系统性与整体性；在地理教学中他强调地理与历史、自然地理和政治地理相联系。

正由于赫尔巴特致力于把教育教学理论建立在心理科学之上，并对此作出了杰出的贡献，所以教育学和教育史家大都把赫尔巴特称作"科学教育学之父"，把他的《普通教育学》看做教育科学诞生的标志。尽管赫尔巴特在许多具体的心理和教育观上存在着这样和那样的缺陷，但他对教育思想和教育科学发展的贡献却是不可磨灭的。

斯宾塞的心理学观点承袭了英国联想主义心理学，并融合了进化论的观念，所以心理学史家又把斯宾塞的心理学称为"进化的心理学"或"新联想主义心理学"。斯宾塞认为，人的心理是发展的，心理的发展是由同而趋异，由不准确到准确地前进。他强调环境对有机体进化和心理发展的作用，把心理现象解释为适应环境过程的不同方式。因此，他反对形式教育只重知识的训练价值，单纯通过某种知识去训练儿童某种官能的做法。他认为，"凡在指导行为方面最有价值的各种知识的获得，必包含有一种心理训练的作用，最足以促进各种能力的提高。"① 也就是说，在传授科学知识的同时也就发展了学生的记忆力、判断力等各种能力。教育的目的就在于使学生的身心对社会的实际生活产生广泛的适应性，为他们的完美生活做准备。在课程设置上，他主张不仅要设置那些仅具"世俗价值"即训练价值的古典课程，更应设置那些具有"内在价值"②即实用价值的科学课程。在课程的安排上，他主张科学课程先于古典课程，并根据不同科学课程所包含的知识价值的比较，排列出了五个等级的课程体系。这就是教育史上的第一个实科课程体系。

斯宾塞认为，个体心理的发展有阶段性并同种族心理的演化过程大体相当。"正常的教育制度，为这种主观过程的客观副本，必须具有相同的进程。"③循此，他提出了"教学当由简而至繁"、"必须从具体开始，而以抽象告终"，"与历史上人类的教育相对应"④等教学原则。从联想主义心理学的联想律出发，斯宾塞认为凡痛苦的功课就使知识为人所憎恶，日后很少能对人的生活发生作用；凡愉快的功课就使知识为人所爱好，终身受用。他提出了

---

① ② ③ ④ 张焕庭主编：《西方资产阶级教育论著选》，第 431、421、437、436 页。

"愉快教育"的概念。而要实施愉快教育,"全部教学的过程必须自学"①,即实行自我教育。他认为,自我教育包含着心理发展的科学的通则,愉快教育包含了促进心理发展的要义。

总之,斯宾塞在新联想主义心理学和实证哲学基础上建立了以完满生活为目标、以实科课程为内容、以自我教育和愉快教育为主要方法的系统的实质教育观,对现代教育科学的发展产生了深远的影响。

(三) 实验心理学的诞生与实验教育学和教育测量运动的兴起

19世纪60年代,德国心理学家冯特借鉴当时生物学、生理学的研究成果和方法,把实验法引入心理学研究领域,并于1879年在莱比锡大学创立了世界上第一个心理实验室,宣告了实验心理学的诞生。从心理学化运动到实验心理学的诞生,心理学迈上了一个新台阶,教育学也出现了新的面貌。实验心理学为人们研究教育问题提供了一个新的视角和新的工具,促使19世纪末20世纪初实验教育学的诞生和教育测验运动的开展。

实验教育学是由德国的梅伊曼和拉伊创立的。1886年拉伊发表了《正字法指导》一书,开始了对教育问题进行实验研究,兴起了一场教育实验运动。1901年,梅伊曼从理论上对这场运动进行了概括,冠以"实验教育学"的名称。1903年拉伊出版了《实验教育学》一书,标志着德国实验教育学体系的完成。两年后,拉伊和梅伊曼两人共同创办了《实验教育学》杂志,从而把教育实验的技术和教育科学研究的实证精神广为传播,扩大了实验教育学的影响。实验教育学借鉴心理科学中的实验方法,反对传统教育研究中的思辨方法,致力于对教育事实进行实证的精确的研究,在教育科学方法论上写下了新的一章。把哲学思辨同科学实证相结合正是当代教育科学日益科学化的方法论基础。20世纪教育实验的观念被人们广泛接受,除其他因素以外,实验心理学的影响功不可没。

教育测量运动是伴随着心理测量的兴起而展开的。1890年美国心理学家卡特尔首先提出心理测量的概念,并编制量表对其学生的各种心理品质和能力进行了测量。1905、1916年,法国心理学家比奈和西蒙编制并修订了旨在

---

① 张焕庭主编:《西方资产阶级教育论著选》,第441页。

测定个体智商的智力量表。此后，各种各样的智力测验量表、成就测验量表、能力倾向测量及人格测验量表纷纷问世，便利于进一步了解人的身心发展的共性和个性。当这些心理测量手段被有意识地运用于教育领域中并为教育实践和科研服务时，就形成了教育测量运动。教育测量的结果一度成为评价教育水平、甄别学生等级、决定升学资格的主要依据。不可否认，严格意义上的教育测量提供的大量教育反馈信息，为人们深入研究教育问题，确定合适的教育策略提供了丰富资源。

以上对现代心理学的发展及其对教育学的影响，就三个主要流派进行了概述。从哲学心理学进入科学心理学的大转折时期，心理学不但成为一门独立学科，而且处在不断分化的过程中。我们仅取了以上有代表性的三个派别，由于这三个派别的影响，使教育科学也出现了形式教育论、实质教育论和实验教育学的不同理论。

本来作为官能心理学的思想，可以追溯到中世纪甚至古希腊的灵魂官能理论，但官能心理学思想成为一个系统的思想体系和成为形式教育的理论基础还是在17、18世纪，而且在它与联想主义心理学的共同影响下，才出现了教育上的心理学化运动。形式教育论与实质教育论是两种不同的教育思想，各有其代表人物（如前所述），但究竟谁是形式教育论者和谁是实质教育论者，还有不同的看法，如对赫尔巴特，有人认为他是形式教育论者，也有人认为他是实质教育论者。我们所以采取后者，是因他对当时盛行的官能心理学持反对态度，而且是观念联想论、统觉心理学的倡导者。再如同是形式教育论者，对形式的理解也有所不同，有的是指"天然官能"（如洛克），有的是指教学中的具体要素（如裴斯泰洛齐）。虽然在有的教育家中形式教育与实质教育两种思想并存，或者有所侧重，但作为两种教育思想是历史地存在着，而且影响深远，一直延续到今天还在不同形式下争论着。

实验教育学的创建，不仅冲破了形式教育论与实质教育论的局限，而且大大地促进了教育学的分化和发展。如梅伊曼和拉伊就提出了应把教育学理解成一个复数概念，对它进行类的划分。这样便使过去无所不包的教育学，发生了第一次分化。拉伊把教育学划分为个人教育学、自然教育学和社会教育学，梅伊曼把教育学划分为一般教育学和实验教育学，这就促成了教育学学科的分化和研究方法的多样化，为以后教育学的进一步分化和发展打下了基础。

三、当代主要心理学流派及其对教育的影响

当代心理学是在现代心理学发展的基础上，在新的历史条件和科技迅猛发展的基础上发展起来的，流派林立，学说纷纭。现就其对教育影响较大的主要流派作些简略地评介。

（一）行为主义心理学与教育

行为主义心理学是从布伦塔诺的意动心理学和美国的机能主义心理学一步步演化来的。华生在1913年发表《行为主义者眼中的心理学》一文，宣告了行为主义心理学的诞生。行为主义心理学在其发展过程中又有早期行为主义和新行为主义之分。早期行为主义完全放弃对意识内部过程的考虑，新行为主义者在不否认意识内部过程存在的前提下，致力于用行为主义的观点去解释它。华生是早期行为主义的代表，斯金纳和班杜拉则是新行为主义者。

华生作为行为主义心理学的创始人，彻底摈弃传统心理学关于心灵、意识等概念，把行为作为心理学的研究对象。他认为，"人和动物的全部行为可以分为刺激和反应"[①]，思维和情绪也不例外。神经系统只不过在感受器和反应器之间起联络作用而已。由此，他提出行为主义的著名公式：刺激（S）—反应（R）。刺激决定反应，环境决定行为。"行为主义是严格的决定论者。"[②]

从环境决定论的行为主义心理观出发，华生反对在儿童发展问题上的遗传决定论和种族优越论。他说："给我一打健全的婴儿和我可以用以培养他们的特殊世界，我就可以保证随机选出任何一个，不问他的才能、倾向、本领和他父母的职业及种族如何，我都可以把他们练成我所选定的任何类型的特殊人物，如医生、律师、艺术家、大商人或甚至于乞丐、小偷。"[③]黑人和白人学生学业的差异不在于他们各自的民族性，而在于他们的家庭和学校教育

---

① ③ 转引自高觉敷主编：《西方近代心理学史》，人民出版社1982年版，第46、264页。

② 刘恩久等主编：《心理学简史》，甘肃人民出版社1986年版，第256页。

环境的差异。这是一种典型的教育万能论和环境决定论的观点。

斯金纳修正了华生等早期行为主义者的观念，提出了"相倚联系"和"操作性强化"概念，认为在环境和行为的因果关系中，反应、刺激和强化是顺序发生的联合机制，即它是由有机体所处的环境、有机体的操作及其结果组成的。一个操作发生后紧接着呈现一强化刺激，这个操作的概率就会增加。可见，在行为学习上，斯金纳比较注重个体的积极操作和环境对于这种操作性条件反射的目的性强化。这就构成了斯金纳程序教学的理论基础。

斯金纳根据其操作学习原理，制作了能帮助教师和学生安排有效的程序学习的教学机器。1954年，他在《学习的科学和教学的艺术》一文中阐述了其程序教学的三个基本原则：积极反应原则；即时强化原则；小步子原则。其中即时强化原则是核心。程序教学所使用的程序教材和教学组织形式都是以程序教学的原则为依据的。程序教学的理论和实践，由于其坚实的心理学基础，很快就席卷整个美国教育界并波及国外，对后来教学技术的进步、教学组织形式的改变起了不小积极的作用。

与其他行为主义心理学家不同的是，班杜拉不是从动物学习行为的研究而推论到人类的学习行为的，而是直接通过创设典型的社会情境实验去研究人类的学习行为，提出他著名的社会学习理论。

班杜拉及其同事在模仿学习实验、抗拒诱惑实验、言行一致实验等一系列实验中认真研究了认识活动、社会影响和行为学习之间的关系，提出了"观察学习"和"替代性强化"的概念，试图修正斯金纳操作性学习中忽视内部认知变量的缺陷。他证明，在观察学习中，人们不用什么奖励或强化，甚至也不用实践的机会，仅通过对模式或榜样的观察就可以学习到新的行为方式。他认为，儿童的道德判断方式和行为方式就是通过对他们周围的道德榜样的模仿而建立的，这种观察学习的内部机制就是替代性强化。它是通过观察他人的行为和行为的结果以及理解那些结果如何能适用于自己而进行的。替代过程能产生大量行为效果。

从观察学习和替代性强化理论出发，班杜拉强调示范榜样在人的社会化过程中的重要性。示范榜样不仅指现实生活中的人，也包括文字符号、图像信息、语言描述、艺术形象等。个体思想品德既是通过榜样示范作用形成的，也可以通过榜样示范作用加以改变。通过榜样习得的行为，有时会表现出来，有时不表现出来。不表现出来的行为并不等于没有学会这种行为，也可能在以后某种条件下再现。总之，他十分强调在儿童面前树立正确的示范榜样，对美国社会当时盛行的电视暴力进行了尖锐的抨击。

（二）精神分析学说与教育

精神分析学说是19世纪末20世纪初产生于西方的一种心理学流派，是对病态社会中人们病态心理形成的系统理论阐述。近一个世纪来，其学说的影响已远远越出心理学界，渗入文学、艺术、社会学、教育学、法学、伦理学、政治学、人类学、神学诸领域。对教育影响较大的其前期和后期的代表人物有弗洛伊德和埃里克森。

作为精神分析学说的创始人，弗洛伊德把无意识现象和内容作为心理学的研究对象，开辟了人类认识的一个崭新领域。弗洛伊德认为，精神过程本身是无意识的，有意识的精神过程只不过是整个精神生活的局部。人的一切行为都是由深埋无意识中的动机所绝对地决定了的。无意识的内容就是本能欲望，其中最主要的是性欲本能"里比多"。人的一切活动的动机都可以用里比多加以解释。在后期，弗洛伊德又把本能划分为生的本能和死的本能两类，性本能归入生的本能中。生的本能代表爱和建设的力量；死的本能代表恨和破坏的力量。

在泛性主义的本能论基础上，弗洛伊德建立了他的人格系统说和人格发展阶段说。弗洛伊德认为，整个人格由三大系统构成，即本我、自我和超我。本我由生物本能的能量构成，处于潜意识的层面，按快乐原则行事；自我是本我与外界现实之间的中介，它使本我与那些能真正满足其需要的实际事物发生联系，按现实原则行事；超我是"道德化了的自我"，是人格道德的维护者，按至善原则行事。弗洛伊德认为，人格中的三大系统是相互对立、相互作用和相互制约的。健康的人格有赖于三者之间的协调平衡，否则就会出现焦虑或精神病。

从这种人格系统理论出发，弗洛伊德认为，教育的目的就是要培养出有健康人格的人，把人们从压抑、痛苦和病态中解放出来，有人据此把弗洛伊德看做人格教育的始祖。为了完成这一任务，他提出了"中庸"的教育方法。

一方面他认为,"禁止、压制乃是教育的机能"①,如果让儿童顺从其本能冲动而不加以限制就会成长为反社会的人。另一方面他又提出禁止、压制的限度、方式和方法问题,认为过分的或不当的禁止和压制会导致人格紊乱,产生精神病。由于现代社会出现的一些新问题:社会信息量的无限增加,生产的迅猛发展,生态的日益破坏,战争的频繁爆发,以及现代社会高强度大频率的生活节奏所带来的物质生活与精神生活失衡,使人们产生越来越多的精神和心理问题,弗洛伊德的人格教育和人格健康的思想,越来越被人们所关注。

弗洛伊德对于教育学的另一直接贡献是他提出的性教育理论。在弗洛伊德以前,在教育理论和实践中对性教育问题一直是讳莫如深的。弗洛伊德在泛性论的基础上把人格发展分为五个阶段:口唇期(0~1岁),肛门期(1~3岁),性器期(3~6岁),潜伏期(6~11岁)和生殖期(13或14岁开始)。每一阶段都有一些特定的动欲区成为"里比多"的兴奋和满足的中心。如果前一阶段的性本能欲望得不到适当的满足,就会影响儿童人格的和谐发展。在人格发展过程中性教育是必要的。1907年,他在《儿童的性启蒙——致M.福斯特的公开信》中对传统教育忽视性教育的现象提出了尖锐质问,指出"今天年轻人所受的教育向他们掩盖了性欲将会在他们生活中所起的作用"②。在弗洛伊德看来,学校应当向儿童进行性的启蒙教育,让他们知道有关性生活的真实情况和懂得一些性的基本知识。问题在于在多大年龄,以什么样的方式进行为好。他呼吁教育家们对这个问题进行研究。

尽管弗洛伊德的精神分析学说有这样那样的缺陷,尽管他未能建立系统的教育学说,但他在其心理学基础上所揭示的许多教育问题是发人深省的,有待于教育工作者进行深入研究。

埃里克森是新精神分析学派的代表人物。他不满意弗洛伊德单纯以性本能为基础而建立的人格发展理论,认为人除了具有性的冲动外,人的个性的发展不限于性心理的发展,更重要的是心理—社会性的发展。此外,他也不

---

① ② 转引自赵修义、邵瑞欣著:《教育与现代西方思潮》,中国科技出版社1990年版,第90、91页。

同意弗洛伊德关于人格在儿童早年就定型了的观点，认为它是一个不断进化的终身连续过程。他提出了自己的心理社会发展阶段说。

埃里克森借用生物学中的"渐成原则"把整个人格发展过程划分为八个阶段：①学习信任的阶段（出生～18个月左右）；②成为自主者的阶段（18个月～4岁）；③发展主动性阶段（4～5岁）；④懂得勤奋的阶段（6～11岁）；⑤建立个人同一性阶段（12～18岁）；⑥承担社会义务阶段（18～30岁）；⑦显示创造力的阶段（中年期和壮年期）；⑧达到完善的阶段（从成熟到晚年）。埃里克森认为，每一阶段都存在着一对矛盾，依次为：基本信任与不信任的矛盾；自主与羞耻、怀疑的矛盾；主动性与内疚的矛盾；勤奋与自卑的矛盾；同一性与角色混乱的矛盾；亲密与孤独的矛盾；发展创新与停滞自足的矛盾；完善与绝望、厌弃的矛盾。这些矛盾的解决有积极的和消极的两种方式。积极的将有助于人格的和谐发展，形成良好的适应能力；消极的会阻碍人格的发展，削弱适应能力。每一对矛盾的解决标志着前一阶段向后一阶段的发展，形成一种心理品质。同八个阶段相对应的八种心理品质分别是希望、意志、目标、能力、忠诚、爱、关心和智慧。

同其他精神分析学家一样，埃里克森本人没有形成他的系统的教育理论，但毫无疑问，他的心理—社会发展渐成说的人格理论对于教育的影响是多方面的。人格发展的渐成观为终生教育的必要性和可能性提供了心理学基础；他对每一阶段主要矛盾的分析和讨论有助于人们辩证地深入了解儿童的年龄特征，因材施教；他对于社会文化环境因素在人格发展中作用的强调在道德教育方面也产生了积极的影响。

（三）人本主义心理学与教育

人本主义心理学诞生于20世纪60年代，是以现代西方心理学两大派别——行为主义心理学和精神分析学说——的批判者的姿态出现的，因此又被称为心理学发展中的"第三势力"或"第三思潮"。人本主义心理学反对行为主义的机械论和精神分析学说的泛性主义，强调爱、创造性、自我实现、自主性、责任心等心理品质和人格特征的培养，同存在主义哲学等一起构成了现代人本主义教育的理论基础，对现代教育产生了深刻的影响。

马斯洛作为人本主义心理学的创始人，反对精神分析和行为主义的观念，强调人性基本上是好的，认为人是主动的，有选择的能力。他充分肯定人的尊严和价值，积极倡导人的潜能的实现。马斯洛认为，人天生具有一种蕴藏着无限潜能的内在自然，内在自然的充分展露就达到了自我实现。他把自我实现看做人生的终极目标。

马斯洛认为，教育的任务就在于帮助人们满足这种最高的需要。他说："教育的功能、教育的目的——人的目的，人本主义的目的，与人有关的目的，在根本上就是人的'自我实现'，是丰满人性的形成，是人种能够达到的或个人能够达到的最高度的发展。"① 为了进一步说明自我实现的教育的目的，马斯洛把教育划分为外在教育和内在教育。外在教育以行为主义为基础，强调向学生传授工业社会所需的知识，关心知识授受效率。马斯洛在肯定外在教育的社会价值的同时也指出其缺陷，即外在教育使学生缺乏创造性，漠视学生的内心世界，难以达到自我实现。相比之下，马斯洛尤其重视内在教育，认为只有内在教育才有助于人们达到自我实现，最大限度地发挥自己的潜能。内在教育有许多具体的原则，包括：教会学生真诚忠实；帮助学生提高他们谛听自己内在感受能力的声音；教育学生懂得生活是可贵的；使他们基本的心理需要得到满足；教会学生如何成为一个好的选择者等等。在教学过程中，内在教育关心学生的自律性、自发性、直觉与创造性的同时发展；在课程上，内在教育倡导科学知识和经验知识的统一；在教学组织形式上，内在教育主张课堂教学和实际生活的统一。马斯洛认为，能够自我实现的人都对内外世界有一种丰富的内心体验，而"体验上的匮乏"会造成"残缺的人生"。内在教育在方法上就是帮助人们去体验人生，形成丰满的人性。

马斯洛人本主义教育观的旨趣可以归结为教育怎样才能促进人的最大发展问题。注重学生的自主体验，注重经验、直觉、情感等，是马斯洛及其他人本主义心理学家对现代教育的一大贡献。但他对人的自然属性的陈述，是否完全科学，也值得研讨。

罗杰斯是人本主义心理学的另一位重要代表人物。同马斯洛一样，罗杰

---

① ［美］马斯洛著，林方译：《人性能达的境界》，云南人民出版社1987年版，第169页。

斯强调人的自我实现，情感与主体性接纳，重视人的价值、经验和人际关系。他认为人生的优势潜能只有在自由运行的条件下，才能向好的方向发展，才能充分实现。这种自由运行的条件就是一种和睦的气氛，这种和睦的气氛最初来自于父母无条件的积极关注。罗杰斯认为，为了自我的充分发展，培养健全的人格，必须创造出一个无条件积极关注的成长环境。罗杰斯由此提出了他的非指导性教学理论，并着手教学改革。

罗杰斯非指导性教学理论认为，教学的起始基础不是课程、思想过程或其他智力资源，而是和睦的人际关系。教学不是以书本和教师为中心，而是以学生为中心。教师不是学生学习过程的指导者，而是学生学习过程的促进者和服务者。罗杰斯认为，师生间这种新型的人际关系体现着一种对学生独立思考和自学能力的根本信任，创造着一种促进学习的"接受"气氛。学生的学习不依赖于教师的教学技术、知识水平、授课计划和众多的参考书，而是依赖于教师和学习者彼此之间的关系，即学生对教师的接受程度。

罗杰斯从其人本主义心理观出发，提出非指导性教学理论，强调教学以学生为中心，重视对教学过程中师生间关系变量的研究，突出情感与态度因素在教学活动中的重要作用，大大推动了现代教学认识论、教学方法论和课程论的研究。

（四）认知心理学与教育

认知心理学是20世纪60年代伴随着美国行为主义心理学的危机而产生的，代表着当前西方心理学发展的方向。由于认知心理学家的大量研究都集中在个体认识活动的产生和发展上，所以对于教育研究有着较为直接的贡献。

皮亚杰是新结构主义认知心理学的代表人物。他的发生认识论关于儿童认知发展阶段的理论，受到世界各国学术界的高度重视，对世界幼儿和中小学教育的改革发生了极大的影响。

皮亚杰认为，认识就是主体用他独特的认知结构去作用客体，于主体和客体之间达成一种平衡状态。实现这一平衡状态的心理要素包括图式、同化、顺应和平衡四个方面。图式是指动作的结构或是组织，这些动作在相同或类似的环境中由于不断重复而得到迁移或概括；同化是指主体用已有的认知结构去概括客体材料，充实结构内容；顺应是指当主体已有的认知结构不能同化客体时,结构本身就要自我调整以适应环境;同化和顺应之间的相对稳定及和谐的过程就是平衡。四种要素持续不断的作用推动主体的认知结构不断地由一个阶段发展到另外一个阶段。不同阶段之间不仅有量的不同,也有质的变化。

皮亚杰将儿童认知的发展依次分为四个阶段:感觉运动阶段、前运算阶段、具体运算阶段、形式运算阶段。感觉运动阶段是婴儿认知的萌芽阶段,儿童凭自己的动作去接触和认识外界事物,出现动作思维。前运算阶段的儿童注意力虽集中于掌握符号的活动,出现表象和直观形象思维,但仍不能全面地掌握概念,将其思想组织成紧凑的结构。具体运算阶段的儿童形成初步的逻辑思维,守恒概念的形成是这一阶段的主要标志之一。形式运算阶段是儿童认知发展的高级阶段,出现抽象的逻辑思维,把逻辑运算组合为"群"和"运算系统"是这一阶段的主要特征。皮亚杰认为,上面的每一阶段都是一个统一的整体,而不是一些孤立的行为模式的总和。前一阶段的行为模式总是整合到下一阶段,而且前后不能替换。各阶段出现的年龄因各人的智慧程度和社会环境教育影响而有差异,或推迟或提前,但总的顺序是固定不变的。

皮亚杰从其心理观出发,反对经验主义的教育观,即认为一切知识只有其外在的根源,学生的认知发展就是在知识授受过程中自发实现的;反对行为主义的教育主张,即试图利用条件反射和强化手段,训练和加强诸多肌肉或语言上的联结从而使儿童获得知识。他认为,这些建立在不正确的心理学基础上的教育不能够培养出合格的适合社会需要的科学人才。皮亚杰强调,未来教育必须考虑到儿童认知发展的特点,"把重点放在儿童的自发活动的发展方面"①。具体阐述如下。

教学方法采用活动法 这与儿童认知发展和认知建构的自主性是一致的。活动法的基本原理可以表述为:理解就是去发现,在重新发现中去构成理解。在活动中,教师的作用仍是不可缺少的,但他不再是一个纯粹的讲课者,而

---

① [瑞士]皮亚杰:《明日教育的结构基础》,载《教育哲学教学参考资料》,北京师范大学出版社1986年版,第382页。

是以激发学生的首创性和探索性为己任。

重视学前教育和观察力的培养 这是考虑到儿童认知发展的阶段性和不可逆性。皮亚杰认为，学前阶段的儿童已经能够在半"逻辑"的活动中掌握单程函数的变化及质量的统一性。学前教育的好坏影响儿童认知的生长。训练观察力是学前教育的主要内容，它有助于儿童不完备的和歪曲的知觉的补充和矫正，为具体运算阶段的出现和学校教育打下基础。

课程和教材问题 皮亚杰认为，应根据各阶段儿童认知特征去设置课程和编排教材，把学科逻辑和智慧逻辑统一起来。他还反对在大中学阶段的分科教学，认为各门学科所提供的事实材料不是相互分离独立于认识主体以外的，而是有待于主体认识结构去解释的可观察的东西。各学科之间相互依赖，存在着一种共同的结构。因此，他强调人文学科与自然学科的整合，倡导一种"混合课程"。皮亚杰的新结构主义认知心理学对教育的影响远远超出了他自己论述的范围，为人们提供了一种新的儿童发展观，构成了西方科学主义教育思潮的重要理论基础之一。

布鲁纳是另一位著名认知心理学家和教育改革家，以《教育过程》一书享誉全球。他继承了皮亚杰的认知发展阶段论并致力于把他的成果应用到教育实践中来，在20世纪50年代末兴起了一场轰轰烈烈的以课程改革为中心的教育改革运动。

布鲁纳认为，学习过程就是类目及其编码系统的形成过程。一个类目指一组有关的对象或事件，可以是一个概念，也可以是一条规则。各类目之间概括化程度不同，形成一个编码系统。系统中各类之间具有内在联系，形成一种基本结构。布鲁纳认为，所有知识不是杂乱无章地储存在人脑中的，而是以基本结构为基础按编码系统形式被人所记忆和应用的。他认为，类目及其编码系统的概括化程度标志着个体的认知水平，在时间序列上有个逐渐发展的过程。在皮亚杰认知发展阶段论的基础上，布鲁纳把儿童认知发展划分为动作性再现表象阶段、映像性再现表象阶段和符号性再现表象阶段。在第一阶段，儿童主要是通过动作来学习知识；在第二阶段，儿童主要是通过表象来解决问题；在第三阶段，儿童则借助于抽象的符号和假设性命题来解决问题。每一阶段儿童都有其观察和解释世界的独特方式。

在上述认知心理观的基础上,布鲁纳构建了自己系统的教学观,它包括"教什么?什么时候教?怎么教?"

教什么——课程观 布鲁纳认为:"不论我们选教什么学科,务必使学生理解学科的基本结构。"① 每门学科的基本概念、基本公式、基本原则、基本法则就是这门学科的基本结构。他认为,学生对学科基本结构的掌握会有助于提高类目及其编码系统的概括水平,缩小"高级知识"同"初级知识"间的距离,适应迅速发展的社会需要。鉴于此,布鲁纳强调教材内部的逻辑结构,主张由各学科专家会同心理学家们一起编写教材。

根据儿童认知发展阶段论,布鲁纳又提出实施"螺旋式课程"。他主张课程建设围绕社会公认为值得它的成员不断关心的那些重大问题、原理和价值进行,不断深入,不断发展,不断上升。他深信,螺旋式课程的编制可以使"任何学科都能够用在智育上是诚实的方式,有效地教给任何发展阶段的任何儿童"②。

什么时候教——早期教育 布鲁纳认为,如果在课程设计和教材编写中体现了学科基本结构和学生智慧发展阶段的统一,那么科学知识的学习即使对那些学前儿童来说也是可能的。科学教育宜尽早开始。

怎么教——发现法 布鲁纳认为,类目及其编码系统的形成与发展、基本结构的掌握,都不是可以由教师直接传授的,必须依靠学生自己积极的思维活动,即有待于学生自己去构建,去发现。发现法"不限于寻求人类尚未知晓的事物,确切地说,它包括用自己的头脑亲自获得知识的一切方法"③。

以皮亚杰、布鲁纳为代表的认知心理学派把主要精力放在了认知过程的研究上,因此在教育上较多关注的是课程教材结构与学生认识结构的统一性问题,相反地忽视了情感、意志过程在教学过程中的作用。当代一些认知心理学家正试图弥补这一不足,在认识领域、情感领域和态度领域进行了广泛的研究。这对于推动现代教育观念的更新将产生深远的影响。

从上述可见作为现代教育与心理学的关系,大致有以下的一些基本特点。

---

①②③ [美]布鲁纳著:《教育过程》,载邵瑞珍等译:《布鲁纳教育论著选》,人民教育出版社1989年版,第27、42、14页。

1. 现代教育必须自觉地以心理学作为重要的理论基础

现代教育必须自觉地运用现代心理学的研究成果,并把它作为一个重要的理论基础。没有这个基础(当然不只是心理学一个),现代教育将会失去它的特有的本质。作为现代教育理论基础的心理学也不只一门,而是一个庞大的心理学科群,从儿童心理学到成人心理学,从生理心理学到社会心理学,从个性心理学到民族心理学,从普通心理学到特殊儿童心理学(其中还可再细划分),从劳动心理学到医学心理学,等等。这些都是教育工作者所应当掌握或了解的。特别需要提出的是教育心理学对教育工作的指导意义,从1903年桑代克《教育心理学》一书出版算起,已经历了一个世纪的发展历程,正如潘菽在《教育心理学》中所说的:"教育心理学的历史,就是心理学与教育结合并逐步形成一个独立分支的历史","教育心理学以教育对心理学的要求为出发点,以解决教育实践中的心理学问题为目的","直接满足教育实践的需要"。① 教育心理学对学生学习动机的研究,对学生掌握知识、形成技能、品德发展、个性与人格心理形成等方面的研究,必将对现代教育理论和实践产生极大的推动作用;与此同时,教育心理学乃至整个心理学的学科群,也将从儿童发展和教育工作经验中获得强大的动力和丰富的资源。

相反的经验教训也是有的,例如,苏联在20世纪30年代对儿童学的批判,由于在倒脏水时连孩子也倒掉了,导致了苏联的教育学在一个相当长的时期内,成为所谓没有儿童的教育学。我国在1958年对于心理学的批判,也同样地留下了许多后遗症。

2. 要博采众长而不固执一端

现代教育流派纷呈,教育改革方兴未艾,除上述的几个流派之外,还有如价值澄清、逻辑符号、要素主义等等。教育流派所以如此之多,固然其原因很多,但与心理学学派之多也有密切关系。现代心理学的研究,从不同的角度向我们揭示了人类特别是学生心理发展的动力、结构、程序等,为现代教育提供了内在的根据。心理学的每一次前进,都会在教育领域内留下自己的痕迹,促成教育观念或教育实践在某一方面的局部的以至整体的转变与改

---

① 潘菽主编:《教育心理学》,人民教育出版社1983年第2版,第21、10页。

革,正如本节"心理学的发展历程及其对教育的影响"中所提到的那样。

但是,在心理学和教育学的发展历程中,经常可以看到不同学派固守一隅或固执一端的现象,例如,实质教育者力斥形式教育,形式教育者又力斥实质教育;行为主义者只强调外部的影响,而忽视内部机制的作用,而认知主义者又过分坚持内部的驱动力量,却不重视外部的影响;科学主义者过分强调量的分析的重要性,而人文主义者又只强调主体"理解"的意义;如此等等。正如布卢姆在他的名著《教育评价》中所指出的:"……扪心自问,在一味沉溺于教育的认知功能——运用言词概念的能力——的同时,我们有无严重忽视了关于个性和生活的其他重要性的、有时甚至是更为单纯的方面。例如由感性知觉的加强而增加的审美感受,或是欣赏诗歌和艺术所根据的内在价值观念,后者是任何通过教育培养起自觉能力、学会了同情和感受的人都能获得的。"他的回答是肯定的,"认知成果的获得越来越为人们所关心,并很少受到怀疑,而情感目标则受到冷落。"[①] 布卢姆站在认知心理学的立场上,试图弥补这一不足,在自己的教育目标设计和分类中,在教育评价、课程设计中,除了关注学生的认知水平和认知发展以外,还同时关注学生的情感和意志水平以及情感和意志方面的发展,这对促成人的全面发展是有利的。

我们在批判吸取各派的理论和经验时,希望能多一些辩证法,少一些形而上学。

3. 关注心理学的新发展

20 世纪 80 年代以来,心理学研究取得了许多新进展。其中,有不少新成果直接影响着现代教育的改革与发展,具有重要的理论启发作用或实践应用价值。对此,我们需要认真研究和积极应对。

认知心理学的快速发展,是心理学领域的一个重要新成果。认知心理学关于信号检测、信息加工、认知模式、记忆模型等的研究,都取得了新成果。这些研究,对于深入理解人类心理的认知本质,尤其是人的高级思维过程,对于理解学生如何获得、储存、转化和运用知识,是大有裨益的。认知心理

[①] [美]布卢姆著,邱渊等译:《教育评价》,华东师范大学出版社 1987 年版,第 474~475 页。

学关于元认知的研究，在一定意义上揭示了人类认识的自我调控的机制。元认知研究发现，人在认识过程中存在元认知过程，它包括三个方面：一是元认知知识，即对认知过程要素、状态及结果的知识；二是元认知体验，即与元认知活动相伴随的情感体验；三是元认知监控，即对认知活动的定向、调节、矫正，以期达到预期目标。利用元认知理论，学校教育工作者积极开展了学生学法指导的研究，力求使学生理解学习过程并监控、调节自己的学习行为，取得了有价值的经验和成果。认知心理学的发展，还突出表现为建构主义理论的崛起及其对学校教育的广泛影响。建构主义是一种认知心理学的学习理论，它有众多不同的小分支和流派，如社会建构主义、个人建构主义，等等。建构主义对学习的基本理解是：知识是学习者主动建构起来的，知识的意义存在于情境之中，学习总是在一定社会文化环境中进行的，学习结果是对先前经验的重组、转换和改造。① 建构主义理论在20世纪90年代和21世纪初曾先后在美国、日本以及我国的基础教育课程改革中作为指导改革的理论基础，产生了广泛的实践影响。一方面，它促进了教学方法的更新与丰富；另一方面，也引起了不少争议，值得进一步深入反思。此外，也有研究者指出，从认知心理学向认知科学转变，是一个值得关注的变化。② 认知科学把心理学研究、神经生理学研究、人工智能研究等多学科融为一体，有可能在心理、生理、技术与社会相融合的环境下，进一步揭示人类思维与意识之谜。

　　智力研究的新进展，也值得教育领域充分关注。其中，美国学者加德纳提出的多元智能理论，对原有的智力理论构成了挑战。多元智能理论认为，智力由语言智力、数学逻辑智力、空间智力、音乐智力、身体运动智力、人际关系智力、自我认识智力七种因素构成。这种理解与原来把智力主要理解为言语能力、数理逻辑能力有很大的变化，并对教育实践产生了很大影响。

---

　　① 刘儒德：《建构主义：知识观，学习观，教学观》，载《人民教育》2005年第17期。

　　② 李靖：《21世纪初期国际心理学发展的新变化》，载《武汉体育学院学报》2005年第10期。

多元智能理论引发了人们关于学生天赋与学习风格差异（优势差异）的关注，并在因材施教方面做了不少有意义的探索。美国学者斯腾伯格提出的成功智力理论，也是一个新的智力学说。成功智力理论认为，一个人在社会生活中取得成功，需要三种不同的智力因素，即分析智力、实践智力和创造智力。只有兼具三种智力成分，才是成功智力。在不同行业（职业）中，都需要这三种智力，但主导的智力成分则不尽相同。成功智力对学校教育的启发是，分析智力固然是主要的，但不能局限于此；此外，对于职业教育来说，尤其要重视培养本行业的核心智力成分。

  起源于人本主义心理学的积极心理学的发展，是20世纪末以来心理学研究的一大新进展。积极心理学的核心主张是，心理学不仅要研究各种病态问题，更要研究人的各种积极力量和积极品质。有研究者把积极心理学的基本理念概括为：第一，积极情绪，如欢愉、自我认同、专心等；第二，积极动机，如合群动机、成就动机和利他动机；第三，积极自我，如自我评价、自我调节，高自尊和强自我效能感；第四，积极改变，如自我反省、情绪唤醒、自我评估、自我解放等。① 在教育管理上和学校教学工作中，运用自我效能感原理来改变职工或学生状态，促其获得成功，已有不少的探索和经验。这可以说是积极心理学在教育领域应用的有益尝试。积极心理学的重要启示是，在教育工作中，看问题的正面视角（心态）是非常重要的。我国古人就说过"长善救失"，在改变学困生时人们强调"多看亮点"，要多给予学生鼓励性评价等，这和积极心理学的取向是很一致的。可以设想，积极心理学成果的广泛应用，必将带来教育方法的积极转变。

  关于心理学研究的新进展，还有一个值得关注的领域，这就是生理心理学的发展。多种心理活动都是建立在人脑和神经系统这个物质之上的。关于人脑之谜的探索，长期以来未曾中断过。多种关于脑的学说，也直接影响着课程设置和教学方法的选用。有学者指出，目前脑科学正进入"脑功能基因组学"研究的新时期。其重点是"通过改变基因在大脑内的表达或活性，然

---

  ① 张澜：《心理学发展的新视野——积极心理学》，载《辽宁行政学院学报》2010年第7期。

后进行基因组学、蛋白组学、行为学等分析，多层次、整合性地直接研究基因在自由活动模式动物的脑高级认知过程中的作用。最终，利用尖端的高密度神经元群体记录技术，破译神经网络编码机制、揭开大脑活动的奥秘"[1]。这一领域的进展，当前似乎还难以直接应用于教育，但一旦有实质性突破，其想象空间是非常巨大的。例如，20世纪90年代意大利学者发现了一种新的神经元：镜像神经元。研究者认为，人类个体存在有一个专门的"镜像神经元系统"；而且，"这个系统可能是我们……的社会认知能力的神经基础，它为我们人与人之间的信息交流提供了桥梁"[2]。如果这项研究假设得到全面证实，那么它作为人的动作理解、模仿、交流、情感迁移的物质基础的活动机制得到破解，这对于教育而言，将搭建更坚实的脑科学基础，必将导致教育科学化的新景象。

总之，在当今科技日新月异的时代，心理学研究有不少新成果值得认真关注。要利用好各种新成果，使新理论成为解决问题的新资源；当然，也要科学分析，找到具体结合点，避免生搬硬套，甚至误用错用。

4. 科学主义和人本主义之争是其主线

前面概述了当代心理学的主要流派及其对教育的影响，虽然众说纷纭，观点各异，但就基本倾向来说，在思想体系上可以综合为科学主义和人本主义之争。科学主义和人本主义是现代两大对立的教育思潮，它们有着不同的哲学观、科学观和心理观，在教育目的、价值、方法、组织形式、课程及评价等方面意见不一。

从心理学方面看，科学主义以认知心理学为基础，看到认知、记忆、判断、推理等理性因素在教育中的作用，注重科学课程和经验课程的科学价值，强调教育过程中的发现、建构、迁移和个体的智慧发展。在科学研究上，科学主义以教育事实为中心，强调实证的方法、研究的可重复性和知识成果的

---

[1] 钱卓等：《21世纪脑科学的前沿：脑功能基因组学》，载《科学文化评论》2004年第4期。

[2] 丁峻等：《阐明心理理论机制的新途径——来自镜像神经元研究的证据》，载《南京师范大学学报（社会科学版）》2009年第1期。

普遍有效性，力图排除教育研究工作者的主观先验性质的价值判断和态度倾向。人本主义则以人本主义心理学为基础，看到态度、情感、关系等非理性因素在教育中的作用，注重经验课程和科学课程的经验价值，强调教育过程中的沟通、理解、氛围和个体的自我实现。在科学研究上，人本主义以人为中心，强调解释的方法，研究文化制约性和知识成果的个体经验性，力图把个体的态度倾向和价值原则渗透到研究工作中。

科学主义对人类理性充满信心，抓住了心理发展的认知的一面，把它看成是增强人类理性能力的唯一手段，并赋予它以解决社会知识信息激增和学校及个体接受知识信息容量有限之间矛盾的重要使命。毫无疑问，科学主义揭示了当代教育实践中的一个重大问题，并以自己不懈的努力探索解决这一问题的有效办法，为推动当代教育实践的发展作出了巨大贡献。

人本主义继承了文艺复兴以来的人文主义传统，重视理性在人类生活中的价值意义，突出心理生活中情感和意志的层面，把它们看成是人类生存的本质和发展的基础。人本主义批判在科学主义支配下的传统教育对人类理性作了僵化理解，同时残害了人类的情感和意志，给个人的幸福和人类的发展造成了危机。人本主义者从精神病患者那里、从两次世界大战及各种"现代文明病"那里找到了佐证。他们呼吁：关心个人的幸福和人类的命运，而不要只关心社会财富的增长。不能不说，人本主义指出了科学主义的致命弱点，把人们从理性王国带回到纷乱倾轧、战火连绵的现实世界，是有现实意义的。尽管由于政治的、经济的、文化的和宗教的原因，人们对人本主义教育观褒贬不一，但无论如何，当代的一系列教育改革运动，诸如"暗示教学法"、"非指导性教学"、"合作教育"、"愉快教育"无不从人本主义那里吸取丰富的养料。面向21世纪教育国际研讨会所发表的圆桌会议报告《学会关心——21世纪的教育》也充分体现了人本主义的精神。

从上述可见，科学主义和人本主义各有其局限性：科学主义以处于严格实验条件下认知心理学的研究为其教育设计和教育实施的基础，把教育过程抽象为纯粹的理性思维活动，忽视了实际教育过程中非理性因素的定向、激发、维持和协调功能。人本主义恰恰相反，在弥补科学主义短处的同时，舍弃了科学主义的长处。实际上，和谐气氛的培育，直觉和创造性的培养，乃至丰满人性的形成，都莫不依赖于丰富的理智生活，依赖于支撑理智生活空间的科学课程。

现代心理学研究正日益揭示出人类心理活动的统一性、辐合性与互补性。人们的任何一种心理活动都不能独立于其他的心理活动而独立存在，就像从来就不存在无情感的认知和无认知的情感一样。教育活动正是以这种完整的心理活动为基础而展开的。因此，科学主义和人本主义两大教育思潮具有强烈的互补性，合则两利，分则两伤。科学主义与人本主义一道成为推动现代教育发展的两大巨轮。

第二节 心理学在教育几个主要问题上的集中反映

徜徉于历史长廊，我们强烈地感受到心理学在其自身科学化的发展历程中，对教育和教育科学所产生的广泛而深刻的影响。教育和教育科学的发展离不开心理学的发展，已经成为一个常识性的问题，对于现代教育和教育科学来说尤其如此。在心理学工作者和教育学工作者的共同努力下，人们正在重新审视当前教育理论和教育实践中的一些颇有争议的问题。下面我们就以几个问题为例，来进一步谈谈心理学是如何成为教育和教育科学的重要理论基础的。

一、学生发展——成熟优势与学习优势之争

学生个体发展是多种因素综合作用的结果，这是现代一般教育和心理学工作者的共识。但在诸多因素中哪些因素起主导作用，即在对哪些因素占优势地位的问题上却有意见分歧。一种观点认为发展不同于学习，它主要依存于神经系统的成熟和智慧建构的水平。持这一观点的代表人物有格塞尔和皮亚杰。另一种观点认为，发展主要不是靠内部条件制约的自发性来完成，而是靠外部社会性因素的介入，即靠教育和学习。持这一观点的代表人物有华生、斯金纳和维果茨基等人。

成熟优势说的两个坚实的基础就是格塞尔的爬梯实验①和皮亚杰的认知建构理论。爬梯实验的结果表明，在儿童的动作技能学习中，有机体各系统的成熟对于学习效率有直接影响，早于这个时期的训练是低效的或者是无效的。格塞尔据此提出了教育过程中的"成熟准备性"概念。皮亚杰的认知建构理论把个体的智慧发展阶段划分为依次转换的四个阶段。各阶段的次序是不可颠倒的，各阶段出现的时间主要受年龄因素即受机体成熟的影响，外界文化因素对智慧阶段的转换时间会有一些影响，但这种影响在皮亚杰看来不是很大的。一般说来，皮亚杰反对脱离儿童智慧发展阶段的教学，认为"试图根据远离儿童思维样式及其含义对儿童来说又是枯燥无味的逻辑进行正式说明，肯定徒劳而无益。"智慧的成熟水平是教育的基础。但皮亚杰在这个问题上，采取了较为灵活的态度，认为教学"不必奴性地跟随儿童认识发展的自然过程"，教学向儿童提供的"挑战性但是合适的机会使发展步步向前，也可以引导智慧发展"②。只不过"合适"与否的标准仍是儿童的智慧成熟水平罢了。成熟和发展走在教育的前面。

建立在大量科学实验基础上的成熟优势说不同于遗传决定论，它详细地研究了个体生理、心理发展的阶段性特征以及这些特征对于教育或学习活动的制约性，从一个方面为教育学科学化提供了翔实的材料。"成熟准备性"、"思维发展阶段"、"儿童期"等概念，对后来的教育和心理发展的"关键期"研究起到了极大的促发作用。但是，由于成熟优势说主要关注于成熟对于生理能量的增加和心理活动形式的变化的影响，所以不能很好地解释许多高级的社会品质和社会活动能力的形成与发展，即忽视了个体发展的社会学方面的动因——教育与学习。后人批评皮亚杰等人的学说有生物学化倾向的实因盖出于此。

---

① 爬梯实验是格塞尔研究儿童发展与成熟、学习之间关系的一项著名实验。实验对象是一对孪生子。在这个实验中，孪生子之一 T 从第 48 周起每日作 10 分钟的爬梯训练，连续 6 周。在此期间，另一孪生子 C 不作爬梯训练，从第 53 周起才开始训练。结果，C 在两周后就赶上了 T 的水平。

② 华东师范大学教育系、杭州大学教育系编译：《现代西方资产阶级教育思想流派论著选》，人民教育出版社 1980 年版，第 396 页。

学习优势学说的主要理论基础是行为主义心理学及维果茨基的最近发展区理论。行为主义认为，个体发展实质上不是什么心理能力的增强和心理品质的形成，而是合适行为的形成。合适的行为不是来自于成熟，而是来自于S—R（即刺激—反应）的连接，刺激和强化在学习过程中起决定作用。根据刺激和强化呈现时间和方式不同，学习行为又可以分为经典性学习（华生和巴甫洛夫）、操作性学习（斯金纳）和观察性学习（班杜拉）三种具体方式。教育的作用就在于向学生提供适宜的材料（刺激）和奖惩（强化），帮助学生形成适当的行为，促进学生发展。教育和学习走在发展的前面。

维果茨基对儿童的心理发展水平进行了认真研究，把学习优势的思想推向深入。他认为，儿童发展水平包括现有发展水平和可能发展水平两种类型，儿童发展是一个不断由现有发展水平向可能发展水平转化的动态过程。现有发展水平和可能发展水平之间的间隔叫最近发展区。教育活动不是着眼于儿童的已有发展水平，也不是着眼于可能发展水平，让儿童望尘莫及，而是着眼于最近发展区，凭借教育手段的有效利用，推动儿童从现有发展水平达到可能发展水平的最大发展。可见，在维果茨基看来，教育和学习是儿童发展水平不断提高的一个主要因素，教学以现有发展水平为基础并走在现有发展水平的前面，现有发展和可能发展都是教育和学习的结果。

学习优势说虽然最早是由行为主义心理学家从动物学习的实验中得来的，但却能有效地说明人类一些复杂行为方式的建立，揭示了个体发展的社会动因和本质。不过，学习优势说未能在强调学习优势的同时注意到成熟因素的制约性，以至于在一些行为主义者那里学习优势说就变成了教育决定论。华生就是这样。

成熟优势说和学习优势说涉及身心两方面的关系问题，人的自然属性与人的社会属性之间的关系问题，并在心理学的层面上各自从一个角度对这些关系加以阐述。成熟优势突出了生理成熟对心理发展、自然属性对社会属性的自然规定性；学习优势则着重强调了个体在心理发展和社会属性获得过程中的相对独立性和巨大可塑性。从身心统一、自然属性和社会属性统一的立场来看，虽然这两种发展学说都曾极大地促进了儿童发展问题的研究，但又都失之片面，是不完全的。完全的发展观应该是身心发展的对立统一，自然属性和社会属性的对立统一,成熟和学习的对立统一。其中社会属性的发展体现了人类发展不同于其他物种发展的质的特征,教育和学习应该是学生发展的主要动力。

二、教育目的——社会制约性和个体制约性之争

教育目的是整个教育活动的出发点和归宿。教育是一种培养人的社会实践活动,因此教育目的的提出一方面要受制于社会发展的需要,另一方面又要受制于个人发展的需要,是这两种需要在观念上的反映。绝对地夸大教育的社会制约性和社会职能,就会导致社会本位的教育目的论。柏拉图、涂尔干和凯兴斯泰纳就是倾向于社会本位的目的论的。片面地把个人发展的需要作为教育目的的立论基础,就会导致个人本位的教育目的论。卢梭、裴斯泰洛齐等就是倾向于个人本位的教育目的论的。

社会本位论认为,个人的一切心理活动和一切发展都有赖于社会,所谓"正如我们的身体凭借外来的食物和营养,我们的心理也凭从社会来的观念、情感和动作。我们本身最重要的部分,都从社会得来"[①]。他们认为,这是人之不同于动物的最根本标志之一。社会的观念和意志能够而且应该完全地体现在个体的一切心理活动和一切发展之中,个体发展需要是社会发展需要的反映。教育作为促进个体身心有目的变化的手段,主要是反映社会的观念和意志,传递社会的经验和价值,把学生训练成适合一定社会需要的"社会人"。这种有着特定规格的社会人在柏拉图那里分别是"理想国"中地位、权利和责任各不相同的劳动者、卫国者和管理者。在凯兴斯泰纳那里就是为当时的普鲁士政府效劳的忠顺而又能干的"公民"。因此,教育目的是社会意志的体现,是外在的。

社会本位论把人的心理活动从动物的心理活动中提升出来,看到了人的心理活动的社会制约性;把个体发展同社会发展紧密结合起来,从社会发展的需要去考察个体发展,充分体现了教育活动的社会本质。但遗憾的是,社会本位论者在达到真理以后又向前迈出了一步,抹杀了人的心理活动的内在

---

① 转引自吴俊升著:《教育哲学大纲》,商务印书馆1935年版,第146页。

制约性，忽视了个体发展的相对独立性和个体差异性，以至于把学生当成是纯粹的"社会原料"，在一些特定的历史时期，成为社会政治、军事、经济和宗教的牺牲品。

个人本位论针对社会本位论多走的那一步发起了猛烈的抨击，进而完全否定社会本位论，在他们自己的教育旗帜上写着：以人为中心，以学生为中心。他们认为教育在于使人的本性得到最完善的发展，教育的目的是根据人的发展需要制订的，不能把社会意志强加于个人发展的客观法则上面。个人本位论认为，人的心理活动和个体发展有其内在的自然秩序，这种内在的自然秩序只跟人的本性有关，而与社会的意志无关。而且，不良的社会环境会破坏这种内在的自然秩序，阻碍人的发展。"出自造物主之手的东西，都是好的，而一到了人的手里，就全变坏了。"① 因此，教育目的包含在儿童的自然本性之中，是内在的。

个人本位论从社会本位论的对立面出发，强调个体心理活动和个体发展的自然规律，反对把它们当成社会影响的消极产物，主张对儿童本性的尊重，这些对于新教育运动的兴起和教育科学研究有着极为重要的意义。但个人本位论把个体需要同社会需要对立起来，撇开社会发展孤立去谈个人发展则是错误的。它导致把教育活动看成是纯粹的自我生长过程，把教育目的看成是超时空的个人意志的反映。尽管个人本位在外表上比社会本位更具有"革命"意义，更符合人道主义理想，但个人本位始终未能完全替代社会本位而成为某一社会形态制订教育目的的基本理论基础。

总之，个人本位和社会本位在心理方面都只看到了个体心理活动和个体发展的一个方面，忽视了另一个方面。就哲学上看，个体本位抓住了个体发展的内因，忽视了外因；社会本位抓住了个体发展的外因，忽视了内因。正确的观点应该是外因和内因的统一。现代心理学关于智力发展阶段的研究，关于思维发生和语言学习的研究以及关于道德心理形成的研究都证明了这一深刻的道理。所以，教育服务于个人发展的职能和服务于社会发展的职能，制订教育目的的内在依据和外在依据应该是统一的。就教育目的的制订来说，

---

① [法]卢梭著，李平沤译：《爱弥儿》上卷，人民教育出版社2001年版，第1页。

社会的制约作用,应占有主导地位,但目前我们存在的问题,是对个体的制约作用注意得不够。

三、课程编排——心理逻辑对学科逻辑的批判

课程编排是课程建设和课程实施中的一个重要环节,它涉及开设哪些课程及如何编写教材的问题。课程编排的实质就是探讨如何采取适当的方式把有助于实现教育目的的材料连续不断地呈现于学生面前,以形成一个丰富的教育环境。课程编排从内容和过程上看,是对人类知识总体中各领域知识的选择和组织的过程。从实施对象上看,是为促进学生发展服务的。在课程编排中,对这两个方面的不同强调,就构成了两个不同的编排原则,即学科逻辑原则和心理逻辑原则。

学科逻辑原则强调教育保存和传递人类文化知识的一面,认为人类总体知识的性质和结构以及各领域知识的性质与结构,即学科间逻辑和学科内逻辑是课程编排的内在法则,学校课程和教材应该全面地反映迄今人类的所有认识成果,反映学科知识本身内在逻辑联系。课程的设置和教材的编写力求体现科学性、突出学术性。

当考虑到教育的文化嬗传功能的时候,学科逻辑无疑是非常正确的,它也确实反映了科学自身发展的必然要求。课程编排要反映科学发展的真实面貌,这是"现代课程论的基本性格"。学科中心课程基本上就是按这一方式构建起来的。但当我们考虑到课程的实施对象时,就发现按这一原则编排的课程有如下缺陷。

首先,由于这种课程恪守严格的科学性,而忽视学生的接受程度,会对教师的教和学生的学造成困难。课程编排者混淆了科学研究的逻辑和科学学习的逻辑。

其次,这种课程实施时,只强调学生心理认知方面的参与,而忽视了情意方面的参与,不能完成学校教育情意方面的目标,忽视学生兴趣爱好的培养。

再次,这种课程体现对科学知识尊重的同时,却忽视了对儿童认识活动主体性的尊重。如杜威所批判的那样:"已经归了类的各门科目,是许多年代

的科学的产物,而不是儿童经验的产物……儿童一到学校,多种多样的学科便把他的世界加以分割和肢解。"①

心理逻辑原则是伴随着现代教育心理学化运动而出现的。它认为课程编排要依据学生心理活动的规律和心理活动的需要来进行。知识的传递要符合个体发展的规律,客观知识的逻辑必须同个体主观认识的逻辑相一致。在这一点上,"传统教育"的代表人物赫尔巴特与"进步教育"的代表人物杜威有着惊人的一致。

赫尔巴特明确反对课程编排只考虑科学知识的逻辑而不考虑教育学的要求。他批评那些只考虑科学知识的逻辑的人说:"他认为科学已经给了他这样的一个计划:他可以如何按照它的内容,一步接着一步地、适当地进行教学。假如要教语言,那么他就要求学生应当能会变格变位,以便能够与学生们一起来读某种作家的作品;在他讲解某个诗人遣词造句的特点之前,学生们应当已懂得通常散文体的表达……不考虑注意的条件,不考虑兴趣的逐渐进步,乃是上述这种观点的自然结果。"② 赫尔巴特的课程体系和学科进程就是依据学生心理活动的逻辑——多方面兴趣来安排的。

尽管以赫尔巴特为代表的"传统教育"在许多方面遭到杜威的猛烈批评,但在这一点上,杜威却是完全继承了赫尔巴特的思想。

杜威认为,"提供教材和处理教材的法则就包含在儿童本性之中的法则"。心理发展的逻辑和需求决定着课程编排。"儿童是起点,是中心,而且是目的……对于儿童的生长来说,一切经验是且只是处于从属的地位,它们是工具,它们以服务于生长的各种需要衡量其价值。"③ 依照这个原则,杜威提出了由"典型活动"到"正式课程"的编排模式。典型活动也叫"作业",是学校最初设置的课程,是从社会生活的最不自觉的统一体中分化出来的。金工、木工、纺织、缝纫、烹调等特殊科目都属于典型活动。这种典型活动能强烈

---

① ③ 赵祥麟、王承绪编译:《杜威教育论著选》,华东师范大学出版社1981年版,第77、79页。

② [德]赫尔巴特著,李其龙译:《普通教育学·教育学讲授纲要》,人民教育出版社1989年版,第240~241页。

地吸引和激发学生自发的兴趣和注意，改造学生的经验。在典型活动之后的就是正式课程，即一般所谓的学科课程。在编排这类课程时，要对它所包含的资料性知识和科学的知识进行压缩精简，并转换成"可用的形式"，作为提高新经验意义的工具。

心理逻辑原则鲜明地突出了课程编排中对儿童的尊重，力图把课程编排和课程实施结合起来，减少课程实施时的困难，最大限度地发挥课程的工具价值。心理逻辑原则从一个侧面促进了课程编制的科学化。但仅按心理逻辑编排课程也有其自身的缺陷。

首先，由于现有心理学研究对人类心理逻辑的揭示还远远达不到令人满意的程度，所以心理逻辑往往就成了自发兴趣的同义语。

其次，课程编排者们极难发现不同类知识同心理发展需要之间的固定联系，确定某类知识的心理发展价值，在相当多情况下，只是根据主观假设或依据传统经验行事。

再次，这种课程的实施有助于个体发展，却不利于文化的系统传递。

鉴于学科逻辑原则和心理逻辑原则各自的缺陷，越来越多的人倾向于把这两种方式结合起来改造现代课程。以皮亚杰、布鲁纳等为代表的结构主义者们首先给出了自己的答案。他们的全部工作的原则可以表述为"一门课程不但要反映知识本身的性质，还要反映求知者的素质和知识获得过程的性质"[1]。

其一，他们强调儿童心理是有其固定结构的，这种结构是不断转换的。心理结构是课程编排的内在原则，材料的编排和呈现必须同儿童心理结构的阶段性特征相适应。

其二，他们认为，学科知识也有其内在的结构。这种结构可以用三种方式表示其特点：结构的再现形式；结构的经济原则；结构的有效力量。在各种结构序列中，学科基本结构具有既广泛而又强有力的适用性，能清楚地反映各学术领域的基本原理，应该被首先组织到课程中来。学科逻辑是课程编

---

[1] ［美］布鲁纳：《论教学的若干原则》，载王承绪、赵祥麟编译：《西方现代教育论著选》，人民教育出版社2001年版，第464页。

排的外部原则。

其三，他们认为，把学科结构同心理结构恰当地结合起来，把教材分成不同水平并使之与不同发展阶段的学生的吸收能力结合起来，就可以实现"任何学科都能够用在智育上是诚实的方式，有效地教给任何发展阶段的任何儿童"的愿望。

总之，结构主义者们从自己的心理学立场出发，把结构性看成是学科逻辑和心理逻辑共有的性质，看成是课程编排的基本原则，并借助于社会力量展开了一场轰轰烈烈的课程改革运动。这场运动虽然最后未能达到预期目的，但却对现代教育产生了深远的影响，使学科逻辑和心理逻辑统一的思想深入人心。至于统一于什么和如何统一，还是一个有待于进一步深入研究的问题。

四、教育方法——主内和主外、自律和他律争论中的心理学依据

在如何教育的问题上，教育史上一直存在着两种不同的对立倾向：一种倾向强调主内的、自律的方法；另一种倾向强调主外的、他律的方法。这两种倾向在教育史上有过不少的争论。研究每一种倾向的心理基础，有助于更深刻地理解争论的性质，认清每类方法的局限性和两类方法之间的互补性，从而实现教育方法的最优化。

主内和自律的方法有着悠久的历史渊源，最早持这些观点的有我国的孔子、孟子，西方的苏格拉底、柏拉图等人，近代的理性主义教育家和现代的进步主义、存在主义和结构主义教育家也大抵持这种观点。尽管在不同历史时期和不同文化背景下，主内和自律有着不同的哲学基础，具体方法也不尽相同，但它们所依据的心理学前提却大致是相同的。

首先，他们认为人的心理活动不是消极被动的而是积极主动的。心理活动的向度和强度直接影响到学习行为的激发、维持与协调。用杜威的话说：在儿童本性的发展上，自动的方面先于被动的方面。

其次，他们认为心理活动是自主的、可控的。人作为一种理性的动物，能够而且理所当然应当自主地控制和调解自己的心理活动。心理活动在本质上是自律的而非他律的。

再次，他们认为心理活动积极主动性的加强和维持有赖于环境条件的激

发，心理活动的水平同环境条件的性质有关。

从柏拉图和孟子所主张的"灵魂"和"良知"、"良能"开始到莱布尼茨和赫尔巴特的"单子"与"观念"，再到杜威和皮亚杰的"反省思维"与"结构"都体现着上述心理学思想。"回忆"、"自求自得"、"多方面兴趣"、"从做中学"、"发现法"就是不同思想基础上的主内和自律教育的具体形式。这些具体形式体现了对作为认识主体的学生的认识能力的充分信任和尊重，有助于发挥学生在教育实践活动中的积极主动性。不过，这类方法有的过度地强调了人们心理活动的自组织性，仿佛它是一个不依存于外部环境的封闭系统。当这一认识走向极端时，就不可避免地导致教育过程中的"儿童中心论"，把教变成学的一个附属部分，放弃教在儿童发展中的重要地位。

主外和他律的方法也同样有着悠久的历史渊源，最早持这些观点的有我国古代的墨子、荀子，西方的普罗泰哥拉和德谟克利特等人，近代的经验主义和现代的行为主义教育家也大抵持这一观点。在心理学上，这一派的观点如下。

首先，教育活动的实质不是心灵的发现，而是经验的传递。经验作为人类应付环境的工具，是独立于人们的心理活动之外的。

其次，心理活动从内容到形式都是经验材料持续不断作用的结果。丰富的经验才造成丰满的人性。在经验世界，心理活动是消极被动的而不是积极主动和自律自明的。心理活动的向度和强度有赖于经验的性质和刺激。离开了经验，心理活动就失去了内容，变得模糊不清、无法驾驭。

再次，人心或如素丝，或如白板，心理的内容有赖于系统的灌输，而不依赖于心理自身的发现。适于灌输的经验总比适于发现的经验要多得多。

从墨子的"强说人"、荀子的"假于物"、普罗泰哥拉的"积累"，到洛克的"锻炼法"和行为主义者的"强化"都体现了上述心理学思想。这类对经验传递在儿童心智发展中决定作用的强调，对外部纪律和教师在儿童学习过程中重要地位的突出，有其合理的一面。教育工作者所担负的传递文化遗产、培养一定社会所需要的人才的任务的实现，不能单单诉诸儿童心理活动的自发兴趣，必须考虑外部经验的选择与组织，考虑社会的要求与规范，辅之以必要的纪律。问题在于当这种主外的和他律的方法被看成是完全脱离学生心理活动规律的外在东西时,就会导致教育过程中的"教师中心论",整个教育过程屈从于教师的主观意志。

  提高一点来看,主内的和自律的方法看到了学生作为认识主体对认识对象的选择、组织和理解的能动作用,看到了人们改造周围环境及其自身的自由意志。与此相反,主外的和他律的方法则看到了学生作为受教育者对于社会环境、教师和教材的依赖性,看到了环境和教育对人的改造作用。二者在人与教育和环境关系的问题上,各自抓住了一个方面,忽视了另一个方面。马克思曾在哲学高度上对这两种片面性进行了批判,并指出:"环境的改变和人的活动或自我改变的一致,只能被看做并合理地理解为革命的实践。"① 因此,主内和主外,自律和他律,应在教育实践活动中恰当地统一起来,形成互补优势。教师认真科学地传授与学生积极主动地学习,也应是教育活动中两种互不相悖的活动形式,要有机地统一于一定的教育目的之下。

  最后,我们觉得有必要引用一下英国课程论专家丹尼斯·劳顿的话:"如果我们试着从一门学科开始探索问题,我们就犯有根本性的错误。"② 尽管心理学在教育学科学化道路上的贡献是巨大的,对现代教育研究的影响是广泛的,但它同其他所有与教育相关学科一样,都是从自己特定的学科视野来审视教育的,不可避免地带有学科视差。现代教育研究必须以培养人为中心来整合不同学科间存在的这种视差,在充分占有材料的基础上下一番综合的工夫,以形成对现代教育清晰的、全方位的整体认识。现代教育研究离不开心理研究,又不能只依赖于心理研究。心理学是而且只能是现代教育研究的重要学科基础之一,本编所提出的三个基础,也仅是就其大者而言的,这是所有教育工作者在研究教育问题时应有的基本认识和态度。

---

  ① 《马克思恩格斯选集》第1卷,人民出版社1995年版,第55页。
  ② [英]丹尼斯·劳顿等著,张渭城等译:《课程研究的理论与实践》,人民教育出版社1986年版,第247页。

第二编

现代教育的基本问题

第四章 现代教育概念

从本章开始的以下几章,我们进而探讨现代教育的基本问题。首要的问题是现代教育的概念问题。

第一节 建立科学的现代教育概念的重要性

在日常生活中,在师范院校讲台上,在教育书刊里,我们经常见到"现代教育"这个词。如果要问这个词的确切含义,或现代教育究竟是什么?可能不同的人就有不同的回答,甚至有人无言以答。教育理论工作者不能对这种状况漠然处之,必须为确立科学的现代教育概念而努力探讨。我们不要抠字眼,搞考据,但必须弄清现代教育的基本含义、基本特征和基本规律。

应该充分地认识建立科学的现代教育概念的重要性。

第一,现代教育不仅仅是我们不断为之奋斗的方向,而且这早已是我们的教育现实。我们不能对自己将要从事甚至正在从事的工作,处于无意识、不自觉甚至盲人瞎马的状态。我们必须懂得这是怎样的一件事,必须懂得这件事的情形,必须"胸中有数"。

第二,中国教育工作者的历史任务,就是要为建立具有中国特色的社会主义现代教育体系而奋斗。这是一项宏伟的事业,也是极其艰巨复杂的事业,不同于以往时代的教育事业,正如我们后边将要详细讨论到的,它是以发展形式极其多样、变化极其急剧和深刻为特征的事业,没有宏观视野,没有理论指导,仅凭某些书本结论、朴素经验甚至"长官意志",是绝对不行的。自20世纪初开始引进西方现代教育和教学制度以来,这方面的历史经验教训是很深刻的。教育现代化的进程步履蹒跚,曲折反复,经常陷于盲目性、自发性，尤其摇摆于这一种片面性和那一种片面性的恶性循环怪圈之中。原因固然复杂，但缺乏理论，对于现代教育缺乏基本的概念，应是一个切近的原因。尤其是新中国成立以后未能充分发挥本来具有的马克思主义指导的优势，未能认真学习、领会和运用马克思主义关于现代教育的基本理论，来指导我们社会主义现代教育体系的构建，屡屡失误，付出了极其惨重的代价。这个历史教训必须认真吸取。一切从事中国社会主义教育现代化事业的同志，必须建立起现代教育的基本概念。

第三，在我们构建中国社会主义现代教育体系的实践基础上，我们也将构建我国社会主义现代教育的科学理论体系。伟大的实践产生伟大的理论，伟大的理论指导伟大的实践。这是时代的呼唤，也是客观的规律。而要构建现代教育科学理论体系，必须首先探讨它的基本概念。因为现代教育基本概念，是现代教育的本质、基本特征和基本规律的概括和集中的反映，是现代教育理论的核心，是现代教育理论的基本范畴和理论体系的逻辑起点。现代教育理论的各方面的内容，都将是现代教育基本概念的具体化、深化、展开和充实。因此建立科学的现代教育概念乃是建设现代教育科学理论体系的基石。建立现代教育的基本概念，就意味着对现代教育发展的基本规律，有了总体的把握。一切具体的研究就能与总体把握结合起来，并以它为一般指导线索。建立现代教育的基本概念，就是坚守马克思主义教育基本理论阵地。国内外关于现代教育的理论研究，成果累累，既提供了极其丰富的思想资料，也出现了许多争议，还提出了许多促人思考和令人困惑的问题。这一切，都需要我们认真地进行研究，从理论上作出回答、分析、总结、概括，把马克思主义教育基本理论加以发展，推向前进。

第二节 现代教育概念的界定

现代教育的实践早已存在了。关于现代教育的思想、主张和言论，也不仅早就有了，还多得很。20世纪70年代和80年代之交，我国已开始有文章提到"现代教育"这个词，但还难免属于经验描述式的日常生活概念性质。

到了80年代初,便开始了真正科学意义上的探讨,并陆续获得了许多重要成果。① 其中有的同志对这一研究的性质和意义,作了明确的表述:"现代教育这一科学概念在教育科学中具有极重要的理论意义和实际意义。所谓教育科学研究,本质上就是研究教育的规律、首先是现代教育的规律。所谓教育改革,主要就是要改革不符合教育规律和不适应现代教育所要求的(而过时的)教育和教学内容、结构、形式和方法。"② 他们各自在一系列论著中,"论证了现代教育这一科学概念"③。

那么,现代教育概念的科学内涵是什么呢?怎样给予概括呢?怎样定义呢?

一、对现代教育概念的种种理解

在理论探讨过程中,出现了种种理解。

1988年出版的厉以贤主编的《现代教育原理》归纳出三种意见:第一种意见,现代教育与传统教育一样,是一个特定的概念,专指杜威的教育理论;第二种看法,提出现代教育的概念是和社会历史阶段划分一致的,人类社会

---

① 这里所提供的是不全面的一些情况。论文有上百篇,对现代教育这一概念提出了各种各样的看法。如顾明远:《现代生产和现代教育》,载《外国教育动态》1981年第1期;成有信:《论现代教育的本质》,载《教育研究》1981年第7期;《论教育和生产劳动相结合的实质》,载《中国社会科学》1982年第1期;《现代教育的特点及本质》,载《中国社会科学》1984年第6期;《关于现代教育和现代教育思想》,载《北京师范大学学报(社会科学版)》1986年第6期;叶上雄:《试论现代教育的概念划分和基本特征》,载《教育研究》1985年第4期;黄济:《试论传统教育和现代教育》,载《北京师范大学学报(社会科学版)》1986年第5期;厉以贤:《现代教育的理论探讨》,载《北京师范大学学报(社会科学版)》1987年第2期;潘懋元:《现代教育与教育现代化》,载《红旗》1988年第5期;等等。以现代教育为主题的专著,如成有信编著:《比较教育教程》,北京师范大学出版社1987年版;厉以贤主编:《现代教育原理》,北京师范大学出版社1988年版;孙喜亭主编:《教育学问题研究概述》,天津教育出版社1989年版;马兆掌著:《现代教育论》,浙江教育出版社1990年版;成有信主编:《现代教育引论》,河南教育出版社1992年版。至于在论文、教材和专著中涉及现代教育的概念或贯彻现代教育思想的,那更是普遍现象,简直无法统计。

②③ 成有信编著:《比较教育教程》,北京师范大学出版社1987年版,"前言"第1页。

的历史分为古代社会和现代社会，相应地有古代教育和现代教育，认为现代教育的基本特征是由现代生产决定的；第三种观点，认为现代教育是和传统教育相对应的概念。①

1989年出版的孙喜亭主编的《教育学问题研究概述》归纳出五种不同的概念。①以生产关系或社会发展过程中重大的政治体制变革为标志进行教育阶段划分的现代教育概念。它是相对于古代教育、中世纪教育、近代教育而言的。②以生产工具为标志进行教育阶段划分的现代教育的概念。它是相对于与古代生产适应的古代教育而言的。③以教育自觉实施的程度不同而导致的各类教育从社会不同层次中的分化、独立作为尺度，进行教育阶段划分的现代教育概念。它相对于萌芽状态的教育、学校教育而言即学习化社会。④以教育学说的不同派别为标志的现代教育概念。它相对于传统教育而言。⑤以教育自身发展阶段中所呈现出的新质特点为标志的"现代教育"的概念。它相对于原始状态的教育、古代学校教育、近代学校教育而言，这就是二战后所形成的新教育。②

这些观点、见解，从各个不同的视角对现代教育进行了观察和解释。可以毫不夸张地说，这些关于现代教育的见解，是我国教育理论工作者的重要研究成果和贡献。它不以人们的主观意志为转移，已经对教育思想和教育实际发生了并继续发生着重大的影响。因而也毫无疑问，还对今后的深化研究起促进作用。

我们学习这些学者们的研究成果时发现，对现代教育的种种理解，基本分为以下两大类。

第一类：主要从外部条件观察教育，现代教育具有相对意义，至于特定的含义，则不甚确切。

例如，从时间角度进行观察，所谓"现代教育的概念，主要是表示适合当今现代生产体系、现代经济体系、现代文化体系、现代科学技术、现代社会生活方式的教育概念、形态和特征，表示需要提倡和应用的教育思想、制

---

① 厉以贤主编：《现代教育原理》，北京师范大学出版社1988年版，第19页。
② 孙喜亭主编：《教育学问题研究概述》，天津教育出版社1989年版，第110～113页。

度、管理体系、内容、方式、方法等等"①。"大体的时间分界，从世界范围来说，可以把第二次世界大战结束作为时间分界"②。

又如，从地域角度进行观察，认为"现在人们通常所说的现代教育……是泛指发达国家尤其是西方发达国家现实存在的思想和现状"③。

第二类：主要从内部因素看问题，现代教育有特定含义，有绝对意义。

例如："所谓现代教育，乃是教育者以大生产性和社会性（其核心是阶级性）相统一的内容，把受教育者社会化为能适应现代生产力和生产关系相统一的现代社会人的活动。"④

又如："这种教育的质的规定，就是以现代生产和现代生活方式为基础，以现代科学技术和现代文化为内容，以人的现代化为目的的教育。它植根于现代社会，面向于未来的发展。这种教育既存在于现实，又是教育发展的指标。"⑤

以上两类理解并非水火不容。从时间和地域观察的现代教育，自然也有其相应的特征。从特定含义观察现代教育，自然也决不是超越时间、空间的。不过，两者着眼点不同又是显著的。我们面对着众说纷纭的情况，怎么办呢？

二、对现代教育的科学的概括

我们比较了相当数量的定义和表述，觉得还是应该仔细研究推敲马克思的论断。从根本上说，他的论断是准确的。

马克思说："正如我们在罗伯特·欧文那里可以详细看到的那样，从工厂制度中萌发出了未来教育的幼芽，未来教育对所有已满一定年龄的儿童来说，就是生产劳动同智育和体育相结合，它不仅是提高社会生产的一种方法，而且是造就全面发展的人的唯一方法。"⑥ "未来教育"作为教育发展的更高级形式，自然包含了它的较低级形式——现代教育。他所说的"未来教育的幼

---

① ② 厉以贤：《现代教育的理论探讨》，载《北京师范大学学报（社会科学版）》1987年第2期。
③ 转引自潘懋元、叶之红：《现代教育与教育现代化》，载《红旗》1988年第5期。
④ 成有信：《现代教育的特点及其本质》，载《中国社会科学》1984年第6期。
⑤ 孙喜亭主编：《教育学问题研究概述》，天津教育出版社1989年版，第113页。
⑥ 《马克思恩格斯全集》第23卷，人民出版社1972年版，第530页。

芽",就是现代教育。他的另一个提法,可以作为佐证。他在《哥达纲领批判》中说:"生产劳动和智育的早期结合是改造现代社会(按指资本主义社会——引者)的最强有力的手段之一。"① 对于历史唯物主义者马克思来说,与现代社会相对应的教育当然是现代教育了。

因此,实际上马克思概括出了现代教育的根本特征,这就是:朝着与生产劳动相结合,培养全面发展的个人这条道路前进的教育。

马克思也同时揭示了现代教育产生的土壤、客观基础,这就是"工厂制度"。

所谓工厂制度,就是资本主义大工业生产或机器生产制度。它是从资本主义作坊和手工工场中孕育出来而又与之迥然不同或具有本质区别的生产方式。它促使商品经济从简单商品生产发展到占统治地位,促使资本主义制度确立起来,并且产生和发展了无产阶级和资产阶级的阶级斗争,促使社会主义革命和社会主义制度的建立,促使科学技术不间断地变革和高度发达,以及社会经济、政治、文化和社会生活各个领域里的极大发展和深刻变化。

资本主义大工业生产的特点,就是以机器代替了手工,以自然力代替了人力,以自觉地应用科学技术代替了使用手工工具的经验和技艺,从而打破了各种专业、专门化以及生产过程和职业的凝固化,要求生产者个人全面发展。

工厂制度的这种特点,带来教育发展史上的根本性变化,就是使教育发展和生产发展及人的发展一体化,三者互相依存。生产科学化的性质和程度日益增强和提高。生产需要科学,而生产者又不能凭生产实践本身完全学习和掌握科学,需要通过专门的教育才能做到这一点。② 这就把教育和生产不

---

① 《马克思恩格斯选集》第3卷,人民出版社1995年版,第318页。

② 有关生产的科学技术逐步形成独立的体系,生产者在具体的局部的生产实践过程中当然是不能完全学习和掌握的,必须在生产过程以外的专门教育过程中获得。参见成有信编著:《比较教育教程》,第27页。马克思指出,在资本的支配下,物质生产过程的智力,作为别人的财产的统治工人的力量同工人相对立,"这个分离过程在简单协作中开始,在工场手工业中得到发展,在大工业中完成"。(《马克思恩格斯全集》第23卷,第400页。)关于这个"分离过程"的具体情况,参见王焕勋主编:《马克思教育思想研究》,重庆出版社1988年版,第154~157页。结合资本主义的形式,马克思辩证地揭示了生产科学化的历史必然性的过程,即生产由依靠一些生产经验和生产技艺向依靠科学技术转化的历史必然性的过程。

容争议地相连到一起了。而原来只掌握一些手艺、主要从事体力劳动的直接生产者,则需要通过教育进一步学习和掌握科学,以便既能从事体力劳动又能从事脑力劳动,能操纵和管理机器生产,并较容易地转换劳动部门,这也正是教育培养全面发展的个人的意思。简言之,由于生产科学化,教育必须和生产劳动相结合,培养全面发展的个人。

一个多世纪以来,在世界范围内,教育的发展和变革,当然发生了很多前所未有的变化,但总体上是沿着这条路线进行的。中心主题正是教育与生产劳动相结合,谋求个人全面发展,从而促进社会发展。联合国教科文组织的两次会议所提出的报告,即1972年的《学会生存——教育世界的今天和明天》和1989年的《学会关心——21世纪的教育》,以及国际21世纪教育委员会1996年向联合国教科文组织提交的报告《教育——财富蕴藏其中》,它们所提供的资料,充分地说明这一点。

三、现代教育的形成

粗略地考察一下现代教育是怎样形成的,可以帮助我们历史地把握现代教育概念。

现代教育有一个形成过程,并且至今仍处在形成之中。许多国家和地区都在致力于"教育现代化",这一口号及其行动正好简明地反映了这一历史发展规律。

国内外不少的学者已经系统地考察了现代教育的孕育、发展和成熟的过程,表明现代教育的形成过程充满了矛盾,斗争,变革,前进,后退,错综曲折,发展不平衡……

（一）不断克服各种障碍,自发开辟道路

现代教育的孕育,可以上溯到文艺复兴时期,夸美纽斯的理论总结,标志孕育期的成果。[①] 它是与中世纪宗教的封建贵族的教育传统进行长期激烈斗争并克服其障碍的产物。抑神扬人,赞美人性,追求人性发展的思想,热情而鲜明地亮出了旗帜,教育和生产劳动相结合也作为社会主义空想而提出,

---

① 参见成有信编著:《比较教育教程》,北京师范大学出版社1987年版,第34页。

现实中则已要求把教育从天堂寺院和宫廷里请到人世间。要求学习科学知识特别是自然科学知识，改革教学内容，提倡实物教学，教育迈出走向实际的重要步伐。班级上课教学制度的诞生，反映了受教育的人数大量增长，平民子弟已开始受到教育，普及教育的趋势已经显露。

18世纪后半期，出现了工业革命和工厂制度。"大工业的本性"或"生死攸关的问题"，就是要求劳动者全面发展，把教育同生产劳动结合起来。不仅有这种必要，也有了这种可能。这个时期的教育的确实现了深刻的变革，获得巨大发展。有同志认为这是现代教育走向发展成熟阶段的开始。① 一些国家先后颁布了普及初等教育的法令，这是有重大历史意义的事件。新的中学和大学也出现了，充实了自然科学和人文科学的知识内容，班级授课制得到迅速的普遍推广，观察和实验受到重视。工艺和农业学校也开始萌芽。这个时期教育领域最重要的成果之一，就是教育科学进一步发展，出现了裴斯泰洛齐、赫尔巴特等一大批教育学家。马克思主义的诞生更使它奠定了真正的科学基础。这种教育变革和发展也是在激烈斗争中实现的。正如马克思指出的，培养全面发展的个人，教育和生产劳动相结合，这样的"普遍规律"、"自然规律"，到处"遇到障碍"，伴随着"工人阶级的不断牺牲、劳动力的无限度的浪费以及社会无政府状态的洗劫"和"盲目破坏作用而为自己开辟道路"。② 例如，"工厂法作为从资本那里争取来的最初的微小让步，只是把初等教育同工厂劳动结合起来"③。正是在这个时期欧洲出现了双轨学校制度，它说明，一方面开办培养体力劳动者的学校或现代学校终于成为现实；另一方面有产阶级又要保持他们的优势，并且强行规定两者互不相通。这种教育上的阶级差别和矛盾，反映了机器大工业的生产力和资本主义生产关系的矛盾，生产社会化和资本主义私有制的矛盾。

由此可见，现代教育的孕育和发展，是不断克服各种障碍为自己开辟道路的过程。既要克服教育自身的旧传统的障碍，又要克服资本家的反抗。应该确切地说：它是大工业生产力和资本主义生产关系矛盾统一的产物。

---

① 参见成有信编著：《比较教育教程》，北京师范大学出版社1987年版，第35页。
②③ 《马克思恩格斯全集》第23卷，人民出版社1972年版，第534、535页。

(二) 形成新的基本格局

19世纪后半期至20世纪前半期，大工业进一步由机械化发展到电气化，科学技术以空前的规模和速度迈步向前，新的重大科学发现不断出现，资本主义制度由自由竞争向帝国主义垄断发展，无产阶级和资产阶级的阶级斗争由自发走向自觉，马克思主义诞生并获得广泛的传播。

现代教育从此起了一个大变化，就是形成了新的基本格局，既不再是单一的资本主义教育，也还不是单一的社会主义教育，而是这两种教育并存发展。这是前所未有的，而且看起来今后相当长的历史时期内，还将保持这一基本格局。

由于两种社会制度在经济基础、政权性质和意识形态诸方面本质不同，并且对立斗争，因此彼此的教育也有本质差别、对立和斗争。

但是，两种社会制度的教育又有着共同的背景。生活在同一个并日益"缩小"的地球上，面对着共同的现代生产力、现代科学技术和世界市场，也面临着人类一些共同的课题。因此，这两种教育又有共同之处。两者都是现代教育，又是两种不同形式的现代教育或现代教育的两种不同形式。

(三) 多样个性的统一

现代教育不仅表现出社会主义教育和资本主义教育并存发展的基本格局，而且在这一基本格局下，表现出极其不平衡的多样性统一。因为现代教育不仅受一定生产力、科学技术水平和两种社会制度所决定，而且是与一定教育思想理论体系及文化传统和教育传统相联系的；而这一切在不同时期不同的国家、民族、地区又是各具特色的，因此，现代教育在不同国家、民族和地区是多样的、发展不平衡的。同是社会主义国家，发展程度有高低，并表现出本国的特色，有的承袭了西方文化传统，有的则明显表现出东方文明的特点。同是资本主义发达国家，欧洲教育始终保持相当的学术传统，美国教育则显著地表现出实用性和民主化。赫尔巴特和杜威的教育理论及其影响下的教育实践，既反映了现代教育发展的不同时期的某些特点，也反映了它们不同的侧重面。赫氏理论侧重于系统科学知识的学习，杜氏理论则侧重于实用技能的训练。从其共性而论，则都属于现代教育范畴。此外，在当今世界上，即使最不发展的国家和最偏僻的地区角落，其教育也都客观地归入现代教育范畴，都要致力于培养全面发展的个人，要求教育与生产劳动相结合，努力普及教育，开设现代课程，传授学习现代科学技术……这也就是它们的共性或绝对性。个性并不排斥共性，正是多样个性丰富着共性，共性也正寓于多样个性之中。

综合上述，简单说来，所谓现代教育，就是从资本主义大工业和商品经济发展起来到共产主义社会完全实现这一历史时期的致力于与生产劳动相结合、培养全面发展个人的教育。其形成是一个历史过程，孕育发展起来之后，形成社会主义教育和资本主义教育并存发展这一基本格局，以极其多样的具体个性表现出它的共性。

四、几个争议问题

根据上述对现代教育概念的理解，我们想对教育理论界的若干争论谈点粗浅的看法。

（一）客观上究竟有没有一个具有上述比较确定含义的现代教育？探讨对它的科学概括有没有理论意义和实践意义？

我们认为，答案是肯定的。但是看来有的观点并非如此。如主要从时间和地域或水平去观察现代教育的观点，着眼于外部因素而不从内部质的规定性和教育自身的发展去考虑问题，因而把现代教育概念相对化了。这就有可能作出一些违背其本意的不合理的推演。例如，根据这种观点，以第二次世界大战结束为分界线，那么，杜威的教育理论和实践将不能归入现代教育范畴，19世纪后期和20世纪前期的教育理论和实践，也不能算是现代教育，赫尔巴特更不能算；又例如，既然现代教育限于西方发达国家，而西方发达国家一般都是对资本主义国家的指称，那么也就意味着广大发展中国家、社会主义国家、特别像中国这样发展中的社会主义国家，它们的教育也不能归入现代教育范畴了。再进而言之，这也把一般教育概念相对化了。似乎教育只是对一时一地政治、经济现状完全简单对应，而没有自身相对独立的发展逻辑继承性，更没有未来性和超前性。无怪乎浮浅的经验主义也在现代教育理论研究中有所表现，把简单枚举和描述当作论证。此外，有的同志没有考虑到，共性是以多样性表现出来的，多样性必然显示出稳定的共性。这也是这种观点的一个疏忽。

主要从时间和地域或水平观察现代教育，虽然也给现代教育一定的规定性，但难以把握现代教育的总体，难以系统地揭示现代教育的来龙去脉及其多方面联系和发展规律。

我们认为，遵循历史和逻辑统一以及绝对相对、共性个性统一的思路，眼光不限于当代，也不限于西方发达国家，而尽可能多地把握现代教育的内外部联系以及历史联系，并连贯起来思索，搞清它的发展脉络和一些重要事实，寻找其具有一定绝对意义的质的规定性，才有可能对现代教育获得较为完整的认识。① 至于现代教育质的规定性究竟是什么？又究竟有哪些称得上发展规律性的东西能说得上来？这一切当然还需要大家来继续探讨。②

（二）现代教育的划分根据究竟是什么？现代教育跟现代生产力以及两种社会制度的关系如何？

曾经有两种对立的意见。一是主张按生产力划分，现代教育是大生产的产物，在此之前是小生产时代的古代教育；一是反对这种划分，认为它抹杀了教育的阶级性，主张按社会制度或生产关系划分。我们觉得，无论按照哪种意见，都有许多问题不好解释，甚至自相矛盾。例如，按社会制度划分，社会主义教育当然是现代教育，因为社会主义制度的建立是现代史的纪元，不可能想象社会主义教育反而不是现代教育。可是，资本主义的教育不叫现代教育又叫什么呢？如今教育科学界很少有人否认当代西方资本主义教育是现代教育，因为这是事实，在这一点上已经不多争议。这不禁使人想起古代鞋和脚的关系的寓言，是让概念去符合事实呢？还是让事实来符合概念呢？可是，如果按照生产力来划分社会进而划分教育，并且认为"现代教育是超越不同国家的一个广泛的时代范畴"③。这也有疑问。照这样说来，生产力规定着时代社会即古代社会和现代社会，而生产关系、社会制度规定着时代社

---

① 马克思说得好："研究必须充分地占有材料，分析它的各种发展形式，探寻这些形式的内在联系。只有这项工作完成以后，现实的运动才能适当地叙述出来。"见《马克思恩格斯选集》第2卷，第111页。

② 我们准备在下一节里作一点具体的尝试。

③ 参见叶上雄：《试论现代教育的概念划分和基本特征》，载《教育研究》1985年第4期。这里所说的"国家"，按文章精神实质，也可以说"社会制度"，不知是否误解。——本书编者注

会里的具体社会，即古代社会分为奴隶社会和封建社会，现代社会分为资本主义社会和社会主义社会。这就在我们的《辞典》里，多了一个"社会"的概念，也多了一个"古代社会"的概念，还多了一个社会划分法。① 这也许使研究更细致严格，但未免头绪纷繁，使人们欲理还乱。又如果遵循大工业——现代教育、手工业——古代教育这种公式，也有可能作出不合理的推演。例如，在历史上，资本主义及其教育在手工作坊、手工工场时期就发生了，那么，资本主义教育也应划分为资本主义古代教育和资本主义现代教育。在当代，一些建立了社会主义制度的国家里，手工业生产还占很大优势，那么，社会主义教育也应划分为社会主义古代教育和社会主义现代教育。如此等等。

我们体会，生产力和生产关系作为生产方式的两个方面从来不可分割，事实上，并不存在没有生产关系的生产力；也不存在没有生产力的生产关系。生产力和生产关系对社会、对教育的制约或规定，从来都是统一或结合着起作用的。现代教育不是单纯大生产的产物，而是资本主义手工业逐步发展到资本主义大工业整个连续过程的产物。② 以至于今，它还连续着下来，所以我们统称之为现代教育。现代教育并未"超越不同国家"或不同的社会制度，而是打上各种不同的烙印，因而出现不同的具体形式。这在上文已经讨论过了。不作上述的那种划分，并不妨碍对现代教育的实质及其发展进行各种研究。我们的这种理解是不是把问题简单化了，当然大家还可以来讨论。

（三）现代教育与传统教育、古代教育、近代教育、当代教育这些名词，究竟关系如何？

在相关文献中，这些名词术语有些纠缠不清，相当紊乱。究其原因，固

---

① 一般采取五分法，即原始社会、奴隶社会、封建社会、资本主义社会和社会主义社会。而这里采取两分法，即古代社会和现代社会。

② 有必要特别申明，由于本小节论题主要讨论生产力和生产关系的关系，我们抛开了更广泛的社会因素，如社会关系、意识形态、文化和教育传统、教育思想等等。任何教育都是这众多因素综合的产物，生产方式只是根本的而不是全部的根据，更不是单纯的生产关系的产物。

然反映理论观点上的争论,但在好些场合似乎属于未加思索的误解和旁生枝节带来的麻烦。

最普遍流行的一个提法,就是把现代教育和传统教育相对应。其实,这二者构不成矛盾。正如有的同志正确指出的:这是把"现代"与"现在"等同了。① 与传统教育相对应的应该是"现实"的教育、"现在"的教育或"新"的教育,而与现代教育相对应的是"古代教育、近代教育、当代教育"等。这是两个不同的系列。

有的同志引证杜威,说杜威第一次使用"传统教育"这个词并与"现代教育"这个词相对应。事实是,杜威在《学校与社会》中最早使用"传统教育"这个词,并未与"现代教育"这个词相对应。后来在《经验与教育》中使用这个词时,对应的词也不是"现代教育",而是"进步教育"、"新教育"。最后,在《〈教育资源的使用〉一书引言》中提到,对于"进步教育","也有人称之为'新教育'、'近代教育'。"有的学者则将"近代教育"这个词译为"现代教育"。② 杜威没有把自己的教育理论和实践说成现代教育。他的教育理论和实践无疑属于现代教育范畴,但不能把现代教育归结为杜威的教育。重要的是,众所周知,杜威所提出的"传统教育"这个词主要特指以赫尔巴特为代表的教育理论和实践,不是从时间意义使用的。从时间上使用"传统教育"与"现代教育"这两个词或概念,不仅会抹杀现代教育的科学内涵,把现代教育概念相对化了;而且不可避免地会引起逻辑和思想的混乱。例如,"把昨天的教育看做传统教育,把今天的教育看做现代教育,到了明天,又把今天的教育看做传统教育,而把明天的教育看做现代教育,等等"③。因此,从严格的科学意义上讲,最好慎用现代教育和传统教育对应的提法。

现代教育与古代教育、近代教育、当代教育这几个词的确构成对应关系。

---

① 参见叶上雄:《试论现代教育的概念划分和基本特征》,载《教育研究》1985年第4期。

② 参见赵祥麟、王承绪编译:《杜威教育论著选》,华东师范大学出版社1981年版,第29、345、431页;单中惠著:《现代教育的探索——杜威与实用主义教育思想》,人民教育出版社2002年版,第185页。

③ 成有信著:《现代教育论集》,人民教育出版社2002年版,第7页。

但由于近年理论研究中出现了一些新的提法，特别是上边提到的"古代教育"—"现代教育"这种两分法，带来了一些麻烦。这倒启发我们作另一种思考，既不一定归入"古代—现代"这种模式，也不必受历史学上的分期所困扰。因为种种划分法都是从不同角度出发的，互相交错，不会契合，如果钻进牛角尖，很可能跳不出来。有的同志正确指出，"无论怎样划分都不能代替具体地更深入地研究人类教育发展规律，分析和总结各国教育发展共同问题和经验"①。根据目前情况，各种划分可以并存，有助于宏观研究。但同时把注意力投向现代教育一些中观或微观层次的研究，是更必要的。

第三节 现代教育的基本特征

在上边总的理解的基础上，必须着力探讨现代教育的基本特征。弄清这些基本特征的客观实践根据、它们的历史发展变化和多方面的联系，这样，将有助于具体地揭示现代教育的某些规律性。

现代教育是迄今为止教育发展的最高阶段；也是人类教育发展的一个十分重要的阶段，出现了许多新质、新特点。它承先启后，继往开来，后人将怀着尊敬的心情，纪念现代教育的创造和实践。

下边我们就试着提出并讨论现代教育的若干基本特征。

一、培养全面发展的个人的理想和理论走向现实实践

这是现代教育区别于以往教育的首要的基本特征。

现代教育之所以称为现代教育，首要之点就在于它能提出培养现代人即全面发展的个人这一目的并将它付诸实施。以往一切教育都不能做到这一点。换言之，如果不能培养全面发展的个人，就不能认为是现代教育。

本来培养全面发展的个人的理想，早就提出来了。但是，这个理想只有

---

① 张继良：《关于我国现阶段教育属于现代教育范畴的质疑》，载《华东师范大学学报（教育科学版）》1988年第4期。

现代教育才把它去真正付诸实施。众所周知,这个人类崇高理想在很长历史时期里不过是一种空想,直到马克思主义诞生才成为科学,因为马克思给予了科学论证,不再只是一种假说,通过不断的教育实践,通过不断斗争并克服无数的障碍才逐步变成现实。之所以这样,是因为它凭借着资本主义大工业生产和商品经济越来越盛的发展,凭借着科学技术日新月异的跃进,凭借着社会生活日益丰富多彩,社会交往和联系日益频繁、密切、扩展、复杂化并不断变化流动,它还凭借着教育领域自身千万年教育经验(广义地包括教育实践和教育理论)的积累和层出不穷的新创造……总之,因为它具备了主客观的条件。时代需要培养全面发展的个人,又为培养全面发展的个人提供了可能。马克思主义创始人以无可争辩的说服力科学地论证了这一点。他们明确指出,这是"生死攸关"的事情。一切社会发展决定性的东西是生产力,现代社会发展决定性的东西是大工业生产,而大工业生产必需生产者个人全面发展,有之则存,无之则亡。问题只在于:"使各种关系适应于这个规律的正常实现"①。这里所指的"各种关系"当然既包括经济关系、政治关系等,也包括教育。现代教育的力量即在于此,现代教育的矛盾也在于此。

    培养全面发展个人的理想在它达到科学理论阶段时,限于那个时期的成果,一开始不免带有原则的性质,内容还不具体。随着社会的发展、科学技术文化的发展以及教育自身的发展,它一步步具体化并有了新的发展。这几十年来,国内外不少的研究者提出了培养现代人或人的现代化问题。例如,美国社会学家亚历克斯·英克尔斯从六个发展中国家6 000人的调查研究中,从十二个方面描述了一个"现代人"的基本特点。②《学会生存——教育世界的今天和明天》提出"培养完人"亦即"为一个新世界培养新人"的口号,并且描绘了"完人"的几个方面。③ 在《学会关心——21世纪的教育》中,

---

    ① 参见《资本论》第1卷,人民出版社1965年版,第十三章。
    ② 殷陆君编译:《人的现代化》,四川人民出版社1985年版,第22~36页。又参见厉以贤主编:《现代教育原理》,北京师范大学出版社1988年版,第89~90页;孙喜亭主编:《教育学问题研究概述》,天津教育出版社1989年版,第118页。
    ③ 联合国教科文组织国际教育发展委员会编著,华东师范大学比较教育研究所译:《学会生存——教育世界的今天和明天》,教育科学出版社1996年版,第192~198页。

人们的共识，认为"归根到底，21世纪最成功的劳动者将是最全面发展的人，是对新思想和新机遇开放的人"，特别引人注目的是提出了"学会关心"的伦理要求，提出除学术性和职业性通行证之外，要取得"学习的第三张通行证，即事业心和开拓技能的通行证"。① 1996年，国际21世纪教育委员会向联合国教科文组织提交的报告《教育——财富蕴藏其中》指出："委员会从它举行的第一次会议开始就坚决地重申了一个基本原则：教育应当促进每个人的全面发展，即身心、智力、敏感性、审美意识、个人责任感、精神价值等方面的发展。"② 当然，在现实的无论哪一种社会制度下，这一切，从根本上讲是有限的，是不能"正常实现"的。但是，在量上和程度上又应承认它的一定现实性。

马克思主义者也不断地根据时代的新发展，把这一理想和理论推向前进。毛泽东于20世纪50年代提出培养"有社会主义觉悟的有文化的劳动者"的口号；继而在60年代又提出使学生"生动活泼地主动地得到发展"的号召，其意也在揭示现代人的特点。这符合马克思关于个人全面发展理论的精神实质并根据新的历史条件针对新问题做了新发展。因为马克思关于全面发展的理论有两个鲜明特点：第一，它不是简单地从量上去规定全面发展的，而是赋予它以深刻的历史与阶级内容，主要谋求最广大的人民群众即人类绝大多数并且是数千年被剥削被压迫的直接生产者——体力劳动者在智力方面的发展；第二，它提倡个人自由充分独创地发展，谋求每个人（当然是历史的个人，集体中的个人）提高自身的精神境界和知识能力等等的力量去更好地创造新世界，逐步摆脱屈从和被动以及各种身体上和精神上被奴役的地位。我国教育理论界沿着这条路线进行着不断的探索，特别是改革开放三十多年来获得许多积极的进展。例如，提出主体价值问题，就是很值得重视的论点。现代人的最根本的标志，应是人的主体价值的充分呈现。因为到了现代，人对客观世界（自然和社会）的认识和改造，人对自身的认识以及对自身主动

---

① 国家教委国家教育发展研究中心、中国教科文组织全委会秘书处编：《未来教育面临的困惑和挑战》，人民教育出版社1991年版，第19、21页。

② 国际21世纪教育委员会著，联合国教科文组织总部中文科译：《教育——财富蕴藏其中》，教育科学出版社1996年版，第85页。

发展的把握，都达到了一个新的高度。他既受现代生产以及社会关系的制约，又在创造、扬弃、超越现有条件的活动中，充分发挥着自己各方面的能力，进而在高层次中显示自身的力量和价值。①

现代教育就是培养诸如此类特点的全面发展的现代人的教育。它能够做得较好些，也应该做得较好些。特别是普通中小学教育，对象是青少年，是社会主义事业的建设者和接班人，他们还未受到、也不应该受实际工作和功利考虑的制约，② 必须让他们生动活泼地主动地得到发展，自由充分独创地发展。

二、教育与生产劳动相结合，意义日益广大

教育与生产劳动相结合，是现代教育再一个基本特征。不与生产劳动相结合的教育，不能认为是现代教育。这一基本特征与前一个基本特征即培养全面发展的个人一起，乃是现代教育两个带根本性的特征。其他一系列基本特征都是与它们密切联系着的，甚至是它们派生的。换言之，它们两者其实是一件事情的两个方面：一个是就目的而言的，一个是就活动而言的；一个是理想，一个是实体。

教育与生产劳动相结合是现代社会发展和教育自身发展的必然趋势、普遍规律，顺之者昌，逆之者亡。马克思特别指出它是个人全面发展的"唯一方法"。马克思主义的科学论证表明，它以两件事情为其前提：一是脑力劳动与体力劳动彻底分离；二是社会生产由主要依靠体力劳动和经验，转向主要依靠脑力劳动和科学技术。没有这两个前提或缺少其中的一个前提，则教育与生产劳动的结合是不可能的，不必要的。

第一次社会大分工即脑力劳动和体力劳动分工、工农业分工、城乡分工，

---

① 参见孙喜亭主编：《教育学问题研究概述》，天津教育出版社1989年版，第120~121页。

② 把社会实际工作中的人和中小学校里受教育的人严格地区分开来，是有重要理论意义的。无论资本主义社会或社会主义社会，实际工作中的人，都还受不同性质的劳动分工特殊方面的需要和不利条件的制约，实际做不到真正主动、自由、充分的发展。而在青少年的教育中应该把这些不利因素的影响（制约）减少到最小限度。

使教育与生产劳动分离。这是奴隶社会、封建社会的情景，延续了几千年。尽管越来越暴露出矛盾并引起斗争，以至空想社会主义者早就发出实行教育与生产劳动相结合的呼吁，但是那毕竟只是空想，现实并未予理睬。因为在这种分离、分工下，社会生产仍然未间断地进行着；这又因为当时的社会生产是小农业、小手工业等小生产，劳动者主要依靠体力和小规模地应用智力或在劳动实践中掌握的一些技艺就可以了。当社会发展到资本主义大生产方式时，情况就起了质的变化。体脑分工由社会上深入到生产过程内部，经过手工作坊、手工工场到大工厂，生产者即体力劳动者剩下的一点智力和生产技艺一步步地被剥离殆尽。与这种彻底分离同时展开的另一个进程，就是社会生产逐步地走向科学化。运用科学（物理学、化学、生物学……）的原理和方法，发明机器，发现和利用新材料、新工艺，这一切又不停地变革，不断地出现新的劳动部门，劳动者大军不停地流动。又多又快又好的产品制造出来，繁荣着市场，促使商品经济大发展，引起整个社会生活大发展并不停地变化。于是，新的社会现实提出了新的问题：一方面生产者原有的生产经验和技艺，已经无用乃至一无所有了，如果再参加生产和适应社会生活，就必须懂得生产科学技术；另一方面，生产科学技术不同于经验和技艺，它们是基本科学原理的应用，而科学原理是一种知识体系，还要有读、写、算基本知识技能和一般文化做基础。怎么办呢？答案非常明白：必须让生产者在劳动过程以外，同时又与生产劳动结合，参加专门的教育，学习和掌握一般文化知识、科学原理和生产技术。这种活动就是教育与生产劳动相结合。其结果，也即要达到的目的：劳动者成为全面发展的个人。

  教育与生产劳动相结合，在教育学上具有重大意义，正如一再引用的马克思的一句名言所说，它是培养全面发展的人的"唯一方法"。现代教育决不可能不是这样的；否则它就毫无意义，不能存在。它的这种教育学上的重大意义，是与科学的认识论密切相关的，体现着理论与实践相结合的原则。同时，它也是与经济学、社会学密切联系着并且有重大意义的。它又如马克思所说，是增加社会生产的重要方法。它还反映了教育向民主化方向发展变革的一个重要的侧面，即教育必须普及到最普通的劳动群众。正因为如此，教育与生产劳动相结合，随着现代社会各方面的发展、特别是科学技术在社会生产和社会生活中的重要性越来越大而它本身又不断发生新的变革的时代，它的意义也越来越大，内容日益丰富，形式日益多样。这也是必然规律。社会生产是整个社会生活的基础。社会生活的各个领域，如经济、政治乃至人们的日常生活都与社会生产紧密相联，而且这种联系越来越紧密。生产劳动的概念也空前地扩大了，所谓"第三产业"、"第四产业"、"非物质化的生产"的兴起，几乎囊括了整个社会活动。因此，教育与生产劳动相结合，已逐步发展成为教育与社会经济、政治乃至整个社会生活相结合了。也因此，教育本身的内容、形式及结构也越来越变得多样了。除了普通教育、基础教育而外，还发展起职业教育、专业教育、成人教育、继续教育、业余教育、函授教育甚至终身教育，等等。邓小平在我国社会主义历史新时期一开始就指出："我们必须认真研究在新的条件下，如何更好地贯彻教育与生产劳动相结合的方针"，"更重要的是整个教育事业必须同国民经济发展的要求相适应"，"我们制订教育规划应该与国家的劳动计划结合起来"。① 国外在20世纪60年代就有人提出"终身教育"的概念，得到广泛的认同，影响很大，发展很快。有启发意义的是，我们在老区革命根据地时期，教育与生产劳动、革命斗争和群众生活各方面的联系是很密切的。既有中小学教育，也有群众教育、干部教育、专业教育，除了正规教育，还有业余教育，各种非正规教育，等等。学习和工作、生活融为一体，往后，更提出了"活到老、学到老"的口号，只不过其时战争激烈、生产劳动方式很原始、生活很简陋。《学会生存》这个报告宣称："我们建议把终身教育作为发达国家和发展中国家在今后若干年内制定教育政策的主导思想。"② 《学会关心——21世纪的教育》这个报告"再一次承诺推行终身教育，并在可能情况下与职业道路规划结合起来。""增强学校与劳动世界结合"③。《教育——财富蕴藏其中》的报告更进一步发展了

---

① 《邓小平文选》第二卷，人民出版社1983年版，第107～108页。

② 联合国教科文组织国际教育发展委员会编著，华东师范大学比较教育研究所译：《学会生存——教育世界的今天和明天》，教育科学出版社1996年版，第241页。

③ 国家教委国家教育发展研究中心、中国教科文组织全委会秘书处编《未来教育面临的困惑与挑战》，人民教育出版社1991年版，第21、25页。

这个思想，它指出，国际21世纪教育委员会"把与生命有共同外延并已扩展到社会各个方面的这种连续性教育称之为终身教育。委员会认为终身教育是进入21世纪的关键所在，也是必须适应职业界的需要和进一步控制不断变化的个人生活的节奏和阶段的条件。"①

三、科学精神和人文精神统一

现代教育的核心是科学教育。教育的内容是科学的，教育的方法也是科学的。没有科学教育就没有现代教育。与科学教育对立的教育是宗教教育或建筑在信仰基础上的教育；它也本质上不同于经验性的教育或限于见闻和感性活动的常识教育；它还打破了在它之前的所谓文雅教育或古典文化教育的局限。现代教育要求学生系统地学习科学知识包括基础学科和各有关的专业科学知识，学习和掌握综合（基本）技术和有关的专门技术，进行动手和实践能力的训练，培养追求真理、探索、创新、献身科学为人类造福的科学精神，教育方法遵循科学的认识论路线，理论联系实际，重视理论，重视观察、实验、操作和社会实践。

科学教育的深厚的社会历史实践基础，就在于社会生产和社会生活越来越科学化，依赖于科学技术又为科学技术的变革和发展提供沃土。马克思主义创始人科学地揭示了生产力由体力、生产经验和技艺逐步转化为科学技术的历史过程的规律。以邓小平为代表的当代中国马克思主义者，根据近几十年的新的科学技术革命发展的新情况，提出了"科学技术是第一生产力"的命题。这就更加强了科学教育在现代教育中的地位和整个现代教育的地位。正是科学技术把教育与生产劳动联结起来，没有科学技术就没有现代的教育与生产劳动相结合。同样，没有科学技术的教育就没有个人全面发展。因为科学技术是强大的生产力，是认识和改造世界、创造新生活的强有力工具，培根的名言说得好："知识就是力量"。个人掌握了科学技术，就意味着提高、增强了他的力量，在客观世界面前取得更多的主动权和自由，也对自身的发

---

① 国际21世纪教育委员会著，联合国教科文组织总部中文科译：《教育——财富蕴藏其中》，教育科学出版社1996年版，第90页。

展取得主动权和自由，而这，正是马克思讲的个人自由、充分、独创地发展即全面发展的精神实质。

在奴隶社会和封建社会里，那时科学技术不发达，统治者的统治不需要依靠科学技术，人民群众愚昧无知，社会生产和整个社会能够维持下去，所以那时的教育只限于培养统治者，又主要施以古典文化、政治、伦理的教育借以调整内部和外部各种人事关系就基本上够用了。现代社会则发生了大变化。尽管资产阶级依然是剥削者，在如今相当大的区域里也依然是统治者，但是，它培养新统治者接班人的教育里再也不能不以科学教育为主要内容，它对劳动人民再也不能不让他们读书识字、学习科学技术了，这既是规律，也是它自身的利益所在。至于在社会主义制度下，人民群众当家做主了，又面临着科学技术飞速发展成为第一生产力的时代，理所当然地要给予科学教育以特殊地位。

不过，在现代教育发展中，科学教育在进步的同时，也发生了偏向，就是受到了"科学主义"和"人本主义"对立的影响。所谓"科学主义"的影响，就是片面强调和发展自然科学的教育，而忽视社会科学、人文科学的教育，学生的全面发展特别是个性心理素质的发展以及伦理道德素质的教育，都受到削弱。这原因虽复杂，但却有规律可循。根本的一点是由于社会生产和社会生活越来越依靠科学技术，而科学技术又发展迅猛，20世纪50年代以来更发生了新的革命。它给人们带来巨大物质财富和仿佛可以借以创造人间一切奇迹的信念；其次，一种倾向掩盖着另一种倾向，事物总是在一定条件下向反面转化的辩证法规律起着作用；此外，哲学上经验论特别是实证主义的发展、流行，日益暴露出片面性、局限性。资产阶级对科学技术贪婪、掠夺性的利用，更促使它走向反面。这种偏向造成了众所周知的灾难性后果，科学用于战争、恐怖活动，直接屠杀人类；用于剥削掠夺，造成一些国家内部人民群众和国际上发展中国家的贫穷；用于开发自然，造成生态平衡的严重破坏，等等。

"科学主义"的发展和严重后果，激起反抗，特别是在第二次世界大战后，在哲学、心理学上兴起"人本主义"思潮。它反对科学主义，认为它是反人道的，是摧残人的发展的。存在主义乃是突出的代表，对教育的冲击很大。它主张个人绝对自由发展，重视"人"的因素，特别是个人意志、情感、兴趣、需要、价值等而轻视"科学"因素，认为知识是次要的，"课程的全部重点必须从事物世界转移到人格世界"①。"反对强调任何种类的职业训练"②，除非作为运用自由的手段。这也是一种偏向。

这两种偏向，各执一端，是违反现代教育早期传统的。文艺复兴时期，反对宗教、反对中世纪封建专制，提倡人文主义、理性主义，颂扬"知识就是力量"。这些都是完全统一的，是一回事，直至夸美纽斯时期，他的"泛智论"，他的名言"把一切事物教给一切人"③，仍然体现了科学精神和人文精神的完整统一。分裂是后来的事，具有进步和偏向的两重性。这种矛盾对立有越来越尖锐化的趋势。一般说来，"科学主义"的片面性更使人担忧和关注。1989年联合国教科文组织在我国召开面向21世纪教育国际研讨会，主持人曾就如何确定本次会议的总标题征求所有代表和观察员的意见。结果，在众多的建议中一致选择了"学会关心——21世纪的教育"这个主题。这和1972年的"学会生存"遥相呼应。④ 它既表现了前后连续性，又表现了新的重大变化。既要对付经济和科技发展、产业结构的调整和劳动市场对个人的挑战，又要对付新的挑战，如世界一体化、经济发展两极分化，以及生态环境恶化，等等，提倡超越个人，互相关心、尊重，友好合作。这里也透露出要求重视人格因素而不单追求能力的信息，多方地批评"科学主义"、"理性主义"，提出要重新发现"非西方的认识论"和"具有关心特征的早期时代的价值观"。⑤《教育——财富蕴藏其中》这个报告，更提出"学会共处"，作为"四个支柱"之一。这种谋求把科学和人文两种精神在新形势下重新统一起来的努力，在20世纪70年代就开始，今天更加具有迫切感了。

在我们看来，这个问题，既复杂又很简单，归根结底是科学技术谁来利

---

① ② [美]白恩斯、白劳纳编，瞿菊农译：《当代资产阶级教育哲学》，人民教育出版社1964年版，第112、117页。

③ [捷]夸美纽斯著，任钟印译：《大教学论·教学法解析》，人民教育出版社2006年版，第7页。

④ ⑤ 国家教委国家教育发展研究中心、中国教科文组织全委会秘书处编《未来教育面临的困惑与挑战》，人民教育出版社1991年版，第17~48页。

用、用于什么目的和如何利用的问题。"科学主义"的恶果并非科技本身而是人们对它不正当的利用造成的。"人本主义"者简单地责怪科技本身不仅不解决问题，反而掩盖了问题的实质。因此，这个问题既属于教育学范畴和认识论范畴，更属于社会学范畴。

四、教育民主化向纵深发展

教育现代化的进程与教育民主化的进程是同步向前的。逐步打破教育由少数人、特别是社会统治者垄断、主宰、专制，而使之为越来越多的人所享受、掌握和利用，这是社会进步、人类进步和教育进步的重要标志。民主化是现代教育的一个基本特征，不民主的教育，不能认为是现代教育。

教育民主化的进程在各个时期各个阶段所面临的课题和表现不尽相同，是逐步深化和扩展的。

首先是教育普及化。在现代教育的孕育时期，即文艺复兴时期开始至18世纪前半期，西欧仅有教会办的少量初等学校、少数城市学校、少数文科中学和实科中学。而到了18世纪后半期，一些先进资本主义国家先后正式制定通过了要求普及初等教育的法令，普鲁士在1763年、奥地利在1774年、法国在1793年。接着，美国在19世纪中叶，英国在1870年，日本在1872年，也先后颁布了这种法令。普及教育（即使最初只不过初等教育）这件事在今天看来似很平常，但在教育发展史上乃至人类整个历史上都是一件划时代的大事，是一个大转折，即破天荒第一次承认劳动人民也要受正式的学校教育并把它付诸实施，标志着现代学校、现代教育的正式诞生。它从实践上、形式上、制度上体现了、保证了马克思所说的：教育与生产劳动相结合，使劳动者成为全面发展的个人。当然，这种早期的普及教育和今天在资本主义制度下的普及教育，也仍然带着资产阶级的性质，其阶级性只是改变了形式，资产阶级千方百计地保留着阶级差别，双轨制就是明显的表现，后来美国等国家虽然形式上不再是双轨制，但仍然保留了事实上的不平等，彻底地实行教育民主化至今还是远不彻底的。出于现代生产和经济的需要，迫于人民群众的斗争压力，也为了资产阶级本身生存发展的利益，在世界范围内，在资本主义制度所许可的范围内，普及教育即劳动人民也接受正式的学校教育，毕竟已发生、发展并不断提高。

　　随着社会向前发展、特别是生产和科学技术的发展，普及教育的年限呈现延长的趋势。在18世纪，先进资本主义国家，也只在致力于普及初等教育，而到了19世纪后期和20世纪初期，主要由于电的发明和生产电气化，它们就开始进一步延长普及教育的年限，达8～9年，相当于初中阶段。① 有些发达国家，在普及初中教育的同时，又发展起职业教育系统。20世纪50年代以后，由于发生新的科学技术革命，发达国家又相继把普及教育年限延长到11或12年不等，相当于高中阶段。②职业教育更加发展。

　　在实施并不断延长中小学教育的同时，高等教育虽然还谈不上普及，但向大众化迈进的步伐在加快。发达国家如美国高等教育（包括短期大学、初级学院在内），适龄学生入学率已达50％以上。③ 在中等教育普及和高等教育大众化的同时，学前教育的迅速发展和大众化，也是现代教育的一个重要标志。它一方面表明社会发展达到高级阶段，有了物质基础；另一方面也由于教育科学的发展，论证了早期教育的可能性和优越性。此外，如前已说到，终身教育的兴起，各种形式的教育出现，也充实了教育民主化的内容，保证了它的实施。

　　"教育机会均等"是教育民主化要求的一个具体口号。由仅仅强调受教育向强调积极参与教育的转变，是教育民主化向纵深发展的一个表现。最先教育民主化的重要口号是"受教育机会均等。"20世纪中期以来，越来越提倡"积极参与"，即不满足于接受教育，而要办教育，参与教育活动和教育决策。所谓"教育民主化不仅要把更多的教育给予更多的人，也要更多的人参加教育管理"。"让教育民主化从真正的民主行动开始；让尽可能多的人民帮助重新创造教育。"④ 这在西方国家里终究不会超越资产阶级国家所可容许的限度，但现代教育在民主化过程中至少在量的方面的确有所进展。

---

　　①②③　成有信编著：《比较教育教程》，北京师范大学出版社1987年版，第36～39页。
　　④　联合国教科文组织国际教育发展委员会编著，华东师范大学比较教育研究所译：《学会生存——教育世界的今天和明天》，教育科学出版社1996年版，第119、112页。

1917年俄国社会主义革命和第二次世界大战后一系列社会主义国家建立，使教育民主化产生了一次质的跃进。"由于政权的变换，在所有的社会主义国家中，我们可以看到入学总人数的急剧增加和社会阶层的深刻变化……入学人数的增加和比较民主地吸收学生，这种非常普遍的双重运动构成了社会主义制度的一个本质的特点。"①

教育民主化的发展，也导致教育法制化，产生和发展了教育法和教育法律科学，以法治教。如普及教育也称义务教育，教育被认为是一种权利，也是一种义务。教育立法是现代教育的重要标志之一，是国家干预和管理教育的一种重要手段。它以法的形式和手段，集中和确立国家的教育意志（目的体系），把教育活动中的人、财、物的调配等，以权限和责任、权利和义务等基本法律范畴固定下来，使之具有法律效力，保证实施。②

教育民主化的发展还从形式和数量方面向内容和质量方面发展。在数量发展的基础上提高教育质量已越来越成为现代教育发展的一个重要口号和奋斗目标。教育机会均等，不只是均等地接受教育的机会，"必须包括同样成功的机会"，"目的不在于教育的'输入'平等，而在于教育要有平等的'成果'"。③

教育民主化向纵深发展，再一个重要表现就是由外部民主向内部民主发展。这就是说，民主化已逐步深入到教育教学过程的内部。实行民主平等的师生关系，从片面重教让位于重教也重学。强调学生自我教育，自己学习，使学生的个性自由地主动地发展。反对教师专制的师生关系，反对强制学习和强迫纪律，也反对抹杀学生个性的平均要求。承认和确立学生主体地位的理论，越来越受到人们关注和讨论。

最后，教育民主化与民族化、国际化的关系也是现代教育越来越关注的问题之一。民主化不能抹杀而需要结合民族的特点，如教学用民族语言、尊重民

---

① ③ 联合国教科文组织国际教育发展委员会编著，华东师范大学比较教育研究所译：《学会生存——教育世界的今天和明天》，教育科学出版社1996年版，第119、112、111页。

② 厉以贤主编：《现代教育原理》，北京师范大学出版社1988年版，第393、407页。

族文化等。反对教育上的大国沙文主义、帝国主义、殖民主义,反对强加或硬搬殖民国家的教育模式等。同时,民主化也必须与国际化结合,因为社会经济、科学技术发展是世界各国人民的共同财富,世界一体化趋势越来越不可逆转或抗拒,而且,各国之间在教育方面团结互助已有组织地开展起来。①

五、拥有前所未有的新手段

现代教育拥有前所未有的新手段,这个特征也是基本的很鲜明的。许多讨论教育现代化的论著,无一例外地谈到要利用现代电子技术,如录音、录像、电视、电子计算机、多媒体和互联网等技术。但是,我们理解的新手段意义广泛,远远地超出这种范围。

首先是社会力量。社会创造越来越强大的生产力和物质财富,人民大众的生活水平日益提高。无论社会和家庭,足以支付教育费用的条件不断改善了。社会向教育频频提出更高更新的要求,这是教育发展壮大的根本的动力。恩格斯说过,一项技术要求比办十所大学还有效力。社会精神文明程度的提高,包括科学文化的发展和道德伦理水平的提高,不仅提供着丰富着教育内容,更是滋养整个教育的土壤。社会各阶级、阶层、集团对教育事业的积极参与,是一种巨大的力量。世界的趋势是这种参与越来越广泛。社区教育兴盛起来。国家干预教育,教育法制化,使教育也拥有和足以运用法律手段来保护自己和促进发展。国内外都早就提出一种理论,即学习化社会理论,整个社会各种机构都负担起教育的职能。

国际教育竞争和合作也是前所未有的力量。国际教育竞争日趋激烈,这是教育发展的强大动力之一。在竞争的同时又有合作。传统的合作形式有教育情报书刊、人员交流(教师、专家、学生等)。1946年联合国内成立了教科文组织,专门从事于推动各国在教育方面的国际合作,颇有成效。今天,国际教育合作的范围、项目、活动内容和方式,都已扩大而多样化,除了传统上那些形式以外,还有财政援助,技术援助,交流经验,联合研究,并以促

---

① 联合国教科文组织国际教育发展委员会编著,华东师范大学比较教育研究所译:《学会生存——教育世界的今天和明天》,教育科学出版社1996年版,第305~344页

进教育革新作为国际教育合作的主题。

科学技术不断发明革新,应用到社会生产、生活各个领域,也应用到教育中来,甚至成为教育的一个专门领域,教育技术也发展起来,这也是现代教育所特有的现象。

古代和中世纪的教育,虽然摆脱了口耳相传、示范、模仿、练习等限于个体直接见闻和活动的局限,已经有了文字、书本(抄本和最初的手工印刷术),但毕竟手段贫乏。渐渐地,随着机械化的发展,现代印刷术发明了,教学中开始使用各种直观教具,如图画、模型等等。随着电气化的发展,教育上开始运用幻灯、广播(有线、无线)、电影、电视、录音、录像等技术手段,这更是大大的进步。20世纪50年代以来,由于电子技术的发明利用,电子计算机、多媒体和互联网也应用到教育中来。这个发展是一次飞跃。如果说以前的各种教具包括那些机械的和电气的工具,大大延伸了人的肢体和感官的话,那么电子计算机则延伸了人的大脑。

电子技术应用,信息社会出现,是20世纪后半期的一件大事。它引起了并将不断深化着教育实践和教育理论一系列的变化:认识过程的变化;获取知识的方式方法的变化;学习方式方法的变化;教的方式方法的变化;教学关系、教师和学生角色的变化……例如,人们能在很短的时间内便捷地获取、传输巨大数量的信息。教师已不再只是教学生学习的问题了,而且还要教学生寻找信息,使这些信息互相联系起来,并且以批判的精神对待这些信息。中学、大学学生们被这些新的工具武装起来之后,就成了"研究人员"。教师教学生评估和实际管理提供给他们的信息。这种方法比传统的传授知识的方法更加接近实际生活。一种新的伙伴关系正在课堂里出现。教育目标应有新的要求:课程、教学内容要有新的考虑……例如,教育应该培养所有学生驾驭和掌握这些技术,向他们提供真正理解信息社会的钥匙,确定使这些技术能够成为真正工具的教学内容;如此等等。

新的教育技术,大大增强了教育的功能,明显的是,大大有助于教育普及,促进职业教育发展,实现社会学习或教育化和终身教育;大大有利于开发学生的智力,以及培养和发挥其主动性;大大促进教育教学探索性,创造性的发展;教育个别化、分散化、小型化或巨型化、远距离或随时随地学习等等，都将是可能的和现实的。使用新技术有时是防止学业失败的一种手段：人们已在一些试点中发现，当按照传统方法学习有困难的学生开始使用这些技术时，他们就有了较高的积极性，从而能更好地表现出自己的才能。

变化也有另一个方面，就是信息技术的发展及其网络的扩大，既便利了与他人的交流，又增加了自我封闭和离群索居的趋势。学习和获取知识已在某种程度上脱离正规教育系统，给青少年融入社会生活的过程带来严重影响。学生独处于计算机屏幕前的娱乐活动日益增多，接触这种虚拟世界可能导致失去现实感，冲击着课堂教学。

因此，对信息社会的出现和新技术的应用，要抱积极热情的态度，把握机会，敢于面对，迎头赶上，不能迟疑，更不能抱残守缺，这是第一位的。但同时要防止在理解和行动上的片面性，要注意避免和克服其负面影响和伴随而来的新问题。学校、教师、学生要有批判精神，要有理解、驾驭、控制能力，注重培养学生的判断能力以及据此采取行动的能力。要与传媒和信息社会（逐渐变成短暂性和瞬时性的社会）保持一定的距离"。在那些指引学生终生的基本价值方面，则始终要有极大的坚定性。尤其应该把新技术与传统的教育形式结合起来加以使用，而不应该将其看作是一种取代传统形式的独立的手段，更不能陷入形式主义，还要考虑经济实用的原则。而且，只靠技术，即使是近于神奇的电子技术，是不能解决教育所有的或主要的问题的。①

六、日益显示出整体性、开放性

现代教育逐步发展为一个开放的系统，这是它的又一基本特征。如果仍是各部分孤立着的而又封闭的活动，那就不能认为是现代教育。

首先是现代学校制度逐步形成。古代和中世纪的教育，一般有启蒙教育和高等教育。这两类教育是互不衔接的。从普及教育起，开始出现现代学校。现代学校走着两条道路：先是发展现代小学和现代大学，然后小学向上延伸和大学向下延伸到中学，实科中学和文科中学正是由下而上和由上而下发展

---

① 参见国际21世纪教育委员会著，联合国教科文组织总部中文科译：《教育——财富蕴藏其中》。

的结果，最后才达到大、中、小学贯通。此与同时，在普及初等教育基础上发展起职业学校，在中等教育基础上发展起专门学院和大学。这样，现代学校开始出现并逐步形成一套相互衔接联系的制度。

现代教育的开放性逐渐凸显的重要表现，就是大教育观的诞生。教育突破学校之墙，跨过社会把教育职能专门委诸学校、学校是教育唯一场所的时代。学校教育与家庭教育、社会教育联系日益紧密，家庭教育和社会教育的地位和作用加强。教育起步的年龄越来越早，幼儿园、托儿所纳入教育系统，甚至把孕育胎儿期也算进教育期。教育更没有最后的终点，学校毕业后，有继续教育、成人教育，人的一生都受教育，是为终身教育，还出现了许多教育补充形式或新形式，如夜校、函授教育、远距离教育或电视广播学校、老年大学等等。可以预言，它们还将继续发展。

现代教育的开放性不仅表现在制度上和组织形式上逐步突破封闭性，而且表现在课程内容、教学方法等也不再是封闭的了，不再局限于课堂内教师传授固定的已知真理知识，而是同时提倡发现和创造的学习，把课堂教学和课外活动以及广阔的生活天地联系起来。

现代教育作为一个系统，整体性越来越强。它的各个组成部分和各个方面相互依存，联系越来越密切。正因为它是开放的，内容和形式日益丰富多样，这就产生各因素之间差别、矛盾、不平衡、不协调的现象，因而引起结构的不断调整的必要性。现代教育发展的实践，反映到人们头脑里（与大教育观一起）逐步形成另一个重要观念即结构适应的观念。这是整体性的一个重要表现。这就是说，教育与社会的适应，不能只从单个因素、速度或数量上考虑问题，而要着眼于结构。教育要作为社会的有机部分，纳入社会结构，与社会其他领域协调，教育要适应社会结构，就要寻求教育自身的合理结构并不断调整。简言之，只有合理的教育的结构才能更好地适应发展着的社会结构；否则，就会发生这样那样的严重后果。在这一方面，国内国外，经验和教训是十分丰富的。

数量和质量、效益统一这个问题带有世界性。教育规模和速度空前增长是现代教育发展到当代表现出来的一个突出现象：入学人数激增，学习年限延长，教育投资增长，① 这反映了现代教育地位提高，是教育先行的表征。但人们发现片面追求数量，忽视质量，带来了很大浪费和低效益，例如，出现大量重读生，新文盲，不合用的毕业生，逃学、辍学生。②这说明，没有质量也就没有数量。提高教育质量是谋求教育效益的根本，是当今世界教育改革的焦点，因为高质量是现代教育生死攸关的问题。

结构不合理引起失衡而不适应社会需求的教训更严重而明显。例如，一些发展中国家片面发展高等教育而忽视普通中小学教育，其结果，许多大学毕业生失业，大量人才外流，同时也削弱了高校本身的基础，生源质量不能保证。我国中等教育结构改革，也是突出的例证。20世纪80年代以前，我国高中教育绝大部分是普通高中，职业高中很少。比例严重失调，其弊端是众所周知的。社会经济和各种事业的发展缺乏中级技术人才的供应；而90%以上的毕业生就业困难；给高等学校、教育行政部门以及广大学生家庭造成巨大压力，成为我国重要的社会问题之一，因此必须改革。这是完全符合现代教育发展规律的。

由于现代教育是一个复杂的系统，其开放性、整体性将促使这种系统越来越复杂，这就导致了现代教育管理——有目的地控制的需要，因此现代教育管理的研究便逐步提到了教育理论与实践研究的日程。原来的经验型管理已经不能适应时代的新要求了，必须代之以建立在科学基础上的现代教育管理。因此之故，教育的实施、管理和研究，又形成了相互联系的整体，并成为现代教育大系统中的一个子系统。

七、教育功能扩展和增强

现代教育的基本特征之一，就是比中世纪封建性的教育一天天增强和扩展其功能，越来越多地"释放"出它的能量。把功能局限于狭隘片面的范围甚至削弱自己功能的教育，不能认为是现代教育。

我国在教育功能问题上有着丰富的经验教训。自改革开放以来，理论界

---

① ② 参见联合国教科文组织国际教育发展委员会编著，华东师范大学比较教育研究所译：《学会生存——教育世界的今天和明天》。

对教育的各种功能及其相互关系问题进行了热烈讨论,发表了大量论文和著作。这些成果告诉我们,发展到当代,现代教育的功能,除了政治功能或作为阶级斗争的工具之外,还有经济功能、文化功能、人类自我发展功能、改善人口质量功能、提高民族素质功能、保护生态环境的功能,甚至过好日常生活的功能。联合国教科文组织就曾制订有关于提高生活质量教育计划,包括预防艾滋病和滥用毒品的计划。① 这些研究还告诉我们,教育除了具有传统上维持、继承、重复性的功能之外,又表现出创造的功能,例如,教育对于文化,原来多是记录、选择、传递、传播,现在已经显示其创造性来。这些研究成果还告诉我们,教育的功能是逐步向内向深扩展的。例如,已经不再停留于传授知识技能这种浅表层次而深入到发展和培养学生能力了,不仅如此,现在已开始向非理性或潜意识领域进军,进一步发掘和发挥人的潜能。

教育功能也如其他任何事物能量一样,不会凭空地孤立地存在,必须探讨其原因、基础和变化的规律,因而在讨论中也出现一些争议。

(一)教育功能是由什么决定的?

教育的功能或教育能够做些什么并做到什么程度,这不取决于人的主观愿望,而取决于教育的内外部条件。中世纪社会发展程度不高,教育本身也不够发展。教育为少数封建统治者和教会所垄断,脱离社会生产和社会生活,教育基本上是简单地从属于政治(不同时期在形式上和程度上不尽相同)。在这种历史条件下,教育备受束缚,其功能狭隘片面,且缺乏力量,是很自然的,其功能的内容主要在于政治和意识形态方面也是很自然的。现代教育在其发展途中,情况越来越变化了。凭借资本主义大工业、商品经济、科学技术不断变革发展的背景,特别是借助科学基础,它与社会生产、社会生活发生着广泛的联系,这样,教育获得一次又一次的解放,也一次又一次获得新的活力。教育功能因此而扩展而增强也是很自然的。经济的功能和发展人自身的功能逐步地突出出来也是很自然的。这不仅是历史

---

① 国家教委国家教育发展研究中心、中国教科文组织全委会秘书处编《未来教育面临的困惑和挑战》,人民教育出版社1991年版,第12页。

事实,而且是与结构决定功能的现代系统科学原理相符合的。教育功能的范围和力量,是与教育的外部和内部结构是否合理、丰富和强有力等等相联系的。结构简单甚至不合理和失衡、失调,是不可能指望其发挥较多较好的功能的。

(二)教育的功能是发展变化形成的

这就是说,教育功能不是自然而然地具有的,也不是一成不变的。这只要对比一下原始教育和今天的教育,就不言而喻。关于教育万能抑或教育无能问题长期争论不决,其实都不能抽象地谈论。若就其内外部关系而言,只要具备一定的内外部条件,它就不是无能的;由于教育总是不能超越一定的内外部条件,因而它就不可万能。但是,若用历史眼光和时间视角来观察,教育的功能又是无限的,无论对于社会的作用或是对人的潜能的发掘,谁能说教育的能力有止境呢?可以预言,在社会滋养下,教育在促进社会进步、解放人和解放自身上,将会越来越有力量。教育的功能既要有客观条件,又要凭教育自身创造。

(三)教育功能是统一发挥的

首先,教育的社会功能和培养人的功能是不可分的。培养人就是教育的社会功能;教育的社会功能就是培养人。不培养人哪有什么社会功能,离开社会功能哪有什么培养人?这本来是简单道理,但社会本位论和(个)人本位论却各执一端并长期困扰着人们。这也并非毫无根据。因为在历史长时期中,社会发展和(个)人的发展是有矛盾的。社会发展常常是用牺牲人特别是个人的发展换取的,如中国长城和埃及金字塔作为社会文明发展的重要标志,它牺牲了多少个人乃至整个阶级的发展!人类的理想、共产党人的理想就是要谋求这两方发展的一致,使之相得益彰。但是,社会本位论或(个)人本位论都不解决问题,因为(个)人的发展离不开社会;但是社会发展又不能代替(个)人的发展。两方不可分割,但不是一回事。因此,两者的统一只能是具体的历史的统一而不能是抽象的绝对的统一。在承认社会发展决定(个)人的发展的前提下,要尽最大可能促进(个)人的发展。

其次,教育的政治功能和经济功能也是统一的。有人认为现代教育逐步突出了经济功能似乎政治功能因而逐步减弱了,这是误解。其实,政治功能只是不断改变了形式,而且走向了高级阶段。其实,发挥教育的经济功能恰恰是最大最好的政治功能。① 此外,传统中教育的政治功能只完成少数人的政治社会化过程,而现代教育发展到当代则担负着群众的、整整一代人的政治社会化任务,不论传播政治思想或培养政治人才,都是这样。

最后,教育发挥各种功能,都是整体的,而非孤立的、分割的。不能截然分开地说:这部分教育发挥这一功能;而教育的另一部分发挥另一种功能……。不言而喻,德育、智育、体育等教育的各个部分,各有特点,进行分析性的研究是必要的,但如果绝对地认为:德育管德、智育管智……甚至"包产到户"、"铁路警察各管一段",则是荒谬的。

八、教育的社会地位逐步发生根本变化

现代教育的再一个基本特征,就是其社会地位经过长期量变发生一个根本性的质变。在教育史上,也在一般人类社会历史上,第一次出现了这种情况,即教育不再老是扮演追随者的角色,而是变成了先行者。《学会生存——教育世界的今天和明天》这个报告说:"多少世纪以来,特别在发动产业革命的欧洲国家,教育的发展一般是在经济增长之后发生的。现在,教育在全世界的发展正倾向先于经济的发展。这在人类历史上大概还是第一次。这种倾向首先大胆和成功地出现在诸如日本、苏联和美国这些国家。"② 《学会关心——21世纪的教育》这个报告也说:"过去,全世界的教育制度总是成为各种趋势的追随者,而不是这些趋势的创造者。现在,教育应当领先于变革,

---

① 列宁:要"使斗争的重心逐渐转向经济方面的政治","现在我们主要的政治应当是:从事国家的经济建设……"《列宁教育文集》(下),人民教育出版社1986年版,第170页。

② 联合国教科文组织国际教育发展委员会编著,华东师范大学比较教育研究所译:《学会生存——教育世界的今天和明天》,教育科学出版社1996年版,第38页,重点为引者所加。

而不只是对变革的反映。"① 可以说,今天,不能担当先行者而继续扮演追随者角色的教育,不能认为是现代教育。

　　这是为什么呢?有的同志指出,教育之所以需要先行,是由教育本身的特点所决定的。教育的特点之一是未来性,是为未来培养人才,教育培养人的周期长。过去,社会发展缓慢,容易自动地吸收教育成果,至少可以设法去适应这种教育成果,而今天,社会变化迅速,不能适应了。② 不过,人们更关注的是,古代教育未先行,现代教育在早期也不曾先行;今天,这怎样变得可能呢?探讨这种变化的规律是重要的,因为教育先行,不是需要先行便能够先行的。依照我们的体会,这是由于教育与社会各个领域如经济、政治、文化、科技等的关系即社会结构,由变化而引起了新的调整,教育的相对独立性日益增强、突出了。不容忽视地日益显示其主体地位。我国政府一系列文献中已明确提出:"百年大计,教育为本"。一些国家的总统,乐意地声称自己为"教育总统"。

　　首先,教育与社会生活各个领域联系越来越密切。"从根本上说,科技的发展,经济的振兴,乃至整个社会的进步,都取决于劳动者素质的提高和大量合格人才的培养。"③

　　其次,教育自身,由于外部的积极影响,也由于教育经验的积累和教育科学的进步,功能增强,不仅有了更强的适应力,而且有了创造力,特别是预见力。这一切使教育的未来性特点第一次现实地表现出来。《学会生存——教育世界的今天和明天》认为,人们已经争到了"生存权利",已经争到了"追求富有的权利","现在社会难道不应把学习实现自我,即人的教育,放在

---

　　① 国家教委国家教育发展研究中心、中国教科文组织全委会秘书处编:《未来教育面临的困惑和挑战》,人民教育出版社1991年版,第17页。重点为引者所加。
　　② 厉以贤主编:《现代教育原理》,北京师范大学出版社1988年版,第24～25页。参见《学会生存——教育世界的今天和明天》,第39页。
　　③ 《沿着有中国特色的社会主义道路前进》,人民出版社1987年版,第17页。

最优先的地位吗?"①

教育先行由可能变为现实还要有教育思想的条件,就是思想要对于客观历史进程的变化及时作出反应,改变观念。不能抱住"追随者"这个老观念不放。过去我们曾大力批判"教育超政治"、"教育救国论"、"教育独立论",当然有其合理性和历史的积极意义。但今天冷静地回顾起来,批判本身有片面性,低估了教育的作用和它的相对独立性,尤其新中国成立以后历史已经变化还一味地去批判,这就不合理而且有消极作用了。教育先行还必须在一些具体环节和行动上表现出来。例如,教育经费投入,远在20世纪70年代即冷战时代,"从预算方面来说,在世界公共资金的支出中,教育经费占第二位,仅次于军事预算。"而且"增加的比率(百分比)比军事开支高"。我国1985年的《中共中央关于教育体制改革的决定》也已明确规定:"中央和地方的教育拨款的增长要高于财政经常收入的增长。"这就具体体现了教育先行。又如,必须做好教育预测和规划。在制订目标、设计课程……时必须兼顾现实和长远需要,不能把从实际出发的"实际",简单化理解为仅仅一时一地甚至当时当地的"实际"。

最后,必须明确一点,我们理解的教育先行乃是作为唯物主义命题,以经济为基础的。教育先行不能脱离经济基础。一些国家在教育方面的投资和它们财政上的可能性是不相称的。毕业生的人数远远超过了经济所能吸收的力量。③这个教训我们必须吸取。无条件地看待教育先行是不正确的。

九、不断变革——现代教育的本性和存在形式

现代教育的基本特征之一,就是不断变革逐渐成为它的本性和存在形式。所谓"教育的永久改革"就是这个意思。④如果老是几十年固定不变,那就不能认为是现代教育,就不能存在下去。

和由追随者变为先行者一样,这也是教育史上的一大变化。在很长的历

---

①②③④ 联合国教科文组织国际教育发展委员会编著,华东师范大学比较教育教育研究所译:《学会生存——教育世界的今天和明天》,教育科学出版社1996年版,第220、37~38、2、205页。

史时期里，教育的本性不是变革而是维持，是社会稳定因素而不是社会的变革因素。它自身虽然也发展也变化，但主要是进化、渐进，而不是变革、跃进。但是，自从进入现代教育阶段，特别是到了当代，这种状况变化了，不但变革而且越来越显示连续性、急剧性、深刻性。不但教育自身变革而且成为变革社会的因素。

稍许思考一下，不难发现，现代教育本身就是变革的产物。它的孕育期即文艺复兴时期，正是社会大变动和教育上大变动时期。后来，争取普及教育，争取实科教育，争取教育与生产劳动相结合，争取教育与生活相联系，争取教育过程中学生的主体地位，等等，都是经过斗争的，都是或大或小的变革。20世纪50年代以来，教育改革的新浪潮，席卷全世界。探索各种教育或教学模式的教育实验，不可胜数，谁要想编出一个完备的目录，那将是徒劳的。

这也是不难理解的。根本原因是社会生产和社会生活不断地急剧、深刻地变革着。教育外部不断提出新的更高的要求并提供了有利于教育进一步发展的条件；教育内部结构和功能往往迅速失调，亟须及时调整，并固有一种不满现状—自我改进的冲动力量。这一切综合起来，就推动了教育不断变革。一切事物的发展都是由量变积累到一定程度引起质变，渐进中断，让位于飞跃或突变，教育也不例外。以往的教育，内部和外部的内容和刺激都是不多的不强的，量变缓慢，积累时间长，所以变革不易发生。随着社会历史向前发展，教育变得内容丰富，刺激强烈，量变过程加速，变革之间的间隙缩短，于是呈现出连续性来。

现代教育不断的变革，推动着它不断地向高级阶段发展，不断地逼近目标，不断地充实内容，更新方法。特别值得一提的是，伴随着教育改革的发展，教育实验也蓬勃地发展起来。"教育的更新，要求进行实验"[①]。"在把各种革新付诸实践之前，尤其在应用革新的体系之前，我们首先必须进行'试管'实验。"[②]教育实验又加速教育改革。

[①][②] 联合国教科文组织国际教育发展委员会编著，华东师范大学比较教育研究所译：《学会生存——教育世界的今天和明天》，教育科学出版社1996年版，第22、293页。

对于教育改革，人们在肯定它的积极意义而外，也特别关心要正确处理变革性与稳定性、继承和改造的关系。因适应变革趋势重视变革是对的；如果陷入变革主义则是错误的。国际上一些经验告诉我们："某些学校机构正在失去其神圣不可侵犯的性质。这一事实同维持与发展组织严密的学校机构，两者是可以并行不悖的。"① 当外部和内部结构失调，亟须及时调整时而不及时改革固然是不对的，但如果变动频繁，教师和学生每天都面临新的教育教学内容和方法，都要改变自己的教学行为，这也是不利于教育秩序的稳定和教育质量提高的。《教育——财富蕴藏其中》这个报告，总结世界范围教育改革的经验教训，指出，"要采用长远的战略和方法来设计教育改革。""它（委员会）着重指出，过多的连续不断的改革势必扼杀改革，因为这样做不能给现有制度留有吸收新思想和使所有有关方面都能参与改革过程的必要时间。此外，正如过去的失败所表明的许多改革者采用的是一种过于激进的或过于理论化的方法，他们无视从经验中吸收有益的东西，或否定过去的成绩。因此，教师、家长和学生都受到干扰，不大愿意接受和进行改革。""不断进行的互相矛盾的改革尝试，似乎更加强了许多国家教育系统的保守主义。"② 我国在这方面的教训十分突出。比较正确的处理原则是改革必须建立在科学基础上，仔细区别现行教育体系中哪些是真正过时了的，而哪些是合理因素，经过批判改造是可用的。例如，基础教育、基础知识技能经常是比较稳定的、一致的、共同的。对这一环节的改革，常常是改造改善而不是推倒重来，主要是用新的科学成就、新的观点和方法对之重新解释，或者说，把新的科学成果中具有基础意义的重要概念，增加到基础知识和基本概念体系之中。众所周知，教育改革之所以连续变革，不是为变革而变革，其根本的目的是为了与变革的内外部要求和条件相适应。基础教育、基础知识和基本技能，具有最大的适应性。基础稳定性和教育变革性其精神是一致的，不能把它们绝

---

① 联合国教科文组织国际教育发展委员会编著，华东师大比较教育研究所译：《学会生存——教育世界的今天和明天》，教育科学出版社1996年版，第246页。

② 国际21世纪教育委员会著，联合国教科文组织总部中文科译：《教育——财富蕴藏其中》，教育科学出版社1996年版，第14、152页。

对对立起来。

十、理论自觉性越来越提高

现代教育最重要的基本特征之一，就是理论自觉性日益提高。它是理性水平上的实践而不是感性水平上的实践，是建立在科学理论基础上的活动而不是建立在经验基础上的活动。如果只停留在感性活动、经验水平上的教育，不能认为是现代教育。

伴随着现代教育的孕育、诞生和发展，现代教育科学也孕育、诞生和发展起来。它从现代教育的实践中产生又反过来指导着现代教育向前发展。

随着教育科学的发展，师范教育也发展起来，成为现代教育体系不可分割的组成部分。没有师范教育的现代教育是不可思议的，因为师范教育即教育科学教育，是从教师队伍或组织上保证教育实践置于科学的教育理论指导之下，否则，教育实践就得不到科学理论的指导，就会沦为经验活动或盲目性活动。

由于教育理论要指导教育改革并发展自身，也推动着教育实验发展。教育实验是一种特殊的教育实践，是检验和发展先进教育理论、改革教育实践的科学方法。教育实验从方法上保证科学的教育理论对于教育实践的指导。今天，教育理论、教育实践和教育实验已经一体化了。

总之，教育科学、师范教育和教育实验的发展，使得现代教育日益提高其理论自觉性、理性水平。

回顾教育史，现代教育的发展提高是和教育科学的发展提高同步进行的。以夸美纽斯的《大教学论》和赫尔巴特的《普通教育学》为标志，奠定了现代教育科学的基础，在这种教育理论指导下，建立起了形式完备的班级授课制，应用了几个世纪至今仍未完全失去其历史作用。与此同时，以卢梭、裴斯泰洛齐的思想和实验为先驱，教育科学得到进一步发展。三次大的论争，即18世纪后半期到19世纪前半期的形式教育派与实质教育派的论争，19世纪末20世纪初主知主义与行动主义的论争，20世纪50年代特别是70年代以来科学主义和人文主义的论争，推动着教育科学在解决现代教育发展实践中相继出现的重大问题中向前发展。

当代，教育科学正进入繁荣的时代，出现了基于不同历史传统、文化背景、社会制度、意识形态、国家、民族、地区的各种各样的教育理论流派，可谓众彩纷呈。相互之间，在认同或斥异、友好或敌对的交流碰撞中，对现代教育的方方面面，各个层次，进行着探索，丰富着现代教育的基本概念。这是非常重要的。联合国教科文组织国际教育委员会在其报告中说到国际教育合作主题时说："这种交流工作可以使得教育概念本身得到深入的阐述，因而也有助于为探索新的途径而进行的联合研究创造条件。"没有这种国际教育合作，"关于教育理论与实践的许多基本概念就不可能迅速地传遍全世界……诸多发展中国家在改进它们的教育体系时，特别在促使这种教育体系满足社会对教育的极其迫切的需要时，就可能遇到更多的困难。"①

教育科学的发展和不断获得的新成果，不断丰富着的现代教育的概念，通过师范教育和教育实验，教育科学理论与教育实践联系起来，使现代教育理论自觉性或理论水平向着更高阶段发展。

以上我们概括地论述了现代教育的基本特征，包括它的具体表现、根据和发展的某些经验教训以及对我们的启示等。我们也可以用通常一些文章的语言，把现代教育的基本特征，表述为有阶级性、生产性、科学性、人文性、民主性、相对独立性、系统性、技术性、革命性、理论自觉性，等等。我们认为，无论后者和前者，都是不完全确切的。我们并无奢望说得完全正确，只是想借助它来勾画现代教育一个大致的轮廓，以期有助于进一步建立现代教育的科学概念。不过有三点是肯定的也想再一次申述一下。第一，这些基本特征是相互联系的，有的是互相渗透影响的。如拥有前所未有的新手段以及教育科学的发展与其地位的提高，功能增强，就是互相作用的；有的简直是一回事，不过从不同侧面去观察而已，如培养全面发展的个人，教育与生产劳动相结合，科学精神和人文精神的统一，以及民主化等，只是表征不同。第二，以上这些基本特征，每一个特征以及现代教育的整体，都是一个过程或形成着的未完成的过程，到处存在又不完全存在，明确这一点，可以避免

---

① 联合国教科文组织国际教育发展委员会编著，华东师范大学比较教育研究所译：《学会生存——教育世界的今天和明天》，教育科学出版社1996年版，第307、320页。

那种追求终极真理和范本的企图。第三，现代教育整体及其每一基本特征都是矛盾体而不是铁板一块，有社会主义和资本主义的矛盾，有先进和落后的矛盾；不平衡性、错综性、两重性都十分突出。例如，教育民主化问题在资本主义条件下无论怎样发展总归是突不破资本主义制度及其价值观的局限，而在社会主义条件下虽然有了突破，但一般又受到生产力水平的限制，发展也不够充分。又例如，现代科学技术的应用，既可以大大促进现代教育的发展，包括民主化、培养个人全面发展，与生产劳动结合；但由于不同的应用形式，它也可能并已表现出来更加拉大发达国家与发展中国家之间以及一些国家内部的差距。如此等等。

第四节　中国教育现代化的几点思考

如果说，上边所说的是现代教育的一般情况、一般概念的话，那么，我国现代教育或教育现代化的具体情况、具体概念又是怎样的呢？这是需要专门研究和论述的另一个大问题。本书和本章的任务主要在于阐明一般情况和一般概念，因而只能涉及一下，提出几点思考。这也是十分必要的。因为我们研究一般情况和一般概念的目的，正是为了更有效地思考我们自己的事情。我们相信，了解上边所述的一般情况和概念，可以使我们思考中国现代教育问题得以深化；同时，对我国自身教育现代化问题的思考也将会进一步深化现代教育的一般概念。

一、三个基本规定性

前已指出，现代教育已形成基本格局即社会主义教育和资本主义教育并存发展；同时也是多样个性的统一。那么，我国现代教育与一般现代教育之间是怎样联结的呢？它怎样既体现了一般现代教育的普遍性，又体现了我国现代教育的特殊性呢？

我们认为，有三个基本规定性是十分明确和大家公认的，具体体现了普遍性和特殊性的联结。这就是：中国社会主义现代教育。

第一，我们要建设的教育是现代教育。按照现代教育的规律办教育，使我们的教育逐步地更多地具备现代教育的性质和特征。凡是违反或不符合现代教育规律的，都在改革之列，要改造，要抵制，以至抛弃。例如，已经到了20世纪60年代，竟还有人借口不要"资产阶级知识分子"而喊出"宁要没有文化的劳动者"的口号，借口"开门办学"而实际上根本取消教育。这就是要我们的教育回到中世纪去。它理所当然地被中国人民所唾弃，并给人们留下深刻的教训。不过，那并不仅仅是少数几个人的荒唐反动，而是一种社会思潮。正如《中共中央关于教育体制改革的决定》所指出的："轻视教育、轻视知识、轻视人才的错误思想仍然存在，教育工作方面的'左'的思想影响还没有完全克服，教育工作不适应社会主义现代化建设需要的局面还没有根本扭转。"时至今日，这种轻视知识、轻视教育的思潮，仍以种种变化的形式表现出来。为了克服这种倾向，我们还要准备付出巨大努力。

第二，我们要建设的现代教育是社会主义的现代教育，不是资本主义的现代教育。社会主义是一种先进的社会思想和社会制度。主要之点是建立起公有制为主体的生产关系、人民民主的国家政权和共产党的领导以及马克思主义的指导思想。这就为现代教育的发展或教育现代化创造了广阔的前景，提供了根本的保障。人民是国家的主人，也是教育的主人。它有可能也应该克服或避免资本主义制度和意识形态给现代教育发展造成的各种障碍和局限。对此，我们任重而道远。

第三，我们要建设的社会主义现代教育是中国的、具有中国特色的教育。它是与我国政治、经济、文化等等相适应的教育，是中国教育传统的继承和变革。我国的社会和教育的现实和传统，都具有许多独特的性质，举世无匹。我们的社会主义现代教育必须植根于这块土壤，赓续我们的历史传统，方可生根、发芽、开花、结果。

二、坚持共性与个性的辩证法

我们深切体会到，处理好共性和个性的辩证关系，是我国教育现代化至为关键的一个问题。因为历史的教训实在是太沉痛了。或者忽视共性或者忽视个性,都曾经使我们付出了重大的代价。

现代教育在其发生发展中,透过无数的偶然性和个性,显示出它的一般道路和共性,体现了世界教育发展的基本方向,对各国教育现代化都有指导、借鉴和启发作用。上文论述的关于现代教育的本质规定性和基本特征,尽管是远不准确的,但多少是其某些共同规律的反映,很值得我们认真思考和为我所用的。但是,我们在相当长的时期里,曾经无视甚至拒绝吸收这些世界文明成果。最突出的例子就是第二次世界大战结束后,世界范围发生了新的科学技术革命,也引发了前所未有的深刻的教育改革运动,生动活泼,有许多新的创造,其实质正是进一步现代化的大进军。恰恰在这同一时期里特别是20世纪60年代中期,我们却闭关锁国,搞"文化大革命"。这就与世界教育现代化一般进程隔绝和脱节。更有甚者,还把属于人类智慧共同创造的文明成果乃至马克思主义的真理,当做资本主义独有的东西,口诛笔伐进行批判。其灾难性后果是众所周知的。"使教育事业遭到严重破坏,广大教育工作者遭受严重摧残,耽误了整整一代青少年的成长,并且使我国教育事业同世界发达国家之间在许多方面本来已经缩小的差距又拉大起来。"①

共性总是寓于个性之中的。世界的教育现代化在不同国家,总是采取不同的具体形式,具体的历程也不总一样。我国教育现代化必须从我们的历史和现实出发,必须适合我国的国情,走自己的路。但是,我们忽视个性的历史教训也是深刻的。清末民初我们犯过全盘西化的错误,先是硬搬日本教育模式,后又硬搬美英教学模式。新中国成立以后,全盘苏化,在一段时期里,完全以苏联的教育理论和实践来裁判我国的教育,割断了我国自己教育的历史,也忽视了我国现实社会对教育的多方面的要求。更有甚者,还把人家已经过时甚至将要抛弃的东西也当做正确的或新的东西加以推行,造成更加不良的后果。即使进入21世纪后,这种照搬照抄的倾向也还远未消除。

---

① 《中共中央关于教育体制改革的决定》,载《教育体制改革文献选编》,教育科学出版社1985年版,第2页。

三、努力探索特殊矛盾及解决的机制

只有坚持现代教育共性和个性的辩证法,才能达到我国教育现代化的三个基本规定性,即建设中国的社会主义的现代教育。但是,要想实际地而不是口号式地做到两者辩证地统一,谈何容易!这必须了解我国教育现代化的历史,研究我国现实中的特殊矛盾,探索其解决的特殊机制。显然,这不是本文的任务也是力不胜任的,只能谈几点线索和体会。

(一)现代化历程起步晚而曲折

我国有着长期的封建社会和封建教育的历史。1840年的鸦片战争,揭开了半殖民地半封建社会的序幕。以科举和学校、中学和西学的交锋为主线,孕育了现代教育的种子。1902、1904年"钦定"、"奏定"的"学堂章程",引进了西方现代学制;1905年正式废除科举制。辛亥革命推翻帝制后,颁布了资本主义性质的教育方针。这些标志着我国现代教育由孕育而初露端倪,是我国现代教育发展的重要标志,是古代教育和现代教育的重要分界线。五四运动勃兴的科学与民主思想,推动我国现代教育的进步,进入了新民主主义阶段。在这一阶段里,革命根据地的教育积累了很有意义的按其本质而言符合现代教育精神的经验。全国各地一些进步教育家的教育理论与实践也有重要意义。新中国的建立使我国教育现代化进入了社会主义阶段。由于社会主义制度和马克思主义指导思想的保障,我国现代教育的建设获得巨大的发展。但期间却经历了全盘苏化的偏差和"文化大革命"的严重挫折。1978年党的十一届三中全会以来,我国社会主义建设进入了新的历史时期;教育现代化进程开创了新的局面和新的起点。

时至今日,我国现代教育已经走过了百余年的风雨历程,取得了历史性成就。总体来说,在经历了制度创建、规模扩张等具体发展阶段后,当前正迎来现代教育发展的第三个具体阶段:质量提升阶段。① 全面提升教育质量,已成为21世纪中国现代化教育的核心战略主题。

---

① 王本陆:《关于我国现代教育发展阶段问题的探讨》,《北京师范大学学报(社会科学版)》2011年第3期。

(二) 难题和机遇

虽然，我们已经取得巨大的成绩，但是，教育现代化仍然面临着许多难题。例如，我们面临着"科学技术革命和思想文化冲撞"的"双重挑战"。"依靠有限的经济实力支撑庞大的受教育人口"。要在教育的"公平与效益"之间作出"两难选择"等等。① 又例如，在主观条件或思想方面，"轻视教育仍然是相当普遍的现象。这同我国存在封建思想、小生产传统观念的长期影响以及'左'的思想影响有很大关系"②。"教育工作方面的'左'的思想影响还没有完全克服"③。回顾60多年来，我国教育的改革和发展曾受到右的干扰如忽视政治思想教育、资产阶级自由化思想滋长。但从时间、频数和后果等方面看，"左"的干扰是严重的。建设我国社会主义现代教育固然与资产阶级腐朽思想有矛盾，但更主要的对立面是封建思想。如鄙视生产劳动、鄙薄科学技术、压抑人的个性发展……这一切连资本主义现代教育也是不容的，更不必说社会主义现代教育了。所以，"左"的思想和封建思想影响的存在，确是我国教育现代化面临的重要困难。

但是，我国教育现代化也具备了空前有利的条件，挑战与机遇同在。以邓小平为代表的中国马克思主义者，提出了建设中国特色的社会主义的理论和社会主义初级阶段的理论，光辉地体现和激发了解放思想、实事求是的精神。举国上下大抓经济建设和改革开放、特别是大力发展社会主义市场经济，这不仅大大加快了发展社会主义生产力和综合国力以及提高人民生活水平的步伐，也大大加快了教育现代化的步伐。市场经济大发展，有力地把教育和生产劳动、社会生活、科学技术、文化艺术等等相互沟通、联系起来，有力地促进生产社会化、人际关系和社会交往广泛扩展，从而为人的现代化、个性全面发展创造有利的条件。

(三) 超越和不及、先进和落后并存

社会主义初级阶段的理论使我们实事求是、从根本上认清了我国的国情。

---

① 国家教委国家教育发展研究中心、中国教科文组织全委会秘书处编《未来教育面临的困惑与挑战》，人民教育出版社1991年版，第118～121页。

②③《教育体制改革文献选编》，教育科学出版社1985年版，第23、3页。

脱胎于半殖民地半封建社会,生产力落后,商品经济不发达。社会的生产、经济、科学、技术、文化发展极大的不平衡性,都在教育上有所反映。这就是超越与不及并存,先进与落后并存。

所谓超越与不及,是指和外国相比,我们的教育既有制度上的优势,又有水平上的不及;既有悠久文化传统的特长,又有现代意识、现代科技弱的短处。社会主义制度为现代教育的自觉实践提供了保证,使现代教育具有更强有力的支柱。但是另一方面,从教育现代化总体水平看,我们还是有很大差距的。义务教育普及率、文盲比例、教育经费投入、物质设备、教育技术、整体质量、师资水平等各项指标,都表明我国教育现代化水平均有所不及。即使在教育民主化、个人全面发展等方面,也不能说占绝对优势。我国悠久的东方文明,既有优点,也有不足,甚至在教育、教学的思维方式和具体方法上都有所反映。

所谓先进与落后并存,是指我国教育现代化发展极不平衡。在一些大城市和沿海地区,教育相当先进,甚至和发达国家相比也毫不逊色。但在广大农村和内陆、边远地区,教育水平是较差的。这种教育上的"第三世界"是大量的。有的地区,其教育还处于前现代教育阶段。

(四) 双重任务和复合模式

根据上述特殊矛盾,我国教育现代化的道路和机制,将是双重任务和复合模式。

所谓双重任务,就是既要赶超世界先进水平,又要改变落后教育的面貌;既要充分发扬优势,又要扭转劣势。双重任务缺一不可。那些大城市和沿海地区条件好的学校,目标应该瞄准世界先进水平,办一流的学校,出一流的人才,并大胆试验,探索新的、未来教育的先进教育理论与教育模式。还很落后的学校,应该切实改善条件,提高办学水平,达到基本的统一的标准,培养合格的公民。有条件的不赶超,或只重赶超而忽视普遍的改善,都是不对的。要使后进变先进,先进更先进。

所谓复合模式,就是从单一、僵化的模式中解放出来,采取多样综合的模式。这将是一种深刻的变革,包括变革理论观念、思维模式和实体的教育形式结构。首先在思维和观念上改变非此即彼、一刀切、从这一种一刀切到另一种一刀切的模式，采取亦此亦彼、发散式、变通式的模式。1958年《中共中央国务院关于教育工作的指示》提出，为了多快好省地发展教育事业，"必须采取统一性与多样性相结合，普及与提高相结合，全面规划与地方分权相结合的原则。""办学形式应该是多样性的，即国家办学与厂矿企业、农业合作社办学并举，普通教育与职业（技术）教育并举，成人教育与儿童教育并举，全日制学校与半工半读、业余学校并举，学校教育与自学（包括函授学校、广播学校）并举，免费的教育与不免费的教育并举"[①]。这种所谓"三个结合、六个并举"的精神已经结合今天新形势大大发展。近年兴起的社会办学、私立学校，也属于这种新发展的表现，应予关注，积极引导。我国的现代教育，从教育目标开始，就应把全面发展与因材施教结合起来，培养多类型、多层次、多规格的人才。教育管理体制、教育事业发展规模速度、各级各类学校结构、课程、教材、教育教学过程、组织和方法以及师生关系等，都不能一刀切、单一套、整齐划分，而应该实行多样综合。

应该说明的是，无论是"复合"、"结合"、"综合"或"统一"，都不应该是抽象的而应该是具体的；否则，要么沦为空话，要么陷入相对主义。"多样"不是任意的，"并举"不是没有主从。例如，在当前时间、地点、条件下，普及义务教育必须由国家切实保证其经费，认真办好。一方面为高一级教育打下牢固的适应力强的基础，另一方面杜绝新文盲的产生。这是"本"中之"本"。在普及义务教育这个范畴内，群众集资，包括社会办学、私立学校，都只能是辅助性的；所有这类学校，都不能违反普及义务教育的性质。在初中毕业后分流基础上建立起来的普通高中，是为高级专业教育或高智力就业进一步打基础的，也要保持其普通性，如此等等。总之，复合或多样综合，其目的不是别的，唯一地是为了适合于不同的实际情况，使不同起点上的教育，都能有效地提高。

---

① 《中国教育年鉴》(1949～1981)，中国大百科全书出版社1984年版，第689页。

第五章　现代教育目的

第一节　教育活动与教育目的

任何一个参与到教育活动中的主体，大到国家、社会和团体，小到教师、学生和家长，对教育都会有各自的期望。为了实现这种期望，就必须保持教育活动的统一性、连贯性，就必须切实地把握教育活动的方向，而所有这一切的实现，又都有赖于自觉地确定教育活动的目的。那么，什么是教育目的？教育目的到底是由什么决定的？它的本质是什么？在教育中起什么样的作用呢？

一、教育是人类依照自觉设定的目的所进行的一种对象性活动

一部人类的历史就是人有意识地通过自己的有目的的对象性活动创造的历史。只有人的活动才真正是有目的的活动，因为只有人才能自觉地预先设定活动的目的，使他的活动服从这个目的，并在活动的结果中实现这个目的。马克思曾经以生动的譬喻揭示了人的自觉活动同动物的本能活动之间的区别："蜘蛛的活动与织工的活动相似，蜜蜂建筑蜂房的本领使人间的许多建筑师感到惭愧。但是，最蹩脚的建筑师从一开始就比最灵巧的蜜蜂高明的地方，是他在用蜂蜡建筑蜂房以前，已经在自己的头脑中把它建成了。劳动过程结束时得到的结果，在这个过程开始时就已经在劳动者的表象中存在着，即已经观念地存在着。他不仅使自然物发生形式变化，同时他还在自然物中实现自己的目的，这个目的是他所知道的，是作为规律决定着他的活动的方式和方法的,他必须使他的意志服从这个目的。"① 马克思在这里指出了一个基本事实,即人的全部活动所表现出来的一个主要的和基本的特征就是,人在实践活动之先,对活动过程所要取得的结果,就已经在头脑中预先存在着了。人在观念中提出和设定目的,又通过实践活动来实现和达到目的。人的活动的这种目的性同生物有机体那种通过其生命活动直接表现出来的因果性、合目的性不同,它是一个由客观到主观,又由主观到客观的能动的过程。人在从事对象性活动的过程中,能把自己的活动过程和活动结果都当作意识的对象来加以把握,根据可能并结合自己的需要,提出和设定自己的行动所要达到的目的。这种目的在开始还只是一种主观的愿望,是一种预想的结果,是一种存在于头脑中的观念的对象,但这一观念性的对象又是由客观现实所产生的,是以客观现实为其前提的,是一个由客观到主观的过程。人在观念中设定了目的,又必须采取一定的手段,通过有计划的对象性的实践活动来改造现存的客观现实,使之产生符合于人所需要的预想结果,从而使主观观念中的活动目的变为客观的现实,这种主观目的的客观化,是由主观到客观的过程。

教育就是人类的一种有意识地依照自觉设定的目的所进行的对象性活动,是一种有意识、有目的、有计划的培养人的社会实践活动,是人类为使种族生命繁衍、社会生活延续所必需的自觉活动。历史上曾经有人认为,教育活动产生于人类适应环境的需要,是人类为争取自身生存和发展采取的一种生物性活动,因此教育是一种超出人类社会范围,在人类出现之前就已经存在的活动。人类的教育活动只是对动物界业已形成的"教育形式"的继承、改变和演进。这种观点对教育活动的基本特征作了歪曲的说明,把教育这种人类社会生活中的一个重要范畴贬低为本能行为。还有人认为,教育活动产生于儿童对成年人的模仿,模仿是人的心理区别于动物心理的根本标志,因此模仿是教育活动产生的原因。这种观点把培养人、教育人的社会活动仅仅归结为个体自发的、合目的性的心理活动,贬低甚至否定了人类教育活动的目的性和自觉能动性。那么,应当如何来科学地说明人类的教育活动的本质呢?

---

① 《马克思恩格斯全集》第23卷,人民出版社1972年版,第202页。

教育活动是在人类的社会生产和社会生活中产生的，反映种族繁衍、社会延续需要的一种有意识、有目的、有计划的社会实践活动。我们知道，人类经过了极其复杂、极其漫长的曲折发展过程，才从古代类人猿中分化出来。在从猿到人的转化过程中，劳动起着决定性的作用。真正的劳动是从制造和使用工具开始的。工具的制造和使用使得人类活动的领域日趋扩大，内容日趋复杂。共同的生产劳动要求社会的每一个成员必须懂得如何制作和使用生产工具进行物质生产，必须服从一定的生产关系，遵守一定的劳动纪律和行为规范。这样一种生存能力在长期的社会生产和社会生活的过程中积累和沉淀，外化为具有一定功能的社会知识和社会经验。这种社会知识经验本质上是一代代人共同创造的人类的产物，是一种高度概括的人类生存能力。对个体来说，这种生存能力既不可能通过种族遗传，也不可能通过个体体验的形式获得，而只能依靠有意识地在上一代人与下一代人之间传授和学习的方式，使每个社会成员都能适应社会的需要。教育就是这样产生的。可以说，教育是人通过自己的有目的的对象性活动而创造的一种新型进化方式，而不是什么生物性活动或个人的心理活动。这种新型的进化方式是在人类社会的历史发展中实现的，它不同于通过生物进化而实现的基因种族遗传，是一种社会性的"遗传"方式。不可能通过体内的遗传基因遗传给后代的社会知识经验，经由教育这一人类活动形式"遗传"下来。它的不可替代性就在于它不受个体生活的时间和空间的限制，不受亲缘关系的限制，不仅可以传给自己的直系后代，而且可以传给社会的其他成员。由于有了教育，"每一个体都必须亲自去经验，这不再是必要的了，个体的个别经验在某种程度上可以由个体的一系列祖先的经验的结果来代替。例如，在我们中间，一些数学公理对每个八岁的儿童来说都好像是不言自明的，用不着从经验上来证明，这就完全是'累积的遗传'的结果。"①

以上我们对教育活动的一般特征作了一个概要的分析。既然教育活动是人类认识和利用客观规律，自觉进行的一种社会实践活动，毫无疑问，人们在进行教育活动之前，首先就要使自己所从事的活动对象化，在观念中设定

---

① 《马克思恩格斯选集》第4卷，人民出版社1995年版，第365页。

一定的目的。因此，所谓教育目的就是人们在进行教育活动之前，在头脑中预先观念地存在着的教育活动过程结束时所要取得的结果，它指明教育要达到的标准或要求，说明办教育为的是什么，培养人要达到什么样的规格。教育目的是教育活动的出发点和归宿，它对教育任务的确定、教育制度的建立、教育内容的选择，以及全部教育活动过程的组织都起着指导的作用。教育目的确定以后，教育事业才能有组织、有计划地向预定的目标前行。教育不可能没有目的，无目的的教育是不存在的。

二、确定教育目的的依据

在教育活动中，教育目的既是教育活动的原因，又是它的结果，是原因和结果的统一。不过当教育目的作为原因存在时，是以观念的形式出现的，它把所要达到的结果观念地规定于自身之中。这样一种对教育活动的对象化，既可以表现为人们头脑中的感性、直观的反映形式，又可以表现为以概念和范畴构成的理性形式；既可以以个别教育家的名义提出，又可以以国家的名义提出。教育目的的表现形式尽管不同，但它并不是一个超社会、超历史的范畴，人们在规定教育目的时必须以一定的客观存在及其发展规律为前提和根据。这些前提和根据主要指一定的社会历史条件，此外个人身心发展的规律也在一定程度上影响教育目的的规定。

教育目的要说明的是：教育应满足什么样的社会需要以及教育应培养人具有什么样的身心素质。因此，教育目的的提出必然要受到一定社会历史条件的制约，因为教育者只能在现实的社会生活条件下实现培养和造就人才的任务，受教育者也只能在现实的社会生活条件下获得发展。历史上，人们曾提出过许许多多的教育目的，不管他们是否意识到，也不管他们是否承认，形形色色的教育目的都是在十分确定的前提和条件下提出和实现的，都要受到一定社会历史阶段已经具备的种种条件的制约和决定。这些条件主要包括生产力、生产关系以及建立在一定生产方式之上的政治关系和政治制度，等等。

物质生产是教育存在和发展的绝对条件和永恒基础。人类一旦停止了生产，就会断绝人的物质生活资料来源，人类社会存在的基础就会崩溃，人类社会关系的纽带就会瓦解，当然也就谈不上教育活动的存在与发展。可以说，生产力发展水平的高低直接决定了社会能够提供给教育的物质条件以及个人在其一生中用于受教育的自由时间的多寡，从而也就从根本上决定了社会的每一个人发展的可能性。因此，社会生产力的发展水平是制约教育目的的最终决定因素。

生产力就是人类从事物质资料生产的能力。生产力是由物的因素（劳动资料，劳动对象）和人的因素（劳动者）组成的。人的因素，不仅是生产力的必要因素，而且是诸因素中最重要、最活跃的因素。劳动能力存在于活的人体之中，是直接体现于劳动中的人的肉体能力和精神能力的总和。作为劳动力的人不仅需要一定的体力，而且需要一定的智力以及必要的科学文化知识和劳动技能技巧。因此，劳动者的劳动能力是由体力、智力、文化知识、劳动经验和技术熟练程度等因素共同构成的。人的智力要靠教育来开发，劳动技能、劳动经验和各种生产知识要靠教育来获得，人类在生产实践中形成的生产力要一点一滴地积累下来，一代一代传递下去，也要靠教育才能做到。因此，一定的生产力总是要根据自己的发展水平，对劳动者的培养提出自己的要求。当然，生产力对教育目的的这种制约和影响作用是随着生产力水平的发展、随着劳动种类的日益增加和复杂程度的不断提高而发展变化的，是随着知识的传授对生产力发展的影响的扩大而逐渐扩大的。

一定社会的生产关系以及由此而产生的政治关系和思想关系对教育目的的规定起着直接的决定性的影响。因为在任何一个社会，对教育的要求总是在一定的社会关系中产生并受这种关系制约的。因此一定的教育目的必定表现为在一定条件下教育对周围现实的关系，必定由一定条件下的物质生活需要或物质经济利益所决定。在阶级社会里，不同的阶级由于经济利益和政治利益的不同而有不同的教育目的，其中统治阶级的教育目的反映了统治阶级的经济和政治利益，在社会上占有统治的地位。

教育目的反映了社会的要求，由一定社会历史条件，其中主要是生产力和生产关系所决定，但这并不意味着在确定教育目的时可以不考虑受教育者身心发展的特点。教育目的集中地反映了一定的社会（或一定的阶级）对于所要培养的人的总的要求，它包括了各级各类学校以及家庭、社会所应当遵循的共同目标,所反映的是对人的一般要求。但是这样一种总的和一般的要求直接指向的是处于一定发展阶段的受教育者个体,为了使受教育者身心产生预期结果,教育目的制订者不能不考虑个人身心发展的可能性。例如,在规定受教育者的身心素质要求时,不仅要根据社会对个人发展所作出的规定性,同时也要考虑个人身心发展的规律和过程,必须把两个方面的要求统一起来。

当然,教育目的作为总的指导思想终究只是对教育活动的最一般的规定,它的具体化还需通过制订各级各类学校教育的具体目的即学校培养目标,通过制订每门课程的课程目标乃至每一节课的教学目标才能最后实现。因此,教育目的是一个体系,是一个以总的教育目的为指导,以各级各类学校培养目标,各级各类课程目标一直到每个单元、每节课的教学目标构成的内在和谐的有机整体。这样一个教育目的的体系既包括对各级各类人才的总的要求,也包括对不同发展阶段的个体年龄特征和发展水平等多方面的考虑。

以上我们只是一般地考察了制约教育目的的各种因素。事实上,在不同的时代和国家,这些制约因素的影响和作用是极其不同的。在人类社会的早期,教育还没有从社会生产和社会生活中分化出来的时候,人类尽管已经有意识地按照一定的要求对下一代进行最初的劳动技能和生活规范的训练,但这种教育活动的对象化程度很低,还带有感性、直观的性质,因此这时人们对教育还不可能自觉地提出高度概括的教育目的来。随着人类生产经验和生产知识的丰富和成熟,劳动者已有的经验和知识水平对劳动质量的提高具有越来越重要的意义。于是,知识的传授日显其重要,而对知识传授本身的规定性也日显其重要。这就使得传授知识的活动有必要从社会的生产和生活过程中分离出来,形成专门的活动领域,产生了专门的教育机构和教师职业。到了这时,人们对自己所从事的教育活动的对象化程度已经大大提高,开始通过概念、范畴等理性形式来反映自己对于活动结果的期望,从而形成了明确的,借以指导教育活动的教育目的。

教育一旦表现为独立的人类实践活动,马上就有了较大的发展,在几个最古老的文明国家,如在中国、印度、埃及等,教育都已相当发达。但那时的教育与其说同生产力发展有关,倒不如说更直接地同政治联系在一起。因为在小农经济的环境下,既不可能提出教育为生产劳动服务的要求,也不可能给教育的普及发展提供必要的物质条件。推动教育发展的主要动力是政治的需要,对有文化的统治人才的培养,不仅是维持专制政权的需要,也是巩固这种统治的需要。如我国古代的孔子和孟子就提出了"学而优则仕"的教育目的,要求教育应培养"君子",实施"德治"、"仁政",巩固统治阶级的统治。孟子明确提出:"设为庠序学校以教之。……皆所以明人伦也。人伦明于上,小民亲于下。"① 以明人伦为教育的目的,来培养修己治人,维护封建制度的统治人才。这样一种教育目的从总体上看,是轻自然,斥技艺,脱离生产劳动,而与专制政权、神权的统治密切相联的。这种教育目的所反映的主要是社会的生产关系以及建立在这一基础之上的政治关系和政治制度的需要,生产力对教育目的的影响则是通过生产关系的中介曲折实现的。

生产力对制订教育目的的直接影响是随着现代工业的产生发展而产生发展的,是现代社会和现代教育的产物。恩格斯说:"分工,水力、特别是蒸气力的利用,机器的应用,这就是18世纪中叶起工业用来摇撼旧世界基础的三个伟大的杠杆"②。这一现代化的进程给予教育的影响就在于孕育和产生了普及的、社会化的、与现代工业相结合的现代教育这一崭新的教育形态。现代教育的教育目的直接受到现代生产发展的影响。新的科学技术在现代生产中的不断应用使更新的、效率更高的生产工具代替了旧的机器设备。现代生产能力的扩大,对劳动者提出了更高的素质要求。劳动者必须具备相应的知识水平才能适应这一要求,从而决定了劳动者普遍地接受学校教育,学习文化科学知识的必要。此外,现代生产的发展,就一个具体的劳动过程来说,要求加强微观管理的科学性,而就全社会的劳动分工来说,要求加强宏观管理的科学性。因为无组织、低效率、铺张浪费、经济失调是现代生产的大敌。现代生产不能任凭管理者的个人经验,更不能靠管理者的想当然来进行管理,而只有凭借先进的科学知识,才能使现代生产有条不紊。于是经济科学、管理科学、法学等方面人才的培养也开始成为现代教育目的的一个重要方面。

---

① 《孟子·滕文公上》。
② 《马克思恩格斯全集》第2卷,人民出版社1957年版,第300页。

可以说，现代社会中的教育活动，已经与经济发展、人才培养紧紧联系在一起，其目的指向全体社会成员，指向科学知识的传播，指向劳动者和管理者知识水平的提高。现代世界各国都充分地意识到教育目的的重要意义，无一例外地通过国家的强制力来制订和施行教育的目的，使教育活动朝着既定的方向发展。可以说，在现代社会中，教育目的的制订和实施已经走向了国家化的道路。

在现代社会，不仅生产力、生产关系制约教育活动的目的，人们对自身发展的需要也在对教育目的的规定起着日益重要的影响。教育的现代化就其本质而言就是教育的普及化，教育的普及不但促进了人们对自然和社会的认识，同时也促进了人们对自我的认识。丰富的知识积累为人的进一步发展提供了越来越大的可能性，作为知识外化的一个重要表现，就是人们日益重视个人的价值，重视个人价值同社会价值的关系。科学技术的极大进步、生产力水平的迅速提高以及社会整体性的增强打破了以往社会的分散性和封闭性，使社会变成一个紧密联系的完整的系统。在这个系统中，个人的作用和地位极大提高，人的潜能极大发挥，精神生活也日益丰富。人们越来越重视自己的社会存在，越来越重视个人价值的实现。在这种情况下，人们开始把教育当做个人的一种不可剥夺的基本权利，要求享受一种机会均等的、有利于促进个性丰富和全面发展的，有助于探索和开拓新生活的教育。这些观念上的变化使得教育活动中的各种因素及其相互关系呈现出一种复杂多变的局面。在目的指向上，现代教育表现为更重视个体身心发展的特点和规律，重视个人多方面的发展需求。就业教育仍然是教育的主要组成部分，但以就业为目的的教育已逐渐成为现代教育体系中的一部分，而不是全部。就业教育之外，又出现了以丰富闲暇时间、精神生活、艺术创造、科学研究乃至老年生活为目的的闲暇教育、娱乐教育、老年教育，等等。这些以注重个人自我发展为目的的各类教育的出现说明，在现代社会中，教育目的除了受生产力、生产关系、政治关系及其制度的制约之外，还程度不同地受个人自我发展需要的影响。任何一个国家在规定教育目的时都不能不考虑这一点。

三、教育价值与教育目的

根据以上分析,教育目的虽然是由人们制订的,看起来似乎是主观的东西,实际上它是以社会为基础,反映了社会共同的要求,它是由一定社会的物质资料生产方式所产生的社会对于某种利益的需要,而不是个别人主观臆想的产物。但是,人是有意识的社会生活的主体,人区别于动物之处就在于他不是消极地适应外部世界,而是要按自身的需要有目的地能动地改造自然和社会。对教育的对象性认识首先要转化为教育目的,然后才能过渡到教育实践。教育目的就是对未来教育实践活动的观念的超前预演。就此而言,它是一种观念形态的东西,是思维活动的产物。这样一种思维运作过程并不像镜子映物那么简单直观,而必然要从人们各自的利益和需要出发,在选择和取舍中体现人们的不同价值追求。因此研究教育目的不能不与价值问题联系起来。事实上,不同的价值取向在很大程度上规范着教育活动的目的,探讨教育目的与教育价值的关系,对于弄清教育目的建构的内在机理有着重要的意义。

马克思曾说过,"价值"这个普遍的概念是从人们对待满足他们需要的外界物的关系中产生。在《资本论》中,他又进一步揭示了商品价值的两重因素,即使用价值和价值。马克思指出:"物的有用性使物成为使用价值",价值是凝聚在商品中的劳动,但"如果物没有用,那么其中包含的劳动也就没有用,不能算作劳动,因此不形成价值"①。这就是说,对任何对象而言,离开人的需要,离开该对象对人的有用性,就谈不上它的价值。价值作为客体对主体的效用关系,总是包含着客体对主体需要的某种特定的关系,它既包括客观内容,也包括主观内容,在很大程度上反映了人们对于客观事物的主观感受和情绪。就此意义而言,可以说价值就是人们对于自然、社会及自身等一系列问题的总的看法和评价,是对人的生存和生活的满足及人的自我实现而言的自然与社会的事物的有用性或"效用"。

根据以上观点,教育的价值也就应当是教育的有用性或"效用",是人们有意识地掌握、利用或接受、享有教育时,对教育有用性的看法和评价。但

---

① 《马克思恩格斯全集》第 23 卷,人民出版社 1972 年版,第 48、54 页。

是作为价值的意义的有用性本来是对人而言的，人们在审视和判断教育的价值时，同判断其他客体一样，总是以一定的利益和需要为根据的。就个人发展与社会的关系来说，教育史上形形色色的教育目的可以归结为两种不同的教育价值观：一种是从个人发展出发，依据内在需要来确定的，另一种是从社会发展出发，依据外在需要来确定的。依据这两种不同的教育价值观，也就有了两种不同的教育目的价值取向：个人本位论和社会本位论。

个人本位论强调从个人自身的发展出发来规定教育目的，认为教育应当把促进个人个性的发展作为自己的目的。如在西方教育史上，夸美纽斯认为，"教育在发展健全的个人"；洛克认为"教育的目的在完成健全精神与健全身体"；卢梭认为教育就是要"养成正当的习惯"；裴斯泰洛齐认为"教育在使人的各项能力得到自然的进步的与均衡的发展"。在当代西方各国，个人本位论依然有着重要影响。如实用主义教育流派强调以儿童为中心，提出"教育即生长"、"教育即生活"、"教育即经验的改造"的教育目的；存在主义教育流派则否认"外界因素"对个性形成的作用，提出"在发现自我的境遇中进行个人的自由发展"，他们认为教育的目的就在于促使学生"成为自身之我"，帮助他们去作"自我发现"。以上种种教育目的，强调的重点各有不同，如有的强调品德的完善和美感的陶冶，有的强调知识的积累和智力的培养，有的强调个性的和谐发展，有的强调实际操作能力的训练。但这些教育目的都是从主观方面出发，以个人自我发展的内在需要为依据而提出来的，他们或主张个人价值高于社会价值，或主张社会只有在有助于个人发展时才有价值，总之都是以个人为本位的。

社会本位论则强调从社会的需要出发来规定教育的目的，认为教育应当把培养符合一定社会准则的人，使教育者社会化，保证社会生活的稳定与延续作为自己的目的。历史上，许多人都是据此提出教育目的的。特别是19世纪中叶以来，社会本位论的影响越来越大。例如，法国社会学家迪尔凯姆就否认个人的存在，认为人之所以为人，只因为他生活于人群之中，并且参与社会活动。教育是年长的一代给未能适应社会生活的年轻一代所施加的影响，其目的在于发展其生理、智慧和道德三类品质，使其适应政治社会和具体环境对个人提出的要求。教育在于使青年社会化——在我们每个人之中,造成一个社会的我,这便是教育的目的。德国教育家凯兴斯泰纳和哲学家纳托尔普也都是从社会需要的观点出发来研究教育问题的。凯兴斯泰纳认为绝大多数国民的特性是自愿从事体力劳动,只有极少数人适宜于精神工作,因此对不同的人应实施不同的教育。对绝大多数人应给予从事体力劳动的职业训练,这种劳作教育的目的在于进行职业的陶冶,使之安于自己的职业,做自己应该做的工作。纳托尔普则认为在教育目的决定方面,个人不具有任何价值,个人不过是教育的原料,个人不可能成为教育的目的。总起来说,社会本位论注重社会的需要,有的强调教育的政治目的,有的强调教育的经济目的,有的强调教育的文化传承目的,等等。这些教育目的都是从客观方面出发,或主张社会价值高于个人价值,或认为个人的存在与发展从属于社会,总之都是以社会对个人的外在要求为依据提出来的。

由于人们总是根据一定的利益和需要对教育价值作出选择的,同时由于教育本身又确实存在着不同的价值功能,所以教育目的的价值取向之不同也就是必然的了。个人本位论和社会本位论各执一端,强调了教育价值功能中的一个侧面,应当说,都有一定的真理性。但是,二者的共同弊病在于它们都把自己的出发点强调到了极端的程度,完全排斥和否定了另一面的合理性,因此其结论都是不科学的。在个人和社会的关系这一问题上,只有把社会发展与个人发展、社会化与个性化、社会价值与个人价值等等有机地统一起来,我们才有可能正确地解决教育目的的价值取向问题。

在个人和社会的关系问题上的争论主要围绕着这样两个方面展开:个人和社会谁更根本?个人发展与社会发展之间存在着怎样的关系?个人本位论把个人看成是同社会相对立的独立因素,认为社会历史的发展就是个人自我表现、自我确定、自我发展的历史。他们强调了个人与社会关系中的主体性和自我价值方面,而忽视了个人的社会本质,即他的客观性和社会制约性方面。社会本位论把社会及其发展置于至高无上的地位,认为社会历史的发展是一个按照客观规律发展的自然历史过程,个人的行为完全是受社会决定的。他们把个人的社会存在绝对化,而忽视了个人的个性存在。

那么,应当如何来认识社会与个人、社会化与个性化、社会价值与个人价值之间的关系呢？我们知道，人最初只是一个自然存在物，个人的自然存在是任何人类历史的第一个前提。作为自然存在物，个人必然具有自己独特的需要、能动性、对象性、感受性和受动性这些个人的属性。但是，人类个体从降生到世界的第一天起，就生活在与他人的相互依赖关系之中。这是由于人类个体依靠本能不能存活，他的生命、自然力、思维能力和生活能力的有限性决定了个体只有在和他人的合作关系中才得以生存和发展。因此，个体为了生存和发展就必须同他人合作，形成社会。个体加入到这种社会生活中就具有了社会性。可以说，个人起初只是一个个体，具有种种生物属性，这时还不能称之为个人。只有当这些自然生物属性在个体的社会发展中获得了社会的存在和发展的形式时，个体才转化为个人。因此，个人不是既成的，而是形成的。在从个体到个人的社会化过程中，个人为了获得为社会生活所必需的种种社会特性，就必须掌握社会文化经验，确立一定的世界观、信念和生活态度，这就要通过个人的学习和受教育来达到。由此可见，个人是社会的个人，个人是社会发展的结果和产物，个人应按社会发展规律来活动，个人的一切发展都是受社会条件所制约的。因此，那种把个人作为与社会相对立的、抽象的绝对的自主性和独立因素的个人本位论是一种极端的主观观点。

然而，任何一个个人，他总是以个性的面貌而存在的。个性存在包含着如下两个方面的特征：一个是与类存在对应的个人与个人之间的差异性、不可取代性和自我性；另一个是与个人的社会制约性或规定性相对应的主体的自觉性、自主性和独特性。因此，那种把社会的个人绝对化，否定个人的个别性存在和发展的独特意义的观点也是一种极端的观点。

应当说，社会和个人二者都是作为客观必然性而互为存在的条件的，前者是每一社会存在的客观前提，是处于这一社会中的每一个人所必须予以服从的；后者则是每一个人存在的客观前提，是个人所处的社会必须予以承认并正视的。进一步说，人的个性，他的独一无二性及主体性不是与生俱来的，而是在人的活动和社会化过程中形成的。因此，每个人的个性的表现无论多么特殊，但就其内容而言，都不能不是一种社会存在的反映。但是另一方面，就个性的表现形式来看，又是个别的，每一个人都具有与他人不同的独一无二性和主体性。因此，社会与个人、社会化与个性化、社会价值与个人价值之间互相联系、不可分割，没有一方，他方也就失去了存在的根据。一方面，每一个个体都是一定的社会环境的产物，他的发展不能不受到既在的生产力和生产关系的制约，不能不受到他所处的活动领域的制约，不能不受到社会所赋予他的社会文化经验以及世界观、信念和生活态度等等的制约。但是另一方面，个人的这种社会性不仅对个人的发展起着某种规范和制约的作用，同时对个人的发展和自由也具有积极的意义，二者有统一的一面。社会创造人，人也在创造社会，社会的发展是由人推动的，人通过自己的有目的的活动正在逐步地创造一个以个人的全面发展为目的的社会，从而使人在改变和创造社会的同时获得新质。可以说，在任何一个时代，随着人类文明的进步而产生的法律、道德观念等，都不是一般地限制个人追求利益和发展的需要，恰恰相反，却是发展这一追求。因为正是这种不懈的永不满足的追求的合力，才真正推动了社会的前进。

当然，在现实的条件下，社会与个人、社会的利益、需要与个人的利益、需要之间并不完全一致，这种矛盾在某种历史条件下会变得很突出。在这种情况下，社会就要对个人的利益和需要作出规限。然而社会是一个集合，它包含着一个个具体的个人，因而并不都是虚幻的、异化于人的对象物。社会的利益和需要最终总是表现为社会成员中的这部分人或那部分人的利益和需要。社会发展的每一特殊阶段提出的要求不是要不要个人利益和需要的问题，而是反映和代表社会成员中哪部分人的利益和需要，以什么样的形式来实现这种利益和需要，这种利益和需要获得满足的范围有多大。这些问题，在不同的社会形态下，有着各自的特殊的规定性，而且随着社会生活领域的日益扩大、内容的日益复杂而变得愈益纷呈复杂。一般说来，在不同的社会制度下，社会与个人这对矛盾的性质是不同的。在专制社会中，社会与个人的矛盾表现为绝对的，不可克服的矛盾；而在现代民主社会中，个人的利益和需要受到社会的高度重视，因而社会利益和个人利益是可以统一起来的。然而理论上的可能性和实际条件的局限性之间、应然和实然之间以及理想和现实之间事实上存在着很大的矛盾和差距。在我国，当前这种矛盾和差距是很明显的。由于我国还处在社会主义社会的初级阶段，还不可能在真正的意义上实现人的需要的丰富性,另一方面,由于人类对既得利益永不会满足,永远要追求将来的利益,因此社会与个人的矛盾只能达到具体的、历史的统一。社会主义社会在对其成员的利益和需要作出必要的规限和控制时,必须通过公有制度和按劳分配的机制,防止社会成员通过不正当的途径和手段获得自身的利益,损害大多数人的利益,将个人的需要引导到为社会奉献这个方向上来,使任何人的需要的满足程度同他对社会所作贡献的有效成果相联系,使之获得最合理、最有力的发挥,而不是压抑人的需要。

用以上观点来看教育目的问题,那么很清楚,无视社会的要求对教育活动的制约显然是错误的。但是反过来,如果看不到个体作为独立的实体,有其自身发展的规律和特点,有其自身的利益和需要,在制订教育目的时完全无视个人的因素,最终也不可能将教育活动导向正确的方向。

第二节 马克思主义关于人的全面发展学说与社会主义教育目的

我国社会主义教育的教育目的是建立在马克思主义关于人的全面发展学说的基础上的,因此要理解我国社会主义教育的教育目的,首先要学习和理解马克思主义关于人的全面发展的学说。

一、马克思主义关于人的全面发展学说概说

(一)历史上的人的全面发展学说与马克思的贡献

人的全面发展是人类千百年来的执意追求。从历史上看,从古希腊起就已经有人在思考这一问题。文艺复兴时代的启蒙思想家和以后的许多资产阶级哲学家都程度不同地提出了这个问题。特别是近代以来,人的发展成了人们关注的中心。德国古典哲学家康德曾说:"在种种冲突、牺牲、辛勤斗争和曲折复杂的漫长路途之后,历史将指向一个充分发挥人的全部才智的美好的未来社会。"① 黑格尔曾指出：如同人们在繁复杂多的艺术因素中要深入寻找出"一个更高更普遍的目的"，让艺术的各个方面共同趋向它、实现它一样，人们在社会生活中也是如此。"社会和国家的目的在于使一切人类的潜能以及一切个人的能力在一切方面和一切方向都可以得到发展和表现。"② 空想社会主义者圣西门也说："我终生的全部工作的目的，就是为一切社会成员创造最广泛的可能来发展他们的全部才能。"③ 马克思是在吸取了他的前人的卓越思想的基础上创建他的人的全面发展学说的。他毕生都把对这一问题的关注同对政治的关注，同创立无产阶级革命学说紧密地联系在一起。从马克思的全部著作中可以清楚地看到，他曾从哲学、政治经济学以及科学社会主义的不同领域对人的发展问题作了广泛的研究，在这些研究中包含了与其全部学说紧密相连的有关个人全面发展的系统主张。马克思主义的人的全面发展学说同以往种种有关人的发展的学说的不同之处在于，以往一切有关人的全面发展的学说或者是在脑力劳动与体力劳动相对立的社会基础上解决人的发展问题，或者把人看做抽象的，脱离具体历史条件，脱离其所处的经济地位的个体，抽去了人的全面发展问题的基本前提。因此，这些学说的局限性是不言而喻的。马克思从分析现实的人和现实的生产关系入手，指出了人的全面发展的条件、手段和途径，预言了在生产高度发展的基础上，在消灭了阶级对立和阶级压迫的社会制度中人的全面发展的现实性和必要性。马克思使人类千百年来的一个浪漫主义理想成为一个完整的科学理论体系，成为马克思主义伟大真理的一个重要组成部分。

（二）马克思的人的本质观

要了解马克思的人的全面发展学说，首先就要学习和领会马克思对人的问题的根本看法或总的观点，学习和领会马克思的人的本质观。

---

① 转引自李泽厚著：《批判哲学的批判——康德述评》，人民出版社1984年版，第332页。
② ［德］黑格尔著，朱光潜译：《美学》第1卷，商务印书馆1979年版，第59页。
③ ［法］圣西门著，何清新译：《圣西门选集》（下册），商务印书馆1962年版，第286页。

按照德国古典哲学家的一般理解，本质这一概念主要包括两个含义，或者是从属性的意义上说的，或者是从起源、原因、根据等意义上说的。马克思讲的人的本质也兼有这两种含义：第一，指它是由什么决定的，它不是来自神，不是来自绝对精神，也不是人固有的，而是来自"一切社会关系的总和"；第二，指它的根本属性，不是抽象的理性，也不是自然性，而是现实性，社会性。①

马克思对人的本质的概括是在批判费尔巴哈对人的本质的抽象规定的基础上完成的。马克思在《关于费尔巴哈的提纲》这一历史唯物主义创立过程中的重要文献中提出："人的本质不是单个人所固有的抽象物，在其现实性上，它是一切社会关系的总和。"马克思把这种社会关系理解成是人们的实践活动的产物，因此他又说："全部社会生活在本质上是**实践的**"②。这一科学的论断是在批判和总结了以往种种有关人的本质的观点后得出的。在《提纲》中马克思特别批判和总结了旧唯物主义者的观点。18世纪的法国唯物主义者虽然注意到了人与社会环境的关系，提出"人是环境的产物"的唯物主义命题。但他们从感觉论出发去说明人的本质，忽视了人的主体积极性，不理解"社会生活本质上是实践的"。费尔巴哈虽然反对德国古典哲学中的唯理论的人性观，但他"不满意**抽象的思维**而喜欢**直观**"③。他的人本学的人性观同样忽视了人的主体积极性。马克思则相反，他把人当做社会的人，把人的本质归结为人的社会性，归结为人在一定社会关系中的实践活动。这一结论是对感觉论的、唯理论的和人本学的人性观的巨大变革。这个结论对教育学有着重要的意义，因为对人的这一理解必然要导致这样的结论：教育作为一种培养和造就人才的社会现象，决不可能脱离社会的要求而独自存在，教育是根据一定社会的要求，在一定的社会物质生产所规定的可能性的前提下对新生一代施加影响，传授经验，将他们塑造成社会需要的人才的一种特殊的社会活动。所以，并不是教育决定社会发展和个人发展，而是相反，教育必须反

---

① 参见王焕勋主编：《马克思教育思想研究》，重庆出版社1988年版，第145～146页。

②③ 《马克思恩格斯选集》第1卷，人民出版社1995年版，第56页。

映社会对人的发展的总要求。

在《德意志意识形态》一书中,马克思站在历史唯物主义的高度上批判了对于人、人的本质、人的发展问题的种种唯心主义学说,在对大量经济事实进行归纳和综合的基础上论证了人的问题。马克思在这里指出了一个基本事实:个人怎样发展,发展到什么程度,不是由人们随意设计、随意规定的,而是客观社会生活条件,其中主要是物质生产条件决定的,个人只能在客观条件所提供的可能性的范围内得到发展。他还深刻分析了生产力、分工、私有制和人的发展之间的关系,把人的片面发展归结为分工和私有制,把分工和私有制归结为生产力的历史发展,把个人的解放和全面发展归结为以生产力的发展和社会状况的根本改造为前提的人民群众的革命实践,这就为科学地论证人及其发展的问题廓清了道路。马克思以历史唯物主义为工具论证了人的全面发展问题。他的论证是这样的:个人的发展归根到底取决于整个社会的发展,人的发展的片面性的消灭归根到底取决于旧的社会分工的消灭。而分工只有在生产力和生产关系已经发展到这样普遍的程度,以致私有制和分工成了它们的桎梏的时候才会消灭。资本主义社会的发展已经到了这样的程度,它从客观上要求人的全面发展。这是因为资本主义的生产力和生产关系是全面的,所以只有全面发展的个人才可能占有它,才可能使生产活动真正变成自己的自由的生活活动。同时,在资本主义条件下,阶级对立已经达到了极点,只有消灭资本主义私有制度才能彻底消灭阶级对立,实现个人的全面发展。最后,私有制和分工消灭之日,也就是共产主义社会实现之时,共产主义社会将使个人全面发展的理想变为现实。

总之,马克思在分析人、人的本质的时候,总是以一定的社会生产力和生产关系的总和作为基础的。他指出,每个人和每一代当做现成的东西接受下来的生产力、资金和社会交往形式的总和,是哲学家们想象为"实体"和"人的本质"的东西的现实基础。在马克思看来,所谓抽象的不变的"人的本质"只不过是思辨哲学家想象的东西,人的本质,包括"人的一切感觉和特性"、"本质力量"、"能动性"、"潜能"等,都只有到人所处的社会基础中才能找到正确的解释。而这种基础本身又是历史的、具体的和不断发展的,因此人的本质必然也是历史的、具体的和不断发展的,对人的本质的研究最后必然归结为对人的发展问题的研究。①

（三）人的全面发展是大工业生产的产物

在马克思的人的全面发展学说中，自始至终贯穿着这样一个思想，即人的全面发展是历史的过程和历史的产物。具体的历史的物质生活条件决定着人的发展的面貌，而这种决定作用则是通过分工的中介而实现的。分工就是把社会活动分成既互相独立又互相依存的若干领域，然后把社会成员固定地分配到不同的领域中去，从而展开既复杂多样又内在统一的社会活动。马克思深入地研究了分工和人的发展的关系问题。他认为，在人类发展的早期，生产的分工最初只是在性别、体力、需要等等基础上自发产生的自然分工，这时的单个人表现出一种原始的全面性。这种原始的全面性是人类蒙昧和野蛮时期的产物，是生产力水平低下的标志，因为这时人的生产能力只是在狭窄的范围内和孤立的地点上发展着，他还没有造成自己丰富的关系，并且这种关系也还没有作为独立于他之外的社会权力和社会关系同他自己相对立。生产工具的进步引起了生产分工的发展，于是原始的自然分工变成了不同生产个体之间的分工，分工便带上了社会性质。这种社会分工在其自身的发展进程中突出地表现为物质劳动和精神劳动的分离，它造成了不同社会阶级的对立，造成了劳动者的片面发展。在《资本论》中，马克思进一步研究了资本主义发展的三个阶段中分工的发展，这种分工制度使生产被分成一个个细小的动作，把劳动者终生固定在某一个局部动作上，作为他终生的职业。由于劳动活动被分成了几部分，为了训练某种单一的活动，就要牺牲其他一切肉体和精神能力的发展，成为极端畸形发展的人。资本主义的分工制度在工场手工业时期达到了它的顶点，同时开始走向它的反面。大工业"使下面这一点成为生死攸关的问题：承认劳动的变换，从而承认工人尽可能多方面的发展是社会生产的普遍规律，并且使各种关系适应于这个规律的正常实现"。大工业"还使下面这一点成为生死攸关的问题：用适应于不断变动的劳动需求而可以随意支配的人员，来代替那些适应于资本的不断变动的剥削需要而

---

① 参见王焕勋主编：《马克思教育思想研究》，重庆出版社1988年版，第148～149页。

处于后备状态的、可供支配的、大量的贫穷工人人口；用那种把不同社会职能当做互相交替的活动方式的全面发展的个人，来代替只是承担一种社会局部职能的局部个人"。① 这样，马克思就从资本主义内部的规律性出发，科学地揭示了人的发展的客观趋势。②

关于劳动的变换，《德意志意识形态》中有一段话常常引起人们的困惑或误解。需要作些说明，这就是："在共产主义社会里，任何人都没有特殊的活动范围，而是都可以在任何部门内发展，社会调节着整个生产，因而使我有可能随自己的兴趣今天干这事，明天干那事，上午打猎，下午捕鱼，傍晚从事畜牧，晚饭后从事批判，这样就不会使我老是一个猎人、渔夫、牧人或批判者。"③ 这段话常常被解释成：在共产主义社会，劳动将不再是一件严肃的事情，而变成一种娱乐和消遣，人人都可以随心所欲，而无须受任何约束。这种解释显然是错误的，是孤立地、片面地看待马克思思想的结果。这段话的重要性在于马克思指明了未来社会的劳动的性质，它包括了三个含义。其一，劳动的多样性。共产主义社会将消灭旧式分工，个人将不再被终生固定在一个特定的活动范围，体力和智力也不再片面发展。其二，劳动的自主性。共产主义社会消除了劳动的私有性质，因而劳动不再被当做仅仅是谋生的手段，不再同人相对立，劳动活动从目的到内容都与个人的需要相一致。其三，劳动的创造性。共产主义社会将消除劳动的外在强制性，人人都可以从事创造性的劳动，自由参加各种科学活动和艺术活动，都可以得到充分的自我实现。马克思的这段话以形象的方式表明人类对劳动活动的多样性、自主性和创造性的需求，表明只有共产主义社会才会为人的这种需求提供物质条件和社会条件。我们不应拘泥于这段话的文字，而应当理解它所表达的未来劳动的根本特征。以上是就这段话的本义所作的分析。如果我们从马克思的一贯

---

① 《马克思恩格斯全集》第23卷，人民出版社1972年版，第534～535页。

② 劳动变换在今天仍然是不可逆转的规律。例如美国，在过去20年间，几千种职业从劳动市场上消失了，但同时出现了六千多种新职业。参见 L. 杰西：《教育陷入困境：如何适应信息社会？》，载《国外社会科学》1984年第3期。

③ 《马克思恩格斯选集》第1卷，人民出版社1995年版，第85页。

思想来分析,问题就更清楚了。马克思在高度评价法国空想社会主义者傅立叶关于在未来社会里,劳动将成为享受的思想①的同时,指出了他的认识的幼稚性。马克思指出,在共产主义社会中,劳动将不是外来的强制,而是个人内在的需要,是一种享受,"但这决不是说,劳动不过是一种娱乐,一种消遣,就像傅立叶完全以一个浪漫女郎的方式极其天真地理解的那样。真正自由的劳动,例如作曲,同时也是非常严肃,极其紧张的事情"②。马克思接着指出,物质生产的劳动要变为个人的内在需要,变为一种享受,必须具备下列条件:"(1)劳动具有社会性;(2)劳动具有科学性,同时又是一般的劳动,是这样的人的紧张活动,这种人不是用一定方式刻板训练出来的自然力,而是一个主体,这种主体不是以纯粹自然的,自然形成的形式出现在生产过程中,而是作为支配一切自然力的那种活动出现在生产过程中。"③这段话和我们上面分析的《德意志意识形态》中的那段话,其基本意思是完全一致的。这种劳动的实现将标志着个人对分工的胜利,个人的全面发展对片面发展的胜利。由此可见,把劳动当做娱乐和消遣的思想强加于马克思的头上,是没有根据的。

(四)人的全面发展的科学含义

马克思对人的全面发展的涵义曾作过丰富而详尽的论述。在马克思看来,人的全面发展,就其最基本的意义而言,首先是指人能够适应不同的劳动需求,把不同的社会职能当做互相交替的活动方式。马克思始终坚持在劳动发展史中来考察人的发展问题。在《资本论》中,马克思坚持了这一出发点,认为没有劳动,社会和个人都不可能存在,更谈不上什么人的发展。因此,任何时候也不能把生产劳动从人的发展问题中排除出去。正是在这一意义上,他认为人类的生产劳动领域"始终是一个必然王国"④。马克思深刻地分析了资本主义生产方式下的劳动的性质,以及个人发展在劳动中的片面性、局限性,个人能力表现的不充分、不协调。他把资本主义生产下的人的片面发展

---

① 参见《傅立叶选集》第三卷,商务印书馆1964年版,第112~118页。
②③ 《马克思恩格斯全集》第46卷下册,人民出版社1979年版,第113页。
④ 《马克思恩格斯全集》第25卷,第927页。

具体化为两个方面：一方面是个人体力上的片面发展。工厂手工业压抑工人的多种多样的生产志趣和生产才能，人为地培植工人片面的技巧，把工人的身体变成畸形物，其结果是"个体本身也被分割开来，成为某种局部劳动的自动的工具"①；另一方面是个人在智力上的片面发展。生产过程中劳动者的智力因素逐渐地分离出来，"生产上的智力在一个方面扩大了它的规模，正是因为它在许多方面消失了。局部工人所失去的东西，都集中在和他们对立的资本上面了。工场手工业分工的产物，就是物质生产过程的智力作为别人的财产和统治工人的力量同工人相对立"②。由于终生从事简单的重复的操作，其结果是使工人在智力上越来越愚蠢和无知。

马克思从资本主义的劳动分工中分析了工人在生产劳动中体力和智力两个方面的片面发展。又从资本主义内部出现的新的经济条件出发，论证了工人尽可能多方面的发展是社会生产的普遍规律，这种多方面的发展，毫无疑义地应当看成是工人的体力和智力的发展。同时，他又揭示，机器的资本主义应用的特点是"工人为生产过程而存在，不是生产过程为工人而存在"③。工人的发展是被动的、不自由的、屈从于分工的。因此人在劳动领域内的全面发展必须以根本废除旧式分工，改造资本主义劳动的性质为前提。在这个领域内取得的自由只能是："社会化的人，联合起来的生产者，将合理地调节他们和自然之间的物质变换，把它置于他们的共同控制之下，而不让它作为盲目的力量来统治自己；靠消耗最小的力量、在最无愧于和最适合于他们的人类本性的条件下来进行这种物质变换。"④

但是，马克思的论证并没有到此为止。在《资本论》中，人的发展领域包括两个方面，即劳动时间和自由时间。马克思认为，劳动时间创造了人类才能的发展所必须的物质财富，而自由时间"就是财富本身"⑤。因此，自由时间同劳动时间一样，也是人的全面发展不可缺少的一个方面，是人的先天

---

① ② ③ 《马克思恩格斯全集》第23卷，人民出版社1972年版，第399、400、537页。

④ 《马克思恩格斯全集》第25卷，第926~927页。

⑤ 《马克思恩格斯全集》第26卷第3册，人民出版社1972年版，第282页。

和后天的各种才能和志趣、道德和审美能力充分发展的又一个广阔领域，马克思因此称其为"真正的自由王国"①。他对自由时间作了这样的解释："自由时间——不论是作为闲暇时间或从事高级活动的时间——自然都会把它的占有人变成一种全然不同的主体，而且变成这样一种全然不同的主体以后，他会重新参加到直接生产过程里面去。对正在成长过程中的人来说，这种直接生产过程同时就是一种训练；对成人来说，就是从事实验科学、在物质上创造发明、实习和使科学物化，在这些人的头脑中存在着积累起来的社会知识。"② 全面的活动使人的一切天赋（潜能）得到充分的发挥，从全部才能的自由发展中必然产生创造性的生活表现。马克思在《资本论》中对自由时间内人的发展问题同样作了严格的经济学上的论证。马克思认为自由时间的长短与劳动时间的长短有关。劳动时间的长短取决于劳动生产率的高低和劳动普遍化的程度。由于科学技术的发展，使劳动生产率大幅度提高成为可能。但是在资本主义社会里，劳动生产率的提高成为资本家攫取更多剩余劳动的手段，"财富的基础是盗窃他人的劳动时间"③。因此，在资本主义社会里不可能真正缩短劳动时间。只有到了共产主义社会，那时"**群众的剩余劳动**不再是发展一般财富的条件，同样，**少数人的非劳动**不再是发展人类头脑的一般能力的条件。于是，以变换价值为基础的生产便会崩溃，直接的物质生产过程本身也就摆脱了贫困和对抗性的形式。个性得到自由发展，因此，并不是为了获得剩余劳动而缩减必要劳动时间，而是直接把社会必要劳动缩减到最低限度，那时，与此相适应，由于给所有的人腾出了时间和创造了手段，个人会在艺术、科学等方面得到发展"④。因此，无产阶级只有取得政治上的统治，只有消灭有闲者阶级、使一切有劳动能力的人都从事生产劳动，只有进一步发展物质生产，不断丰富社会产品，劳动时间才能逐步缩短，从而个人从事自由活动的时间部分才能扩大。

---

① 《马克思恩格斯全集》第 25 卷，第 927 页。
② 马克思：《政治经济学批判大纲》第三分册，人民出版社 1963 年版，第 364 页。
③④ 《马克思恩格斯全集》第 46 卷下册，人民出版社 1979 年版，第 218、218~219 页。

(五)人的全面发展必须具备的社会条件

人的全面发展是历史发展的必然趋势,但这并不是说要实现人的全面发展不需要一定的社会条件。马克思根据大工业生产的发展,认为实现人的全面发展已经具备的客观经济条件主要表现在以下几方面。

1. 市场的扩大和交往的普遍性为人的全面发展提供了可能性

马克思说:"生产力或一般财富从趋势和可能性来看的普遍发展成了基础,同样,交往的普遍性,从而世界市场成了基础。这种基础是个人全面发展的可能性。"①

2. 大工业的发展使自由时间增多,从而为个人全面发展创造了重要条件

正如马克思所说,大工业"在必要劳动时间之外,为整个社会和社会的**每个成员创造大量可以自由支配的时间**(即为个人发展充分的生产力,因而也为社会发展充分的生产力创造广阔余地)"②。由于缩短了劳动时间,给所有的人腾出了时间和创造了手段,个人会在艺术、科学等方面得到发展。

3. 大工业的发展使新的产业不断兴起,劳动变换加速,从而要求人必须全面发展

由于大工业的技术基础本身是革命的,它使劳动者的职能,劳动过程和社会结合都随同生产的技术基础的不断变革而发生变革。因此它必然使社会内部的分工不断发生革命,要求劳动有变更,职能有流动,工人有全面的流动性,这样,人的全面发展也就成为必须和可能。

但是,马克思并没有一般地论述人的全面发展的条件,他把人的全面发展看成是社会主义、共产主义的一个重要特征和主要内容,把能否实现人的全面发展看成是区别资本主义还是共产主义的一个重要标准。

大工业条件下的劳动变换规律是个人获得全面发展的客观前提和条件,但是在资本主义社会中它是"带着自然规律的盲目破坏作用"而为自己开辟道路的。虽然大工业本身要求人的全面发展,但这一客观要求并不意味着旧式分工的消灭和个人全面发展的实现。事实上,资本主义越成熟,旧式分工就推行得越广泛。"大工业从技术上消灭了那种使整个人终生固定从事某种局

---

① ② 《马克思恩格斯全集》第46卷下册,人民出版社1979年版,第36、221页。

部操作的工场手工业分工。但大工业的资本主义形式同时又更可怕地再生产了这种分工。"① 这是资本主义生产的社会特点所决定的。一方面,由于机器的大规模应用,工人从总体上说在生产中起着支配生产的主体作用,"结合总体工人或社会劳动体是积极行动的主体,而机械自动机则是客体";另一方面,由于机器的资本主义应用,在资本主义的工厂制度中劳动者个体仍然是极其不自由的,"自动机本身是主体,而工人只是作为有意识的器官与自动机的无意识的器官并列,而且和后者一同受中心动力的支配。"② 因此,马克思指出,资本主义"对人,对活劳动的浪费,却大大超过任何别的生产方式,它不仅浪费血和肉,而且也浪费神经和大脑。在这个直接处于人类社会实行自觉改造以前的历史时期,实际上只是用最大限度地浪费个人发展的办法,来保证和实现人类本身的发展。"③ 而社会主义、共产主义却正相反,它"是以每个人的全面而自由的发展为基本原则的社会形式",是"自由人的联合体"。因此,社会主义、共产主义条件下应该使"各种关系适应于'人的全面发展'这个规律的正常实现"。可见人的全面发展不能不是社会主义、共产主义的重要特征和重要内容。

（六）人的全面发展与教育的关系

马克思曾深刻地批判了欧文等空想社会主义者所进行的各种社会试验,这些试验企图通过教育来改变社会关系和人的本性,它已被实践证明是行不通的。同时,马克思又从欧文的试验中看到了大工业生产给教育带来的根本变化。看到了未来教育的因素已经在资本主义内部生长起来,看到了这种新教育的因素对培养未来社会全面发展的个人的巨大作用。

马克思认为,人的全面发展同教育有着密切的关系,教育是培养和造就全面发展的个人的重要途径。在马克思生活的那个时代,由于大工业的发展,教育已成为使年轻人很快熟悉整个生产系统的必要手段,它可使他们根据社会的需要或他们的爱好,轮流从一个生产部门转到另一个生产部门。因此,

---

① 《马克思恩格斯全集》第 23 卷,人民出版社 1972 年版,第 529～530 页。
② 《马克思恩格斯全集》第 23 卷,人民出版社 1972 年版,第 460 页。
③ 《资本论》第 3 卷,人民出版社 1975 年版,第 105 页。

教育成为使他们摆脱旧式分工为每个人造成的片面性的重要途径。为此马克思在《资本论》中专门研究了教育问题。

马克思从三个方面对大工业生产下的教育问题作了深入的考察。①考察了男女青少年参加现代生产劳动的可能性:"尽管在其自发的、野蛮的、资本主义的形式中,也就是在工人为生产过程而存在,不是生产过程为工人而存在的那种形式中,是造成毁灭和奴役的祸根,但在适当条件下,必然会反过来变成人类发展的源泉。"①　②考察了由于先进科学技术的出现和综合技术教育的实施而出现的各种新型学校:工艺学校和农业学校是这种变革过程在大工业基础上自然发展起来的一个要素;职业学校是另一个要素。在这种学校里,工人子女受到一些有关工艺和多种生产工具和实际操作的教育。③考察了当时制定的工厂法中有关使初等教育同工厂劳动结合起来的条款:"尽管工厂法的教育条款整个说来是不足道的,但还是把初等教育宣布为劳动的强制性条件。这一条款的成就第一次证明了智育和体育同体力劳动相结合的可能性。"②

通过这些考察,马克思以其锐敏的洞察力发现,未来社会全面发展的教育已经在工厂制度中萌芽:"正如我们在罗伯特·欧文那里可以详细看到的那样,从工厂制度中萌发出了未来教育的幼芽,未来教育对所有已满一定年龄的儿童来说,就是生产劳动同智育和体育相结合,它不仅是提高社会生产的一种方法,而且是造就全面发展的人的唯一方法。"③马克思的预见,抓住了未来教育的最基本的特征,即教育与生产劳动的结合,揭示了这种新教育在社会发展和新人形成过程中的深远意义,因而为我们研究并发展社会主义教育提供了极其重要的思想资料。这一预见的正确性已经被今天无产阶级的革命实践所证实,并将继续得到证实。

二、人的全面发展与当代教育实践

根据马克思主义关于人的全面发展学说,个人发展应该是一个历史的、

---

①②③《马克思恩格斯全集》第23卷,人民出版社1972年版,第537、529、530页。

动态的概念,就其最一般的意义而言,它是指人从自然、社会和自身中争得自由的程度,以及社会对个人的政治、经济、文化、交往等等主体需要的满足程度。由于在不同的历史阶段社会对人的主体发展的满足程度是不同的,因此对该社会每一个个人的发展都会有相应的规定性。我国正处在社会主义的初级阶段,这是社会发展的一个特殊阶段。在这样一个历史阶段中,人的发展既有马克思揭示的那种一般性,同时又具有这个历史阶段的具体历史条件所决定的特殊性,这是在制订教育目的时不能不予以考虑的。

(一) 社会主义初级阶段与社会分工

马克思当年曾经设想全面发展的人将是体力劳动和脑力劳动相结合,在体力和智力上得到协调发展的人。这一设想已被人类历史的进程所证实。特别是近几十年来人类知识的开拓、积累和增长出现了新的飞跃,这种飞跃导致人类进入了"信息时代"。随着这一时代的到来,电子计算机、微电子和电讯设备等信息技术得到了极为广泛的应用,信息工业得到了更迅速的发展。知识和信息成为战略性资源,成为竞争实力和经济实力的关键性因素。价值的增加将主要靠知识,劳动的内容将逐步由体力劳动为主转化为脑力劳动、科学性劳动为主,社会劳动将走向以智力和知识为基础,劳动技术将不断地智力化。这样一个发展趋势必然给人的体脑结合和自由发展带来新的动力。但是在我国,由于生产力发展仍处在一个较低的水平,信息技术与信息工业的发展都还不可能达到世界的先进水平,因此,社会分工仍然在较大的程度上制约着经济发展和人的发展。我们都知道,社会分工对人类社会的进步起了巨大的推动作用,是发展生产力的一个重要因素,特别是在商品经济的发展中,更是如此。但是由于分工的隔离性或独自性,它也曾导致了人的片面的发展。这种分工的隔离性、独自性产生了人们实践的单一化以及职业间、地区间、部门间的分割现象,从而导致人的认识背景、认识范围、认识内容的相互割裂、狭窄和片面,产生人的认识传统、思维方式的凝固性和单一性,最终影响人的身心发展。在我国社会主义初级阶段,社会经济的发展决定了社会分工还不可能消灭或避开,甚至在某些方面还会强化。我们只能有条件地对分工的消极影响加以限制,而不可能完全消除它对人的发展的作用。因此,我们在研究社会主义初级阶段教育,制订教育活动的目标时,应清醒地认识到这一矛盾状态,对社会分工的影响进行具体的分析,并积极寻求具体的教育措施,克服分工对个人发展的消极影响,以促进社会经济发展和个人发展的较好的统一。

(二) 社会现代化与人的素质能力及知识结构的现代化

社会现代化的进程造成了一个高度复杂、迅速变化的社会环境。科学技术迅速发展,知识技能物化和老化的速度都在加快,许多原来被看作是必要的知识和技能很快过时,而代之以新的知识和技能。这样一个瞬息万变的社会要求每一个劳动者(包括生产劳动者、工程技术人员和管理者)在知识、技能、素质、能力等各方面都要有一个较大的突破。从知识结构来说,要求从只专一门到掌握各种丰富的科学知识,建立网状、立体的知识结构;从心理素质来说,要求具有敏感性、灵活性、机动性;从操作能力来说,要求具有创造和发明的能力、自我学习和知识更新的能力、提出问题和解决问题的能力、观察和试验的能力、对经验与知识进行归纳、概括、分类的能力,等等。应该说,人的素质、能力与知识结构上的这种变化趋势本身就是马克思所设想的人的全面发展所包含的一项重要内容。我国作为一个发展中国家,一方面就经济发展的现状来看,还不能同现今的发达国家相比,因此对人才素质的各方面要求应该根据社会生产力发展及社会生活发展的要求提出。但另一方面,我国正处在一个高速发展的新时期,在大力发展劳动密集型产业的同时要有条件地发展高技术产业,这样一种跳跃式的经济发展必然会对人才数量和质量不断地提出新的要求。这就要求教育必须不断地根据社会经济的变化从总体上研究人的素质和能力等方面的变化对人的全面发展的意义,为人在这些方面的协调发展指出方向。在我国这样一个教育、科技和生产力还较为落后的国家里,我们尤其应当探索如何顺应形势发展的要求,充分发挥社会主义制度的优越性和教育的主体性、能动性,调动一切有利因素为发展人的素质和能力而努力,从而为在近几十年内赶上世界先进水平而培养合格的人才。

(三) 社会生活的现代化与自由时间

现代科技在生产中的应用极大地提高了劳动生产率,加速了生产力的发展,从而使人的体力和脑力得到解放,更多地享有自由支配的时间。这一趋势在一些发达国家已经十分明显。这无疑将为个人发展提供更广阔的条件。当然,享有更多自由支配的时间仅仅是人的全面发展的条件之一,并非充分条件,但这一条件是非常重要的。马克思认为,个人要全面发展他各方面的才能和丰富他的个性,就必须有能够由他自己自由支配的时间。事实上,一个一生为起码的生存条件疲于奔命的人,是无法得到全面发展的。而个人较多的自由支配的时间,只有在科学技术和生产力高度发展的前提下才有可能。在我国虽然目前这一进程还比较缓慢,但可以预料,随着越来越多的新技术的采用,随着生产效率的日益提高,随着家务劳动日趋自动化和社会化,人们也将获得更多的自由支配时间。这就为人们从事生产活动以外的其他各种活动,诸如科学研究活动、艺术创作活动、体育锻炼活动以及形形色色的文化娱乐活动等提供了更多的机会,为人们接受更多的教育,培养较高文化素养、良好道德风尚及高尚的情感和趣味创造了有利的条件。我们在研究和确定教育目的时,应注意到这一变化,进一步研究如何指导人们更好地利用日益增多的自由时间,培养人们多方面的才能和丰富的个性。为此,教育必须伸展到社会的各个方面、各种年龄和各种职业的社会成员中,形成一个普及开放的终身教育体系。这一体系既包括制度化教育,也包括非制度化教育;既包括青少年的职前准备教育,也包括成人的职后继续教育;既包括普通教育,也包括特殊教育;既包括基础教育,也包括职业技术教育。从时间上看,有全日制、全脱产的教育,半日制、半脱产的教育,以及业余教育,等等。从内容上看,有基础文化知识、科学普及教育,有政治思想、品德修养教育,有职业技术、岗位培训教育,也有娱乐休闲、老年颐养教育,等等。从方式上看,除了常规的学校班级授课、讲习、研讨外,更可利用现代化技术,开展远距离广播电视教育。从未来的发展看,还有可能运用电子计算机和光导纤维,使受教育者通过计算机终端在全社会范围内选择自己满意的教育节目,选择自己需要的图书、实物资料乃至验证自己所做习题的正误,等等。总之,随着社会的发展,随着个人自由时间的增多,人们对学习的需求将向更高的层次发展,一个社会学习化、学习社会化的新形势正在逐步形成,它对每一个人在发展上的影响,是教育学不能不研究的。我国教育在过去很长一个时期内,只强调共性的要求,而忽视了多样性的发展。这样一种以统一性和一致性为原则的教育体系很难完全满足人们对学习的多方面需求,也很难完全满足社会成员个性发展的需求。因此,我国教育必须适应这一变化,在教育的目标、体制、内容乃至方法上都应体现社会和个人的多方面教育需求。

(四)面向世界与个人的全面发展

世界的经济、政治与文化发展到今天,出现了全球人类社会一体化的趋势。这种一体化趋势使得任何一个国家都不可能封闭自己的国门,在狭窄的范围内搞现代化建设,而必须在整个世界的广阔领域中获得生存发展。人类社会的一体化产生的直接结果是在经济领域内使一国经济进一步向全球经济发展,另一方面在文化领域内则促进了世界性的文化交流,使不同国家的人民有机会更多地了解和吸收其他国家的优秀文化成果。这一变化也增加了这样一种可能,即培养和造就一代融世界优秀文化于一体,具有高度文化修养和道德文明的多方面发展的新人。我国自从实施改革开放政策以来,同各国的经济、政治和文化联系已大大加强。适应这种形势,社会向教育提出了培养既了解中国,又了解世界,具有较高文化素质,掌握对外交往手段的外向型人才的要求。我国教育应当积极调整目标,培养改革开放、对外交流所需要的人才。同时,还应当进一步探讨怎样批判地继承中国的传统文化;怎样分清西方文化的利与弊,决定取舍;怎样通过在思想文化层次上的开放与信息交流建设我们民族的精神文明;怎样在批判封建观念的同时又注意抵制资本主义文化中腐朽的一面,建设社会主义精神文明。在这一基础上,建立一个开放的,面向世界的教育体系,造就具有新的个性特征的全面发展的一代新人。

第三节 我国的教育目的

一、我国不同历史时期的教育目的概述

我国历史上有许多政治家、思想家和教育家都曾就教育目的发表过见解。如教育在于"化民成俗";教育在于"使人为善";教育在于"涵养德性";教育在于发展人的"良知良能",培养"君子"、"成人"等等。早期的教育目的

一般都是由个人提出和倡导,尔后得到社会的承认并影响整个社会的教育。到了近代,随着教育职能的愈益显著和教育规模的日益扩大,对教育的管理开始形成相对独立的社会控制系统并纳入到国家行政之中。这时,任何个人都难以用个人的力量来影响规模宏大的教育事业,于是教育目的就开始以国家的名义颁布,并以国家强制力的手段来实施,从而形成了国家的教育目的。

(一)清末时期的教育目的

在我国,1902年以前,并没有确定的全国统一的教育目的。梁启超在1902年所发表的《论教育当定宗旨》一文,首先提出了确定和贯彻全国一体的教育宗旨的必要性。在改革封建教育,建立新教育制度的潮流的推动下,清朝政府开始以国家的名义确定和颁布教育目的,中国近代教育史上由国家确定的教育目的当始于1904年的《奏定学堂章程》。该章程规定:"至于立学宗旨,勿论何等学堂,均以忠者为本,以中国经史之学为基,俾学生心术壹归于纯正,而后以西学瀹其知识,练其艺能,务期他日成材,各适实用,以仰付国家造就通才,慎防流弊之意。"这一教育目的可以说是我国最早的由国家确定和实施的教育目的。它很明显地反映了当时半殖民地半封建教育"中体西用"的方针,中学以忠孝为本,以中国经史之学为基;西学以西方近代科学的知识和艺能为主,以造就国家所需要的各适实用的通才为目的。1906年,学部正式规定和发布了一项更明确的教育宗旨,并要求全国各级教育机关切实推行。该教育宗旨共五条,即"忠君、尊孔、尚公、尚武、尚实"。前两条为"中国政教之所固有,而亟宜发明以距异说者";后三条则是"中国民质之所最缺,而亟宜铖砭以图振起者"。同年颁布的"上谕"也明白规定:"学堂以中学为主,西学为辅;培养通才,首重德育;并以忠君、尊孔、尚武、尚实诸端定其趋向。"这些教育目的,充分体现了清末统治者"中学为体、西学为用"的基本精神,反映了清末政治经济对教育的要求。

(二)民国时期的教育目的

1911年10月10日爆发的武昌起义,形成了全国规模的辛亥革命,结束了在中国延续达两千年之久的封建君主专制制度。1912年1月1日孙中山在南京成立了中华民国临时政府。由于南京临时政府存在的时间很短,没有来得及制订新的教育目的。但是当时的教育总长蔡元培发表了《新教育意见》

一文，表达了民国初年教育目的的主要精神。蔡元培认为："教育有二大别。曰隶属于政治者，曰超轶乎政治者。专制时代（兼立宪而含专制性质者言之），教育家循政府之方针以标准教育，常为纯粹之隶属政治者。共和时代，教育家得立于人民之地位以定标准，乃得超轶政治之教育。"他主张废除清政府制订的忠君、尊孔、尚公、尚武、尚实的教育宗旨，因为"忠君与共和政体不合，尊孔与信仰自由相违"。教育应以军国民教育、实利主义教育、公民道德教育、世界观教育、美感教育五项为教育的目的。蔡元培的这一"五育说"对民国时期的教育有很大的影响，实际上起着导向的作用。

1912年4月1日，袁世凯接替孙中山的临时大总统职务，组成北京临时政府。同年7月，教育部在北京召开了"临时教育会议"，研究制订教育宗旨及学制系统等问题。9月2日，教育部根据临时教育会议的决定公布了民国教育宗旨，即"注重道德教育，以实利教育、军国民教育辅之，更以美感教育完成其道德"。这一教育目的是在蔡元培"五育说"的基础上提出来的，它否定了清末教育宗旨"忠君"、"尊孔"的内容，而新增加了美感教育的内容。这一教育目的提出是历史的一大进步。

1915年，袁世凯出于他复辟阴谋的需要，颁布了《教育宗旨》，规定了"爱国、尚武、崇实、法孔孟、重自治、戒贪争、戒躁进"。这一教育目的完全是清末教育宗旨的翻版，通过复辟封建主义教育来为他复辟封建制度服务。

1925年，广州国民政府成立。第二年国民政府教育行政委员会委员兼广东省教育厅长许崇清发表《教育方针草案》，提出"中国今后社会发达必然的唯一可能的进路，我们今后应该致力革命的一般政策，既是如此，则中国今后的教育政策，当然应当与这个革命的一般政策相并动，然后所施的教育才能成为确有成效的教育。而且今后的教育政策所指导的方向，亦只有与这个革命的一般政策所进取的方向相一致；然后所设施的教育才能尽致发挥它固有的价值，教育的发达才能预期。"他强调教育目的的制订要与政治的需要相一致，与社会生活相联系的观点，对当时教育方针政策的制订曾产生过一定的影响。

1927年大革命失败，国民党政府奠都南京。同年提出了"党化教育"的方针，其实质就是要加强国民党对教育的控制，使学校教育国民党化。这一方针显露出国民党在教育中推行一党专制的用心。后来,"党化教育"引起一些人的非议,要求以"三民主义教育"的提法来代替"党化教育"。1929年3月,国民党召开第三次代表大会,把制订教育宗旨和政策作为会议的重要议题。经大会讨论议决中华民国的教育宗旨为:"中华民国之教育,根据三民主义,以充实人民生活,扶植社会生存,发展国民生计,延续民族生命为目的;务期民族独立,民权普遍,民生发展,以促进世界大同。"这一教育宗旨由国民政府通令公布,成为具有强制性的、全国一体遵守的教育目的。这一教育宗旨,仍然是国民党"一个党"、"一个主义"政策原则的一种注释,是为国民党一党专制服务的。

1936年,国民党政府为欺骗民众而准备实行宪政,公布了《中华民国宪法草案》(简称《五·五草案》)。因抗战爆发这一宪法草案未及通过。这一草案这样规定:"中华民国之教育宗旨,在发扬民族精神,培养国民道德,训练自治能力,增进生活智能,以造成健全国民。"这部宪法一直到1946年经过修正后正式通过。该宪法第158条规定:"教育文化,应发展国民之民族精神、自治精神、国民道德、健全体格、科学及生活智能。"

(三)新中国成立以来的教育目的

新中国在生产资料所有制的社会主义改造基本完成后,毛泽东于1957年在最高国务会议上提出:"我们的教育方针,应该使受教育者在德育、智育、体育几方面都得到发展,成为有社会主义觉悟的有文化的劳动者。"这一段话是对培养全面发展的社会主义新人的第一次概括的表述。1958年,《中共中央国务院关于教育工作的指示》正式肯定了这一教育目的,该文件指出,培养有社会主义觉悟有文化的劳动者正确地解释了全面发展的含义,是我国教育的目的。这可以说是建国以后党和国家对于教育目的的第一次明确表述。此外,该文件还正式提出了"党的教育方针是教育为无产阶级政治服务,教育与生产劳动相结合"。这两种提法对我国教育工作有着很大的影响。直到1978年通过的宪法,仍然是以上述两种提法来表述我国的教育目的的。

1981年,党的十一届六中全会通过了《关于建国以来党的若干历史问题的决议》。该文件对于我国教育目的作了这样的表述:"坚持德智体全面发展、又红又专、知识分子与工人农民相结合、脑力劳动与体力劳动相结合的教育方针。"紧接着在同年 11 月的五届人大的政府工作报告中,又提出:"使受教育者在德育、智育、体育几方面都得到发展,成为有社会主义觉悟的有文化的劳动者和又红又专的人才,坚持脑力劳动和体力劳动相结合,知识分子与工人农民相结合。"

在 1982 年的新宪法中,关于我国教育的目的是这样规定的:"中华人民共和国公民有受教育的权利和义务。国家培养青年、少年、儿童在品德、智力、体质等方面全面发展。"

1985 年,《中共中央关于教育体制改革的决定》指出,教育必须"面向现代化、面向世界、面向未来,为 20 世纪 90 年代至 21 世纪初叶我国经济和社会的发展,大规模地准备新的能够坚持社会主义方向的各级各类合格人才。要造就数以亿计的工业、农业、商业等各行各业有文化、懂技术、业务熟练的劳动者。要造就数以千万计的具有现代科学技术和经营管理知识,具有开拓能力的厂长、经理、工程师、农艺师、经济师、会计师、统计师和其他经济、技术工作人员。还要造就数以千万计的能够适应现代科学文化发展和新技术革命要求的教育工作者、科学工作者、医务工作者、理论工作者、文化工作者、新闻和编辑出版工作者、法律工作者、外事工作者、军事工作者和各方面党政工作者。所有这些人才,都应该有理想、有道德、有文化、有纪律、热爱社会主义祖国和社会主义事业,具有为国家富强和人民富裕而艰苦奋斗的献身精神,都应该不断追求新知,具有实事求是、独立思考、勇于创造的科学精神。"这段话可以说是在新的历史时期下对教育目的的一次较为全面的概括,它明确规定了我国教育应当培养社会主义建设所需要的各级各类建设人才,以及这些人才应当具备的基本素质。

1986 年通过的《中华人民共和国义务教育法》规定了我国义务教育的目的:"义务教育必须贯彻国家的教育方针,努力提高教育质量,使儿童、少年在品德、智力、体质等方面全面发展,为提高全民族的素质,培养有理想、有道德、有文化、有纪律的社会主义建设人才奠定基础。"这一规定虽然是针对义务教育而言,但也具有教育目的的性质。

中共中央、国务院于 1993 年 2 月 13 日正式印发的《中国教育改革和发展纲要》提出,各级各类学校要认真贯彻"教育必须为社会主义现代化建设服务，必须与生产劳动相结合，培养德、智、体全面发展的建设者和接班人"的方针。

以上这些关于教育目的的提法表达了我国社会主义建设不同时期的要求，是一定的政治和经济的反映，都力图以马克思主义关于人的全面发展学说为理论基础，反映了我国社会主义教育的基本性质。可以认为，当前我国社会主义初级阶段教育目的的基本精神是，使受教育者在道德、智力、体质等方面都得到全面发展，成为有理想、有道德、有文化、守纪律，也就是有社会主义觉悟、有文化、有创造能力、体魄健全的劳动者。这是我国在社会主义初级阶段对于人才培养的总规格，反映现阶段的要求。

二、我国教育目的的结构

教育目的的结构是指教育目的的组成部分及其相互关系，为进一步理解我国的教育目的，我们再从结构入手作些分析。

（一）我国教育目的的两个组成部分

从以上列举的各种教育目的可以看出，教育目的为了表达一定的内容，一般都要有以下两个组成部分。第一，教育目的应该就通过教育期望培养具有何种社会价值的社会成员作出规定，也就是通常所说的教育要为社会培养什么人的问题。我国社会主义初级阶段的教育目的明确提出了教育要为社会主义现代化建设培养合格的劳动者和各级各类专门人才就是对这个问题的回答。第二，教育目的应该就教育所培养的人应具备的身心素质及其相互关系作出规定，也就是为使受教育者形成某种个性结构，在知识、智力、品德、审美、体质等方面应获得什么样的发展的问题。我国社会主义初级阶段的教育目的明确要求，受教育者必须在品德、智力、体质、审美、劳动等方面得到全面发展，成为有社会主义觉悟、有文化、有创造能力、有健康体魄的人才。

教育目的构成的这两个组成部分，在不同的条件下它们之间的关系是不同的。一般来说，社会在满足个人发展需要的同时，会对个人的发展需要有所规范、有所引导，要求个人发展沿着社会所需要的方向发展。与此相应，教育也要对个人的发展发挥某种导向和制约作用，而不允许个人发展放任自流。任何社会的教育目的都会表现出这种制约、限定和导向的作用，这是必然的，也是必要的。但是，在社会交替的变革时期，没落的生产关系不仅阻碍了生产力的发展，同时也阻碍了个人的发展。这时反映这种生产关系的教育主要为维护和稳定统治阶级的统治服务，这种教育要求人们放弃对自身发展和社会变革的追求，不仅不能满足个人发展的需要，反而成为抑制、扭曲人性的工具，在个人发展、个人需要与社会发展、社会需要之间便发生矛盾，这时的教育目的就不可能使它的两个组成部分统一起来了。

在我国，由于建立了社会主义制度，个人与社会基本上达到了统一。满足人民的生存、享受和发展的需要已成为我国经济和社会发展的目的。因此，我国教育目的的两个组成部分基本上统一地表达了对教育工作的基本要求，其中关于培养受教育者应具有的社会价值的规定对受教育者的发展起着定向的作用，而对受教育者身心素质的规定则反映了受教育者身心发展的内容和水平。应当说，二者互为条件，互为因果，统一地规定了我国当前历史条件下的个体发展的方向和水平，因此是缺一不可的。教育的基本职能是培养人，教育目的必须从社会发展的客观需要出发，对受教育者身心发展的方向和内容以及所要达到的水平作出切实规定，才能有效地指导教育活动，才能使受教育者形成合理的素质结构和健康的个性结构，提高其自身的价值。也只有在此基础上，教育才能真正实现其所承担和发挥的社会功能。因此可以说，教育目的的二重构成是社会发展与个人发展之间联系的集中体现。

（二）我国教育目的的规定性

新中国成立以来的教育目的在不同历史时期表述不同，但加以对比可以看出，它们有着某些共同的规定性，下面试作一些分析。

1. 培养劳动者

培养有社会主义觉悟的有文化的劳动者，这是自从1958年正式提出教育方针以来一直坚持的一个基本点。教育目的的这一规定指明了我国社会主义教育的方向，也规定了我国学校培养出来的人应具有的社会地位与社会价值。但是长期以来人们对劳动者这一概念的含义认识并不统一。例如，有的人从阶级属性的意义去理解，把劳动者看成是与剥削者相区别的社会成员；有的人从消灭体脑差别，消灭旧式分工的意义去理解，把劳动者看成是能文能武，既能从事脑力劳动又能从事体力劳动的社会成员;也有的人从知识分子与工农群众的差别的意义去理解,把劳动者看成是与知识分子相区别的体力劳动者。以上对劳动者的不同理解导致人们对教育目的理解的不同,在"文化大革命"时期,"四人帮"正是利用这种认识上的偏差,歪曲教育方针,以达到工农与知识分子对立的目的。

因此,正确地理解劳动者这一概念是正确理解教育目的的前提。现在比较统一的认识是,作为社会主义教育培养目标的劳动者应当体现社会主义社会全体成员的基本的共同的特征,应当在反映他们的阶级属性的同时,反映他们在社会不同领域内所发挥的社会功能。根据这一认识,我国教育所培养的劳动者,应当是社会主义所需要的各级各类人才。这些劳动者尽管有分工的不同,有脑力劳动和体力劳动的差异,但都应该有理想、有道德、有文化、有纪律,热爱社会主义祖国和社会主义事业,具有为国家富强和人民富裕而艰苦奋斗的献身精神,都应该不断追求新知,具有实事求是、独立思考、勇于创造的科学精神。以上这些方面就是对劳动者的统一要求。

2. 全面发展

受教育者的全面发展,就教育而言,一般表述为有社会主义觉悟,有文化,有健康的体魄。这些方面也可以理解为生理的、心理的、思想的和文化的等几个方面。个人发展的生理方面主要指人的体质体力的发展和机能的成熟。健全的体魄是社会主义劳动者应具备的物质基础。没有健康的体魄,就不可能胜任任重道远的社会主义建设的大业。个人发展的心理方面主要指两个方面,一方面是人的感觉、知觉、记忆、想象、思维、情感、意志等心理过程的健康发展;另一方面是在心理过程中表现出来的具有个人特点的、稳定的心理倾向与心理特征,如需要、兴趣、动机、态度、观点、信念、性格、气质、能力等的健康发展。个人发展的思想方面主要指个人的政治、思想、道德品质的发展。它要求受教育者应能从广大人民的根本利益出发处理个人与他人、个人与集体以及个人与社会的关系,应具有社会主义的觉悟、有理想、有道德、有纪律,有献身精神和奋斗精神,同时应养成社会主义社会所提倡的伦理道德规范。个人发展的文化方面主要指个体的知识、能力和文化素养的发展。它要求受教育者应掌握一定的科学文化知识,发展其驾驭自然、驾驭社会的能力。

教育目的中的全面发展要求实际上是对受教育者素质结构的一种基本规定。以上几个方面都是社会主义社会人才素质中不可或缺的要素，它们的发展各有自己的特点，同时又相互联系，起着一种互动的作用。这些要素综合起来，就构成了个体的完整的素质结构。

3. 全面发展教育的组成部分

为了实现所培养的人的规格要求，教育目的还要对全面发展教育的组成部分作出规定。我国教育目的所规定的教育组成部分，包括德育、智育、体育、美育和劳动技术教育。

德育是教育者按照社会的要求，对受教育者施加影响以形成所期望的政治立场、世界观和道德品质的教育。德育的任务是引导学生树立无产阶级的思想政治观点和世界观，组织和指导学生的道德实践，培养学生的社会主义道德品质。德育体现了整个教育的社会主义性质，对受教育者的全面发展起着定向的作用，因而是全面发展的重要组成部分。

智育是传授系统科学文化知识，形成科学的世界观，培养基本的技能技巧和发展智力的教育。智育的任务是以系统的科学文化知识武装学生，给予基本技能、技巧的训练，使他们具有运用知识于实际的本领，发展他们的智力。智育在帮助学生认识自然规律和社会规律，提高分析和解决问题的能力，掌握从事社会主义现代化建设的实际本领和个性全面发展中起着重要作用，所以智育同样是全面发展教育的重要组成部分。

体育是全面发展体力，增强体质，传授和学习健身知识和体育运动技能的教育。体育的任务是指导学生锻炼身体，全面发展学生的身体素质，教授学生逐步掌握体育运动的基本知识和技能以及卫生保健知识。体力和体质的发展是个性全面发展的生理基础，人们进行生产活动、社会活动、军事活动或幸福地生活都离不开强健的体魄，所以体育也是全面发展教育的重要组成部分。

美育是培养正确的审美观，发展鉴赏美和创造美的能力，培养高尚情操和文明素质的教育。美育的任务是培养学生对自然、社会和艺术的正确的审美观点和感知、鉴赏美的能力，培养他们创造和追求美的能力，发展学生艺术创作的兴趣和爱好。美育能培养学生美好的心灵，陶冶他们的情操，提高他们的精神境界，同时能培养学生的观察力、想象力和创造力，促进智力的发展，因此它构成全面发展教育的一个重要组成部分。

劳动技术教育是传授基本的生产技术知识和生产技能，培养劳动观点和劳动习惯的教育。劳动技术教育的任务是通过科学技术知识的教学和劳动实践，使学生了解物质生产的基本技术知识，掌握一定的职业技术知识和技能，提高动脑和动手能力，养成良好的劳动态度和劳动习惯。在普通学校里加强劳动技术教育，这已经成为当前世界教育的潮流，人们已普遍意识到，劳动技术教育是全面发展教育的一个有机组成部分。

德育、智育、体育、美育和劳动技术教育是我国教育目的规定的全面发展教育的有机组成部分，是对人类长期教育实践中积累的培养人的经验的抽象和概括。五育各有自己的特殊任务、内容和方法，对个人发展起着不同的作用，同时又相互依存、相互渗透、相互促进。把五育作为一个统一的整体，才能使受教育者形成合理的素质结构，培养出符合社会要求的全面发展的人才。

第六章 现代教育制度

第一节 现代教育制度的概念

一、现代教育制度

教育作为一个社会领域或社会部门,是教育的物质方面、教育的制度方面和教育的精神方面的复合。制度是指结构。教育制度就是教育结构。教育结构有多个方面和多个层次。这里讨论的是教育制度的宏观方面的或总体方面的问题,即教育的总体结构系统。

现代教育制度包括现代教育结构的两个方面:一是教育的施教机构系统方面,包括学校教育的机构系统和幼儿教育机构系统、校外儿童教育机构系统、成人教育机构系统;一是教育的管理机构系统方面,包括教育行政机构系统、教育督导机构系统、教育评价和考试机构系统等。

这就是说,现代教育制度是现代国家各种教育机构系统的总称。它讨论的是教育的结构系统方面的问题。

《中国大百科全书·教育》和《辞海》给教育制度各下了两个定义。它们下的第一个定义说,教育制度是:"根据国家的性质制订的教育目的、方针和设施的总称。"这个定义值得推敲。教育目的和教育方针属教育思想的范畴,它们对教育制度有重要的制约作用,因为教育思想总是要体现于教育制度之中的,但它们并不是教育制度本身。教育设施则属教育的物质范畴,把教育制度归于教育的物质范畴也是十分牵强的。因为教育制度讨论的是教育结构系统的问题,而不是教育的物质设备方面的问题。

这个定义恰恰没有涉及教育的结构方面,而是讲了教育的精神方面和教育的物质方面。所以说,这个定义不是关于教育制度的定义。因为它没有抓住教育的结构系统这一教育制度的本质属性。它把教育制度泛化了，泛化到了教育的精神方面和教育的物质方面，唯独没有对教育结构本身作出准确的规定。

《中国大百科全书·教育》和《辞海》还对教育制度下了第二个定义。前者说，教育制度是"指各种教育机构系统"，后者说，教育制度是"一个国家内各种教育机构的体系"，两者一致。第二个定义是比较准确的，因为这里讲了教育的结构系统，就是说，教育制度是各种教育机构系统的总称。

在我们看来，教育制度不但包括教育的各种施教机构系统，而且还包括教育的各种管理机构系统；教育的施教机构系统既包括学校教育机构系统，也包括幼儿教育机构系统、校外儿童教育机构系统和成人教育机构系统等等。所以说，教育制度是由上述这些教育机构构成的教育机构网络的总和，或这些教育机构系统的总称。

从逻辑上讲，这些都是教育制度这个题目所应讨论问题的范围。不过，在教育学原理中，教育制度这个题目通常只讨论教育的各种施教机构系统。在这里，教育制度就是讲的教育的施教机构系统。至于教育制度的另外一个方面，即教育的管理机构系统的问题，则由其他相应学科研究或专题研究了。

二、现代学制

在现代教育制度形成的过程中，最先形成和完善起来的是学校教育系统。因而最初的教育制度就是学校教育制度。所以把学校教育制度简称为学制。随着现代教育的发展，除各级各类学校教育机构还在进一步发展和完善之外，幼儿教育机构、校外儿童教育机构和成人教育机构也得到了很大的发展，于是形成了以学校教育机构系统为主体的包括上述其他教育的各种施教机构系统在内的更为完整的教育机构系统。（如图6-1所示）这已远远超出了学校教育制度的范围。所以我们现在讲的教育制度已不限于学校教育制度了。这一点在不少国家的学制图中已明显地显示了出来。比较典型的是表现在英国、南斯拉夫等国的学制图中，其中不但包括了学校教育机构系统，而且包括了幼儿教育机构系统和成人教育机构系统。因此，在当代，学制已不止是学校教育制度的简称，它已经是教育的各种施教机构系统的总称了。所以，在这里，现代学制就是现代教育制度，而不是仅指现代学校教育制度。

不过，应该特别指出的是，在现代学制中，现代学校教育机构系统乃是最严密和最有效的教育施教机构系统，并且是其中最主要的组成部分。

现代学制规定着各级各类施教机构系统的总体结构，规定着各个施教机构的性质、任务、教育条件和学习年限，规定着各个施教机构之间的相互关系。

现代学制的制订对整个教育事业具有重大意义。正确而完善的社会主义现代学制，对教育和教学工作的实施，对国家制订的社会主义教育目的和教育方针、政策的贯彻，对社会主义教育事业的发展，都起着重要的保证作用。它对儿童、青少年以至全体公民的身心发展，对社会主义精神文明和物质文明的建设，对社会主义民主政治制度的建设和社会主义经济制度的巩固与发展，对整个社会主义建设事业，都具有非常重要的作用。

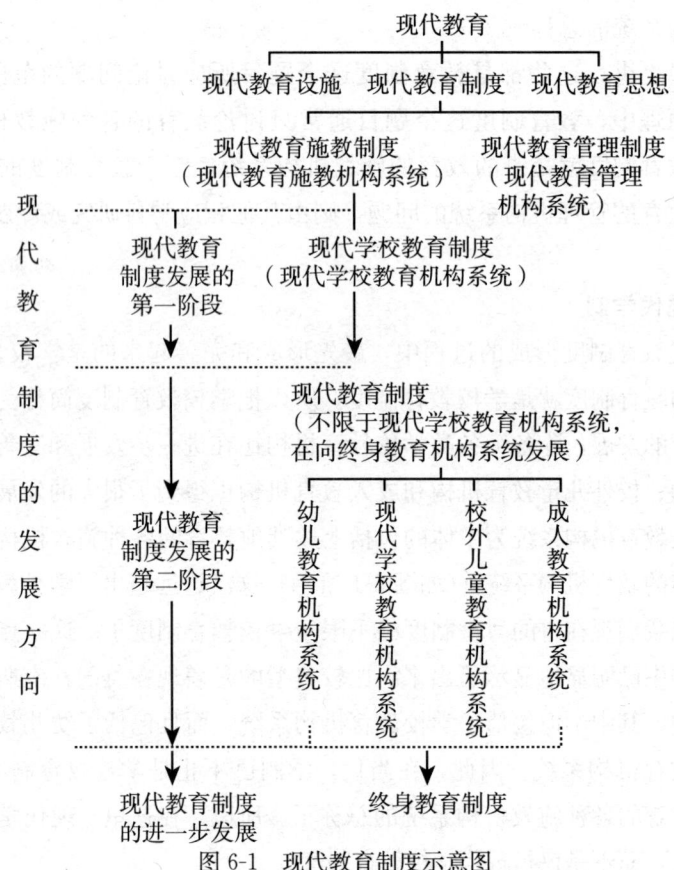

图 6-1 现代教育制度示意图

三、古代学制、现代学制和现代学制的发展

在原始氏族时代,社会还处于混沌未分化状态,教育还没有从生产劳动中分离出来,还没有产生学校,因此,那时不可能有学制。在进入古代阶级社会之初,由于社会的分化,由于教育从生产劳动中的第一次分离,于是就产生了古代学校,甚至后来还有了简单的学校系统,因此就产生了古代学制。

由于古代学校只有等级性和阶级性,没有生产性和科学性,只培养少量的剥削统治人才,不培养广大的生产劳动者,即它具有脱离生产和脱离劳动人民的性质,这就决定了在教学内容上科学和技术的东西很少,决定了它在学校规模上的狭隘性和非群众性,从而决定了古代学制的不系统性和不完善性。就是说,古代学制没有严格的程度划分,没有严格的教学年限的规定,学校类型很少,层次简单。古代学制只有蒙学和大学,甚至连中学都没有。

现代学制则不然。现代学校是人类进入现代社会之后的产物。它是社会的进一步大分化,特别是教育从生产劳动中第二次分离的结果。现代学校不但培养政治统治人才和管理人才,更重要的是它还培养大量科学技术人才、文化教育人才、经济管理人才和众多的有文化的生产工作者。就是说,现代学校不但有阶级性,而且还有生产性和科学性,即它有为生产服务和与生产劳动相结合的性质。这就决定了现代学校教学内容上的科学性及其与生产劳动密切联系的性质,决定了学校规模上的群众性和普及性,决定了学校结构上的多种类型和多种层次的特点,从而决定了现代学制的系统而完善的性质。

显然,前边讲的教育制度和学制的概念,讲的是比较系统和比较完善的教育制度和学制,讲的是现代教育制度(现代学制),而不是讲的不系统和不完善的教育制度和学制,不是讲的古代教育制度和古代学制。

现代教育制度(或称现代学制)也是发展的。如前所述,它已由过去的现代学校教育机构系统发展为当代的以现代学校教育机构系统为主体的包括幼儿教育机构系统、校外儿童教育机构系统和成人教育机构系统的一个庞大的体系。它的发展方向是终身教育制度。这在发达国家表现得尤为明显。教

育制度由当代的现代教育制度向未来成熟而完善的终身教育制度的方向发展,将是一个不可避免的历史过程。

四、现代学制的制约因素

学制如同整个教育一样,除受人的身心发展规律的制约外,还受整个社会的制约。人的身心发展规律制约着学制的纵向分段以及其他许多方面。但是,学制的性质、状况及其发展,则主要是被各种社会因素决定的。

学制的性质和状况,不但被生产力的性质和水平所制约,而且还被政治经济制度以及文化传统所制约。不过,最终的决定因素还是社会生产力的性质和水平。这是因为政治经济制度和文化传统的性质及其变革,最终还是由生产力的性质和水平决定的。

如前所述,现代学制之所以和古代学制有重大的质的区别,原因多种多样,但根本原因和终极原因是因为现代生产力和古代生产力的性质和水平有质的差别造成的。现代社会主义国家和现代资本主义国家的学制,其所以存在着很大的共同点,即它们之间的共同点远远大于现代学制和古代学制的共同点,就是因为它们具有大致性质相同和水平相近的生产力。其所以还存在着质的差别,即存在着阶级性质的不同,则是因为它们具有性质不同的政治经济制度和不同的文化传统。而生产力水平相近和政治经济制度相同国家的学制之所以表现出了差别,则是由于它们的文化传统等不同造成的。

关于学制主要是由政治经济制度所决定的说法,或者是不全面的,因为它主要是指学制中被政治经济制度所直接决定的方面而言;或者是在时间的幅度上看得比较短暂,把从长远看来是被生产力发展水平所制约的政治经济制度决定的东西,从短暂的时间角度看做仅仅是被政治经济制度所决定的。

关于学制主要是被文化传统所决定的说法,一是因为把文化过分泛化,取了泛文化的概念,文化包括了物质文化、制度文化和精神文化,因而把生产力性质和水平与政治经济制度及文化传统所决定的东西,都统统看做文化所决定的;二是过高地估计了文化传统的作用。问题在于,文化传统是被什么决定的？是什么因素推动着文化传统的变革？文化不是由上帝、由种族或由某种超物质的力量决定的。它不过是历史上的生产力发展水平和由它制约的政治经济生活的反映的沉积，特别是其中某些有延续力的精神力量。这种精神力量对与其伴随的物质世界和精神世界都有重大影响，当然这种力量也会影响着学制。但当这种精神力量和新的生产力及新的政治经济制度不相适应并发生冲突时，即延续不下去的时候，这些文化传统也是要变革的。不相适应的部分被淘汰或改造，相适应的部分被发展、被进一步挖掘、被发扬光大。文艺复兴就是一个很好的例证。

文化传统既然是被决定的，那么它又怎么能决定一切呢？文化传统对学制的影响绝不能低估，低估了是不正确的；但应恰如其分，不应过分夸大，过高估计它的作用，甚至达到不适当的程度，似乎文化传统能决定一切，是不正确的。

第二节 现代学制及其类型

一、现代学校的产生、发展和现代学制的形成

在古代，无论在东方还是在西方，学校都没有严格的大、中、小学之分，更没有幼儿园。就是叫做大学和小学的，如我国西周的大学和小学，欧洲中世纪的大学，和今天的大学和小学相比，其差别也是极大的。

后来，是随着商品经济的发展，资本主义的发展，才产生了现代大学和现代中学，特别是随着为劳动人民子女设立的国民学校的产生和发展，才逐步形成了公共教育制度，才有了大、中、小学的严格区分，才形成了现代学校教育系统，即现代学制。这就是说，现代教育制度或现代学制，是人类进入现代社会后的近几百年才形成的。

如前所述，现代学校最早发源于欧洲中世纪末期的文艺复兴前后，是随着商品经济在欧洲的发展而产生和发展起来的。因此，研究现代学制，就不能不从研究现代学校在欧洲的产生和发展开始。现代学校的产生并不都是从小学开始，依次向上发展，产生了中学和大学的。现代学校的产生，事实上是分为两条路线进行的。一条是自上而下地发展的，是以最早的中世纪大学及后来的大学为顶端，向下延伸，产生了大学预科性质的中学。经过长期演变，逐步形成了现代教育的大学和中学的系统。另一条是自下而上地发展的，是由小学（及职业学校），而中学（及职业学校），并上延至今天的短期大学。前者是学术性的现代教育系统，后者是群众性的现代教育系统。这就是在19世纪末和20世纪初在欧洲形成的所谓双轨学制。

大学和高等学校

在欧洲，随着商业、手工业和城市的发展，于12世纪时就产生了中世纪大学。中世纪大学最早产生于意大利、法国和英国。到14世纪时，欧洲已有了几十所大学。这些大学一般设文科科、神学科、医学科和法学科。

在中世纪大学的四科中，文科科教授七艺，属普通教育性质，起着后来的普通中学的作用，是大学的预科。当时大学的四科，入学年龄和修业年限都没有严格的规定。文科科一般为6~7年，其他三科为5~6年。在文科科学习三四年，学完文法、修辞学和辩证法三艺之后，就可当助教了，这就是学士。学完文科七艺后，获得在文科科任教许可证的，就是硕士。文科修业期满，就有权进入大学的其他三科中的某一科学习，毕业合格，并获得任教许可证的，就是博士。

现代大学和现代高等学校是经过两条途径发展起来的：一条是通过增强人文学科和自然学科，把这些中世纪大学逐步改造成为现代大学，如牛津大学、剑桥大学和巴黎大学；一条是创办新的大学和新的高等学校，如伦敦大学、洪堡大学、巴黎高等师范学校。现代大学和现代高等学校是在18~20世纪随着市场经济、现代生产和现代科技的发展而发展和完善起来的。

中学

在欧洲文艺复兴前后，曾出现了以学习七艺和拉丁文或希腊文为主要内容的学校。在英国叫文法学校或公学，在德国和法国叫文科中学（college）。这批学校修业年限不等，有六年的，也有八到十年的。但它们的教学内容、修业年限、毕业生的权利和中世纪大学的文科科基本相同，都是为大学培养预备生和为教会、国家培养僧侣、官吏的。因此我们把它们统称古典文科中学。如前所述,古典文科中学和中世纪大学的文科科的联系是十分明显的。有的就是由中世纪大学的文科科演变来的,例如在18世纪时德国就把大学文科科的第一阶段并入了文科中学。过去的古典文科中学是大学的附庸。

在18世纪初,商业和手工业的发展提出对管理人才和技术人才的需求,于是在欧洲出现了以学习自然科学和现代外语为主要课程的实科中学。有代表性的如1707年席姆勒在哈勒创办的数学力学经济学实科学校,17~18世纪之交法国圣乐会创办的教授数学、物理、地理、历史,在低年级并用法语教学的具有实科方向的中等学校,1701年在莫斯科创办的数学航海学校,等等。

实科中学的出现是中等教育发展史上的一个里程碑,这意味着中等学校向现代学校的方向上迈出了决定性的一步。比起古典文科中学来,实科中学更适应生产和国民经济的需要,更接近生活,它具有更鲜明的现代中等学校性质。

实科中学和具有浓厚的古代学校传统的古典文科中学,曾经历了二百年的长期斗争,其结果是实科中学的地位越来越强大。在斗争中,两者都得到了改进和发展,但总的方向是两者都逐步变成了日益完善的现代中等学校。现代普通中学是随着市场经济和资本主义的产生、发展而产生、发展起来的。

小学

早在文艺复兴以前,西欧就有了行会学校和基尔特学校,学习本族语的读写、计算和宗教,这些学校就是欧洲城市最早的初等学校。在文艺复兴时期,教会又办起了许多小学。

在18世纪末和19世纪这一百多年里,欧洲发生了以蒸汽机的发明和广泛使用为标志的第一次工业技术革命。这场革命要求劳动者必须具有初步读写算的能力和一定的自然与社会常识,这就推动了以劳动人民子女为教育对象的小学教育的广泛发展。于19世纪后半叶,英、德、法、美、日都通过了普及初等教育的义务教育法。在这个阶段,各个先进的资本主义国家都先后普及了初等教育。

现代初等教育萌发的时间很长，但它作为现代初等教育的广泛发展则是在18世纪后半期以来以蒸汽机为标志的第一次工业技术革命开始以后的这一百多年的事。在这个阶段及以前，有产阶级的子女是在家庭中或中学预备班里，而不是在群众性的国民小学里接受初等教育的。

初级中学

从19世纪末到20世纪中叶的近一百年的时间里，又发生了以电气在工业上广泛应用为标志的第二次工业技术革命。这一革命要求从事电气化生产的劳动者，必须具有更高的文化科学基础知识，就是说，只具有小学的文化程度就不够了，必须具有中学的文化程度。于是每个发达的资本主义国家先后把义务教育延长到了八到九年。所延长的这部分义务教育，尽管名称不同，事实上都是初中教育。英国叫现代中学，法国叫市立中等学校，德国叫初级中学。这些中学并不是要把劳动人民子女培养成脑力劳动者，而是把他们培养成有文化的体力劳动者。美国在19世纪前半纪掀起了儿童涌入小学的高潮，19世纪后半纪又掀起了儿童涌入中学的高潮。于是在小学之上都办起了中学。在这个阶段，如果说在西欧群众性小学只上延到初中，高中还是从古典文科中学演变来的，劳动人民子女还不能接受这种教育的话，那么，在美国，群众性学校已开始继续上延到高中了。

职业学校

适应电气化生产的劳动者不但应具有初中的文化水平，而且还应有一定的职业技术技能。传统的学徒制已不能满足这个要求了。于是许多发达国家先后通过了各种职业教育法令，在发展初中水平教育的同时，也大力发展这个阶段的职业教育，第一次世界大战对发展职业教育起了很大的推动作用。1919年德国决定对14～18岁的青少年继续实施义务的职业教育，同年，法国通过《阿斯蒂埃法》，规定每个市镇设立一所职业学校，对18岁以下的青少年实施免费的和义务的职业教育。1924年英国也采取了类似措施。这就是双轨学制中通过群众性小学、初中和职业学校解决培养有文化的劳动者的办法。美国于1917年通过了"史密斯—休士法案"在全国范围内建立中等职业学校，影响更为深远的是把普通中学办成综合中学，设立职业科，开设各种职业选修课程。这是美国单轨学制解决培养有文化的劳动者的办法。十月革命后，苏联也建立起了完善的初中程度和高中程度的职业学校，形成了初等教育或初中教育后的职业教育系统，形成了苏联的分支型学制。这是通过分支型学制解决培养有文化的劳动者的办法。

高级中学

从20世纪中叶起开始进入了以电子计算机为标志的第三次工业技术革命的时代。这个时代各种新技术在生产上的广泛应用就引起了生产和劳动性质及整个社会生活的革命性变化，同时也就决定了对劳动者掌握科学技术知识的新要求。由于脑力劳动者的人数和比例越来越大以及体力劳动者的脑力劳动因素的日益增加，每个生产者就必须具有高中或高中以上的文化程度，才能满足当前和今后日益发展的生产和社会生活的要求。

因此，从20世纪中叶起，各发达国家的教育都经历着一个进一步延长义务教育年限、提高教育水平、普及完全中等教育和高等教育大发展的时期。

现在，美、日、俄等发达国家已普及了高中教育，众多其他国家也正在积极普及高中。

短期大学和大学

20世纪中期以来，随着现代生产、现代科技的大发展，随着高中教育的走向普及，高等教育也走向大众化。美、日、德、法、俄、英等国适龄青年升入高校的已达同龄人的1/5到1/2。有的升入短期大学的比例很高，例如美国短期大学和四年制大学的学生数就大致相等。

幼儿教育机构

作为公共教育的现代幼儿教育机构，最早出现于第一次工业技术革命后的18世纪下半纪。19世纪时各个先进的资本主义国家都出现了幼儿教育机构。20世纪前半叶，随着第二次工业技术革命的深入发展，各发达国家的幼儿教育机构得到了较快的发展。第二次世界大战以后，各发达国家的幼儿教育在逐步走向普及，法国于1980年普及率已达90%（3岁以上）以上，其中4~5岁的普及率已接近100%。

幼儿教育的性质也在发展变化，已从以保育为主走向以教育为主。幼儿教育机构在不少国家已被列入学制系统，已成为国民教育体系的组成部分，并将成为终身教育的一个有机组成部分。

研究生教育机构

由于现代生产和现代科技的发展，引起了高级科学技术人才和教育人才的需求，这就要求部分大学本科生毕业后进一步攻读高级学位。于是在19世纪初在德国产生了现代学位（哲学博士）之后，又产生了现代研究生教育机构。在以后的一百多年里，研究生教育在各发达国家得到了广泛的发展。到了20世纪，研究生教育机构就成了不少发达国家学制的组成部分。20世纪中期以来，研究生教育得到了长足的发展，一段时期以来，以高于本科生增长速度的2~4倍的速度增长着。

现代学制除具有进一步充实和完善大中小学的机构系统外，还具有向其上（研究生教育）下（幼儿教育）两端发展和完善的趋势。

成人教育机构

成人教育，古已有之。即活到老，学到老。这是指自学、向生活和实践学习、自我修养以及手艺上的精益求精等等。现代成人教育已超出上述含义。它是现代社会的产物，是以在生产上运用科学技术为特征的大生产的产物。

如果在19世纪甚至20世纪初，人们在学校学得的知识用一辈子也是不成问题的话，那么现在情况就不同了。由于知识创造周期和知识陈旧周期已缩短到了十年左右，因而，每个人从学校毕业后，在劳动生活中如果不多次更新知识，就不能适应人员流动和改行转业的需要。于是成人教育就蓬勃地发展起来，并成为现代教育制度的一个重要构成部分。

这是一个方面。从另一个方面看，由于科技和社会的进步，劳动者闲暇时间的增多，以及个性多方面发展的需要，成人接受多方面的教育已经成了人们的一种精神追求。即使退休的老人也在追求这种个人的精神享受。于是老年人学校、老年人大学就应运而生。

正是这两个方面，使我们有充分根据认为，现代社会已显示了学习社会的若干特征，未来社会肯定将是教育社会、学习社会。

因而，现代教育制度（或现代学制），正在向终身教育制度发展，并将成为完善的终身教育制度。

二、现代学制的三种类型

如前所述,学制讨论的是施教机构系统的结构问题。如果从教育的施教机构系统的结构来分析,那么,现代学制不外由两种结构所构成:一是纵向划分的学校系统;一是横向划分的学校阶段。不同类型的学制只不过是由这个系统性和阶段性的不同组合。① 由纵向划分的学校系统占绝对优势的学制结构就是双轨学制,由横向划分的学校阶段占绝对优势的学制结构就是单轨学制。原来的西欧学制是前者,美国的学制属后者。介于以纵向学校系统占绝对优势的学制结构和以横向学校阶段占绝对优势的学制结构两极之间的学制结构,属中间型,叫分支型学制。苏联的学制是最早出现的这种分支型学制。教育史长期以来认为现代学制只有双轨和单轨两种类型,而事实上是三种类型。②(如图6-2所示)

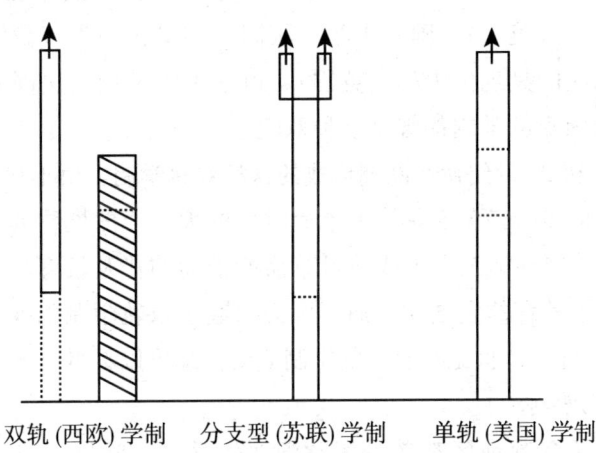

图 6-2 三种类型学制示意图

---

① 参见[日]筑波大学教育学研究会编,钟启泉译:《现代教育学基础》,上海教育出版社1986年版,第154~155页。

② 成有信编著:《比较教育教程》,北京师范大学出版社1987年版,第103~104页。

(一) 双轨学制

在西欧,在18、19世纪的生产和经济发展及其特定的历史文化条件下以及教育的自发发展过程中,由古代学校演变来的带有等级特权痕迹的学术性现代学校和新产生的供劳动人民子女入学的群众性现代学校,都同时得到了比较充分的发展,于是就形成了欧洲现代教育的双轨学制:一轨自上而下的结构是——大学(后来也包括其他高等学校)、中学(包括中学预备班);另一轨从下而上的结构是——小学(后来是小学和初中)及其后的职业学校(先是与小学相连的初等职业教育,后发展为和初中连接的中等职业教育)。如图6-2所示,双轨学制有两个平行的系列,这两轨既不相通,也不相接,最初甚至也不对应。因一轨从中学开始,一轨只有小学。这样就剥夺了在群众性学校上学的劳动人民子女升入中学和大学的权利。后来,群众性学校一轨从小学发展到了中学时,才有了初中这个相对应的部分。一轨是文法中学(英国)、国立中学(法国)和文科中学(德国)的第一阶段,另一轨相应的是现代中学(英国)、市立中等学校(法国)和初级中学(德国)。欧洲国家的学制都曾是这种双轨学制。

19世纪末和20世纪初在欧洲形成的这种双轨学制,由于和第二次工业技术革命,特别是和第三次工业技术革命时代的大生产的性质的矛盾越来越尖锐,由于和由第二和第三次工业技术革命所推动的普及教育由初等教育向初中教育甚至高中教育的发展相矛盾,因而引起了双轨学制的变革。这种变革从英、法、德等国20世纪初至今的学制演变情况可以看得出来。

(二) 单轨学制

最初,北美多数地区都曾沿用欧洲双轨学制。哈佛、耶鲁等大学只不过是牛津、剑桥大学的缩影,拉丁语学校则是文法学校的翻版。后来,拉丁语学校又演变为兼重文、实的文实学校。18世纪末,美国北部各州已都有了在城镇设立初等学校的法令。1830年以后,小学得到了蓬勃的发展。由于产业革命和电气化的推动,美国由农业社会向工业社会急剧地发展,于是继小学的大发展之后,从1870年起,中学也得到了大发展。在上述这种急剧发展的经济条件和在美国这种没有特权传统的文化历史背景下,致使美国的原来双轨学制中的学术性一轨没有得到充分的发育,却被在短期内迅速发展起来的群众性小学和群众性中学所湮没，从而形成了美国的单轨学制。如图 6-3 如示，美国单轨学制自下而上的结构是：小学、中学、而后可以升入大学。其特点是一个系列、多种分段，即六三三、八四、六六、四四四等多种分段。单轨制最早产生于美国，后被世界许多国家先后采纳。

美国单轨学制数十年来之所以没有重大变化，并为许多国家所采用，是因为它具有有利于教育逐级普及的优点。这不但有利于过去初等教育的普及，而且有利于后来初中教育的普及及 20 世纪以来对高中教育的普及。就是说，它对现代生产和现代科技的发展具有更大的适应能力。

（三）分支型学制

帝俄时代的学制属欧洲双轨学制。十月革命后，苏联制订了单轨的社会主义统一劳动学校系统，后来在发展过程中，又恢复了帝俄文科中学的某些传统和职业学校单设的做法。于是就形成了既有单轨学制特点又有双轨学制的某些因素的苏联型学制。苏联型学制不属于欧洲双轨学制。因为它一开始并不分轨，而且职业学校的毕业生也有权进入对口的高等学校学习。一毕业，少数优秀生可直接升入对口高等学校，其余工作三年后也可升学。但它和美国单轨学制也有区别。因为它进入中学阶段时又开始分叉。就是说，苏联型学制前段（小学、初中阶段）是单轨，后段分叉，是属于介于双轨学制和单轨学制之间的分支型学制。苏联型学制是最早出现的分支型学制。苏联型学制的中学，上通（高等学校）下达（初等学校），左（中等专业学校）右（中等职业技术学校）畅通，这是苏联型学制的优点和特点。

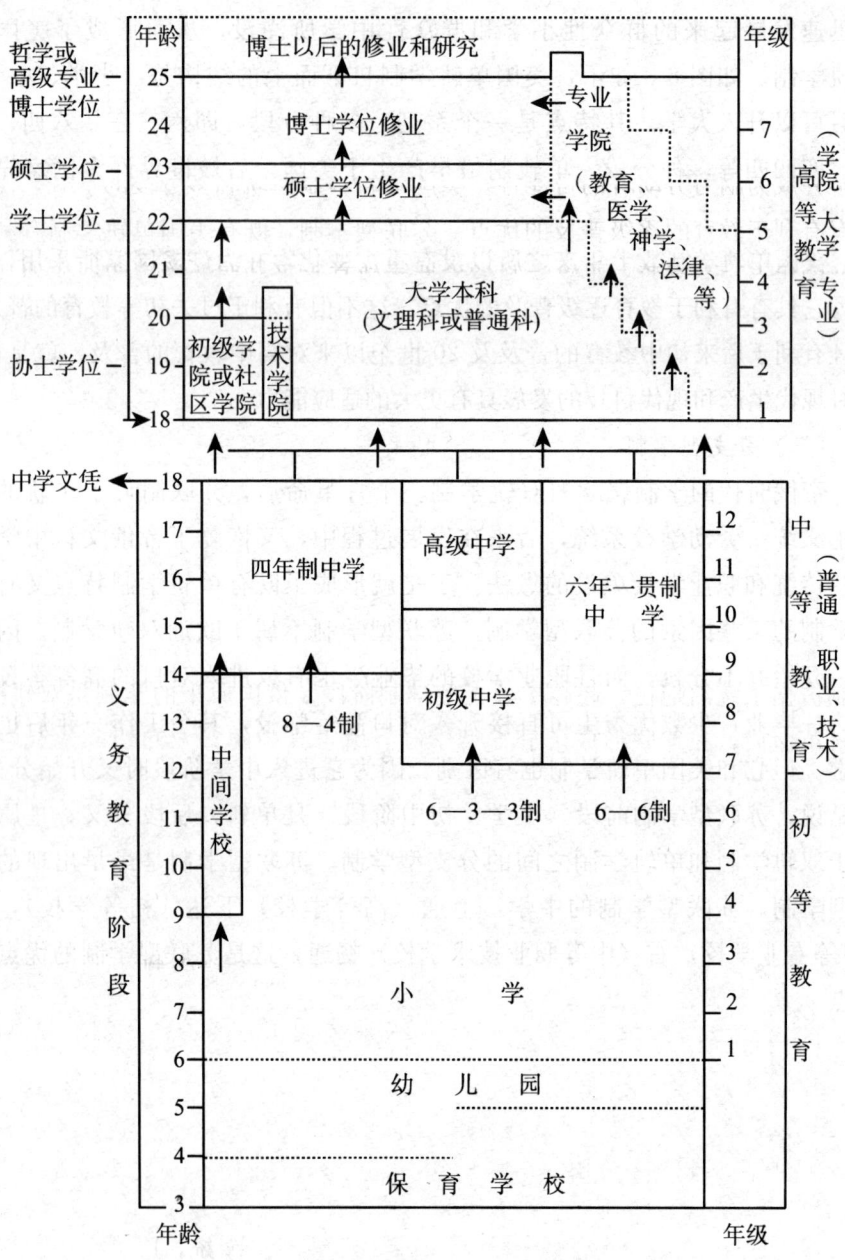

图 6-3 美国现行学制图

(资料来源:《六国教育概况》,人民教育出版社 1979 年版)

三、三种类型学制的比较及其发展趋势

西欧双轨学制的优点是它的学术性一轨具有较高的水平,缺点是不利于教育的普及,特别是不利于中等教育的普及,这就扼杀了劳动人民子女升入大学并成为脑力劳动者的可能性。美国单轨学制单轨和多分段的形式,使它具有有利于教育的逐级普及的优点。苏联型学制,既有美国单轨学制有利于普及的优点,又有西欧双轨学制学术性一轨高水平和职业学校职业培训扎实的优点。这是它的两大长处。但要保持这两大长处,就不可避免地产生了统得过严、管得过死和不利于学生自由发展的缺点,具体表现是学日、学时过多,课程过多,教学计划、大纲、教科书统一,学生负担过重。

如前所述,这三个类型学制在不同时间、地点和条件下形成和发展起来,是有其深刻的原因的。但同时,这三个类型学制的产生和发展又是有一定历史顺序的。一般显示了如下倾向:从系统占优势向阶段占优势发展,即由双轨学制向分支型学制,再通过高中综合化向单轨学制的方向发展。美国最初也采用过双轨学制,还没有定型就被单轨学制所压倒,并使单轨学制占据了统治地位,超越了分支型学制阶段。俄国原来的学制是双轨制,十月革命后,在苏联形成了分支型学制。由于高中的普及和职业教育后移的趋势,苏联分支型学制有向单轨学制发展的倾向。西欧的双轨学制,正在由低年级向高年级逐步并轨,先是小学并轨,现在初中已基本并轨,这就使双轨学制变成了分支型学制。即下段单轨,上段多轨。欧洲高中近年来也有向综合高中发展的明显趋势。欧洲学制显示了现代学制发展变化的完整轨迹,是现代学制的一个动态模型。这说明,现代学制的产生和发展是一个有规律的过程。

第三节 现代学制的变革

现代学制在形成后的近百年来,不论从纵向学校系统,还是从横向学校阶段来分析,都发生了重大的变化。

一、从纵向学校系统分析，双轨学制在向分支型学制和单轨学制方向发展

直到20世纪初，西欧双轨学制，一轨只有小学，一轨则只有中学和大学。百余年来，随着义务教育的上延，教育机会均等原则的实施，双轨学制从小学开始向上逐步并轨。

20世纪初，初等教育是专为劳动人民子女设立的。那时，社会中上层人士的子女是在家庭中或在中学预备班里接受初等教育的。经过两次世界大战，通过劳动人民及其政党、进步人士的努力和争取，德、法、英等国终于先后实行了统一的初等教育，初等教育终于并轨了。

第二次世界大战后，西欧各国普及教育逐步延长到了十年左右，已到了中学的第一阶段。过去，欧洲的中学本来是不分段的。现在，同是接受义务教育，有的在高学术水平的完全中学的第一阶段进行，有的则在新发展起来的低学术水平的初级中学里进行，机会很不均等。于是，英、法、德等国采用了综合中学的形式把初中的两轨并在一起。英国发展最快，80年代初综合中学的学生数已超过学生总数的90％以上。这样，西欧双轨学制事实上已变成分支型学制了，即小学、初中单轨，其后多轨。

英国的高中也正在通过综合中学实行并轨。英国的综合中学不但为实行双轨学制国家的初中并轨作出了贡献，而且还为其他国家高中的并轨创造了经验。要实行教育机会均等的原则，教育普及到哪一级学校，双轨并轨就必然要并到哪一级学校。要普及高中，双轨并轨就必然要并到高中阶段。

由此我们可以得出如下两点结论：义务教育延长到哪里，双轨学制并轨就要并到哪里，单轨学制是机会均等地普及教育的好形式；事实证明，综合中学是双轨学制并轨的一种理想形式，因而综合中学化就成了现代中等教育发展的一种趋势。

二、从横向学校阶段来看，每个阶段都发生了重大变化

（一）幼儿教育阶段

在当代，很多国家已把幼儿教育列入学制系统。这是现代学制在当前的一个重要发展，是现代学制向终身教育制度方向发展的重要标志之一。

近年来，发达国家幼儿教育有了迅速的发展，有的国家（法国）已达到普及的水平，4～5岁儿童的入园率已达100%。与此相关，幼儿教育机构也发生了一系列重要变化：一是幼儿教育的结束期有提前的趋势，提前到了6岁或5岁；一是加强小学和幼儿教育的联系，有的把幼儿园的大班作为小学预备班（20世纪70～80年代的苏联），有的从5岁起把幼儿学校和尔后的小学结合起来编班（法国），有的把5～7岁的幼儿学校当做义务教育的最初阶段（英国）。

（二）小学教育阶段

近数十年来，发达国家的普及教育已达到了初中和高中，小学早已不是结业教育，小学已成了普通文化科学基础教育的初级阶段。少年青春发育期的提前，对儿童和少年智力潜力的新认识，教学的科学水平的提高和小学教师水平的提高，这一切促使发达国家小学教育的结构有了一系列变化：①小学已无初高级之分；②小学入学年龄提前到6岁甚至5岁；③小学年限缩短到5年（法国）、4年（德国）甚至3年（20世纪70～80年代的苏联）；④小学和初中直接衔接，取消了升入初中的入学考试，连英国的"十一岁考试"和法国的"六年级入学考试"也于20世纪60～70年代取消，等等。

（三）初中教育阶段

由于义务教育早已延长到了初中阶段，而且很多国家义务教育年限的延长是一年一年地逐步延长的，另外，在当代，初中阶段已成了科学基础教育的重要阶段，初中的科学基础教育对尔后的职业教育和进一步的科学教育有重要作用，因而导致了初中阶段教育结构的下列变化：①初中学制延长；②把初中阶段看做普通教育的中间阶段，中间学校即由此而来；③不把它看做中学的初级阶段，而是把它和小学连接起来，统一进行文化科学基础知识教育，取消小学和初中之间的考试，加强初中结束时的结业考试，把这整个阶段看做基础教育阶段，而后再进行分流，或进行进一步的文化科学知识教育，或进行职业教育。

（四）高中教育阶段

高中本身是现代学制发展到一定阶段的产物。西欧双轨学制的中学过去没有严格的初高中之分，美国单轨学制中（以横向学校阶段划分）最先有了高中，接着苏联学制中也有了高中，最后是欧洲双轨学制的中学在变革中也不得不分为两段，因而也才有了高中。第二次世界大战之后，由于普及教育已到了初中阶段，双轨学制中原来不分段的学术性中学不得不分为两段，使前段和群众性的初中合并共同完成普及教育的任务，后段即变成了欧洲高中。从此三种类型的学制才都有了高中。三种类型学制的小学和初中，尽管学习年限有差别，但其基本任务却是完全一样的，都是进行文化科学基础教育的，即变成一个类型了。所以，在当代，所谓三个类型的学制，事实上变成了高中阶段的三个类型了。高中阶段学制的多类型，即高中阶段教育结构的多样化，乃是现代学制在当代发展中的一个重要特点。

如果把高中阶段单设的职业学校单独讨论，那么，三类高中事实上是因为它们肩负着三类不同任务而形成的：仅仅肩负升入大学预备教育单项任务的——西欧高中，同时肩负大学预备教育和普及高中文化科学知识教育两项任务的——苏联高中，兼负大学预备教育、普及高中教育和进行职业教育的——美国综合高中。这样，三类高中就有了共同点，它们都有进行大学预备教育的任务；苏联高中和美国高中共同点更多些，因为两者都负有普及高中教育的任务。可以说，苏联高中是肩负大学预备教育和普及高中两项任务的综合高中；而美国高中则是肩负大学预备教育、普及高中和职业教育三项任务的综合高中。如果按照1984年苏联的教改决定，高中也将同时进行职业教育，那么美苏高中就都成了肩负同样三项任务的综合高中了。英国高中的迅速综合化说明欧洲高中也将变为肩负三项任务的综合高中。可以预料，随着普及教育达到高中阶段，中小学学制的三个类型终将会被单轨学制一个类型所代替。

（五）职业教育

职业教育当前在发达国家基本上都是在高中阶段进行的。但过去并不是这样，今后更不一定如此。所以在这里我们把职业教育不是作为一个教育阶段的结构来讨论，而是作为一个问题来讨论。

职业教育既是古代学徒制教育向现代职业教育的发展，也是现代生产要求下职业教育从普通教育中的分化。在现代社会里，由于职业训练的基础——科学技术的水平越来越高,因而对职业教育的科学文化基础的要求也越来越高。现代职业教育最初是在小学阶段进行,后来依次发展到了初中、高中和初级学院阶段进行。职业教育在哪个阶段进行,完全依赖于现代生产所据以存在的科学技术基础的状况。

在当代,发达国家的职业教育已有移向高中后的明显趋势:美国高中职业科缩小而社区学院职业教育的比重却在增大;日本相当于短期大学的"专门学校"远远超过相当于高中程度的"专修学校";苏联以相当于跨越高中及高中后的中等职业技术学校完全代替了相当于高中的普通职业技术学校。这是因为在当代职业教育日益建立在更高的科学技术基础之上,只有在高文化科学基础知识之上培养出来的人才更有适应性。

职业教育在当代有两个特征:一是文化科学技术基础越来越高;一是职业教育的层次、类型的多样化。

(六) 高等教育阶段

19世纪和20世纪初的高等学校是文化和科学的金字塔。那时的大学和生产技术的联系还不十分密切,主要进行3~4年的本科教育。其他层次或则没有,或则比例甚小。其后,特别是第二次世界大战以后,高等教育有了重大发展,和生产及技术的联系日益密切。现代社会、现代生产和现代科学技术向高等学校要求各级各类高级人才,于是推动了高等教育结构的变化:一是多层次,过去只有本科一个层次,而现在则有多个层次:大专、本科、硕士、博士;一是多类型,不仅限于高科学和高文化的科系,现代高等学校的院校、科系、专业类型十分繁多。高等学校和社会、和生产、和科学技术、和社会生活的各个方面的联系越来越密切。

三、现代学制已由学校教育的施教机构系统变为终身教育的施教机构系统

现代生产和现代科学技术的迅速发展,使得青少年时代所接受的学校教育作为终身享用的时代已成为过去。不论受过多高水平教育的人,都必须适时补充和更新自己的知识。为此,甚至还需要重新回到教育过程中来再次接受教育,于是"回归教育"、"终身教育"、"成人教育"就被提了出来,从而

函授教育、业余教育、广播电视教育、企业内岗位培训、夜大学、老年人大学、开放大学等教育机构也得到了广泛的发展。这些教育机构就成了对过去青少年从小学到大学、从普通教育到职业教育的传统学制的补充。这些教育机构具有开放性、不脱产性及和生产与生活密切联系的特点。事实上，在当代，现代学制已是包括幼儿教育机构、学校教育机构和成人教育机构在内的全部施教机构系统的总和。

从人类社会发展到现在的历程看，教育最初是由和生产与社会生活融合在一起，到教育从生产和社会生活中分离出来而成为一个独立的社会过程。教育这一独立的社会过程的结构系统便是教育制度或学制。学制产生、发展和变化的过程正是教育这一独立社会过程结构系统的产生、发展和变化过程的表现。现代教育的发展，已使脱离生产和相对脱离社会生活的古代教育这一独立社会过程，重新回到和生产与社会生活密切地联系起来的轨道上，而且随着现代社会的发展，教育和其他社会生活过程的联系将越来越密切。它的未来发展将大有重新融合于生产和社会生活之中的势头。当然，这种融合远不是像原始社会中教育和生产与社会生活的那种融合，不是那种没有分化前的融合，而是教育这一独立社会过程与其他独立社会过程充分分化后在全新的条件下的密切结合。学制从简单的古代学制（古代学校教育机构系统）到比较完善的现代学制（现代学校教育机构系统），再到以现代学校教育机构系统为主体的、包括幼儿教育机构系统、校外儿童教育机构系统和成人教育机构系统在内的现代教育制度，而后将到达未来的终身教育制度，这将是未来教育社会和学习社会的教育制度。这从当代发达国家的学制结构中已看到了明显的端倪。

现代教育的施教机构系统的发展趋向可从两个层次来分析：第一个层次，现代学校教育制度发展的轨迹是，由双轨学制→分支型学制→单轨学制；第二个层次，现代教育制度发展的轨迹是，由现代学校教育制度→现代教育制度（包括学校教育机构和非学校教育机构）→终身教育制度。

第四节 我国现代学制的变革

一、我国现代学制的引入和发展

在我国古代社会，至少到西周时（即距今三千年前），我国已形成了古代学校系统，就已产生了古代学制的雏形。在两千多年的封建社会里，历代大都设有官学，也大都允许私学的存在，后又产生了亦官、亦私的书院。在这些年代里，古代学校是和选拔统治人才的选士制度与科举制度直接联系着的，后来逐渐变成了科举制度的预备学校。于是形成了以科举制度为中心的包括官学、私学和书院在内的古代学制。

我国的现代学制，不是由本国土生土长的，而是从西方引入的。1904年公布的"癸卯学制"，是我国以法令形式颁布并在全国推行的第一个学制，也是指导我国学校从古代学校走向现代学校的第一个现代学制，它指导我国教育向现代教育方向迈出了第一步。

对我国教育事业的发展有重大影响的另一个学制是1922年公布的"壬戌学制"。它在我国通行数十年，影响深远。和1904年学制比较，是一个巨大的进步。这个学制指导我国教育向现代教育方向迈出了第二步。

1949年中华人民共和国成立。1951年颁布了《关于学制改革的决定》，这是我国学制发展的一个新阶段。首先，这个学制吸收了老解放区的经验、1922年学制和苏联学制的合理因素，发扬了我国单轨学制的传统，使各级各类学校互相衔接，保证了劳动人民子女受教育的平等权利；其次，职业教育在新学制中占有重要地位，体现了重视培养各种建设人才和为生产建设服务的方针，表现了我国学制向分支型学制方向的发展；再次，重视工农干部的速成教育和工农群众的业余教育，贯彻了面向工农和向工农开门的方向，初步表现了我国学制由学校教育机构系统向包括幼儿教育和成人教育在内的现代教育施教机构系统的发展，显示出终身教育的萌芽。这个学制加强了普通教育、职业教育和成人教育的联系和结构的完整性，指导我国教育向现代教育方向迈出了第三步。

1958年,《中共中央国务院关于教育工作的指示》对1951年学制是持否定态度的。改革并没有取得积极成果。从60年代初开始进行的小学五年一贯制改革试验,倒是认真的。试验证明,只要教师合格,教材适当,方法正确,五年时间完全可以完成过去六年规定的教学任务。

"文化大革命"所提出的"学制要缩短"、"教育要革命"的口号是完全错误的。对我国的学制和教育事业造成了严重破坏。第一,和当代初中学制延长的发展趋势相反,毫无根据地把中学学制大大缩短,把初高中都缩短到二年;第二,和当代中等教育结构多样化的发展趋势相反,对中专和技校大加砍杀,盲目发展普通高中,使普通教育和职业教育的比例失调;第三,和当代高等教育多层次和多类型的发展趋势相反,把高等教育缩短为三年和一个层次,把很多院校、科系、专业取消,使人才培养比例完全失调;第四,和当代成人教育、业余教育大发展以及发展终身教育的趋势相反,把这类教育形式完全取消,扼杀了职工提高文化科学水平和知识更新的机会;等等,从而把中华人民共和国成立以来所建设起来的具有某种终身教育因素的社会主义新学制糟踏得满目疮痍,破坏得不成样子。这完全是一种倒退行为。

经过十一届三中全会以来的努力,我国迅速结束了十年浩劫所造成的教育上的混乱局面,着手重建和发展被破坏了的学制系统:延长了中学的学习年限;恢复了和重建了中专和技校,创办了职业高中;恢复了高等学校专科和本科的两个层次;扩大了高等专科学校;恢复和重建了很多院校,科系和专业;建立了学位制度和完善了研究生教育制度;恢复和重建了各级各类成人教育机构;等等。这使得我国学制逐步向合理和完善的方向发展,重新步入了现代教育制度发展的正确轨道,向终身教育制度的方向发展。

二、我国现行学制的结构

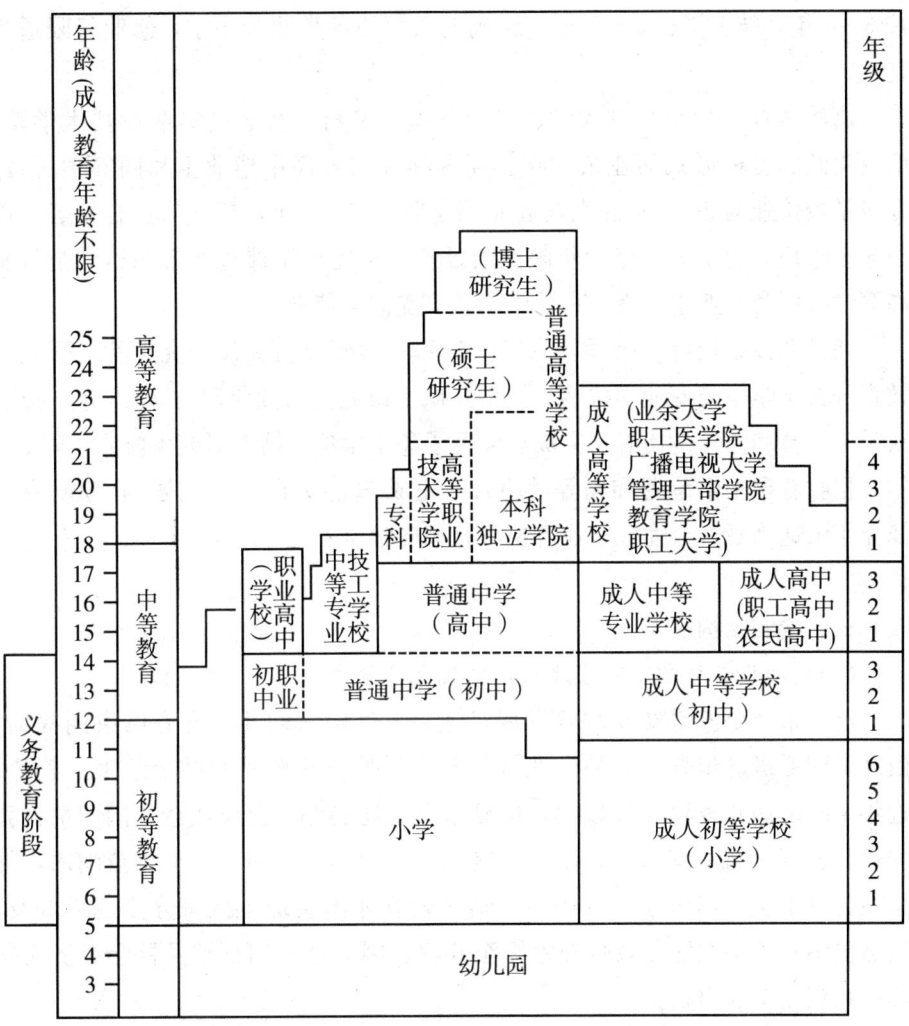

图 6-4 我国现行学校系统示意图

我国现行学制系统如下。

幼儿教育（幼儿园）　招收 3～6、7 岁的幼儿。

初等教育　主要指全日制小学教育，招收 6、7 岁儿童入学。学制为 5～6 年。在成人教育方面，是成人初等业余教育。

中等教育　指全日制普通中学、各类中等职业学校和业余中学。全日制中学修业年限为6年，初中3年，高中3年。职业高中2~3年，中等专业学校3~4年，技工学校2~3年。属成人教育的各类业余中学，修业年限适当延长。

高等教育　指全日制大学、专门学院、专科学校、高等职业技术学院、研究生院和各种形式的业余大学。高等学校招收高中毕业生和同等学历者。专科学校修业为2~3年。大学和专门学院为4~5年，毕业考试合格者，授予学士学位。业余大学修业年限适当延长，学完规定课程经考核达到全日制高等学校同类专业水平者，承认学历，享受同等待遇。

条件和设备较好的大学，专门学院和科学研究机关设研究生院。研究生教育分科学学位与专业学位两大类型。硕士研究生修业年限为2~3年，招收获学士学位和同等学历者，完成学业授予硕士学位。博士研究生修业年限为3年，招收获硕士学位者和同等学历者，完成学业授予博士学位。在职研究生修业年限适当延长，完成学业者也可获相应学位。

三、学制结构改革

（一）幼儿教育学制不宜改动，发展也应量力而行

近年来，全世界幼儿教育发展迅速。发达国家幼儿教育有结束期提前、由高班到低班逐步普及和使幼儿教育与小学低年级联系与结合起来的趋势。近年来我国幼儿教育发展较快，也显露出上述趋势。但应注意我国国情，我国幼儿教育学制不宜急于改动，发展也要量力而行。因为在世界范围内，都是在普及小学、初中甚至高中后，幼儿教育才由高班至低班分段逐级普及。当然更不宜急于把幼儿教育都缩短至6岁。因为这一切都涉及社会经济文化等一系列复杂的问题。

（二）义务教育学制分段应多样化

我国的义务教育已规定为9年，把发展义务教育的责任交给了地方，即确定了义务教育管理上的地方分权性质。普及九年义务教育规定按发达地区、较发达地区和不发达地区分期实现。这就意味着义务教育分段应该多样化，以适应不同地区在同一时期普及义务教育年限不同的需要，条件是每个相应年级教学内容应该基本统一。例如，某地区目前普及义务教育实行5年，即

可实行五四分段,另一地区目前普及义务教育实行4年,即可实行四五分段,等等。但不同分段地区第某个年级的教学内容都基本上是一致的。这就是说,可以根据当地普及义务教育的年限和有利于分段普及的情况实行学制分段多样化:可以九年一贯,可以四五分段、五四分段、六三分段、九加一等等,也可以几种分段同时并存。在义务教育阶段实行每个年级教学内容基本统一条件下的多样分段的学制,有利于义务教育的普及。当然,当全国普及义务教育达到同一年限后,可根据有利于提高教育质量等原则,适当减少分段的种类。

(三)中等教育的多样化和综合化

如果7岁入学,完成9年义务教育后,学生已达就业年龄。为了适应青年的方向选择和满足社会的需要,义务教育后的学制应该多样化,即应有普通高中、职业高中、中等专业学校和技工学校等不同类型的学校,供学生选择,这是一个层次。另外,应当使普通高中在高中阶段保持相当的比例,以满足高等学校从中选择出优秀生来培养未来的高级专家。而对没有考取高等学校的学生,则应给予或长或短的职业培训,以使他们能顺利地走向社会。中等教育的多样化和普通教育后的职业教育,保证了不继续升学的学生可以接受就业前的职业培训,这样就弥补了我国过去学制在这个方面的缺陷,从而使我国学制在这样一个重要环节上更加完善。尽管实现这一点还有很多困难,但这无疑是一个好的开端和巨大的进步。

如前所述,高中阶段学校类型多样化是解决青年选择未来方向的办法之一,即分支型学制的办法。但目前还存在另一种办法,即综合中学的办法。这是单轨学制的办法。特别是当普及教育达到高中阶段时,高中综合化就更成了一个要优先选择的办法。美国是最早采用这个办法的国家,英国正在采用这个办法。当然,当前我国高中阶段学制的主流还应该是分支型学制结构。但不能不考虑世界中等教育发展的趋势——由双轨而分支型,而后通过综合高中达到单轨,以及我国大城市和发达地区不久即将普及高中的前景。这就是说,目前即在普通高中里进行综合中学的试验,应该说已提到日程了。

(四)高等教育走向开放——多层次、多类型

以前的大学还多是高科学和高文化的金字塔,是只有少数人才能进入的

场所。近数十年来，由于高等学校和生产、科学技术、社会生活各方面的联系日益密切，高中的逐步普及使越来越多的人要求接受高等教育，于是大学走出了象牙之塔，走向向社会开放。当然，高等教育的开放的重要条件是新成立的和社会生产及社会生活密切联系的高等学校越来越多，特别是短期大学和社区学院，以及开放大学的出现。高等教育走向开放，一是高等教育的多层次，如果说过去的大学主要是本科一个层次的话，那么现在则有大专、本科、硕士研究生和博士研究生多个层次；一是高等教育的多类型，如果过去的高等教育就是综合性大学少数科系的话，那么现在则是理、工、农、医、师、文法、财经、军事、管理等多种院校、科系和专业；一是高等教育向在职人员开放，为他们提供了方便。主要表现是大办函授大学、广播电视大学、开放大学、夜大学高等教育自学考试，等等，使在职人员有机会进修高等学校的学位和课程。

(五) 发展成人教育

如前所述，现代教育发展的方向是走向终身教育。这既是现代生产、现代科技和现代社会生活发展的要求，也是现代人个性发展的要求。这就要求为不同文化层次和职业的各类成年人提供各种学习的机会和场所，即发展各级各类在业余时间学习的普通教育学校和职业教育学校，发展各种制度化的和非制度化的教育机构以及老年人学校，等等。

成人教育在我国也将是最具有发展潜力和最具有发展前景的一项教育事业。学校教育机构系统、幼儿教育机构系统、儿童校外教育机构系统和成人教育机构系统将形成我国现代教育制度的新格局，这将为未来的终身教育制度奠定基础。

四、我国现代学制的回顾和前瞻

如果说我国在 20 世纪初从西方引入的现代学制从总体上说是单轨学制的话，那是因为我国的现代生产、现代科技和商品经济还很不发达，学校的主要任务还是培养政治人才、管理人才和提高部分人口的科学文化水平，而不是培养大批为生产和经济服务的各级各类人才。就是说，这种单轨学制是从以科举为核心的古代学校的传统中脱胎而来的单轨学制，而不是像美国单轨学制那样是由于现代生产的急剧发展,群众性一轨湮没了另一轨的那种单轨学制。这一点我们在理论上应有一个明确的认识。

这就是说,我国那时教育的单轨学制是现代生产和现代社会生活还未充分发展条件下的单轨学制,而不是现代生产和现代社会生活充分发展条件下形成的单轨学制。这种单轨学制中的中学阶段的职业教育极其薄弱就是明证。

因此,这种单轨学制并不比西欧双轨学制具有更多的现代因素,因而也并不一定比西欧双轨学制更进步。因为西欧双轨学制是西欧适应市场经济、现代生产和现代科技发展条件下的产物,而我国单轨学制却是适应刚刚被引入的市场经济、现代生产和现代科技以及它们还很不发展条件下的产物。可见,我们一些同志盲目自我欣赏我国没有双轨学制历史和具有单轨学制传统的想法是没有理论根据的。

随着生产和社会的发展,对有文化的劳动者的需求越来越大和越来越迫切,因而我国的单轨学制必然要走向分支型学制。所以,1951年参考苏联分支型学制制订我国的新学制,从总体上是正确的和进步的措施。"文化大革命"对这一学制的破坏,确系反动倒退,因为它违背了教育发展的这个历史趋势。

改革开放以来我国学制发展和改革的大方向是正确的,因为它符合现代学制发展的这个大趋势。

总之,近百年来我国现代学制发展的道路和前景是:单轨学制 $\xrightarrow{\text{现在}}$ 分支型学制(通过发展基础教育后的职业教育) $\xrightarrow{\text{不久的将来}}$ 单轨学制(通过高中综合化)。就是说,正在走的道路是通过发展基础教育后的职业教育走向分支型学制,下一步要走的道路是通过高中综合化走向单轨学制。

我国现代学制的另一个重要发展是从学校教育机构系统走向现代教育的施教机构系统,即从只包括学校教育机构系统的学制,走向同时还包括幼儿教育和成人教育机构系统在内的终身教育机构系统的学制。这也是符合现代社会和世界教育发展潮流的。之所以说十年浩劫时期的所谓教育革命是一种历史的反动,也是因为它违背了现代学制的发展规律和世界教育发展的大趋势。

第七章 现代教育管理

"管理"和"领导"在汉语辞典中是两个不同的概念。在 20 世纪 80 年代以前，我国政府文献中经常使用政治领导、思想领导、业务领导这类词汇，很少使用"管理"这种术语。80 年代以来，管理已成为社会流行语。在各种教育会议或刊物上有关教育管理的各种术语也频频出现，像更新教育管理观念、改革教育管理体制、推广现代科学管理方法、提高教育管理人员的素质之类已构成教育界的热门话题。现在无论是政府的官员还是教育管理工作者都能说上几个教育管理的新"概念"。而对这些概念的理解，却是五花八门，即使在教育管理理论工作者之间也没有形成统一的认识，至于说把科学管理应用于实际，形成中国特色社会主义教育管理体系或模式还有很大的差距。本章试图在对现代教育管理的概念、理论基础以及几种管理模式的比较研究的基础上提出中国教育管理现代化若干重要问题的思考。

第一节 现代教育管理产生的背景

自从人类文明史上产生了有组织的教育之后也就有了教育管理活动。它是教育事业生存与发展的重要条件之一。教育管理作为一种观念形态和工具渗透在教育生活的各个方面，大到整个社会的教育系统，小到一个班级和一门课程。它的作用就是把影响教育事业的发展和教育质量的各个要素，按照某种教育理论和管理理论进行规划、组织、指导、协调和控制以便使教育更好地适应社会环境的要求和自身质量的提高。假如，教育失去了管理，教育界就会出现混乱，教育秩序就会遭到破坏，教育质量也会下降。因此，教育工作在什么时候都不能没有管理。

教育管理有着悠久的历史。我们从大量的古代文献和典籍中可以看到关于古代教育管理现象的描述。但是还没有一个人把它作为一种科学研究的对象进行系统地研究。据美国教育管理学家罗尔德·坎贝尔的看法，从20世纪初开始，教育管理才成为学术研究和实践活动的一个独特领域。直到二战以后，教育管理才逐步成为一门独立的科学。①

现代教育管理的理论的发展受到下列三种因素的影响。

一、教育事业自身发展的需要

由于资本主义工商业的发展，现代工业技术在生产领域中得到广泛的应用，随之要求劳动者素质的提高，于是世界上一些工业发达的国家先后实施普及义务教育，各种形式的职业技术教育纷纷涌现。从19世纪开始教育就由"私人"的事情转向到公共教育。在这种形势下，教育要适应社会的需要，其发展的规模、速度、类型、结构、数量、质量以及学校内部事务，正规教育与非正规教育都发生了一些新的变化，提出了一些新的问题。教育变革的实践呼唤着教育管理理论的诞生。

二、现代科学技术的进步为教育管理理论的产生提供了可能

由于科学技术的进步，人类认识世界的能力空前提高。一批教育理论工作者从系统论、行为科学、经济学、社会学中得到了启示。他们采用自然科学的研究方法，主要是实证的方法，对教育现象进行调查、统计、测量、评估、预测、诊断和实验，把研究的成果应用到教育管理过程，从而推动了教育管理科学化的进程。

三、企业管理理论与方法的影响

管理理论界认为，20世纪不仅是科学技术飞速发展的时期，同时也是管理科学取得辉煌成就的时期，无论是管理理论、管理方法还是管理手段都发

---

① 参见［美］坎贝尔等著，袁锐锷译：《现代美国教育管理》，广东高等教育出版社1989年版，第6页。

生了巨大的变化。在整个社会管理中工业企业的发展是最快的,诞生了一大批管理学家和管理学说,对推动经济和社会的发展起了很大的作用。一些非生产部门的专家也从企业管理理论中得到了启发,他们把企业管理理论中的一些概念、原则和方法移植到本部门,作为思考问题和解决问题的新依据。教育管理学界一些学者也做了这项工作,对现代教育管理理论的产生起了催化作用。

我国现代教育管理起步比较晚,改革开放以来才有了较大发展。党的十四大明确提出"必须把教育摆在优先发展的战略地位,努力提高全民族的思想道德和科学文化水平,这是实现我国现代化的根本大计。"为此,我们必须全面改革教育管理体制,调动各方面的积极性,采用现代科学管理的理论与方法,不断提高教育质量和办学效益。

第二节 现代教育管理的概念

一、管理

(一) 管理是一种社会现象

管理是一种古老的社会现象。当人类的祖先在共同劳动或集体生活的过程中,他们为实现某种目标(如捕捉大的野兽、营造房舍)依靠个人的力量无法实现的时候,他们就从人群中推举出一个人负责组织、指挥和协调大家的行动,这就是管理活动的开端。马克思在《资本论》中曾写道:"一切规模较大的直接社会劳动或共同劳动,都或多或少地需要指挥,以协调个人的活动,并执行生产总体的运动——不同于这一总体的独立器官的运动——所产生的各种一般职能。一个单独的提琴手是自己指挥自己,一个乐队就需要一个乐队指挥。"[①] 这都说明,管理是人类在社会生活中特有的一种现象,也是人类社会得以生存与发展的重要条件之一。

作为社会现象的管理,它具有两大职能:一种是组织生产力的职能,另

---

① 《马克思恩格斯全集》第 23 卷,人民出版社 1972 年版,第 367 页。

一种是协调和控制生产关系的职能。在组织生产力方面，管理可以把处于分散状态的生产力诸要素进行合理组合，对生产运行过程进行有效控制，这样就可以达到扩大再生产的目的。马克思认为："不论生产的社会形式如何，劳动者和生产资料始终是生产的因素。但是，二者在彼此分离的情况下只在可能性上是生产因素。凡要进行生产，就必须使它们结合起来。"① 在协调和控制生产关系方面，马克思把这种管理职能称为监督劳动和指挥劳动。他分析了在资本主义制度下是资产者通过管理来实现其对雇佣劳动者的统治、奴役和剥削，榨取他们的剩余劳动。他说："资本家的管理不仅是一种由社会劳动过程的性质产生并属于社会劳动过程的特殊职能，它同时也是剥削社会劳动过程的职能，因而也是由剥削者和他所剥削的原料之间不可避免的对抗决定的。"②

根据马克思关于管理的两种职能的论述，也可以说明管理具有两重属性：管理的自然属性和管理的社会属性。管理的自然属性是同社会生产力联系在一起的属性，它具有组织共同劳动、协调生产过程的作用，是超越一切社会生产关系而存在的。而管理的社会属性是同一定社会的生产关系联系在一起的，是由生产资料所有制的性质来决定的。在阶级社会里管理的社会属性的核心是为哪个阶级利益服务，它是有鲜明的阶级性的。

（二）管理具有意识形态的特点

管理是一种有目的、有意识的行为。当人们考察任何一种管理行为时，就会发现在每种管理行为的背后都是由特定理论或观念支配着。这是因为任何一种管理行为都是管理者的价值取向的结果。中国古代儒家的"仁民爱物"、道家的"无为而治"、法家的"严法律民"都反映了各家治国安邦之道。国外的各种管理也是如此。美国著名管理学家德鲁克曾说："管理不只是一门学问，还应是一种'文化'，它有自己的价值观、信仰、工具和语言。"在同一类型的社会制度下，由于该国的文化传统不同，其管理上也是有差异的。德鲁克在对各国的管理进行研究之后说："各大国的管理学不尽相同，它受本

---

① 《马克思恩格斯全集》第24卷，第44页。
② 《马克思恩格斯全集》第23卷，人民出版社1972年版，第368页。

国传统的强大影响：美国的竞争对手关系的传统，欧洲大陆的重商主义传统，日本的家族传统、'大家庭'传统，英国的俱乐部传统等。"中国古代管理也有好几派，其中儒家的伦理思想对管理的影响最大，管理者以纲常观念对待人际关系，以求得修身、齐家、治国、平天下。新中国成立以后，人们的观念发生了很大的变化，但是在管理的实践中，我们还能觉察出古代传统"人治"管理的痕迹。

任何管理都是在特定的文化环境中进行的，它同时又是文化的产物。二战以后，管理学说由萌芽状态演进成茂密的"丛林"。国外有些管理学家认为这是适应当代科学技术发展和企业管理的需要，管理走向多元化道路的必然结果。也有人说这简直是一个"真正的疯人院"。各个学派之间都在拼命地攻击对方，从而爆发了方法论的危机。其实每种管理学说都有其合理性的一面，但又有某种局限性。美国系统管理学派的代表人物之一卡斯特曾经试图把各种管理理论融合到系统思想中来，但是没有成功，于是他抱怨说："现代管理者常常要面对许多伦理规范、而它们之间常常是相互矛盾和冲突着的。"这就是文化上的差别和冲突导致了各种管理思想和行为的变化。

（三）管理是一种社会实践活动

管理是管理者依据一定的原理和方法，在特定的环境条件下，引导他人去行动，使有限的资源得到合理的配置，以实现预定目标的一种行为。

1. 管理是一种理性行为

管理是一种理性行为，它总是在一定理论指导下进行的实践活动。我国管理是以辩证唯物主义和历史唯物主义为指导的。西方的管理分别隶属于实用主义、人本主义、存在主义、"民主"主义、结构主义以及技术决定论等思想。

2. 管理是管理者通过管理措施实现预定目标的一种行为

人们往往把生产斗争、阶级斗争和科学实验统称为三大社会实践活动，其实管理也是一种社会实践活动。它是与其他三大社会实践共存的，不同之处就在于它是以规划、组织、指挥、协调、控制的方式对其他三大社会实践活动以影响，促使它们向着预定目标步步逼近。从这个意义上讲，没有目标也就没有管理。人们在生产斗争、阶级斗争和科学实验中，首先要在复杂的环境和条件下、按照自身的特点去选择理想的目标。同时还要利用目标价值在群体或组织中进行导向，把全体成员的分散的个人目标集合成统一的组织目标，消除人与人之间或个人与组织之间的目标冲突，以比较少的人力、物力、财力和时间去赢得比较多的效果。这就是管理的最大特点。

3. 管理实践的关键在于决策

决策是管理者为了实现预定的目标，在客观条件的约束下，从诸多可能性与可行性方案、措施中进行价值判断和选择的一种行为。美国经济学家、诺贝尔奖金获得者西蒙教授提出"管理就是决策"这一著名论断，在国际管理学界引起了很大的震动。人们开始用这个观点来审查以往对管理的理解，修正了一系列传统观念。在西蒙看来，决策应该贯穿于管理工作的全过程，它是管理过程的核心，是执行各项管理职能的基础。假如管理者的决策是一种错误的判断，管理的效率越高越坏事。因此，在管理中唯有对预定目标有贡献的决策，才是最有价值的决策。西蒙还认为，管理者在目标设计和选择时，不能盲目追求"最优化"，因为最优化只能是一种理想化的目标，而我们总是受到内外各种因素的制约。决策者只能去追求满意的目标。

4. 管理是对有限资源的合理组合

世界上任何组织（工厂、商店、医院、学校、军营等）的管理都离不开人、财、物、时间、空间和信息等资源。而这些资源对于一个具体的组织来说都是很有限的。管理者都是在有限资源条件下进行管理。各个管理者的水平和经验不同，其效果大不一样。现代管理要求管理者采用系统分析的方法了解各种资源的特性以及资源的差别、状态和水平；研究各个资源在整体中的不同地位与作用；按照一定方式把各项资源组合起来。由于组合的方式不同，产生出不同的组合效应。所以，我们从这个意义上讲，管理就是组合。一个组织中，管理者可以从许多组合方式中选择一种方式，其效果是大不一样的。组合的好就能挖掘潜力、降低消耗、提高质量、消除矛盾。反之，组合不当就会出现窝工、浪费、内耗等现象。

5. 管理是在特定环境中进行

从系统的观点来看，任何组织都是一个系统，它存在于一定的环境之中，环境对组织有着影响与制约的作用。组织要生存与发展又必须适应变化着的环境。如果我们脱离环境讲管理，这种管理是很难有成效的。

环境可以分为两大类：一类是一般环境，其中包括自然环境和社会环境；一类是特殊环境，主要是指组织内部的环境。环境具有开放性与动态性的特点，因此管理者永远也找不到一个"理想"环境。他只能在特定的环境下，因地制宜地进行管理。卡斯特在《组织与管理》一书中曾提出："管理必须应付动态的变化和对整个系统进行协调。我们不同意某些人所说的，计算机信息——决策系统能够取代许多管理的职能。新的管理技术无疑会帮助我们进行例行的、程序性的决策活动，但它并不因此降低组织的非程序的、变革的和创造性的心智管理机能的重要作用。"卡斯特在这里强调了管理要应付动态的变化，既包括组织自身的变化也包括环境的变化。因此，世界上没有一种适用于一切环境和条件的"管理模式"，也没有万能的管理方法。随着外界环境的变化，许多成功管理经验的有效性也随之改变。

一般环境特别是社会环境的影响管理者是无法摆脱的，然而特殊环境，即组织环境是可以创造的。组织环境包括物质环境、精神环境和信息环境。这是一种人造环境，管理者是可以去创造的。

6. 管理是管理者和被管理者相互影响的过程

管理是一种人的活动，它包括着管理者与被管理者两个方面的活动。传统管理学只讲管理者的活动，而不讲被管理者的行为是不全面的。管理者为了实现上级赋予的或自己设计的预定目标，就必须组织、指挥、协调、检查被管理者的行为，而被管理者是否接受管理者提出的目标与相应的组织、指挥、协调和检查呢？这里除了管理者行为是否正确以外，还取决于管理者本人的影响力的大小和被管理者对管理者的影响力的"解释"、态度和选择。管理者的影响力来自三个方面：一是管理者所拥有的权力；二是管理者的知识、经验和才能；三是管理者的品德修养。这三者集合起来就构成了管理者的"影响力场"。由于每个管理者这三方面的情况不同，其影响力场的范围大小与力量强弱也是不同的。每个管理者要不断地扩大与强化自己的影响力，就要从上述三方面入手。管理需要权力的支持，但绝不能迷信权力，因为历史的经验告诉我们，有权并非就有一切。日本著名企业家土光敏夫在向其职工训话时曾说过："无论是首脑还是管理者，都拥有那种职务直接产生的力量。

那是一种外来的力，也就是权力。这种权力，乃是一把传家宝刀，最好不要轻易拔刀出鞘。相对来说，首脑与管理者就不一定都拥有权威。因为，权威是从内部自然产生的，是从一个人内在的实力和人格中自然渗透出来的。我希望，这种权威能得到充分的发挥。"他还说："权力大而权威小，企业就会衰败；权威先行，权力后随，企业就会蒸蒸日上。"[①] 权威是由管理者的知识、经验、能力和品德所构成的。其中知识、经验和能力是搞好管理工作的前提条件，而品德更为重要。如果一个人只有才，而没有德，其本事再大，也得不到被管理者的拥护，其影响力也不可能扩大。

被管理者不是消极地、被动地接受管理者的影响力，他有自己的价值观念、思维方式和道德标准。他在接受管理者的影响力时，必然对管理者的指令或要求作出自己的"解释"，表明自己的态度和决定采取什么的行动。管理从来是双向的或多向的，即管理者要影响被管理者，而被管理者也试图用某种方式影响管理者。

二、教育管理

教育管理作为一种教育现象由来已久，但是把它作为学术研究和实践活动的一个独特领域则是从20世纪中叶才开始的。[②] 对于"教育管理"概念的界定是多种多样的。美国学者奥洛斯基在其所著的《今日教育管理》一书中是把教育管理视为管理科学加教育。他认为，管理是将理性认识付诸有组织的活动。在现代工业化社会中，各组织及其管理都具有很强的渗透力。所以管理是一大类普遍的活动，它的某些方面又各不相同，如商业、公关、医务、教育以及其他职业。因此，我们可以把管理看作是一般原理以及普遍与特殊成分的一种合理行为。日本学者安藤尧雄在其所著的《学校管理》一书中强

---

① ［日］土光敏夫著，张惠民译：《经营管理之道》，北京大学出版社1982年版，第22页。

② 参见［美］坎贝尔等著，袁锐锷译：《教育管理思想和实践的历史》，广东高等教育出版社1989年版，第6页；秦梦群：《教育行政理论与应用》，五南图书出版公司1989年版，第11页。以上两书中都有这种观点。

调学校管理应该说是学校教育的管理。教育管理不仅要对物资设备进行管理，更要对教育计划和教育活动进行管理。我国学者张复荃在《现代教育管理学》一书中提出：教育管理是社会管理的特定领域。实现教育管理的职能，需要考虑到社会管理各领域中那些最一般的、共同的职能。教育管理又是以培养某种规格的人为自己活动的目标和归宿。管理的客体不同，任务和手段不同以及教育科学所确定的过程和规律的性质也不同，从而又与社会管理的其他领域有所区别。

教育管理是沿着教育特有的轨迹在运行，还是沿着社会管理的轨迹在运行，或者是两者"有机结合"、"相互渗透"一直是教育管理学界争论的问题之一。

我们认为，教育管理一词是现代社会"大教育"概念下的产物。它打破了以往那种封闭状态的教育格局，立足于社会整体化为前提的教育。从这个思想出发，原来意义上的"教育行政"、"学校管理"已经包容不下了。既然社会是一大系统，它是以整体面貌出现的，教育系统是整个社会系统中的一个子系统，它不是孤立地存在于整体之中的，而是要与其他子系统发生相互联系、相互作用、相互渗透的关系。教育系统的运行与发展一定要与其他子系统的运行与发展发生不同程度的、不同层次的、不同形式的互动。因此，教育管理是在一个国家或地区的政治、经济、文化等因素的制约下，遵循教育自身的规律，对整个教育系统及各级各类教育组织（正规的与非正规的）进行预测与规划，组织与指挥，监督与协调，激励与控制，使有限的办教育的资源得到合理配置，以实现提高教育质量，改善办学条件，促进教育发展和教育管理人才成长的有序过程。

教育管理是社会管理的一部分。因此，它具有以下社会管理的共同功能。

（1）任何一级教育组织都存在于社区环境之中，社区中各种因素都会对教育组织发生不同程度的影响，其中有积极的影响，也有消极的影响。教育管理的作用就是使教育组织适应社区发展的需要，充分利用积极因素，防止和克服消极因素，同时在可能的范围内创造一个良好的教育环境。

（2）办教育离不开各种办学资源。教育管理的作用就是充分开发和合理利用有限的资源，通过组合的方式追求最大的社会效益、教育效益和经济效益。

（3）办教育必须处理好发展中的规模、速度、类型、结构、数量和质量之间的关系，防止失掉平衡，出现混乱、无序的状态。教育管理的作用就是设计教育事业发展的战略目标，制订教育发展规划和具体的工作计划；建立健全各级教育组织，对教育工作各个方面进行有效地指导、协调和控制，在动态的环境中求得新的平衡。

（4）建立正常的教育秩序和合理的规章制度，是办好教育的重要条件。教育管理的作用就是把处于分散无序状态的教育因素变成有序的，消除教育组织内部各种矛盾和冲突，调动全体教育工作者和学员的积极性。

教育管理是一种教育现象，它是教育科学中一个特殊领域，具有以下一些特点。

（1）管理育人。教育管理的最终目标在于有效地育人，因此，育人也就成为教育管理不同于其他部门管理的显著特点之一。教育管理首先要创造一个良好的育人环境，其中包括物质环境、精神环境和信息环境。校园文化、校园精神具有强大的熏陶力。其次要体现"管理也是一种教育"的思想，用这个原则去衡量一切管理措施的得与失。再次，每个管理者首先是一个教育者，要以自己的品德和模范行动去影响别人，不要把自己局限于某种管理业务的组织者和执行者。

（2）教育质量的波动性。任何一个教育组织都是在开放系统中进行工作的。学校、家庭和社会的各种不同的观念、态度、行为影响着受教育者。学校、家庭和社会中有共同的教育因素，又有大量的不统一的、别人又难以控制的因素影响着受教育者，这样复杂的情况就给教育管理带来许多难题。教育质量不同于企业的产品质量，它从"原材料"、整个"工艺过程"，直到产品检验，始终受到各种确定性因素和不确定性因素的双重影响。教育学中提出的许多要求和教育管理中的一些常规方法都属于确定性因素。而现实生活中各种不确定性因素对教育的影响要大得多。两种因素中积极的因素和消极的因素相互影响就出现教育质量的波动现象。这中间的"变量"是相当多的，各种变化的情况往往难以预测，问题暴露以后又难以控制。基于这种情况，教育管理要从"差异"状态出发，采用权变管理的思路，利用"冲突理论"

中的精髓,向着统一、有序的教育目标前进。

(3) 教育管理的主体是脑力劳动者。教师和教育管理干部都属于脑力劳动者。他们都是通过创造、传播、应用文化科学技术知识为社会服务,并得到社会承认的一批人。他们与体力劳动者不同,因此教育管理要尊重脑力劳动的特点。

脑力劳动者的地位是和他们拥有知识多少相关的。国家管理部门采用学衔、职称来表示他们的地位和给予相应的报酬。因此,他们十分看重学衔与职称。但是由于社会因素的复杂性和各种机遇的出现在评定职称时又不可能"十分公平",各种非学术因素的干扰,产生了知识分子与知识分子之间、管理者与被管理者之间的矛盾。

脑力劳动者一般受过专业训练或从事专业工作多年,因此,他们对专业的热爱往往胜过一切。他们最大的愿望或需要就是把自己的专业特长表现出来,奉献给社会,并且得到社会的承认,这样他们在心理上才能得到满足。有些知识分子的苦闷和他们的积极性调动不起来往往与这个特点得不到满足有关。

在知识分子中教师与工程技术人员又有不同。因此,我们在评价教师工作的质量时,要看到他们制造出来的"产品"(学生)及其劳动形态具有模糊性、活化性、灵活性和效益滞后性等特点。如果教育管理人员忽视这个特点,在评价教师劳动时过分强调精确性、物化性、规范性和实效性,往往会加剧彼此之间的矛盾。

教师劳动的个体性也是一个特点。这就是说一门课程的教学效果如何,一项教育活动的效果如何,在很大程度上取决于教师个人的知识、经验、才能和社会责任感。这四者缺一不可,它们都凝聚在教师的一言一行,一举一动之中。因此,教师往往对个人的知识才能估计过高,对群体的作用认识不足。作为教育管理人员既要尊重教师个体劳动的特点,不要用行政手段乱加干预,又要看到个体劳动者教师身上暴露出来的一些弱点与不足,要热情帮助。人们常说:金无足赤,人无完人,在知识分子群中更是如此,管理者不要去求全责备,而是要用其所长,避其所短。

(4) 正确处理教育、教学工作中的各种矛盾。学校管理要把坚定正确的政治方向放在首位，要以教学工作为中心，同时要把社会、家庭的有利因素与学校各方面工作配合起来。课堂教学是教学的主要形式，统筹安排政治教育活动、课外文体活动、科技活动、社会服务活动和公益劳动，这样才能有效地提高教育质量，培养出多种类型的人才来。

学校领导首先是教育思想的领导，其次才是教育行政的领导，这已经成为广大教育管理人员的共识。在教育思想中包括着：全面发展与因材施教的统一；面向全体同学又要照顾个别学生；对教师与学生既要尊重又要严格要求；教学目标的统一性与教学手段途径的多样性；重视基础知识又要有创新开拓能力等等。

三、现代教育管理

现代教育管理是一个新的概念，它不同于古代的教育管理。自从有了现代学校也就有了现代教育管理。但人们研究"现代化"理论、管理现代化等问题，是从20世纪初才开始的，到了50年代以后有了较大的发展。

（一）关于"现代化"

"现代"一词是一个相当笼统而又广泛的概念。从习惯上来讲，现代与古代是相对而言的。今天称之为现代的现象又是相对于未来来说的。1960年美国学者赖肖尔在"近代日本研究会议"上，列举了现代社会中所发生的一些重大变化作为现代化的标志。他的观点引起了学术界的注意。随后一些西方社会学家试图从第三世界国家如何从传统的农业社会向现代工业社会转向过程所引起的各种变化作为现代化的标准。总的来说，西方的现代化理论大多数是从不同学科的角度来探讨经济增长、政治维新、社会演变、教育改革、科技革命、心理适应等方面的问题。这就是说，社会学家眼里的现代化是指现代化社会的结构化、都市化、工业化、世俗化的综合体现。经济学家则是从第三世界国家面临着复杂的经济问题出发，探讨经济发展的战略、模式、道路之类问题。政治学家主要是研究权威的理性化、政治结构的分化、政治参与的扩大等问题。教育学家探讨现代化则涉及教育环境的变化（经济发展的不平衡、政治不稳定、人口增长、环境污染等），发展理论与政策的变化、教育思想的变化（如正规教育的困境、非正规教育的兴起、普通教育与职业技术教育、受教育权的机会均等)、新技术革命的发展与教育、终身教育、教育标准的国际化以及现代教育技术辅助手段等。① 世界各国学者在上述研究的基础上,分别提出了经济现代化、政治现代化、教育现代化、人的现代化、管理现代化等观念。

20 世纪 80 年代初,西方现代化理论传入我国,其基本观点是:"现代化"是一种独特的社会变迁过程,它是由科学技术的发展所导致的。人们借助科学技术,不仅具有选择社会变迁方向的能力,而且能够自觉地、有目标、有计划地实施一种社会的变迁。在现代化的过程中,所有的社会,无论它们的起点怎么不同,都会经历大体相同的变化,即工业化、城市化、世俗化以及政治决策上的中央集权化等过程。② 西方现代化理论具有二重性,它既有科学性的一面,可以供我们参考借鉴,又有唯心主义的一面,它并不着眼于社会发展整体的客观规律和历史唯物主义的基本观点,是一种社会发展中的"技术决定论"和"趋同论"在"现代化"理论上的表现。

我国的"现代化"理论是建立在马克思主义基础之上的。党的十一届三中全会以后,邓小平从中国的国情出发,对实现现代化的道路、方针、政策、方法和措施都做了明确的回答。

现代化是一个历史性的概念,其标准是相对的。它是一个世界性的概念,反映了一个社会应该达到的生产力水平,其标准应该在国际上处于先进的地位。现代化又是一个广泛的概念,它不仅指物质生产上的现代化,还包括着管理上的现代化、人的现代化以及现代文化、现代精神文明等等。至于上层建筑、意识形态领域有没有现代化问题尚无统一的意见,需要继续探讨。

(二) 关于管理现代化

国内学者对于什么是管理现代化提出了不同的看法。

---

① 参见〔美〕菲力浦·库姆斯著,赵宝恒、李环等译:《世界教育危机——八十年代的观点》,人民教育出版社 1990 年版,第 8~31 页;〔日〕筑波大学教育学研究会编,钟启泉译:《现代教育学基础》,上海教育出版社 1986 年版,第 37、47 页。

② 参见《经济科学学术观点大全》,中国财政经济出版社 1988 年版,第 35 页。

我国管理学家何健文认为："管理现代化就是把管理工作信息化和最优化。信息化包括计算机管理。最优化包括行为科学中的合理部分。换言之，管理现代化是以发展现代管理科学和管理工程为宗旨，以科学管理为基础着重用现代科学技术的理论、方法、手段来研究和处理管理工作中的规律性问题，使管理工作更趋于完善。"① 按照这种观点，他们把系统理论、运筹学、决策方法、统筹方法、最优化设计方法、数理统计在管理上的应用、电子计算机在管理上的应用列为主要内容。

朱镕基在其主编的《管理现代化》一书中提出："管理现代化是一次全民的'智力革命'"。"管理现代化的内容应该包括：管理思想的现代化、管理组织的现代化、管理方法的现代化、管理手段的现代化"。② 所谓管理思想的现代化，主要是指摆脱小生产狭隘的传统经营思想，把管理工作立足在先进科学技术和社会化大生产的基础上，树立起经济观点、科学观点、民主观点和有效性观点。所谓管理组织现代化，主要是指组织机构和管理体制的集中化、专业化、协作化和联合化，形成了矩阵结构、多维结构、网络结构等组织。所谓管理方法、手段的现代化，主要是指采用现代自然科学和社会科学相融合的研究方法，形成以科学技术和信息为主线的管理方法和手段。

还有一批管理学教材是以历史发展为线索研究管理现代化的历史进程。他们认为，管理现代化是一个动态的概念，从19世纪末开始直到20世纪90年代，人们都在对管理现代化进行探讨。在这一百多年内，人们把它划分为三个阶段。第一个阶段是从19世纪末到20世纪的60年代。管理现代化是以提高劳动生产率为中心，把组织视为一种闭合状态的机构。管理就是研究在闭合组织中人、财、物等要素的效率问题。例如，泰勒的科学管理就是从生产过程如何实行定额管理、标准化管理来进行研究，梅奥的人际关系学说着重研究在生产过程中社会心理因素及正式组织与非正式组织对人的行为的影响。还有一批人从会计、统计、审计角度着重研究物资与经费等问题。第二

---

① 中国管理现代化研究会编：《管理现代化研究和实用教材》，湖南人民出版社1981年版，第7~8页。

② 朱镕基主编：《管理现代化》，企业管理出版社1985年版，第7、9页。

个阶段是从20世纪60年代到80年代。管理现代化由重点研究人、财、物的管理转向到对战略发展的研究。这个时期世界情况复杂多变,相继出现了能源危机、粮食危机、生态平衡遭到破坏、人口危机、东西方的冲突与南北矛盾加剧。在这种情况下,一个国家、地区或组织要求得生存与发展,必须善于寻找机会和条件,以适应变化的环境。管理的重点也由以内部管理为主转向到以外部管理为主,处理好组织与多变环境的关系。美国学者西蒙提出了"管理就是决策"的科学论断。科学的决策又是建立在信息基础之上的。因此,调查、预测、规划、运筹、评估、诊断之类科学手段在管理上得到广泛应用。第三个阶段是从20世纪80年代开始,现在尚未完成。一批管理学家在对各国管理进行比较研究时,发现了各国的民族文化在管理中的特有功能。于是就把管理目标转向到组织文化的建设。管理人员普遍重视树立企业自身的形象,对职工进行组织目标、信仰、价值观之类的教育,把组织目标与职工个人的价值观结合起来。

总之,管理现代化就是以现代管理意识为指导,采用现代科学方法,对管理过程定性与定量分析相结合,以追求质量和效益为目标的管理。

(三) 关于教育管理现代化

20世纪30~40年代,我国一些崇尚民主与科学的教育管理学家就已经提出当时教育管理现代化模式。例如,罗廷光在其所著的《教育行政》一书中就提出行政管理的民主化、科学化和专业化的主张。民主化管理主要是指:①教员和学生有权参与学校管理;②平民有受教育的权利,反对学校管理中的选择与淘汰制度;③重视学校内部的人际关系的融洽,反对校长的独裁统治。科学管理主要是指:①采用业务分析的方法,对教育、教学过程进行数量化研究,提高教育工作的效益与成果;②教育行政的各项工作都要建立科学的制度,聘请教育专家进行专业指导。专业化主要是指各级教育行政人员、视导员、校长都要接受教育行政的专业培训。①

新中国成立以来,教育管理在吸收老解放区办学的优良传统,学习苏联教育管理经验的基础上,探索中国自己的教育管理模式,走了一条曲折的道

---

① 罗廷光著:《教育行政》,商务印书馆1946年版,第17、18页。

路。在坚持社会主义办学方向，坚持为人民服务，向工农及其子女开门和坚持教育与生产劳动相结合，理论与实践相结合等方面取得很大的成绩。但在一个时期，由于受左倾思想的影响，片面强调"要以阶级斗争为纲"，搞所谓的"政治建校"和"开门办学"，破坏了教育自身发展规律，造成了教育质量下降，教学秩序混乱和知识分子政策偏差。这一切又不利于教育现代化的进程。

现代教育管理是现代社会的产物，它在继承古代教育管理的基础上有所创新。现代教育管理本身也有一个发展过程。从早期的现代教育管理到二战以后的现代教育管理，出现了一些比较明显的变化。

1. 由重视学校功能管理转向到学校的效能管理

在早期的教育管理中，管理者主要从学校特有功能的角度研究管理问题，即学校的政治功能、经济功能、文化功能、人的社会化功能等。学校管理就是通过教学计划、教育过程、各种教学组织形式，课内外活动等实现学校的功能。自从美国管理学家德鲁克提出"有效的管理"理论之后，管理学界出现了"有效热"。教育管理学界对如何提高教育管理的有效性发生了兴趣。教育管理者把对教育功能的目标，转向到效能的目标。也就是说，从"应该做什么"发展到"怎么做最有效"。一个学校组织存在的价值就在于它是否取得成效。现在学校管理中流行的目标管理、质量管理、教育评价等都是立足于效能的大小作为管理行为的出发点。

2. 由重视部门优化管理转向到整体优化管理

早期的教育管理把工作的重点放在部门上，只要各个部门、班组工作搞好了，全校的工作也就自然好了。如果某个部门出了问题，领导就去解决某个部门的问题。这是一种"头痛医头，脚痛医脚"的方式。这种组织内部分工是很细的，每个部门承担着不同的职务和责任，拥有不同的权力。例如，主管教学的部门拥有组织、指挥、协调教学工作的权力，但是他们没有人事权和财务权。主管人事部门拥有招聘、任用、考核、培养、晋升教职工的权力，但是没有教学、组织、指挥和协调的权力。财务部门更是如此。这种管理具有分工明确、专业性强的特点，但部门之间的矛盾、冲突时有发生。而当代教育管理理论强调整体目标是最重要的。每个部门在整体中是不可缺乏的，但各自的地位、作用又是各不相同的。为了实现整体目标，领导者在决策论证时，关键部门要提供优惠条件，让它们好上加好，而次要部门只要求维持一定的水平，必须时要作出牺牲，把本部门应得的人、财、物转移到重点部门，这样做是为了整体优化。教育管理中的规划论、决策论、对策论都是立足于整体优化，反对平均主义。

3. 由重视教育管理过程的监督、检查的职能转向到赋予教职工以强烈的工作动机、责任感和成就欲上

早期的教育管理理论强调管理的职能主要是计划、检查、总结三大类。其中对教职工的监督、检查又是经常进行的。而当代教育管理理论认为，质量是师生在教学过程中共同创造的，而不是靠检查逼出来的。教育管理中不能没有监督、检查，而工作的重点放在激励教职工的自觉性和首创精神，采用心理引导的方式，让教职工自己追求完善，由外部激励深化为内部自我激励。这种变化也是管理主体的变化。

4. 以重视教育管理制度规范化、制度化为主，转向到以权变思想为指导的灵活的管理

早期教育管理十分重视管理工作制度化、规范化、标准化，做到有章可循、有法可依。但对于例外事件或非常规性工作的管理重视不够。当代教育管理理论认为，教育存在于复杂多变的外界环境之中，变化着的不稳定因素往往会打破已经形成的秩序、平衡和稳定状态。教育管理者要能够适应这种变化的环境，因地制宜地开展工作就必须有权变思想，针对不同类型的人与事，采取不同的处理方法，以求得最佳的效果。

5. 在管理方法上由重视行政管理方式为主转向到行政方式与科学手段相结合

早期的教育管理多采用行政方式的管理，把上级机关的指示、法令法规、会议的决议作为管理行为的依据，重视组织内外的职、责、权、利之间的关系。当代教育管理理论认为，采用行政方式进行管理是必要的，但是这种方式又有其局限性。因此要把行政方式与科学手段结合。我们要把管理对象作为科研对象，大家都来采用教育调查、教育预测、教育测量、教育评价、教育统计、教育实验、教育诊断之类技术与方法，把定性分析与定量分析结合

起来以寻求教育管理中的新方案。

第三节 现代教育管理理论及其流派

管理是人类一种理性行为,它是把理性的认识付诸有组织活动。教育管理人员的管理行为,既受着他的教育观的支配,也受着他的管理观的支配。当他们在制订教育规划,建立教育组织,开展教育督导与评价以及设计改革方案的时候,他们对规律的理解和价值取向起着十分重要的作用。不同的教育管理人员其价值观念、道德标准、思维方式不同,也就形成了不同的管理模式或管理风格。

教育管理理论工作者在研究教育管理人员的管理行为时,采用了不同的理论视角和研究方法,形成了各种各样的教育管理理论和流派。坎贝尔博士是美国最著名的老一辈教育管理教授。他是从管理学演进的历史的角度,把管理划分为"科学管理"、民主管理和人际关系、科层组织的管理、开放系统的管理等派别。罗伯特·欧文斯是美国印第安大学教授,他从组织行为学的角度研究教育管理理论,提出按照古典组织理论、人际关系理论、组织行为组织学理论来划分。国内外还有些学者主张按管理模式来划分为经验型教育管理、行政型教育管理、科学型教育管理。本章是综合各家之言,突出相关学科对教育管理的影响。

一、行政学、法学对现代教育管理理论的影响

教育管理学界认为,近代历史上最早用行政学、法学的观点研究教育管理理论的人,是德国著名法学家、行政学家施泰因(Lorenz Von Stein)。他在1884年出版了《管理学》①一书,其中有一个专章是论述教育行政管理的。他明确提出国家应该通过立法的方式对公共事务的教育进行干预,以保障国民有平等的受教育权。施泰因这一观点是与他的哲学思想和政治思想联系在

---

① 又译《行政学》。

一起的。他早年曾受法国空想社会主义思想的影响，后期又崇拜黑格尔哲学。因此，他研究教育管理是从解决社会不平等现象出发的，他把解决社会问题寄托于英明的政府的法律。他认为，世界上每个人都生活在人类共同体之中。这个共同体把许多人集合在一起，相互之间都是为了别人的生存而存在的。人类共同体由两部分组成，一部分叫社会，另一部分叫国家。社会是由一些非人格化的自然要素所组成，它通过对财富的分配来提供人的发展的条件；它通过劳动组织在人群中建立纪律；它通过人类需求系统去促使人们去行动；它通过家族及其法律而结成世代相传的人类生活的有机统一体。而国家不同于社会，它是由人格化的自律的因素所组成。它能够通过法律和自我调节的方式去改变社会中存在的一些不合理的现象。例如，社会对社会财富的分配不公，纪律的不合理以及人类需求得不到满足等。施泰因在分析社会财富分配不公的现象时，把原因归结为精神财富分配不公。因为有些人受到了良好的教育，掌握了生产技能，所以得到了较高的报酬。而另一些人很穷，他们没有受过良好的教育，没有谋生的技能。现在要解决社会财富分配不公的现象，他主张首先要解决精神财富分配不公，为此国家要用行政的和立法的手段来干涉教育，让广大穷苦人家的子女都能受到教育。这是一种社会改良主义思想，是他唯心主义的社会观、历史观的反映。对此观点我们要用历史唯物主义观点进行分析批判。但是他提出的教育行政的法律适应性原则对教育管理学的发展还是有一定意义的。

　　施泰因之后的一百多年来，世界上有许多国家都是通过立法的方式来管理教育的。教育法也逐渐从民法中分化出来成为一个独立的法律体系。教育法在教育行政管理中的作用大致有下列几点：保证了国家权力机关对教育事业的控制；保障了教育管理秩序；加强了教育行政管理系统的稳定性；促进了教育行政管理系统的功效；保护了教育者与被教育者的权利、义务和责任。但是教育法又不是万能的，它对教育事业的干预也可能起到相反的作用。

　　行政学把学校组织视为一种行政实体，按照法律的规定，确定其法人地位以及学校组织内部各部门之间职、责、权的关系。这种管理方式旨在提高行政管理的功能与效率。教育行政管理理论主要之点是：教育行政是国家推行其政治与服务职能的有力手段之一；教育行政管理是依靠行政的权威性、系统性、强制性来提高管理的功能与效率；教育行政管理包括制订教育事业发展规划和计划，建立健全各级行政组织、协调和控制教育事业内部的各方面的关系、督促下属执行规划和计划、对各项工作成果的鉴定和评价；协调教育的参与者即校长、行政人员、教师、学生、学生家长、社会有关人士之间的关系，按照各自的地位、责任、权力、利益进行影响。

二、"科学管理"理论对教育管理的影响

19世纪末，随着资本主义工商业的发展，科学技术的进步和社会矛盾的加剧，各国的工程技术人员和管理人员都在探索如何实现管理合理化的问题。在这些人中最有成就的人就是泰勒（Frederick Winslow Taylor）。他在总结前人管理实践经验的基础上，结合自己的观察、测量和实验的成果提出了一整套管理理论。他的主要著作有《计件工资制》（1895年）、《工场管理》（1903年）、《科学管理原理》（1911年）。泰勒自幼才华横溢，兴趣广泛，勤学好问，善于思考。他在技术革新和发明创造上取得了很大的成绩，曾获得技术专利一百多项。他在管理方面曾进行过"铁块搬运实验"、"铲具的实验"和"金属切削实验"。这三项著名的实验为他的科学管理理论奠定了基础。

泰勒科学管理的主要观点如下。

（1）科学管理的目的和中心在于提高劳动生产率。

（2）管理人员要采用科学的方法对生产过程进行观察与实验，研究每项工作所花费的时间和动作的次数。在此基础上提出"合理"的日工作量标准。

（3）每个工人要完成日工作量是有条件的，其条件就是原材料、工具、工艺过程、检验和操作工都必须标准化。

（4）标准的操作工最为重要，因此必须接受岗前培训，达不到标准不能上岗。

（5）实行差别计件工资制，鼓励工人打破定额。

（6）实行"精神革命"。泰勒要求工人和雇主两方面都必须认识到提高劳动生产率对两者都有利。因此，双方应该相互协作，共同为提高劳动生产率而奋斗。

"科学管理"学派的创立者是泰勒，其追随者有卡尔、巴思、亨利、甘特、吉尔布雷思夫妇、哈林顿·埃默森、英里斯·库克等。

"科学管理"理论不仅在企业发生很大的影响、它还逐步影响到机关、宗教团体、医院、文化、科学、教育等部门。

20世纪初,由于生产力的发展对劳动者素质的要求提高了和工人阶级为争取受教育权的斗争的结果,使得一些资本主义国家学校数量有了迅速的增长,同时社会团体和政府对教育的投入也大大增加,这种巨大的投入引起了企业界和政府部门对学校效益的关注。他们批评学校在管理上存在着浪费现象,要求学校管理人员把工作的重点放在质量和效率上,为此必须对学校工作进行考核。在巨大的社会压力下,教育管理人员不得不放弃传统的教育价值观,转向接受工商界的价值观念、道德标准与管理方法,也就是泰勒的科学管理。

当时主张对学校实行科学管理的人中有两位影响较大的人物。一位是美国新泽西州牛顿市的督学弗兰克·斯波尔丁。他提出教学成本这个概念。他认为这是一个需要控制的关键因素。学校组织的总效率是直接和员工们的工作效率联系在一起的,学校管理人员通过安排教师工作任务,也就是把经费的分配同教学成本联系起来。另一位就是芝加哥大学的讲师富兰克林·博必特。他认为要提高学校行政的效率,首先要确定学校产品的理想标准(即学生标准);其次要规定学校的生产方式,生产者(教师)必备的资格和工作准则。教师还必须遵守专家制订的"详细教学计划、所应达到的标准、所应用的方法与所使用的教材"等方法。这种效率、成本、标准化的观念对传统的教育价值观是一个很大的冲击,这也反映了泰勒的科学管理思想对教育行政管理的影响。

这个时期在教育科学研究方法方面也有了一些新的进展。教育调查、教育统计、教育测量作为了当时学校管理的基本工具,对学校工作各个方面进行标准化、定量化、程序化、效率化的研究都要借助于这些方法,使学校管理的粗放化走向集约化。这是一股无法拒抗的热潮,影响了教育界四十多年。

当时也有一些教育家对科学管理提出了批评。他们认为教育管理绝不能用统一的标准去压抑教育工作的多变性和创造性。雷蒙德·考尔汉在其《教育和效率崇拜》(1962年)论文中指出,这是"美国在教育方面的一个悲剧",

教育管理人员从传统文化的传播者地位，蜕变成反文化的企业经理。

三、科层管理理论对教育管理的影响

科层管理理论属于古典组织学派的一个分支。它是由德国学者马克斯·韦伯（Max Weber）提出来的。他反对世袭制和个人独裁，主张建立一个理想的行政组织体系，使权力合理又合法。

科层理论的基本观点如下。

（1）把为实现目标所需要的全部活动都划分为各种基本作业，作为任务分给组织中每个成员，每个成员都有明确的权利和义务。

（2）按照职位的等级原则，组成一个指挥体系或阶层体系。

（3）每一职位上的成员都必须称职，这要通过正式考试或教育训练来实现。

（4）除了按规定必须通过选举产生的公职外，官员是委任而不是选举的。

（5）管理者不属于管理单位的所有者。

（6）组织中成员之间的关系是一种不受个人感情影响的关系，完全以理性原则为指导。

（7）管理者领取固定薪金，有明文规定的升迁制度。

（8）管理人员必须严格遵守组织中规定的规则和纪律，这些规则和纪律是不受个人情感影响而在任何情况下都适用的。[①]

韦伯所主张的理想的组织并不是指合乎需要的，而是指组织的"纯粹形态"。从理论上讲，它是最合理的，效率最高的，也是最稳定的，而在现实生活中并非如此。

管理学家们认为，20 世纪以来工商界的组织机构，基本上是按照韦伯模式构建的，因它以权力为基础和管理过程的非人情因素的特点，管理学界也把这种理论称作"官僚模式"。学校管理学界是从 1945 年以后才开始对韦伯模式发生兴趣。他们试图改变学者型校长的权威地位，使学校行政组织公正、

[①] 朱新民、李永春、周吉主编：《现代管理科学词库》，上海交通大学出版社 1986 年版，第 30 页。

合理、合法，每个教职工有权在学校组织中享受民主权利，正常的晋升机会。但也有不少人认为，尽管现代学校组织在许多方面是与科层组织理论相近的，但是学校终究与企业、机关不同。他们特别强调，学校教师的自主权比较大，成员之间的关系也比较松散，学校组织中一些教学组织、群众社团和学生组织大体是这样，而学校的行政机构（非教学那部分）仍然是高度结构化的，职、责、权对人的行为有很大的约束性。

美国学者马克斯·阿博特是最早提出学校组织显示出许多韦伯的原则的教育管理学家之一。他是从学校组织具有专业化的特点、学校有明确和严格的规章制度、学校管理的理性化以及教职工按照职位得到工资报酬等方面来研究学校组织的特性的。

关于学校权力的研究，学校有一部分权力来自于科层权力，这是一种职务和地位的权力，还有一种来自学术地位的权力，于是就产生了教师与行政管理人员之间无休止的冲突。

还有一种观点认为，科层组织的正效应是管理的专业化、理性化、协调合作、连贯性和激励作用。但是科层组织也会使人对本职工作产生厌倦情绪、士气低落、同事之间或上下级之间缺乏沟通和理解、目标僵化以及只熬年头不讲绩效等负效应。因为它太理性化了，没有一点人情味，因此改良的韦伯模式或新韦伯理论也就产生了。科层组织不只是一种封闭系统，它同外界环境发生联系，彼此间发生影响；科层组织是一种正式组织，管理者在充分发挥正式组织的作用时，不能忽视非正式组织的存在。正式组织要善于疏导与影响非正式群体。

目前我国学校管理改革中推行的校长负责制、教育目标责任制、教师聘任制、结构工资制、管理干部考绩制、各种岗位责任制等都是为了健全组织的各种机制，提高组织的行政效率。韦伯的科层理论对这些改革是有一定的参考价值的。

四、行为科学管理理论对教育管理的影响

行为科学是第二次世界大战以后兴起的一组学科群。它是运用现代科学方法研究自然和社会环境中人类行为规律的科学。管理者运用行为科学的理

论与方法去研究企业中职工的需要、动机、内驱力、个性、情绪以及人群关系等问题,以便激励起职工的工作热情、责任感和成就欲,消除人与人之间的矛盾与冲突。行为科学管理理论的前身叫人际关系学说。哈佛大学工业心理研究所的梅奥对这个学说曾进行过系统的研究。1924 年美国科学院曾组织一批科学家到美国西部电气公司霍桑工厂进行有关提高劳动生产率的探索。先后去了两批人。第一阶段是研究工作条件与劳动生产率之间的关系,其中包括灯光照亮与劳动生产率的关系、休息时间、工作时间长短的调整、奖金制度的变化等。这个阶段大约进行了一年半。第二阶段是对全厂两万一千余名职工进行调查访问。这个阶段用了三年时间。第三阶段是工厂中非正式群体(组织)的研究。梅奥在实验的基础上撰写了《工业文明的人性问题》一书,全面系统地论述了人际关系学说。

梅奥的基本观点如下。

(1) 工人不是机械的动物,而是复杂的社会系统的成员。因此,人的行为不只是受着物理的和生理的因素的影响,更为重要的是受着社会心理因素的影响。他反对把工人当成机械人或经济人,而应把他们看成是社会人。

(2) 工作条件、工资报酬不是影响工效的第一要素。工效的高低主要取决于士气,而士气又来源于人与人的和谐关系。

(3) 每个人都生活在群体之中,群体对职工行为发生很大的影响。群体可分为正式群体和非正式群体。管理人员不要只重视正式群体的建设,而忽视非正式群体的存在。

(4) 领导者不仅要善于了解人们合乎逻辑的行为,还要了解人们不合乎逻辑的行为。

梅奥的观点在 20 世纪 30~40 年代曾得到一些学者们的支持,也受到一些企业家和工会领袖的反对。这时教育界很少有人把人际关系学说引进到学校管理之中。美国芝加哥大学教育系主任拉尔夫·泰勒是最早意识到人际关系学说的研究带来管理思想转变的教育家之一。他在《变化中的思想概念促使教育必须调整》(1941 年)一文中提出人际关系的研究与学校管理人员有关,他预见今后教育管理必将受到梅奥等人在霍桑工厂实验的影响。像这样的文章还有几篇,在整个教育管理学界不占主导地位。绝大多数从事教育管理学研究和教学的人原是经验丰富的教育行政人员，他们很少与大学中工商管理学院的教授往来，因此也很少引进人际关系学说之类的新思想。① 但是与人际关系学说有关的民主管理思想在1940年以后非常盛行，这是对当时学校管理中的独裁与专制方式的一种反抗。教育界有许多人受到杜威教育思想的影响，对于参与管理、社会平等、利益分享等口号抱有不切实际的幻想。所谓民主行政、民主管理、民主决策、民主教学成为大家的口头禅，而实际上是不可能做到的。美国学者考尔汉在其著作中曾分析过这一段历史。他认为，当时教育行政提倡民主管理大都是浮夸言词，极少有人从事这方面的研究和实际应用。②

二战以后，把民主管理与人际关系学说结合起来研究教育管理的文章增多了，其中影响比较大的文章有威尔伯·约契写的《改善学校管理中的人际关系》（1949年）和丹尼尔·格里菲思的《教育管理中的人际关系》（1956年）。约契主张学校校长要正确处理好全体教职员之间的关系，认为这对学校管理是有决定意义的。教职员要参与决定有关监督、预算分配、课程、制订规章制度以及日常管理之类事宜。校长和教师以平等的地位对话，大家的权利是平等的。格里菲思认为教职员的士气问题是当时美国学校最棘手的问题。为什么教职员士气不高，经常出现旷工、消极和流失现象，这是因为每个人在工作中获得满足的程度有关，也是与学校领导的类型有关。

在行为科学管理理论的影响下，教育管理学家更加重视管理对象的主体地位。采用科学的方法了解社会与学校中各种因素对个人或群体行为的影响，强调人的主观能动作用、自我激励、自我调控、自我完善。管理者利用自身力量，冲破"误区"，走出"低谷"，排除一切困惑，充分发挥人和组织的价值。

---

① 秦梦群著：《教育行政理论与应用》，五南图书出版公司1988年版，第11页。
② 参见［美］坎贝尔等著，袁锐锷译：《现代美国教育管理》，广东高等教育出版社1989年版，第11页。

五、系统理论管理学派对教育管理的影响

系统理论是 20 世纪 50 年代以后发展起来的一组新兴学科。它包括系统论、信息论、控制论、耗散结构、协同学、突变法以及电子计算机技术。这组学科的诞生标志着人类认识史上一次重大的飞跃，它继相对论、量子论之后再次改变了科学家认识世界图景的进程。

系统理论的概念在古代已经有了，古希腊哲学家德谟克里特就曾提出"世界大系统"的概念。我国古代的医学、农学、军事学中也都渗透着系统的思想。把系统作为一种科学来研究是从 20 世纪 30 年代才开始的。著名的理论生物学家冯·贝塔朗菲在 1937 年芝加哥大学的一次学术讨论会上提出世界上各门科学有着三个共同的特点：对整体或有机体的研究；有机体争取保持平衡或稳定状态；有机体与外界环境的相互作用。这三个共同点可以发展为一个总的系统模型来描述世界万物之间的关系。后来一些管理学家把系统的思想与方法引进到社会管理之中。他们从系统的角度来研究管理对象。它是动态的、非平衡的。它与周围的其他系统或要素发生着各种各样的复杂关系。当某一子系统或要素发生变化之后必然波及其他系统或要素，形成了事物发展的可能性空间。系统管理就是从系统的特点出发，为社会组织的发展设计和创造一个良好的环境，安排好人、财、物、时间、空间等要素的位置，在系统的运行中尽量减少消耗，增加效益。

目前在管理学界有影响的系统管理学派的代表人物，一个是切斯特·巴纳德。他是社会系统管理学派的创始人，他把企业行为视为一个大系统，着重探讨如何协调组织与个人之间的关系。管理者既要重视组织的目标和作用，又要重视组织成员的态度、需要、动机、价值观的变化。个人要实现组织的目标就必须克服生理、物理和社会的局限性，自觉地进行协作。组织的目标要实现，组织要生存下去又取决于它满足全体成员的需要程度。另一位是西蒙。他提出"管理就是决策"这一著名论断，强调把决策贯彻管理的全过程。组织是由作为决策者的个人所组成系统。他们对决策过程、决策准则、程序化决策与非程序化决策、组织机构的建立等问题联系起来进行分析。第三位就是卡斯特。他提出了权变理论，要管理者不要追求一成不变的、普遍适用的管理理论与方法，而是要根据环境和内外条件的变化因地制宜地进行管理。

系统理论特别是社会系统理论引进到教育行政、学校管理之中就像是一场风潮。① 大家都把学校组织视为在开放系统中的一种动态组织。社会上各种因素（政策的、观念的、经济的、风情的等等）都在影响着学校的教育质量和工作秩序、效率。在诸多因素中有一类是确定性因素，它们与学校行为发生线性关系；另一类是不确定性因素，它们与学校行为发生非线性关系。这两类因素相互影响使学校质量与秩序呈波动状态。基于这种认识，学校管理人员必须从传统的教育管理观念的束缚下解放出来，树立起整体优化观念、合理组合观念、动态平衡观念、开放与闭合统一观念、信息沟通与反馈观念。同时把系统分析的方式（包括运筹学的方法）应用到教育调查、教育预测、教育决策、教育规划、教育评价、教育诊断之类教育管理行为之中。

历史进到20世纪80年代以后，教育管理学界对社会系统理论及其方法开始产生怀疑。学校管理中采用系统与系统分析的方法都未能达到预期的效果。管理学界的有识之士认为，系统与系统分析方法在下列情况下是有效的：①决策者能够充分地考虑面临的各种不同的选择；②稀缺而昂贵的资源能够得到有效的利用；③能够更好、更省地达到目的的事件；④肯定能够在有关资源的合理配置、政策贯彻、目标设定、解决涉及社会政治、文化因素的问题等方面加强决策能力。但系统分析方法在下列六个方面是不适宜的：①政治性极强的问题；②具有深刻社会含义的问题；③在决策过程中超理性因素起着重要作用的那些问题；④在作出不同选择时，必须在价值观念和实际价值之间加以权衡的一类问题；⑤当解决问题时所希望的战略不是考虑系统各部分之间的平衡，而是要对现存系统进行激烈改变所面临的问题；⑥当不能经过现存组织，而必须通过新的机构去贯彻执行某项政策时所面临的问题。②

---

① 参见［美］R. M. 克朗著，陈东威译：《系统分析和政策科学》，商务印书馆1985年版。

② 参见［美］R. M. 克朗著，陈东威译：《系统分析和政策科学》，商务印书馆1985年版，第23、25页。

第四节　对中国教育管理现代化的几点思考

20世纪80年代以来，在邓小平提出的"教育要面向现代化，面向世界，面向未来"的思想指导下，我国教育界进入了全面改革与开放的历史新阶段。现代西方各种教育管理理论、制度和方法通过各种媒体与途径传播到了社会主义的中国，引起了广大教育理论工作者和教育管理人员极大的兴趣。人们冲破了长期以来极左思潮的束缚和传统文化的制约，决心创立一个具有中国特色的社会主义现代化教育管理体系。我们在理论探索和实践开拓的过程中遇到了三个问题。第一个问题，中国的教育管理体系是建立在马列主义、毛泽东思想的基础之上的。它与西方管理体系的理论是不同的。中国人民在长期的革命战争和建设的过程中，以毛泽东为代表的一批无产阶级革命领袖提出了一整套的领导与管理的思想与方法。它是中国教育管理现代化的理论基础。这套理论与西方教育管理理论有着明显的区别。我们主张中国教育管理理论必须是科学的，但不能陷入西方"科学主义"的框架之中。我们说中国教育管理必须是民主的，但它又不能以"人本主义"作为管理行为的参照系。鉴于这种差别，我们在学习西方现代教育管理理论时又不能丢掉毛泽东思想。当然也不能有两个理论基础。第二个问题，中国六十多年来逐步形成了一套行政管理的体制和原则，它对教育管理发生着决定性的影响。邓小平在总结我国党、政建设的历史经验时，特别是总结"文化大革命"的历史教训，提出了必须进行政治体制改革，这是一项十分复杂和艰巨的任务，它涉及党政各个部门之间在权力、利益、地位、责任的再分配。对于过去的行政管理体制和原则不能采取简单化的方式全面否定，对新的行政管理体制的建设也不能提出不切实际的要求。现代西方教育管理是同它们国家的行政体制联系在一起的。无论是集中制还是分权制，首长负责制还是合议制，完整制还是分离制都不过是一种管理形式，各自都有利与弊两个方面。政治体制才是其根本。从中国的国情出发，选择一种还是多种教育行政管理模式是值得研究的。第三个问题，中国绝大多数教育管理干部是在长期工作实践中成长起来的，他们没有受过比较系统的教育管理专业的训练。他们的主要成绩是靠实践经验磨炼出来的。在各种丰富多彩的经验之中，中国传统文化的伦理观念有着特别重要的位置。例如，对上级要"忠"，对朋友要"信""义"，对下级要"仁"。这套以伦理为本的管理理论在中国有着很深的"根"，它与西方现代教育管理的价值观必然发生矛盾与撞击。如何处理好现代西方科学管理与中国伦理本位的管理观的关系，这是需要我们认真加以解决的问题。下面就上述三个问题提出一些粗浅的看法。

一、毛泽东领导管理理论和方法在中国教育管理现代化中的地位

以毛泽东为代表的一批无产阶级革命家在领导中国革命和建设的过程中，他们把辩证唯物主义和历史唯物主义的观点和方法在领导、管理上应用，同时又吸收了中华民族文化之精华，形成了一套具有中国特色的领导与管理的理论与方式，构成了各行各业管理的准绳和指针，中国的教育管理就是以其为理论基础。

什么是毛泽东领导与管理的思想呢？毛泽东在《关于领导方法的若干问题》一文中，明确地提出："我们共产党人无论进行何项工作，有两个方法是必须采用的，一是一般和个别相结合，二是领导和群众相结合"①。我们认为，这是毛泽东领导和管理思想的精髓。因为从管理哲学的高度来看，一般和个别相结合是辩证法在管理上的体现，领导和群众相结合是历史唯物主义在管理上的运用。毛泽东有关领导与管理的一系列论述都是从这两个根本观点上派生或延展出来的。只要我们深刻地理解和正确地运用这两个基本观点，就一定会在领导和管理上取得成就。这是经过大量实践经验检验过的真理。

所谓"一般号召与具体指导相结合"，就是要求各级党政领导，在特定的、具体的工作环境下，根据党的政策、策略，向被领导者发出一般号召。这是发动群众、组织群众所必须的，也是一个领导者的基本职责之一。但是领导者的领导作用又不能停留在一般号召上，他还必须深入基层，调查研究，利用典型经验对各项工作进行具体指导。这两个方面形成了一个有机整体，

---

① 《毛泽东同志论教育工作》，人民教育出版社1992年版，第180页。

缺少任何一个方面，都不能成为一个正确的领导。在我们的实际工作中确实遇到过这样的领导：他们高高在上，滥用权力，脱离实际，脱离群众，满足于一般性号召而不做具体指导。长此下去一般号召也就流于形式，群众按照各自的理解，各行其是。反之，也有些领导人缺乏一般号召，整天忙忙碌碌地具体指导，事无巨细都要亲自过问，这样的领导人很可能成为迷失方向的事务主义者。"一般号召与具体指导相结合"是一条马克思主义的认识路线。无论是"一般号召"还是"具体指导"都要以实践为基础。因为"一般号召"既不是从天上掉下来的，也不是领导人头脑中固有的。它是领导者在社会实践中，经过加工、提炼上升为一种明确的指导思想或行为准则。"具体指导"就是把党的路线、方针、政策、理论运用到具体的工作部门、事项之中，以提高工作的质量和效率，最终保证"一般号召"的实现。

所谓"领导与群众相结合"就是要处理好领导者与群众的关系。领导者怎样看待群众一直是管理学中一个根本性问题。在西方管理理论中有各种各样的人性假设。他们把人也就是被管理的对象看成是工具人、经济人、文化人、复杂人、自我实现人等等，都带有一定的片面性。而毛泽东则把群众看成创造历史的真正英雄。要求领导人要以甘当小学生的精神虚心向群众学习，做群众的知心朋友，要全心全意地为群众服务。这是每个领导者对待群众的基本态度。他们只有这样才能从群众中来，把群众分散、无序的意见集中起来，经过研究，化为集中、系统的意见，再回到群众中去。经过这样一个过程，才能把领导者正确的决策转化为群众自觉的行动。这就是毛泽东所倡导的"群众路线"的工作方法。作为无产阶级的领袖在强调依靠群众、相信群众、尊重群众首创精神的时候，并不忽视领导者自身的特殊作用。毛泽东经常讲要调动两个方面的积极性。既要调动群众的积极性，又要调动领导者的积极性。在正确的政治路线确定以后，干部就是决定因素。领导要做群众的表率，事事处处要起模范带头作用。如果只有领导者的积极性而无群众的积极性，这样的领导者就会脱离群众，变成少数人的空忙。如果只有群众的积极性，而得不到领导者的支持，群众的积极性也是不会持久的。

"领导与群众相结合"和"一般号召与具体指导相结合"之间是密切相联的。领导者要发挥其领导作用，就必须通过一般号召去宣传群众、组织群众。

使群众自觉地意识到必须自己起来同一切愚昧、落后、错误的行为做斗争。在教育工作中扫除文盲、普及义务教育，开展成人教育都要这样做。不能把群众当成"阿斗"，领导也不是"诸葛亮"。所以在领导工作中，不能光凭少数人的良好愿望，而不考虑群众的需要与自愿。当群众的积极性起来以后，领导又不能当群众的尾巴，任其自由发展。这时就要通过细致的思想工作和具体指导，既保护了群众的积极性，又使工作向着预定目标迈进。西方的社会系统理论或行为科学管理理论都涉及领导者行为的研究，但达不到毛泽东这样理论的高度。

领导者怎样才能把"一般号召与具体指导"结合起来呢？毛泽东对此曾有过许多精辟的论述。我们把它归纳为以下几点。

1. 深入实际，调查研究

毛泽东多次用"没有调查就没有发言权"这句话教育全党同志。他自己也是这样做的。毛泽东在《反对本本主义》一文中曾经说："你对那个问题不能解决么？那么，你就去调查那个问题的现状和它的历史吧！你完完全全调查明白了，你对那个问题就有解决的办法了。"按照毛泽东的看法，调查的根本目的不在于说明现在存在什么问题，而在于找到解决问题的办法。所以，他要求各级干部都要有计划地抓几个城市、几个乡村，用马克思主义的基本观点，作几次周密的调查。不要老坐在上边听汇报。

2. 心中有全局，手中有典型

通过调查研究，领导干部就能掌握全局的情况，这是一切重大决策的出发点。调查也是为了掌握各种典型事例，以便对各项工作进行分类指导。毛泽东认为，我们做什么事情都要处理好数量和典型之间的关系。这里所说的数量就是"注意基本统计，主要是百分比"。"算账"的方法也是毛泽东经常使用的方法。所谓"典型"，有一个生动的比喻就是"解剖麻雀"，一只麻雀虽小，可是它的五脏是俱全的。我们只要认真调查几个基层单位的情况，对全局性的问题也就有了一个深刻的认识了。

3. 坚持实事求是，好话、坏话都要听

干部下去搞调查或者是听下边汇报，都要有一种实事求是的态度，绝不可抱定一种成见下去专门替自己的主观认识找证据。搞调查听汇报都是要发现事物的真相，不要被各种假象所蒙蔽。领导要对各种材料作全面的综合和分析，不要满足于孤立的片面的看不到事物发展规律的现象。不要怕听言之有物的不同意见，更不要怕实际检验推翻了自己已经作出的判断和决定。好话、坏话都要听，多数人的话要听，少数人的话也要重视。

4. 干部要下去"蹲点"

蹲点就是领导干部下到基层，帮助那里的干部解决问题。毛泽东在《工作方法六十条》（草案）中提出，干部要下去"种试验田"、"开现场会"、"办展览"等方式，这是蹲点的具体表现。干部通过"种试验田"，"开现场会"就可突破一点，推动全面工作。"点"可分为先进点、中间点、落后点（又称后进点）。毛泽东要求我们"抓两头，带中间"。从常态分布的角度看，任何地区先进点和后进点都是少数，只要我们抓住先进点的经验和改造后进点的经验，就可以把处于中间状态的大多数带动起来。所以我党在各个历史阶段都要宣传介绍几个先进典型去带动、影响全体。它对有些单位（组织）是一种动力或压力。

5. 一切都要通过试验

我们正在从事着前人没有做过的事业。这个事业是艰巨的、复杂的，发展的过程又是曲折的。因此任何一项改革项目出台之前，都要先进行试验，先抓好三分之一。试验有可能成功，也有可能失败。如果成功了就可能向其他单位推广。失败了就要找原因、改进工作。毛泽东一再强调，不打无准备的仗，不干无准备的事。试验就是一项重要的准备工作。

6. 全国一盘棋

干革命，搞建设就像下棋一样。我们把全国比做一个大棋盘，各项工作好比是棋子。哪些工作先行，哪些工作后续，哪些工作是其他工作的保证，哪些工作又需要重点突破，出奇制胜，这都要有统筹兼顾、全面安排思想。工农兵学商、党政工青妇都要摆好位置。假如一招不慎，就可能出现全盘皆输的局面。因此当领导的要像下棋一样，深谋远虑。这就是现代管理思想中的整体观。

7. 多谋善断，留有余地

毛泽东在党的八届七中全会上提出了十六条工作方法，其中就有"多谋善断"。多谋就是遇事要多想、多与别人商量，以求对客观环境与情况有一个比较全面的了解；善断就是根据客观环境与条件做好最佳的决断。毛泽东说，"多谋善断"的重点在"谋"字上。谋的目的是为了断。

毛泽东在制订规划和计划时还提出"留有余地"的思想。他要求各级干部要考虑两方面问题：一是把各方面的情况都考虑进去，二是要量力而行。他称这种方法为四面受敌法，也就是全方位思考问题，同时又要给自己留有余地和可供机动的力量。毛泽东说，我们在安排工作计划时，要留有余地给下面点积极性。不给下面留有余地，就是不给自己留有余地。留有余地上下都有好处。满打满算，不留一点余地，很容易造成虚假现象。

8. 波浪式前进

毛泽东认为任何工作都不可能是直线式的运动。表现在工作上有时前进，有时后退，有时要上，有时要下，有时要快一点，有时要慢一点。按照这种运动规律安排工作就叫波浪式。他在井冈山斗争时期就提出，"割据地区的扩大采取波浪式的推进政策，反对冒进政策"①。在党的八届七中全会上，他讲：波浪式前进也是个工作方法。凡是运动就有波，在自然科学中有声波、电波。凡是运动都是波浪式前进的，这是事物发展的规律，是客观存在，不以人的意志为转移的。我们做工作都是由点到面，由小到大，都是波浪式前进，不是直线上升。②

9. 人的因素第一

毛泽东认为，在世界上一切因素中，人是最宝贵的因素。因为一切工作都离不开人，我们干工作不要只见物，而不见人。人的状况可分为先进、中间、落后。这不是一成不变的。任何一个先进者也会有弱点和缺点，任何一个落后者身上也会有闪光点。因此我们要团结一切可以团结的人，化消极因素为积极因素。他相信人是可以改造的。

毛泽东有关领导与管理思想是一个丰富的"宝库"，处处闪烁着唯物辩证

---

① 《毛泽东选集》第1卷，人民出版社1991年版，第51页。
② 参见石仲泉、刘武生主编：《毛泽东思想方法导论》，中央文献出版社1992年版，第117页。

法的光辉。体现了毛泽东领导与管理思想的先进性、民主性和科学性。

中国教育管理理论就是建立在毛泽东领导与管理思想基础之上的。他的人民本位的思想，也就是一切从人民的利益出发，尊重人民的需要、愿望和首创精神。领导者要甘当群众的小学生，领导要为群众服务的思想。这是西方教育管理思想无法比拟的。

中国六十多年办教育的经验，也充分说明毛泽东领导与管理思想的指导的结果。"一穷二白"是对中国国情的基本估计之一。在这种情况下提出了："三个结合、六个并举"的两条腿走路的办学方针，到现在还是有指导意义的。在教育改革中克服理论脱离实际，教育与生产分散，实现学与用的结合，知识分子与工农的结合，始终是主旋律。

西方教育管理理论是在西方国家教育管理实践中不断积累的过程中形成的。其精华部分已经成为国际共同财富。

中国教育管理现代化就是以毛泽东领导与管理思想为基础，其中也包含着吸收中国历史上的成功经验和西方教育管理的精华。

二、中国行政管理体制改革对教育管理体制现代化的影响

我们研究中国教育管理现代化的过程中遇到的第二个问题就是中国现行的行政管理体制对教育管理的制约作用。在中国，长期以来人们把教育视为上层建筑中一个重要的组成部分。国家的权力对它进行着严格的控制。现行中国教育管理的现代化必须是，也只能是与整个国家体制的改革同步进行。超越或脱离中国政治体制改革来讲教育管理体制改革是完全不可能的。从中华人民共和国成立到现在有关教育管理的改革有六七次之多，每次改革都是由于社会改革的需要而引起的。无论是强调中央集中统一领导还是实行权力下放；无论是校长负责制还是实行党委制，批判一长制，实行业务部门为主的条条领导，还是强调地方党委统一领导的块块领导为主，都是和整个国家的政治经济联系在一起的。国家在工农业上搞"大跃进"，学校也要抓"大跃进"。社会上批判某一种思潮，学校里也就抓其代表人物。每次都很少考虑或根本不考虑教育管理自身的特点。这种管理模式有其很深的历史根源和思想根据。

(一) 中国行政管理模式创建于20世纪革命战争年代的老根据地政府，形成于50年代

它在新民主主义革命和建国初期曾发挥了很大的作用，但不利于社会主义经济建设和文化建设的发展。它有如下三个主要特点。

1. 中央集中统一的领导体制

在革命战争时期，为了有效地开展对敌斗争和巩固革命根据地，中央决定："根据地领导的统一与一元化，应当表现在每个根据地有一个统一的领导一切的党的委员会"。下级服从上级，地方服从中央是人们行为的准则。新中国成立以后为了巩固人民政权，改造旧制度和迅速恢复国民经济，中央集中统一领导也是必须的。后来人们就误认为中央高度集中统一的行政领导体制是社会主义国家唯一的选择。1950年全国财经工作会议以后，强调自上而下的集中统一领导，同时保留地方一些自主权，后来由于对高岗、饶漱石反党分裂活动的批判，在反对分散主义、闹独立性的口号下又把地方权力收回来了。1956年毛泽东在《论十大关系》中提出要调整中央和地方的关系。这时中央已经觉察到中央集权过多的问题，明确提出：统一领导、分级管理、因地制宜、因事制宜的方针。1958年大规模简政放权，由于准备不足，下边出现了管理上的混乱，到了1960年以后又把下放的权力集中到中央，以后又有过两三次放权与收权的过程。教育行政管理和财务管理也在同时有过多次放权与回收权力的事情。这种"一统就死，一放就乱"的现象一直困扰着各级行政领导。由于法规不健全和地方行政管理人员素质不高，每次教育管理权下放以后，往往带来教师被抽调、经费被挪用、对教学乱加干预的现象。

从中国的国情来看，中央权力过分集中，不利于调动地方和学校办学的积极性。因此权力下放是发展的趋势。这种权力的下放并非简单地权力分割，而是要建立在政府职能的转换上，同时还要通过立法的形式对职、责、权进行合理分配。任何国家在放权时，必须同时考虑到控权。如果只讲"放权"忽视"控权"就会产生无政府主义，这样不利于教育事业的发展。在权力分配上还必须形成"权力制衡机制"，缺乏权力制衡是"一统就死"、"一放就乱"的主要原因之一。

2. 以上级指示、国家计划和中央文件作为一些管理行为的依据

长期以来，指令性计划和行政手段在行政管理中是非常有权威的。政府机关无论从宏观上还是从微观上对社会经济、文化、教育、科技、卫生统统实行直接管理。人们误认为计划体制是社会主义制度优越性之所在。政府机关机构臃肿、层次重叠、人浮于事，工作效率低，政府干了许多管不了、管不好和不该管的事。而下级部门、学校依附于上级，自身没有自主权，一切都得"等、靠、要"。

从中国国情来看，今后一个相当长的时间还是以国家办学为主。因此各级政府对学校拥有所有权，而经营权有可能下放给学校。学校校长根据国家的教育方针、法令以及有关规定，从本地区和本校的实际情况出发实行自主办学办出特色来。政府将在事业发展规划、教育立法、资源配置、教育督导、教育服务等方面进行宏观调控。

3. 采取群众运动的方式

行政机关向下级布置工作，习惯了战争时期的做法。如层层要开动员会、誓师会，大造声势，形式主义，简单化的做法很多。

教育实践证明，在学校管理中采用群众运动的方式是违背教育规律的。学校管理中如教师的选聘，教材的改革，教法的更新，规章制度的废立必须考虑到学术性和人的认识特点，靠发动群众，人多势众，并不等于真理就在人多的一边。

(二) 行政管理体制的核心问题是行政权力结构问题

世界上有些国家采用中央集权制，有些国家采用地方分权制，有些国家是混合制。究竟是中央集权好？还是地方分权好？众说纷纭。其实集权与分权，各自都有优点与弊端。我们绝不能说哪种体制绝对好，哪种体制绝对差。据行政学家认为关键是如何处理好权力结构的配置问题。我国行政管理的权力结构中存在着三个问题，一直没有完全解决好。

1. 执政党与行政管理主体的政府的关系

在社会主义国家中必须实行共产党的领导。这是党的性质与作用所决定的。党的领导主要表现在政治上、组织上和思想上的领导。但是在实践中各个基层组织中出现了党组织包办一切，干预一切的现象，这种党政不分，以党代政的行为势必削弱了政府的行政职能。我们从性质上、职能上和工作方式上来看党和行政组织是不同的，二者不能混淆，也不能相互替代。中国共产党是执政党，它是社会主义各项事业的领导核心。政府的工作是在党的领导下进行的。政府是综合运用经济的、法律的、行政的手段，具有一定的强制性和程序性，而党则不能这样做。在教育部门也多次发生党委（党支部）领导与校长负责制之间的矛盾。20世纪50年代曾一度实行校长负责制，后来批判了一长制，提出了要在党的领导下实行校长负责制或校务委员会制。50年代后期到60年代，由于国家政治运动频繁，在政治运动中当然要突出党支部的领导作用。可是政治运动过去以后，这种领导与管理体制并未随之改变，在学校管理中二元结构问题一直没有得到妥善解决。从理论上讲权力结构中的党政关系是有明显区别的。而在实施过程中，各自都有加强自身权力地位的理由。

2. 中央政府与地方政府的关系

行政管理体制的改革就是要建立起强有力的政府工作系统。政府工作系统是一个塔型结构，由顶层到基层形成若干层次。每个层次有着不同的职、责、权的界限，相互之间形成了一定的关系。如果这个结构是合理、有序、平衡的，它就能有效地运转，充分发挥政府系统的作用。

我国行政管理体制存在的主要问题是权力过分集中。搞社会主义现代化不能不要权力的集中，而是不要过分。因此，许多人都主张权力下放。权力下放的结果就是实现纵向权力结构的合理配置。具体来说，中央要管好中央的事，地方要管好地方的事，企、事业和学校也要管理自己的事。

现在的问题是权力如何下放？对此，我们要有科学的态度。西方管理学有以下几条"规则"可供我们参考。

①组织的目标与职、责、权、利要统一。

②权力下放，主管者的责任不能跟着下放。

③事先要考察被授权者的资格与能力。

④用文字形式说明下放的权力之目的、内容、适用范围。

⑤授权者与被授权者要相互依赖。授权后，授权者还要帮助被授权者使用好权力。

⑥授权者只能对直接下属授权，不能越级授权，更不能把本不属于自己

的权力授予下属。

⑦有关组织全局性的权力不能授予下属。

⑧授权之前要考虑到如何控权。

权力下放的真正目的在于调动各方面的积极性。它必须同机构改革、劳动人事制度改革结合起来进行。

3. 政府和企、事业的关系

行政部门的权力过分集中还表现为政企不分、政事不分、政校不分。行政部门对企、事业的业务干预过多，政府包办一切，不利于调动企、事业和学校的积极性。因此，政府必须把本来属于企业、科技、文化、教育及其他社会事务的权力归还给它们，使权力的横向结构也趋于合理。

(三) 明确政府职能，使职能结构配置趋于合理

政府应该管什么及如何管是行政管理体制的重要内容。行政管理的主体是各级政府，它应该具有完整的行政管理的职能，其中包括经济、政治、文化教育以及其他社会职能。但是过去党和各级政府对各项职能的内容和要求并不十分明确，位置也没有摆对。在政府各项基本职能中没有把经济的职能放在中心地位，它受到许多非经济因素的干扰。在对工农业的管理上习惯于指令性计划的管理、按部门进行直接管理，而不善于采用经济的方法进行间接管理。政府对于科技、文教的管理也存在管得过多过死，习惯于国家包下来，这样就严重地束缚了科技、文教等单位的动力和活力。

与政府职能不清的另一个问题是，长期以来缺少严格的从上而下的行政法规和个人负责制，缺少对每个机关及其工作人员的职责权限的严格明确的规定。这就出现了少数领导人独断专行的"人治"状态或者许多人都过问某一类工作，但又都不能独立负责地处理此类工作，整天忙于请示报告、批转文件和解决问题的各种会议。今后必须对政府的职能进行科学规范，充分发挥政府在立法、规划、财政、监督、服务等方面的作用，削弱、转移和取消束缚社会主义事业发展的职能即包办一切的职能。

(四) 教育管理体制改革

教育管理体制的现代化是建立在科学规范和法治的基础之上的。从现代教育管理理论的角度来看，只有对教育组织系统内部的权力结构和职能结构

进行合理的配置，才能使各级教育行政机关和学校充满活力，提高工作效率和调动各方面的积极性。这也正是教育管理现代化所追求的目标。

1985年5月中共中央发布了《关于教育体制改革的决定》，1993年2月中共中央、国务院印发了《中国教育改革和发展纲要》。这两个文件反映了十四年来我国教育管理体制的基本成果，为进一步的改革奠定了基础。

1. 政府对教育事业包得过多，统得过死是一大弊端

《关于教育体制改革的决定》提出："在教育事业管理权限的划分上，政府有关部门对学校主要是对高等学校统得过死，使学校缺乏应有的活力；而政府应该加以管理的事情，又没有很好地管起来。"七年以后又提出"加快步伐，改革包得过多，统得过死的体制"。这可以说是认识上的一个进步。但具体实施起来，难度还是很大的。对教育领域不放心，对知识分子不放心，恐怕是左倾顽症的表现之一。

2. 实行分级办学、分级管理的体制

在中央和地方的关系上，明确了"基础教育管理权属于地方"，"实行分级办学、分级管理的体制"对于高等院校实行"进一步确立中央与省（自治区、直辖市）分级管理、分级负责的教育管理体制"。地方政府在中央大政方针的指导下，实行统筹和管理。省、自治区、直辖市政府有权确定本地区的学制、年度招生规模，确定教学计划，选用教材，审定省编教材，确定教师职务限额和工资水平等。这时国家还要颁发基本学制、课程设置和课程标准、学校人员编制标准、教师资格和教职工基本工资标准。相比之前，地方政府权限有所扩大，但是真正实施上述权力的省市并不多，仍然是一个贯彻执行的下级机构。充分调动地方政府办学的积极性还有许多问题要解决。

从管理理论上讲分级办学、分级管理是正确的。但又是有条件的：①在立法的基础上各级办学机构要有工作细则，不能只有原则的分工；②各级教育管理人员的素质必须合乎要求；③地方在人力、物力、财力上有相应的承受力。

3. 政府，特别是中央政府对学校实行宏观管理，扩大学校办学的自主权

《中国教育改革和发展纲要》明确规定："由对学校的直接行政管理，转变为运用立法、拨款、规划、信息服务、政策指导和必要的行政手段，进行

宏观管理。"高等学校按照政事分开的原则，实行"政府宏观管理、学校面向社会自主办学的体制"。目前各类学校的自主权还很小，它们只是局限于实行校长负责制、教师聘任制、结构工资制、经营校产，发展校办企业等方面。而一批私立学校走在前面，它们在自主办学，形成特色，提供宽松、和谐的教学环境，发扬教师和学生的主体精神等方面都是有一些措施的。

目前，如何按照教育规律来管理教育，如何对学校实行学术领导，如何体现知识分子在学校的主体地位，如何使我国教育管理同国际教育管理的惯例接轨，使学校管理走向国际化等问题有待进一步研究。我们认为，这是实现我国教育管理现代化的重要内容。

三、关于中国传统文化对教育管理人员的影响

我们在研究中国教育管理现代化的过程中，遇到的第三个问题就是中国传统文化熏陶下成长起来的一批教育管理人员与西方文化的教育管理的冲突。我们在本章第一节中已经提到管理也是一种文化。它是由一系列的价值观念、道德标准和思维定势所组成。管理者的管理行为就是他的管理观念的体现。它大体经历了三个阶段：①解释（是什么行为）；②价值判断（权衡利弊）；③行为选择（从几种方案中选择一种最佳方案）。其中价值判断是中心一环。中国人的价值判断与西方人的价值判断往往不同。这就是不同国家，不同民族的文化的结果了。西方的管理是西方文化的产物。大约从培根时代开始，西方人就把知识、理性视为高于一切的力量了。后来经过康德、黑格尔等人的提炼，理性主义思潮就成了西方文化的主体精神。欧洲最早提出"教育行政"的施泰因就是黑格尔的信徒。现代的"科学主义"管理是理性主义思想的延续与发展。逻辑实证主义的方法成为科学管理中采用的主要方法。在西方也还有一种反理性主义思潮，他们的旗号是"重新评价一切价值"。现代"人本主义"管理就是反理性主义的一个流派，他们热衷于用社会心理的研究方法对待管理中各种问题。现代西方各派管理思想无不出自这两大思潮或它们的融合。

中国的管理是东方文化的产物。它是中华民族在长期改造自然、社会和自我发展的过程中积淀而成的价值、道德和思维定势。是中华民族、炎黄子

孙的精神支柱。它渗透到社会生活的各个方面，影响着世世代代人的思想和行为。中国人处事、待人、律己都是以中国的传统文化的是非标准为准绳的。在管理思想上重人伦、重和谐、重传统居于主导地位。我国学者罗国杰先生对传统伦理文化有一种说法。他认为："人伦关系或人伦价值是中国传统伦理思想的起点，精神境界是中国传统伦理思想的支柱。人道精神是中国传统伦理思想的核心。整体观念是中国传统伦理思想的归宿。修养践履是中国传统伦理思想的根本要求，而推己及人则是中国传统伦理思想的唯一重要方法。"① 我国现在的教育行政与管理人员就是在人伦为本的文化的影响下成长起来，在他们头脑中潜藏着与渗透着这种管理理念。中国的传统文化对我们来说既是美德，又是一种包袱。说它是美德，是指它有很强的稳定性和凝聚力。重视人际关系中的秩序，要求忠、孝、仁、义，特别是对上级的服从，对朋友和下级的"信"、"义"。办事要谦虚谨慎、宽容忍耐、严于律己、沉着稳健、工作勤奋、生活节俭、讲究中庸、强调团结、重视和谐、遵守纪律等等在提高管理质量和效率上是起了积极作用的。但是在长期的封建社会的土壤中也滋生出一些消极因素，成为中国人前进中的包袱。近年来社会上谈论得比较多的是：崇尚权力的官本位的专制主义思想；论资排辈的等级观念和行为准则；重义轻利，只重情义不讲效益的行为；和为贵、忍为高，不求有功只求无过，缺乏开拓进取等等。

历史进到了20世纪80年代以后，在改革开放的过程中，西方的管理现代化思潮伴随着各种媒体和渠道闯进了中国管理界。这对于中国原有的管理思想和体制是一个巨大的冲击。有些人在宣传和介绍西方现代管理中，"深揭猛批"中国现有教育管理的弊端，大有从观念、体制到方法来一个大"换血"之势。也有些人对西方现代管理不住地摇头，大喊不合国情，更有甚者视西方现代管理思想是异端邪说，大加讨伐。更多的人则认为，我们研究西方管理理论（包括行为科学）是为了消化、吸收、为我所用。这个过程要以马列主义、毛泽东思想为指导，对西方管理学进行全面地系统地深入地研究，把

---

① 罗国杰：《中国伦理传统的基本特点》，载许启贤等主编：《传统文化与现代化》，中国人民大学出版社1987年版，第100页。

现代的科学管理理论与中国的实际情况结合起来。既不要枝枝节节寻章摘句的研究，也不要盲目崇拜、不求甚解。笔者属于更多的人之列。

中国的现代化每前进一步，都要经过激烈的冲突和震荡，既有收获，又要付出重大的代价。这是因为现代化的实现意味着传统文化中缺乏时代精神的部分解体，也标志着中国传统文化的完善与更新。我们要把一个"异质"的现代化管理，从移植到内化为中华民族发展的框架之中，是需要做坚持不懈的努力的。

教育管理现代化是整个社会管理现代化的一个重要组成部分。它不是某一个国家特有的现象，而是全球性的历史进程。亚洲一些发达国家或地区在把现代化与传统的儒家思想结合上进行了尝试，对我国教育管理很有启迪。

教育管理现代化还是整个教育现代化的一个重要组成部分。教育思想的现代化、教育内容的现代化、教育方法与手段的现代化，同教育管理的现代化是相互区别、相互联系又相互作用的有机整体。它们之间是不能替代的，但又是互补共容的。

教育管理现代化是一个发展的过程，它永远是面向未来的，现在本章所述的内容并非教育管理现代化的终结，对于中国教育现代化的图景和指标体系还难勾划出来，而只是探讨教育现代化的组成部分，需要处理好各种关系的一种尝试。

第八章 现代教学

在教学论的书籍、论文中，在课堂上或各种报告、交谈中，频频出现"现代教学"这一词汇。什么是现代教学呢？理解不尽相同。有一种理解是：20世纪50～60年代以来的教学理论与实践。例如，"现代教学论是人类进入新的技术革命时代的产物，从时间上说，它是从20世纪50年代末60年代初产生、发展和兴盛起来的。到目前，它已基本上取代了传统教育学，在世界范围内开始被广泛地实践着。"[①] 再一种理解是：特指以杜威为代表的实用主义教学理论和实践。[②]

我们讨论的现代教学，和现代教育这一概念相一致，它指的是在大工业生产和商品经济条件下逐步确立、发展起来并继续不断完善的教学。因而有别于上面的两种说法。20世纪50～60年代以来的教学实践和理论，是现代教学发展的一个新阶段，一般称为当代教学。杜威的教学体系，是现代教学的一种模式、一个流派。它们都属于现代教学，但只是现代教学的一个局部或一种形态。

现代教学是现代教育的一个重要部分，一方面，它是伴随现代教育的进步而发展的，体现着现代教育的一般性质和规律；另一方面，也有自身的特殊矛盾和具体问题。因此，研究现代教学，既是把握现代教学的特殊运动规律，又是从一个方面、一个局部去认识现代教育。

---

① 李建刚编著：《现代教学论讲座》，山东教育出版社1986年版，第1页。
② 例如，罗明基主编的《教学论教程》（黑龙江人民出版社1987年版）认为传统教学论和现代教学论，在西方，分别指以赫尔巴特和以杜威的教育思想为基础的教学制度、教学原理和方法；在苏联，则分别指20世纪30～40年代的教学体系和赞科夫的实验教学体系。书中又指出，赞科夫的教学理论应属当代教学论，不应和杜威的"现代教学论"相混淆。参见该书第20～25页。

第八章　现代教学

第一节　现代教学的形成和发展

现代教学的形成和发展，是和现代社会、现代教育的形成和发展紧密相联的。它最先在欧洲孕育，并在欧洲和北美较早确立，然后传播、扩散到世界各地——这与现代社会生产力和生产关系发展的历史线索相一致。它在不断的矛盾斗争中，通过创新、改造和继承等方式，逐步地形成、发展和完善。

一、现代教学的形成

以14世纪文艺复兴运动为发端，通过对中世纪教学的批判和改造，通过不断的新的改革实践，通过对经验的不断理论总结并用理论来武装教师，通过各种势力、各种学说的斗争，现代教学孕育、诞生并逐步形成起来，到19世纪中后期终于确立了从宏观到微观都比较完备的现代教学体系。这就是现代教学发展的第一个阶段——现代教学的形成。

（一）现代教学的孕育和初步确立

现代教学的开端是以捷克教育家夸美纽斯的《大教学论》的出现为标志的。正如布特勒所说："夸美纽斯……在初等和中等教育领域中引来和支配着整个现代化运动。他与我们现在的教学的关系，类似于哥白尼、牛顿与现代科学的关系以及培根、笛卡儿与现代哲学的关系。"① 也就是说，17世纪中期，由于夸美纽斯的贡献，教学活动已开始了现代化进程——教学具有了现代教学的质的规定性。但是，这种新质的形成，是由量的不断积累而获得的。因此，要认识现代教学，首先须考察中世纪教学是如何转化为现代教学的。我们体会，这种转化，其内在原因是中世纪教育的落后，转化的方式是文艺复兴运动的人文主义教育和新教改革的平民教育对中世纪教育的反抗和改造。

中世纪的教育是落后的。宗教教会掌握着教育大权，教育成为宗教的附

---

① ［美］E. P. 克伯雷选编，任宝祥、任钟印主译：《外国教育史料》，华中师范大学出版社1991年版，第396页。

庸。"僧侣们获得了知识教育的垄断地位,因而教育本身也渗透了神学的性质。"① 教育只为僧侣阶层和贵族开办,教育内容非常狭窄,主要是宗教教义、拉丁文法或"骑士七艺"。教学方法、形式很落后,采用机械诵记、强制灌输的方法教学。学生必须绝对服从老师,不许怀疑和积极思维,纪律十分严酷,盛行体罚。教学少慢差费,质量和效率都较低。对这种落后的教学状况,文艺复兴时期的人文主义教育家曾给予深刻的揭露和批判。拉伯雷指出:神学教学只使小孩"变得呆头笨脑,失魂落魄,目滞神昏,口嚅舌钝"②。弥尔顿认为经院式教育"既无教育意义又无鼓舞作用,更无任何实用价值"③。关于对中世纪教学的空疏枯燥、摧残人性的批判,还有很多很多,不一一举证。这种落后的教学,必然激起人们的反对。文艺复兴时期的人文主义教育和宗教改革时期的新教教育,都针对中世纪教学的弊端进行了积极的改革,夸美纽斯的《大教学论》可以说是对中世纪教学的全面的理论否定。现代教学的孕育就是在适应社会发展的大背景下,不断地改造、否定中世纪的教学体系,积累、形成新的教学体系的过程。在这个意义上可以说,中世纪教学的消极性,恰恰促成了现代教学的出现。

  文艺复兴运动中的人文主义教育最先揭开了向中世纪教学挑战的序幕,播下了现代教学的第一颗种子。人文主义教育家批判中世纪教学(见上文),提出了新思想并努力付诸实践。人文主义教育家们提出了教学改革的新思想,例如,强调要教授有用的科学,教授各种有益于生活和智慧的百科全书式的知识;要求改革教学方法,因材施教;强调要尊重儿童的天性,消除强制和粗暴;等等。这些主张代表了现代教学的要求,具有进步性。在提出这些主张的同时,他们还亲身实践,按人文主义教育思想进行教学,积累了宝贵的经验。他们创办了一大批人文主义教育学校,如孟都亚宫廷学校、法兰西学院、伊顿公学,等等。这些学校教学内容大大扩展了,自然科学、体育、文学、艺术的教学占有重要位置;教学组织形式有了新的变化,班级授课制在一些学校初步发展起来(如圭阳法兰西学院、斯特拉斯堡文科中学);教学方

---

  ① 《马克思恩格斯全集》第7卷,人民出版社1959年版,第400页。
  ②③ 吴元训编:《中世纪教育文选》,人民教育出版社1989年版,第346、594页。

法得到更新，比如维多利诺在教学中注意儿童的兴趣，运用直观和练习的原则和方法，尊重学生天性和个别差异。人文主义学校这些新鲜的教学改革经验，为现代教学孕育了饱含活力的种子。

从中世纪教学向现代教学的转化，还和16、17世纪的宗教改革运动有千丝万缕的联系。16世纪在欧洲爆发了新教反叛运动，形成了新教和旧教的斗争。教育改革成为新旧教斗争的焦点和手段之一。新教（包括路德教派和加尔文教派）在教育改革上的一个重大措施是注重向平民子弟施以教育。路德极力主张对所有儿童进行强迫教育，认为："当权者要求其臣民送他们的孩子上学念书，是义不容辞的"①；加尔文派也要求，"依据基督教原理正确教育青年的学校，应不仅设在城市，而且要设在以前没有学校的集镇和乡村"②。基于这种认识，新教教派大力创办初等学校，为广大平民子弟提供基本的读、写、算和宗教的教育。教学向所有人敞开的观念遂被提出，并不断地被付诸实践；这也促成了前后衔接的学校制度的萌发。新教教育在内容上增设了民族语言和某些自然学科。在方法上，采用了分级教学制度，并吸收了人文主义的诸如注意直观原则的应用、注意儿童的自然发展等方法。这些改革，使教学逐步突破了中世纪教学的藩篱，积累着现代教学的素材。

正是由于人文主义教育和新教教育的不断探索，到了17世纪，欧洲的教学活动已逐步摆脱掉中世纪教学的羁绊而具有了一些新的特征：不再只有僧侣和贵族子女能进学校，大多数平民子女开始上学，学习基本的读、写、算和宗教知识；教学的个别化形式虽仍然存在，但许多学校开始按班级教学，按日、周、月、年规定工作进程；开始使用统一的课本和教材；教学方法也有了新的变化，运用练习、对话、演讲、阅读、讲解、提问等多种方式，用"适合每个学生理解力的方式"进行教学；等等。这些新的教学特征，说明现代教学的雏形已在实践中形成，中世纪教学正在逐步改造和转化为现代教学。当时众多的文献资料都可以证明这一事实，比如1529年的梅兰希顿学校计划、1570年维奈的圭阳学院课程大纲、1565年的威丁堡学校规程、1641年萨

---

① ② [美] E. P. 克伯雷选编，任宝祥、任钟印主译：《外国教育史料》，华中师范大学出版社1991年版，第271、305页。

克斯—柯堡—哥达公国的学校指南，等等。

也就是说，在17世纪，现代教学的雏形已在教学改革中表现出来并不断地实践和扩大。捷克教育家夸美纽斯通过对文艺复兴运动的人文主义教育、宗教改革的新教教育的总结，通过自身的长期教学实践的探索，使现代教学的实践雏形获得了理论形态的明确表达。这一工作由他的《大教学论》完成（1632年）。

《大教学论》用理论形式表现了现代教学的特征。在该书扉页上，夸美纽斯写道：《大教学论》"阐明将一切事物教给全人类的无所不包的艺术或确切陈述在每个基督教王国的一切教区、城镇和乡村建立这种学校以便使全体男女年轻人无一例外地，迅捷、愉快、透彻地成长为精通科学、道德纯正、在虔信上教养有素循此方法，在现在和将来的生活所需的一切事物上受到教导。"① 这段话是对现代教学的一个非常精当的概括，在当时尤显难能可贵。

具体说，夸美纽斯从三个方面明确了现代教学的基本规定性。

(1) 在目的和内容上，主张对所有人实行泛智教育。在教育对象上，他要求"不仅是富人和有权势的人的孩子，而是一切孩子，不分男女，不分出身高贵或出身平民，不分富裕或贫穷，而是生活在一切城市和小镇、村落和小村庄中的孩子，都应该上学"②。他这种阶级平等、性别平等的受教育权利的观点，总结和体现了新教教育在教育平民化方面的成果，说出了现代教学民主化的追求。他认为要实行广博的教育，应该"在学校并借助于学校达到：(1) 通过学习科学和人文学科使我们的才能得到培养；(2) 可以学会语文；(3) 养成诚实的道德；(4) 真诚地崇敬神"③。他提出的这一教学目的，把才能培植放在首位，注重科学和人文学科，体现了对人文主义教育的历史继承性。他的整个教学目的，实际上是一种有智、有德、有信仰的全面的人的培养，是对人文主义教育和新教教育的综合和扬弃。为此，必须对学生施以泛智教育，用科学、艺术、语言、道德和虔信等广泛的内容来培养学生。

(2) 夸美纽斯明确提出了教学工作的基本原理和原则。他反对用那互不

---

① ② ③ ［捷］夸美纽斯著，任钟印译：《大教学论·教学法解析》，人民教育出版社2006年版，第5、65、70页。

联系的、从肤浅的经验中拾来的方法进行教学改革，要求在研究事物的性质的基础上提出改革建议，为教学工作提供可靠的引导。那么教学的可靠引导从哪儿去找呢？他的回答是："改良学校的基础必须是万物的确切规则"①，"规则，即把一切事物教给一切人的艺术中起支配作用的原则，应当能够、也只能从大自然运转的源泉中借鉴。"②这样，夸美纽斯在教学史上首次提出了"适应自然"这一基本原则，作为设计教学工作的依据。进而依据教学活动中客观存在的五种障碍，提出了五条具体教学原则。这些教学原则的提出，反映了教学活动的一些规律，为教学由无序的经验型开始向有序的科学型转化创造了条件。这些原则，使零散的新的教学经验得到系统化，为朴素的经验找到了理论根据。

（3）夸美纽斯论证了班级授课这一新的教学制度。在总结人们对班级授课制的诸多实践经验的基础上，他把这一制度理论化了。他要求学校在时间、科目、方法方面组织得"酷似以最高超的技巧组装起来的、以最精美的工具精心地镂刻的钟表"③。只有班级授课制才能做到这一点。因此，他设想：按婴儿、儿童、少年、青年四个阶段分别设立母育学校、国语学校、拉丁语学校和大学，互相衔接；除母育学校外，学校按年龄分成班级，每班一个教室，由一个教师对全体儿童施教；每年、月、日按规定学习某些内容，实行分科教学；教学进程统一，作息统一；建立统一的学校纪律；统一进行学业考核和升级。这样，现代教学就有了从宏观到微观的制度保证。

总之，夸美纽斯通过自己的总结概括，把自文艺复兴、宗教改革以来蕴涵于教学改革中的一些先进的、新鲜的素材加以系统化、理论化，从目的和内容、原则和方法、形式和制度三个方面提出了学校教学改革的新的较完备的方案。这一新方案和中世纪教学有质的区别，它反映了现代教学的基本要求。因此，夸美纽斯堪称现代教学的哥白尼，他的教学理论，标志着教学的新时代——现代教学的开端。

---

① ② ③ ［捷］夸美纽斯著，任钟印译：《大教学论·教学法解析》，人民教育出版社2006年版，第89、95、92页。

(二) 形成基本的现代教学制度

虽然17世纪夸美纽斯已从理论上奠定了现代教学的框架，虽然17世纪也在不断实践现代教学，但是，17世纪并未最终在制度上把现代教学转化为广泛的教学实践体系。普遍的较完备的现代教学的基本制度，只是在经历了二百多年的曲折斗争之后，才在19世纪中后期得以确立。现代教学的基本制度，先由比较发达的英、美、法、德等资本主义国家建立起来，然后广为他国所仿效，成为世界范围内的基本教学制度。

在19世纪中后期形成现代教学的基本制度，具有历史必然性。17世纪虽然提出了现代教学的完整构想，但普遍实践现代教学的社会条件尚未成熟。19世纪中后期，条件则成熟了：大工业生产或第一次工业革命已完成；商品经济大发展并占统治地位；资本主义生产关系已经巩固；思想上，经过启蒙运动，也打破了宗教的统治和禁锢；现代科学体系基本确立，技术手段迅速发展……这种大的社会背景，使现代教学不仅成为可能，而且成为必要。

现代教学基本制度的形成，是通过不断的教学改革和教学理论探索、通过矛盾斗争实现的。这种矛盾斗争错综复杂，但存在几条基本线索：其一是教会办学与国家办学之争；其二是实质教育与形式教育之争；其三是经验型与科学化之争。

教会办学与国家办学之争对教学的宏观制度有决定性作用。欧洲及其殖民地的教育，在17世纪，主要由教会举办和监督。教会办学，其宗旨必然以宗教为主，这和资产阶级的人才要求是不尽一致的。虽然从宗教改革以来教会在注重宗教人才培养外也进行平民的初等教育，但这种平民的初等教育多为慈善性质，因而也缺乏有力措施去保证教育的普及。因此，当资本主义世俗政权基本巩固之后，便展开了向教会夺取教育领导权的斗争。这种斗争始于德国，威丁堡、萨克森、魏玛、哥达等公国在16世纪中叶至17世纪中叶已先后颁布法令，由国家设立学校，但教会有监督权。1794年，普鲁士宣布大中小学皆由国家主办，实施义务教育，这是最早全面实现的国家办教育。此后的19世纪，英、法、意、俄、美等国都先后实现了国家办学，形成了基本的大中小学衔接的教育制度。国家办学和现代学制的形成，为现代教学提供了宏观保证。具体包括以下几方面。①国家办学保证了人人有受教育的权利，并为这种权利的落实提供了经济的、法律的保障。②使教学目的从培养宗教徒转为培养现代人，正如拉夏洛泰所言："教育的目的应是……努力将他们造就成人。"①③国家办学促进了普及教育的迅速发展，并建立起连贯的学制，这又使班级授课这种教学制度得到巩固。④国家办学促进了教学内容的现代化，自然科学、社会科学和语言成为教学的主要内容，实用知识受到重视。正是由于国家办学，在19世纪，初等教育在资本主义国家迅速普及，科学知识成为基本教学内容，班级教学制得到广泛应用。

18世纪，由于科学和技术的发展，工业、商业的迅速发达，一种新型学校——实科学校在欧美发展起来。1701年，俄国创办莫斯科数学与航海学校，学习数学、天文、地理、测量、航海等学科，旨在培养军事与工业部门的专门人才，开了技术教学之先河。1708年，德国的席勒姆创立数学机械学经济学实科学校，教学科目有数学、物理、机械、自然、天文、地理、法律、绘画、制图等，采用直观原则教学。这是实科中学的始创。此后，技术学校和实科中学在资本主义各国迅速发展起来。这些学校和传统的文科中学、拉丁语学校不同，主要学习的是自然科学及各种实用技术，培养经世致用的人才。19世纪中叶，英国教育家斯宾塞用理论形式表述了这种实科教育的主张。他认为，"为我们的完满生活作准备是教育应尽的职责；而评判一门教学科目的唯一合理办法就是看它对这个职责尽到什么程度"②；他详细考察了人生五种主要活动，得到的结论是："什么知识最有价值，一致的答案就是科学"③；据此，他系统地建构了满足五种生活准备需要的广泛的学科体系，这个课程体系注重实用知识、主要偏重于现代自然科学知识。斯宾塞的实科课程理论，对当时及后世学校课程的设置与发展影响很大，较系统地论证和确立了自然科学知识在现代教学内容中的核心地位，集中表达了现代教学的重心由重德转到重智或由重宗教和伦理转到了重科学知识上来这一基本特征。

---

① ［美］E. P. 克伯雷选编，任宝祥、任钟印主译：《外国教育史料》，华中师范大学出版社1991年版，第457页。

② ③ ［英］斯宾塞著《教育论》，引自胡毅、王承绪译：《斯宾塞教育论著选》，人民教育出版社2005年版，第11、44页。

在究竟培养什么样的现代人这个问题上，虽然现代教学强调了智育或理性的中心地位，但究竟偏重于智育或理性的哪些方面，仍发生了争议，存在着分歧。在实践上，存在传统的文科中学和新兴的实科学校的分野；在理论上，表现为"实质教育"与"形式教育"之争。这种论争形成于18世纪，延续到19世纪，主要关系到教学目的和内容问题。实质教育强调传授给学生实用的科学的知识，在课程上要求以自然科学和应用技术为主；形式教育强调教学的目的是培养心理能力，重视教材的训练价值，主要学习拉丁语、数学、逻辑及有关人文学科。二者也涉及教学方法问题。这场争论对于现代教学发展的意义在于，现代教学培养的现代人，不仅要有知识，而且应有能力，应是知能协调的人；现代教学既要学习自然科学，又要传授人文思想；学生既必须学习基本的实际的知识材料，还要借助思维，达于理性认识，掌握事物的本质。这样，通过争论，现代教学的目标和课程明确了。

在形成现代教学基本制度的过程中，始终交织着经验型和科学化的斗争。这种斗争的关键在于：怎样使教学工作卓有成效？为此，展开了两个方面的工作，一是专门对教师加以培训，提高其水平；二是总结教学改革经验，研究教学原理，探寻教学的规律，以期改进教学。

在现代教学的孕育和形成过程中，师资问题引起了人们的关注。随着大量学校的创办，尤其是初等学校、城镇乡村学校的大量出现，师资水平不高成为尖锐问题。许多教师是由退伍军人、手工劳动者乃至无业人员来担当的，缺乏基本的教学训练，实难胜任教师工作。作为解决这个问题的措施，师范教育出现了。1685年，法国出现了第一所师范学校——教师讲习所，开师范教育之先河。19世纪初，欧洲各国普遍设立师范学校，为学校培养师资。师范学校除教授普通学校对应的课程外，还学习教育理论，进行教学实习。师范教育的发展，使现代教学的师资有了数量和质量的保证。教学不再凭个人简单经验去随意安排，而是采用专业训练所得到的教学技巧来进行，因而质量大大提高。

为了提高教学的科学水平，一些著名教育家如裴斯泰洛齐、赫尔巴特、第斯多惠、乌申斯基等在进行教学改革的同时，力求使教学科学化。教育心理学化运动推进了教学科学化的进程，在一定程度上解决了现代教学工作的心理依据问题。这一工作主要由赫尔巴特完成。他以观念心理学为基础，划分了教学过程的四个阶段：明了、联合、系统、方法。他还提出了三种教学方法：叙述教学法、分析教学法、综合教学法。不同的阶段对应不同的任务，运用不同的教学方法。这样，教学工作就第一次获得了明确的程序安排，形成了班级教学课堂工作的基本模式。赫氏的学生又进一步把他的阶段教学发展为五段教学法，并积极应用于实践之中。五段教学法在19世纪后期传播到世界各国，成为学校教学的基本形式和方法。这样，教学工作就摆脱了随意性，按教学原理来进行。

由于上述几个方面的协同发展，到19世纪中后期，现代教学的基本制度——班级授课制已普遍确立，并基本成熟了。宏观上，依托国民教育制度的确立，大多数人获得了学习的机会，明确以培养现代国家公民或国民为教学目的，科学知识和技术成为教学的主要内容，班级教学成为基本的教学管理体制；微观上，依托师范教育和教育心理学化运动，五段教学法解决了班级教学具体的形式和方法。这种宏观微观相统一的教学制度，很快风靡世界，成为普遍的实践活动。这表明现代教学已正式形成。

二、现代教学的分化

19世纪末，班级授课制作为基本教学制度被广泛地实践着。与此同时，一些人则开始探索新的教学改革，在欧洲为新教育运动，在美国为进步教育运动，其结果是形成了新的教学模式——活动教学。自此，现代教学进入分化时期，围绕着主知主义和行动主义的斗争，形成两种教学模式，直到20世纪中期。

（一）兴起"新教育"运动与"进步教育"运动

19世纪末，资本主义进入一个新的阶段，社会对人才提出了新的要求，班级授课制已不完全适应这种要求，暴露出固有的那些弊端。于是，一场以改革班级授课制为焦点的新的教学改革出现了，这就是"新教育"运动。

1885年，英国人雷迪创办了阿博茨霍尔姆学校，拉开了欧洲"新教育"运动的序幕。这所学校不只对学生进行书本知识的教学，而是实行全面教育。学生每天从事三类活动：学术活动，体育锻炼和实际的户外活动以及娱乐和艺术活动；学校工作以合作、和谐、领导为基本原则。这种新鲜的改革经验，引起了其他国家教育家的兴趣，各国相继开办了一些新教育学校。利茨在德国创办乡村教育之家，教师和儿童一起生活，儿童分小组进行学术、体育、艺术活动和手工劳作，教学强调用直观和实物教学的方法。德穆林创办了法国的罗歇斯学校，把学生组织成一些"小家庭"，颇似利茨的乡村教育之家。德可乐利在比利时建起了"隐修学校"，强调在生活中进行为生活预备的教育，学生以活动为主，教学以学生兴趣为基础。在美国，帕克领导的昆西学校实验，放弃了固定的课程，用教师自己设计的材料、杂志和报纸作为学习的材料；强调儿童的活动和对周围事物的观察。约翰逊于1907年创办的费尔霍普学校，注重儿童的自发性、主动性和兴趣，采用各种活动来代替教学。杜威进行了芝加哥实验学校的教学改革探索。这些新的教育改革，在美国进而引起"进步教育"运动的全面兴起。在进步教育中，班级授课制成为众矢之的，为此，教育家们从各个侧面进行了各种改革。柏克赫斯特实施道尔顿制，废除课堂教学，学生自己选择科目自由地学习；废除课程表，根据实际情况规定学习时间，由学生具体安排；废除年级制，鼓励学生自学，也可以请教师帮助。华虚朋创立的文纳特卡计划，实施个别教学，每个儿童按自己的速度学习。克伯屈用设计教学法取代班级教学，打破学科课程，按学生有目的的活动设计学习单元。

"新教育"运动和"进步教育"运动，开辟了现代教学的新天地。实践、活动、操作进入了教学领域；教学和社会、和生活的联系加强，学生现时生活受到重视；学生的主动精神和兴趣得到弘扬和发展；师生关系融洽了；教学灵活性、适应性增强了，形式更活泼了。由于它们这些特有的魅力，"新教育"、"进步教育"在20世纪初在世界各地都有所推广、实践。

（二）分化为两种基本教学模式

"新教育"、"进步教育"的出现和推广，打破了现代教学由班级授课制独霸天下的局面，出现了现代教学的新格局：两家分庭抗礼。

"新教育"、"进步教育"运动创立了现代教学的一种新的模式——活动教学模式。这种教学模式以杜威的实用主义教育理论为理论基础，以进步教育、新教育为实践形式。这种模式的特点，人们常用三个中心来概括：经验中心，不是从书本上学习，而是通过直接经验获得知识和技能；活动中心，不是在课堂上学习各种学科，而是安排各种活动，从实际活动中综合地学习；儿童中心，不是儿童跟教师学，而是儿童发挥主动精神，依据兴趣去组织教学。活动教学模式有各种不同的实践形式，其中以设计教学法为典型。

当活动教学模式出现并猛烈攻击班级教学模式时，现代教学的基本制度——班级授课制并没有销声匿迹。它仍然在顽强地实践着，保卫着自己的地盘。这样，班级教学和活动教学便开始了激烈的斗争。由于各有各的优点，虽然都欲置对方于死地而后快，结果却是谁也取代不了谁。20世纪前半叶，现代教学的格局正是由于它们的斗争而形成的，是两种教学模式对峙性地并存。两种模式的对峙，表现在三个中心的分野上：书本中心与经验中心之分野、课堂中心与活动中心之分野、教师中心与儿童中心之分野。这样，现代教学便分化为两条轨道，各自在自己的道路上前进。

两种教学模式的分歧，和人们在对教学工作的认识上存在行动主义与主知主义的分歧是一致的。班级教学体现了主知主义的思想，活动教学则反映着行动主义的追求。主知主义和行动主义在教学目的、内容、方法、形式等方面的认识都有很大的分歧。主知主义强调科学知识的学习以便为未来做准备，教学要传授知识给学生；行动主义认为教学是一种生活，要通过教学学会如何行动以适应环境。主知主义强调依据学科结构组织教学内容；行动主义依据儿童的兴趣通过活动来组织教学内容。主知主义注重通过书本知识、课堂讲授来获得知识；行动主义主张通过在具体情境中的操作、探索、实践来获得经验。主知主义重视教师的领导，认为教师具有绝对权威；行动主义则关注学生的主体作用，强调学生积极性的发挥。这两种不同的教学理论，在20世纪前半叶一直在斗争着，构成了现代教学分化的理论背景，深刻地渗透于教学实践之中。

（三）现代教学在社会主义国家的新发展

1917年十月革命后苏联的诞生，使现代教育分化为社会主义教育和资本主义教育两种形态，现代教学亦然。在苏联，现代教学获得了新发展。

20世纪20年代，苏联的教学深受"进步教育"的影响。在统一劳动学校里，采用单元教学法，打破学科界限，以生产劳动为中心，按自然、劳动、社会三类来组织内容。尔后又采用道尔顿制和分组教学法。这一时期虽否定了旧的沙俄教学体系，但也暴露出许多现实的严重的问题。20世纪30年代，苏联进行了教学整顿和改革，重新恢复了班级授课制。1932年《关于中小学教学大纲和教育制度的决定》提出："中小学教学工作的基本组织形式应当是分班上课，每班应当有严格的日课表和固定的学生成员"①，"在学校的一切工作中，绝对保证教师的领导作用"②。这一制度经过以凯洛夫为首的苏联教育家们的探索和发展，于20世纪40~50年代臻于完善，在实践中发挥着重大作用，推动了现代教学的发展。凯洛夫主编的《教育学》是其理论总结，在苏联为法定教科书。

　　苏联在现代教学上的新发展表现在以下方面。①使现代教学明确以马克思主义认识论为指导，注意按教学认识规律来行动。②明确提出现代教学要培养全面发展的人，培养共产主义新一代。③既发挥教师的主导作用，又注意学生主动性。④完善了班级授课制度，依据不同教学任务，采用不同的课堂结构来组织教学活动。苏联的教学由于有较科学的理论原理，有先进的教学目的，更有较完备的教学结构，因而它在学生基本训练方面取得了令人瞩目的成就。虽然它仍然存在机械化、僵化的弊端，但在当时的确标志着现代教学的重大进步。它克服了活动教学的缺陷，进一步完善了班级教学。当然，从现在看来，这种教学体系也存在很多问题，我们在后面还将进行讨论。但是，在一定意义上可以说，它体现了主知主义与行动主义论争中的一种综合的尝试和现代教学的新发展。

　　苏联的教学体系，在社会主义阵营出现之后，便传播到所有的社会主义国家。我国和东欧，都深受其教学体系的影响，甚至是简单移植了这种教学体系。因而，在20世纪40~50年代，苏联的教学体系的影响已远超出了其国界，成为当时一种极有影响的现代教学的形式。时至今日，它的影响仍然很大。这样，现代教学又有了资本主义学校教学与社会主义学校教学两种教学体系的分化，这是分化的另一个侧面。

---

　　① ②　王天一等编著：《外国教育史》（下），北京师范大学出版社1985年版，第310页。

三、现代教学走向多样综合

20世纪50年代,在世界范围内掀起了新的科学技术革命,推动着社会生活的深刻变化,教育面临着前所未有的机遇和挑战。原有的班级教学和活动教学,都不完全能适应时代的需要。于是,各种教学改革探索风起云涌,产生了许多新的教学体系。但是,谁也包打不了天下,只有联合起来,才能迎接时代的挑战。这样,现代教学便呈现出一种新局面:多家共存,互相斗争又互相吸收。这意味着现代教学迈入了多样综合的新时代。

(一)当代教学改革运动

由于社会的深刻而又迅速的变革,由于教学面临的问题日益多样,也由于对教学的不同认识,在当代,教学改革可谓此起彼伏,层出不穷。教学改革范围之广、数量之巨、类型之多,前所未有。这些改革,各有各的针对性,但其实质则是改革教学不适应时代的那些东西,使之更好地现代化。在这浩瀚的教学改革浪潮中,有一些具有典型性的探索,形成了一些独特的体系。

1. 斯金纳的程序教学

为了让学生更好掌握知识,利用教学机器来教学;课程编成小步子的程序化教材;注意积极强化、及时反馈。这种教学逐步发展导致了电脑在教学中的运用,出现了人—机对话,是一种重大的变革。

2. 布鲁纳的结构—发现教学

这种教学改革主要注意改善课程编排,选择学科基本结构即概念、原理等作为教学的内容;不由教师讲解传授知识,而是安排情境,让学生探索发现科学原理,使之了解学习过程;激发学生内部动机,注意反馈,注重直觉。这种教学为现代教学如何开发智力、解决以少胜多这个任务开辟了一条道路。

3. 赞科夫的教学与发展实验

把学生的一般发展作为教学的主要目标;按提高教材难度、加快教学速度、理论知识居于主导地位、让学生了解学习过程、使所有学生都获得发展等原则来改革教学。这一探索的中心问题是教学如何最有效地促进学生的一般发展,为开发学生智力提供了宝贵的思路。

4. 布卢姆的掌握学习

坚信每个学生都能掌握所学习的内容;把教学目标加以分类,使之具体化；按知识单元教学，进行形成性评价和诊断性评价，及时加以补偿教学。掌握学习使人人成功的愿望变为现代教学的实践，使教学目标可以操作化，评价的教学功能突出了。

5. 瓦根舍因的范例教学

不是系统地进行知识学习，而是提供一些具有典型性的范例，学习研究这一范例，获得一般的知识和方法，并培养学生的情感。这种教学改革突出教材的以点带面的特性，是课程改革的一大流派。

6. 巴班斯基的教学最优化

运用系统理论，从整体上考虑教学工作的改革，不追求某一局部的独特功能，而是力求使教学任务、内容、方法、形式、师生关系等构成最合理的整体联系，从而取得整体上优化的结果。这一改革经验，体现了现代教学的多样综合性。

7. 洛扎诺夫的暗示教学

充分利用人的可暗示性，创造愉快轻松、感情融洽的教学情境，调动人的无意识功能，通过情境中的角色扮演等方法来学习，大大提高了学习效果。暗示教学使意识和无意识结合起来，开辟了现代教学的利用无意识的广阔天地，对于充分挖掘人体潜能有重要启示。

8. 罗杰斯的非指导性教学

把心理临床治疗的原理运用于教学之中，教师不对学生进行指示，而是进行平等的对话、交流，注重情感的适应性，双方都真诚、平等地进行沟通。这种教学注重学生的个性和情感，体现着学生的主体性。

9. 合作教育学

以改善师生关系，实行师生合作为突破口，给予学生主动和自由选择的机会，丰富学生的智力生活，促进学生获得有效发展。这种教学改革在师生关系问题上走出了一条新路，使现代教学的动力机制和操作机制形成良性循环。

顺应当代教学改革大潮，1978年党的十一届三中全会以来，我国在完善和改革班级教学制上也进行了多种多样的教学改革和实验。比较著名的有：注音识字，提前读写实验；情境教学实验；自学辅导实验；青浦大面积提高教学质量的实验；结构—定向教学实验；整体优化教学改革实验；小学生主体性发展教育实验；新基础教育改革实验；等等。

总之，当代的教学改革，不论国外还是国内，都形成了潮流，变革已成了现代教学的存在形式。谁要想列出教学改革的完整目录来，可能是徒劳的了。

（二）多样综合趋势的表现

当代的教学改革在类型、数量多样化的同时，还表现出综合化的特征。因此，现代教学在当代，呈现出多样综合的格局。

首先，从总体上看，当代教学没有谁能独打天下。每一种教学体系，都有一定的适用范围，都有其局限性。只有把各种不同的教学体系联合起来，现代教学才能应付所面临的复杂多样的任务。比如，课程编排，理论性学科可能宜于用结构课程原理来组织，而技术性强的科目，则适宜用程序教学的小步子来组织，一些联系社会的实际问题，则用范例教学可能更有效。再比如，教学与发展实验在解决智力发展上卓有成效，潜能的开发可利用暗示教学，人格的发展却是非指导性教学的用武之地。因此，谁也不可能在教学中只用某种单一的模式，必须多种模式并用，才能完成教学的复杂的任务。

其次，当代教学的每一种教学模式本身都是多样综合的。它们注意互相吸收，博采众长，为我所用。比如，结构—发现教学，吸收了班级教学的分科制、集体教学等成分，又吸取了活动教学注重学生亲身探索、实践的优点，同时又运用了皮亚杰的认知结构思想。合作教育学，以班级教学为基本制度，又吸收了活动教学重儿童主动和独立探索的要素，吸收了赞科夫促进学生一般发展的成功经验（如提出困难目标，强化智力活动），还采用了苏霍姆林斯基的理论和方法（如班级智力背景、注重和谐个性）。我国的自学辅导实验，吸收了程序教学小步子编排教材、注意反馈控制等优点，又采纳了班级教学的一定成分，注意教师的辅导总结。可以说，每一种新的教学模式，都不同程度地采纳了别家的成功方法，根据自己的需要加以改造和组织，形成新的联系。因而，当代教学总是你中有我，我中有你。

再次，当代教学虽然模式多种多样，但存在着一些共同之处。例如：注重运用现代化技术手段来提高教学质量；注意使每个学生尽可能获得发展，形成健全的个性;力求更好地组织教学内容,实现教材的结构化;改善师生关系,发挥师生双方的主动性;把学生的实践、探索、发现放在教学的重要位置上;教学方法丰富多样,教学形式组合合理……在各种教学改革和实践中,大家都自觉或不自觉、或多或少地体现了这些共同的特征。这说明,大家在围绕一些基本的东西进行各种综合、创造,而这些共同的东西构成了当代教学多样综合的主题。

(三)"科学主义"和"人本主义"之争

现代教学是不断斗争发展的。在多样综合的复杂交错的局面下,继形式教育与实质教育、主知主义与行动主义论争之后,又逐渐突出了"科学主义"和"人本主义"的论争,① 深刻地影响着当代教学的发展。"科学主义"和"人本主义"之争,是现代教学分化的延伸,又是现代教学走向综合、统一的条件。

这种斗争起因于当代教学日益偏向"科学主义",暴露出了众多的弊端。二战以后,兴起了新的科学技术革命,国际竞争日益取决于科技力量,最终还在于教育力量。于是,加强科学教育,提高学生的知识质量和科学素养便成了20世纪50~60年代教学改革的主题。比如,斯金纳的程序教学实验、达维多夫的智力加速器计划、布鲁纳的结构课程的改革,典型地体现了那个时代的追求。这种教学,过分相信科学和技术的力量,忽视了学生的人格、情感、主动精神等,导致了教学见物不见人的偏颇。人们称之为"科学主义"教学。"科学主义"教学的片面性引起了"人本主义"的强烈不满,于是又兴起了"人本主义"教学,比如非指导性教学、合作教育学等。当然,"人本主义"教学的出现,和70年代众多的社会问题尤其是人的被忽视问题有直接的联系。

受"科学主义"和"人本主义"影响的教学,在教学目的、内容、方法等方面都存在着分歧,表现了当代教学两种相反的倾向。"科学主义"教学重视认知的、理性的、逻辑的活动;以科学知识、技能、智慧作为主要目的;

---

① 关于"科学主义"和"人本主义"教学的论争,可进一步参阅王策三:《教学论学科发展三题》,载《北京师范大学学报(社会科学版)》1992年5期。

运用具有客观真理性的教材，把科学技术的新成果吸收到教学内容之中；教学活动有章有法，有稳定的程式、严格的计划和控制。"人本主义"教学则表现出与之相反的特征：重视个性交往、情感交流、艺术创造等活动；以人的价值的实现、情感体验的满足、精神健康、创造力的激发为教学宗旨；注重教材的主观价值，教材重视人文知识、审美价值和道德价值等；教学活动依据具体情境，即兴发挥，崇尚直觉和灵感，注重体悟和领会，不太讲严密的固定的程序。

"科学主义"和"人本主义"对教学的影响及其矛盾斗争，成为当代教学运动发展的重要的推动力之一。这种斗争，影响着当代教学的各个方面，每一种新的改革探索，都不得不面对那些问题，并表明自己的立场。虽然，"科学主义"教学和"人本主义"教学都存在不同程度的片面性，因而谁也没有开辟出当代教学的康庄大道，倒是经常把当代教学引到泥潭、陷阱之中。但是，正是在不断走出泥潭、避开陷阱的过程中，当代教学越来越走向正确的道路。换言之，二者的斗争预示着现代教学发展的一个重要趋势：科学和人文有机统一。现代教学将沿着这条道路走向未来。

总结上面的讨论可知，现代教学是不断形成的。它由人文主义教育和新教教育孕育，经夸美纽斯的理论总结，到19世纪中后期基本形成；尔后又分化出两种基本教学模式；当代则进一步走向多样化和综合化。现代教学是通过不断矛盾运动而发展和前进的。改革是它前进的形式和动力。在现代教学的形成和发展的历史进程中，经历了三次大的论争：形式教育和实质教育的斗争、主知主义和行动主义的斗争、"科学主义"和"人本主义"的斗争。通过论争，揭露矛盾，开辟新的天地，形成新的改革措施，推动现代教学的进展。

第二节 现代教学的基本理论与实践

通过上一节对现代教学历史发展的考察，我们可以认识到现代教学的方方面面的若干特点和发展线索。这一节，我们试图探讨一下现代教学的基本理论和实践,这或许有助于我们掌握现代教学的基本规律性。现代教学以个人全面发展为基本目的,以教学认识论为主要的理论基础,以多样综合的教学结构来实施。这就是现代教学的基本理论与实践框架。

一、目的:个人全面发展

现代教学的质的规定性,首先在教学目的上体现出来。现代教学逐步地、越来越明确地把个人全面发展或个性发展作为自己的目的。

(一)现代教学的目的是个人全面发展

个人全面发展或者说个性发展逐步由理论转化为实践乃是现代教育最基本的特征。现代教学是现代教育的组成部分,是实现教育目的的主要途径和形式,它必然以个人全面发展作为自己的理想。现代教学追求并不断实现个人全面发展,总是具体地历史地进行着,交织着复杂而尖锐的矛盾斗争。

现代教学追求和实现个人全面发展,最先是针对中世纪教育的弊端,是对中世纪教育的反抗。早在奴隶社会,就已提出了个人全面发展的理想,比如亚里士多德主张的和谐发展教育,就含有全面发展的意蕴;与此同时,也有了个人全面发展的教育实践,比如雅典的教育,以丰富的教育内容(智、德、体、美)来培养身心和谐发展的人,尽管这种实践非常有局限。中世纪的教育,和个人全面发展的理想背道而驰,教会把持教育,对僧侣或贵族子弟施以宗教或伦理的教育,只强调人的品德、信仰的发展,压抑人的理性、美感的发展。当文艺复兴运动和宗教改革运动兴起之后,人文主义教育和新教教育都力图改变中世纪的那种教育,在教学目的上提出了新的主张。人文主义教育借复古之名,要求重新进行身心和谐发展的教育,加强理性、身体和情感方面的教育。新教教育则大力倡导平民教育,主张让所有的人都读书识字。这样,人文主义教育和新教教育从不同的侧面提出了个人全面发展的要求:人文主义教育主要规定了个人发展的质即身心和谐发展;新教教育主要规定了什么人得到发展即追求大多数人都受教育。把这两者结合起来,就得到了现代教学目的的雏形:大多数的人获得身心和谐发展。

在现代教学形成时期,众多教育家提出了各种各样的教学目的。夸美纽斯提出了泛智教育的目的,即把一切知识教给一切人。洛克要求培养绅士:健康、有德行和礼仪、有智慧和学问的人。卢梭主张培养身心协调发达的"自然人"。裴斯泰洛齐的教学理想是实现人的各种潜能的全面和谐发展。第斯多惠醉心于"全人教育",采用多方面完善的知识促进人的全面发展。欧文要求人的体力与脑力结合,实现全面发展。斯宾塞明确提出对学生施以智育、德育和体育。虽然,这些教育家对教学目的的追求各有偏重,但是,我们可以强烈地感受到他们共同的心声:培养智德体全面发展的人,造就身心和谐的人。这是时代的心声,是现代教育的心声!每一位教育家都敏锐地抓住了时代的需要,把个人全面发展(或者说身心和谐发展)的目的写在自己教育理论的旗帜上。

在培养全面发展的个人的目的中,现代教学特别突出了科学知识(或者说理性发展)这一目标。培根的名言"知识就是力量",指明了现代教学的主攻方向。不论是夸美纽斯还是赫尔巴特抑或斯宾塞,都把理性发展或智育、把科学知识的学习视为现代教学的中心、重心、主体。这既反映了资本主义经济和政治的要求,也是对中世纪教学主要追求封建政治、伦理和宗教信仰的教学目标的反叛和变革。18～19世纪,在教学理论方面展开了"实质教育"和"形式教育"的论争,论争的核心问题就是教学目的问题。二者的论争,不是要不要发展理性,而是在都强调理性发展的前提下,怎样理解理性发展及侧重于发展理性的什么方面这一类的分歧。因此,二者的论争,属于理性发展的内部争论。"实质教育"强调理性发展主要是知识积累的过程,主张培养知识渊博的人,懂科学技术的人。"形式教育"强调理性发展主要是提高人内在的心理官能(如记忆、思维)、使潜在的官能成长为真实的心理能力的过程,主张采用最有训练价值的学科来进行训练,培养心理能力健全的人。二者的论争,一方面说明现代教学培养理性的人,可以划分不同的类型,比如实用技术人才和理论研究人才的区分;另一方面也说明,人的理性发展,存在不同的要素,比如知识和能力就是不同的要素。因此,二者的论争,从其积极方面看,丰富和深化了现代教学个人全面发展的目的,尤其是理性发展的目标。从其消极方面看,"实质教育"和"形式教育"都没有对人施以真正全面的理性教育,因它们各自的偏执而造成了受教育者理性发展的缺陷。不过，片面性又使后人更深切地感受到全面的理性教育的重要，从而去追求形式和内容或者说能力和知识协调发展，这样，又客观上促进了后来的全面的理性发展。第斯多惠、乌申斯基、杜威、凯洛夫乃至赞科夫，都从二者的片面性中，认识到了智慧（理性）的发展需把能力和知识两方面统一起来才行，他们各自提出的一些办法，深化了这一领域的工作。

在现代教学形成时期，从实践方面看，个人全面发展的理想已开始广泛地变成教育的实际行动。18～19世纪欧洲的普及初等教育运动，是个人全面发展的理想变成广泛的教育实践的主要措施。普及初等教育，在一定程度上实现了人人受教育的理想，劳动者及其子女有了受教育的机会。在较早完成了产业革命的英国，在1833年的工厂法中规定，9～13岁的童工每天在工作时间内拿出2小时受义务教育；1846年的工厂法又要求强制性地进行工厂教育；1870年的初等教育法要求对5～12岁儿童进行强迫教育。这个例子说明，普及义务教育，最初解决的恰恰是劳动者受教育问题，是发展劳动者的智力，使劳动者的体力和脑力都得到发展。在一个社会里，统治者发展的水平相对说来较高，身心发展较全面；劳动者则很少有机会享用社会的精神财富，身心发展不够全面，智力（脑力）很难得到发展。普及义务教育，使劳动者有了接触精神财富的机会，使劳动者身心发展较以前要全面、和谐得多。普及初等教育，从内容上确立了知识的主导地位，排除了宗教信仰的中心地位，使现代教学追求理性发展的目标得到落实。各国的义务教育，属于国家办教育，从法律上确立了教育的世俗原则，这样，宗教信仰在教学中所处的中心地位动摇了，理性发展取代了宗教，读、写、算及科学知识成为教学的主要内容。19世纪的有关文献可以证实这种变化。贝奇1838年访问柏林，记录了柏林初等学校的课程安排情况：学校分两个班，在低班（6～10岁）每周26学时中，宗教课占3小时，其他23小时用于学习语言、算术、写作、唱歌；高班（10～14岁）每周32学时，宗教课占6小时，其他26学时用于语言、算术、写作、几何、物理、历史、地理、唱歌等学科的学习。① 1890年，德

---

① ［美］E.P.克伯雷选编，任宝祥、任钟印主译：《外国教育史料》，华中师范大学出版社1991年版，第707～708页。

皇威廉二世在演讲中指责当时德国的中学"对知识强调得多，而对能力的强调少"①，这话从反面证明了科学知识进入现代学校并在教学内容中逐步占据了中心位置这一事实。科学知识占中心位置而不是宗教信仰或伦理占中心位置，对于现代教学实现个人全面发展的理想是重要的进展。科学知识启人心智，有利于脑力的发展；宗教信仰或伦理说教却很难发展人的理性，甚至还使人愚昧。总之，正是初等教育的普及，使现代教学在实现个人全面发展理想上迈出了坚实的一步：大多数人（劳动者）开始学习科学知识，大多数人的脑力（理性）获得了发展。尽管这种进步仍有时代的局限，但的确是新鲜而宝贵的。

19世纪末，初等教育在发达国家已普及。这时，人们追求个人全面发展，便不再满足于劳动者接受读、写、算的基本训练和一些最基本的知识这个目标，一些新的要求提了出来。欧洲的"新教育"运动和美国的"进步教育"运动，不满意于教学为未来生活做准备，不满意于教学脱离社会生活而专于学科知识的传授，提出要培养学生解决实际问题的能力、应用科学知识的能力，要求教学和生活联系起来。雷迪指出："我们的目的是造就人类一切能力的圆满发展，儿童要变成一个完人，使他能成就一切生活的目的……我们要训练儿童的能力、智力和体力，以及手工的技巧与敏捷。"③ 如果说雷迪所追求的"一切能力""圆满发展"的"完人"，不过是对许多教育家所追求的身心和谐发展或个人全面发展这个目的的认同，那么，他所强调的具体目标，即能力、智力、体力、手工的技巧和敏捷等，则和以前的教学目标有了很大的差别，技能（动手能力）首次进入了全面发展的视野之中。注重人的实际操作能力、活动能力，是"新教育"的教学目标的突出特点。美国教育家杜威从实用主义哲学上总结了"新教育"、"进步教育"，较系统地表述了它们在教学目的上的新追求。杜威认为：教育无目的，即教育没有教育过程以外的总的目的，教育目的就是教育本身。教育就是生长，亦即儿童的本能、机能

---

① ［美］E. P. 克伯雷选编，任宝祥、任钟印主译：《外国教育史料》，华中师范大学出版社1991年版，第741页。

③ 王天一等编著：《外国教育史》（下），北京师范大学出版社1985年版，第166页。

的不断发展、生长；儿童有制造、交际、表现、探索四种本能，四种本能产生四种兴趣，教学就是促进这四种本能和兴趣不断生长。教育又是生活，儿童的本能生长总是在生活过程中展开的，是在做中学。杜威虽然没有提出固定、统一的教学目的，但他强调教学要促进人的各种心理机能不断发展，尤其是各种活动本能的生长，这是和"新教育"运动、"进步教育"运动强调手工技巧、操作能力的发展一致的；此外，人的各种机能不断生长，不也就是全面发展的过程吗？杜威的理论，在两个方面深化了个人全面发展的目的：①暗示了个人全面发展不是僵化的目标，而是个性化的不断发展的目标；②个人全面发展，必须依靠社会生活的力量，只有充分利用社会生活力量，真正参与社会生活之中，才能实现全面发展。全面发展的个人，不可能在隔绝社会生活的环境中成长。一个人是否全面发展，也应当以社会生活为参照。这些认识是有价值的。

"新教育"和"进步教育"关于教学目的的主张，具有"行动主义"特征。它们强调发展人的手工技能、操作能力，强调培养现时的人。这反映了资本主义社会进入帝国主义阶段之后，各国培养人才的新要求：不仅要学习知识，而且要有技术、有熟练的技巧、有多方面的活动能力，概言之，就是懂技术、会操作的工人。"行动主义"和原有的"主知主义"传统大不一样。在现代教学形成时期兴起的"主知主义"，一直强调理性发展，强调学习文化知识以促进人的身心和谐发展。这样，在个人全面发展目的上，现代教学又出现了"行动主义"和"主知主义"的理论论争。这次论争，从社会角度上看，反映了现代社会两种不同的人才需要：一个是有知识的人，一个是有技术的人。从理论上看，这次论争有如下意义。①提出了个人全面发展的不同方向和机制。"主知主义"认为个人全面发展的重心在理性发展，力求以科学知识来达到目的，在知识基础上实现各方面发展的统一与和谐；"行动主义"认为个人全面发展的重心在技能或动手能力，力求以各种活动来达到目的，并以活动能力为基础来统率各方面的发展而使身心达于和谐。简言之，这种论争第一次在教学目的上提出了知行关系问题，亦即理论和实践的关系问题。②突出了教学目的中现时生活与未来生活的关系问题。③整体的真实的人开始凸现出来，人的主动精神、积极性受到了重视；换言之，论争已在一定程度上触及了个性发展。这些，无疑都深化了教学目的的理论。

"行动主义"和"主知主义"的论争，不仅表现为对教学目的的不同认识，而且体现在教学实践中。19世纪末到20世纪中叶，教学实践所实践的个人全面发展，也明确地分化出两种形态。在那些开展"新教育"、"进步教育"运动的学校，对学生进行的教学主要不是以书本为中心，而是通过各种活动情境、游戏、劳动等形式来进行，学生的感觉、活动技能、主动精神、组织能力、思维能力、体力都得到了发展，但掌握的科学知识不系统、不扎实。这是"行动主义"式的个人全面发展。另外的学校，或者说实施"传统教育"的学校，则采用班级课堂教学的形式来系统地学习各学科的知识，学生一般都具有较好的科学知识素质和读写算等基本学习技能，理性方面发展较充分，但学生的感知、活动技能、主动精神、应用知识解决问题的能力发展不够。这种个人的发展，就是"主知主义"式的全面发展。这两种发展形态，既有成功的一面，又有不足的一面；但不管哪种发展形态，的确都在向个人全面发展的理想迈进。在现代教学分化时期，个人全面发展理想的实践较之形成时期是前进了。一些发达国家已普及初等教育而追求着中等教育的普及，其他发展中国家已迈出了普及初等教育的步伐，更多的人有了学习文化知识的机会。职业教育、技术学校也在迅速发展着，人们在学文化、懂科学的基础上，还掌握了一些技术、技巧，得到了专业训练。

在20世纪初期，诞生了社会主义的苏联。这样，现代教学追求个人全面发展，又有了社会主义和资本主义的分野。资本主义教育追求个人全面发展，缺乏系统、科学的个人全面发展理论的指导，或者说，其理论基础不够科学，而且，仍有阶级的局限性。苏联实践的社会主义教育，自觉地以马克思的个人全面发展学说来指导教学，使现代教学的目的建立在科学规律基础上。苏联的教学，明确以培养德智体全面发展的共产主义新人为目的。在教学中，注重教学的教育性，积极培养学生的共产主义品德；重视科学知识的学习和基本技能的训练，以发展学生的智力；也注重身体素质的提高；此外，还强调发挥学生主动性，照顾学生的个别差异。苏联的学校，培养了大量有严格基础训练的现代人才，体现了个人全面发展的理想，是现代教学实践个人全面发展目的的典型之一和重要成果。当然，它也有局限性和偏失，比如偏重知识技能而不够重视能力发展，不太重视人的个性和主动精神。

二战以后，现代教学进入了多样综合的时代。这时期，个人全面发展作为现代教学目的，在理论与实践两方面又都有新的进展，具体表现如下。

(1) 个人全面发展作为现代教学目的，得到普遍认同，深入人心。二战以来，各国都认识到现代的国际竞争根本上还在于人才竞争，只有充分发展、高质量的人才，才能符合时代的需要。因此，大家都把培养全面发展的人作为现代教学的任务。在一些国际性教育文件中，明确地指出教育教学要促进个人全面发展或个性发展。1972年发表的《学会生存——教育世界的今天和明天》和1990年发表的《学会关心——21世纪的教育》，都把个人全面发展作为教育的理想，从这不难体会到当代教学追求个人全面发展的共同心愿。各国制订的教学改革纲领或文件，也都把个人全面发展作为目的。日本20世纪80年代的教育改革文件称个性发展原则是教育改革的总原则；十一届三中全会以后我国的各种教育改革的决议、纲领，都明确提出全面提高国民素质，促进学生全面发展是教育的目的。二战以后广泛开展的各种教学改革实验，虽然具体目标千差万别，但大家都追求个人全面发展这个总的教学目的，这是一致的。赞科夫的实验，追求尽可能大地促进学生的一般发展；布卢姆的掌握学习，力求使每个学生都成为学习成功者；"合作教育学"追求学生全部潜能和精神力量的解放……这些实验，不都追求个人全面发展吗？可以说，个人全面发展已成为当代教学的自觉追求。

(2) 个人全面发展的内涵变得更丰富了。当代教学所追求的个人全面发展，已不仅限于个人学知识、学技术了。一些新的要求提了出来。比如，发展个人的创造力、想象力、直觉和形象思维；丰富人的情感生活，发展人的审美能力；培养人的创造、开拓精神，发展人的主动性、进取心；培养人的社会活动能力，合群性；使人养成自律自尊的品德，发展人的道德感；发掘人体潜能乃至特异功能；等等。不仅如此，发展人的主体性，形成人的和谐个性，已越来越受到重视，并日益成为教学的基本目标。因此，当代教学追求的个人全面发展，不仅要发展理性，而且要发展非理性，不仅要有基本的共性的知识、技能，而且要有个性，有主体性。总之，这是一个更丰富、更完整的主体的人。

(3) 个人全面发展得到了更普遍的实践。普及义务教育，已成为世界性潮流。初等教育，在世界大多数国家普及了；发达国家已普及中等教育；高等教育获得了大发展，并越来越大众化；学前教育正迅猛地发展。这样，不仅绝大多数人接受了教育，而且受教育的程度、质量都较以前有了较大提高。即使残疾人，也有了自己的发展园地——特殊教育。而且，随着终身教育口号的提出和学习化社会的到来，人们一生都有受教育的机会，因而一生都可因教学而获得全面发展；人们还可以从众多的学校之外的机构获得学习的机会，从而克服学校教学的限制而获得更多样的发展。总之，当代教学，不论从受教育者人数上，还是受教育的年限上，抑或教育的质量上，都使个人全面发展的理想得到了更充分的实现。

(4) 当代教学追求个人全面发展，人文方面开始突出出来。在现代教学形成时期，理性发展是个人全面发展的中心，这一传统一直沿袭下来，在当代演化为"科学主义"偏向。但是，在当代，人们越来越认识到：只重视科学，只发展理性，是远不够的！人文的东西，人格的发展，对于当代人来说是不可或缺的。于是，当代教学便兴起了"人文主义"运动。"人文主义"要求教学要培养人的价值、情感、人格和品德，要求加强人文学科的教学。本来，中世纪教学主要是人文知识、伦理、宗教，发展的主要是人的品德、价值和信仰。现代教学兴起之时，强调理性而少讲品德、价值等方面，是合理、进步的。当代，则重新强调品德、价值、人格，使理性和人文统一起来，这正是辩证的发展过程即否定之否定。正是当代对人文的重视，个人全面发展才真正把人的主体性凸现出来。

总结上文所述，我们在一定意义上可以说：一部现代教学史就是一部个人全面发展理论与实践不断深入、发展、丰富的历史。追求个人全面发展是现代教学目的的共性，是现代教学区别于中世纪教学的根本特征。现代教学追求和实践个人全面发展，是具体的、历史的，存在着斗争与失误，并没有完美的形态。不过，随着教学实践的历史发展和教学理论认识的愈益提高，现代教学的目的越来越明确、全面、自觉，尤其通过各种论争，克服着各种片面性、表面性，因而，现代教学目的具有历史发展性。如果我们不顾历史进步却再重复前人的表面性、片面性乃至盲目性，那就不应该了。

(二) 个人全面发展在教学中的几种关系

在现代教学中实现个人全面发展的理想,在历史和现实、理论和实践中都客观存在并以不同形式表现出的一些矛盾关系,困扰着也推动着人们不断去研究、寻找正确解决的途径和方法。

1. 知识与能力的关系

对于现代教学来说,科学知识的掌握是教学的基本任务;同时,它要提高人的智慧、增长人的智力和能力,这也是重要任务。在现代教学的历史上,强调知识还是强调能力,存在矛盾斗争。比如:"形式教育"和"实质教育",一个偏重能力,一个偏重知识;凯洛夫教学体系和赞科夫教学体系,前者偏重知识掌握,后者强调能力发展。

知识与能力的矛盾,有三个方面的问题:心理内容和心理形式孰轻孰重?个人发展是内求还是外铄?内容和形式能否统一及其机理为何?

心理发展是个体发展的主要方面,它又具体体现在心理结构的形成、发展、完善上。心理结构由心理机能和心理信息组成,前者为形式,后者为内容,或者说前者为能力,后者为知识。比如记忆活动,得有识记、编码、保存、提取信息的心理机能,这为记忆能力;又得有所识记、编码、保存、提取的材料,这为知识。形式和内容是完整心理结构的基本要素,缺一不可。没有内容,心理结构成为虚的形式;没有形式,心理结构就没有活动机能。因此,心理结构的发展应该是知识和能力共同发展。不发展能力,知识怎么能掌握呢?因为知识的获得依赖学生的学习能力;不学习知识,能力也发展不好,因为机能只有通过实际活动才能锻炼提高。从总体上说,知识和能力不应有轻重之分。但在具体教学工作中,人们由于主观认识不同,注意点不同,而有不同的行动重点,有时以知识为主,有时侧重能力训练,从而发生矛盾。

在"形式教育"和"实质教育"论争之后,人们认识了知识与能力的矛盾,也力求克服矛盾,把知识和能力统一起来。二者统一的机制是什么?杜威和凯洛夫都作了有益的探索。杜威认为通过学校密切联系社会、教育密切联系生活、从做中学可以把二者统一起来。凯洛夫认为,二者应该统一在使学生掌握系统的科学知识的基础上。不过,杜威和凯洛夫并没有真正找到二者统一的机制。杜威忽视系统科学知识,实际上难以使二者统一起来;凯洛夫把二者统一看做自然而然的过程，显得比较肤浅。赞科夫对此有杰出的贡献，他认为，二者的统一是特殊条件下的统一。他的实验教学体系，就为知识获得与能力发展相统一探索了现实的途径。只有满足若干条件，知识的学习才成为发展能力的过程：教学处于学生的最近发展区；学生积极、充分地运用着心理机能；教学内容有发展价值；教师对发展能力有清晰的认识；如此等等。

知识与能力矛盾的背后，还隐含了制订教学目的的一个深层理论问题：教学促进个人全面发展注重外求还是注重内发？（当然，还有价值观的分歧在起作用。）注重外求，则加强知识教学，视人的发展为外面信息的不断积累，这是外铄论。比如，"实质教育"以经验论为基础，注重学生从外界获取经验。注重内发，则加强能力训练，认为人有许多先天机能，个人的成长主要是内部机能的外显、发达的过程，这是内求论。比如，"形式教育"以唯理论为基础，着意训练学生的官能。不论外铄还是内发，各有其得失。人的发展，的确有先天遗传作为物质基础，教学面临着提高、增强人的生理、心理机能的任务；但另一方面，人的发展，是社会化过程，必须接受社会文明的成果，因而教学还得把知识和规范传递给儿童。而且，先天素质须在后天学习中来锻炼、提高，后天学习则有赖于先天提供的物质基础。因此，教学促进个人全面发展是外铄与内发的统一，二者不能偏废或割裂。而在当前，开发人体潜能成为众人瞩目的问题，内发问题已为人关注；至于外铄，则更是现代教学的主战场。无疑，内发还是外铄，形式还是内容，今后仍将在矛盾斗争中不断达到新的统一，也可能产生新的偏差和失误，值得继续研究。

2. 现时生活与未来生活的关系

这也是教学目的上的一对矛盾，主要由"主知主义"和"行动主义"的论争突出出来。"主知主义"如斯宾塞认为教学是为未来完满生活做准备；而"行动主义"如杜威强调现时的教学生活亦即教学活动本身就是教学目的，教学"是生活的过程，而不是将来生活的预备"[①]。

---

① 赵祥麟、王承绪编译：《杜威教育论著选》，华东师范大学出版社1981年版，第4页。

现时生活与未来生活的关系，反映了教学目的内在的矛盾：现实性与未来性的矛盾。教学是引导儿童从今天走向明天的社会活动，那么，教学是立足于今天呢？还是明天？这存在不同的考虑。"行动主义"强调教学立足于儿童的今天，注重儿童在教学中获得直接经验，体验生活，提高儿童学校生活的质量，满足儿童的欲望和兴趣。立足于儿童的现实，必然要求以儿童为出发点，并以儿童的发展作为归宿，因而具有儿童本位的倾向。"主知主义"以未来作为教学的立足点，认为教学就是要学会未来生活所必需的知识、技能，从而作好未来生活的准备。立足于未来，必然从成人角度来规划，注重教学的效用，具有知识本位倾向。

立足于现时生活的教学和立足于未来生活的教学，都有合理性，又都有片面性。立足于儿童现时生活的教学，看到了教学总是通过儿童的现时生活来完成的这一事实。儿童的发展，总得由真实的实际的活动来承担，因而现时生活乃教学的真正的基地。考虑儿童的现时生活，给予儿童生活的快乐，这也体现了对人的关心。但是，如果只满足于现时生活，迁就儿童的需要和欲望，失去教学的未来方向性，又终究难免"老大徒悲伤"。立足于未来生活的教学，看到了教学总有未来性，以未来需要为价值取向，要求为个人适应社会做好准备。因而它时刻不迷失努力方向，力求教学对现时需要有所超越。但是，忽视了现时生活，又怎样达到未来呢？难道未来能和现在实在的生活割断吗？

基于如下原因，我们认为，在教学目的上，现时生活与未来生活应统一起来。

①教学总得考虑未来生活。教育的一个基本作用就是迁移作用，即所学的东西总会在以后的活动中发生影响。如果所学的东西对以后毫无影响，也就无所谓教育教学。现在学的知识可以帮助以后学习更多的知识，也可能有利于思考或解决某个问题；现在经历的某些经验，也可能积淀在人格因素中，对未来活动发生影响。总之，教学的本义，就在于在现在付出必要的"成本"，在将来收获更多的"利润"。因而，教学目的必然有一种未来定向。

②教学不能忽视儿童现时生活。在教学活动中，儿童是一个人，学习是他的一种基本的生活，他在这里获得经验，体验人生，并实实在在地变化生

长着。人正是在他的现时生活经验的不断积累中成长而走向未来。

③要寻求二者统一的机理。"主知主义"和"行动主义"的经验教训告诉人们：不要未来生活或不要现时生活都有害于教学促进个人全面发展。把二者统一起来，是客观要求。不过，历史上、现实中的屡屡失误，主要不是认识不到二者统一的重要性，而是没有真正找到统一二者的办法。怎样把二者统一起来？问题的关键在于从对立中找到统一点。要在现时生活和未来生活之间架设桥梁，这就是转化，即把体现社会需要和长远利益的知识教学转化为儿童的需要、转化为儿童的兴趣，从而，儿童的现时生活具有未来生活的价值方向。这个转化有两个条件：教学应有正确的未来定向；教学活动要有吸引力，学生乐于从事教学活动。我国 20 世纪 80～90 年代的"愉快教育"探索，对于寻求现时生活与未来生活的统一很有启发，不失为一条途径：这种教学重视还儿童快乐的学校生活，教学成为了儿童的需要和快乐之源；同时，这种教学追求个人全面发展，力求培养学生良好素质，具有正确的未来定向；这样，现时生活和未来生活得到统一，儿童不仅过着快乐的今天，而且为美好明天打下了坚实基础。

3. 科学与人文的关系

教学着眼于人的科学素养还是人文修养，也是现代教学促进个人全面发展的一个矛盾。在处理科学与人文的关系上，有过各种经验教训。

在现代教学最初孕育时，科学与人文是一体的。人文主义教育既注重科学，又注重人文，它们统一于人的理性发展之中。后来，科学技术迅速发展，日益显示出巨大的力量，科学与人文开始被割裂，科学知识成了现代教学的中心，人文的内容逐渐削弱了。这样，教学偏重于科学还是人文，就成了众家聚讼之题。"实质教育"偏重于科学知识教学；"形式教育"则有重视人文的特色；"主知主义"是以科学知识为中心的。于是在当代，便突出了"科学主义"和"人文主义"的论争。"科学主义"秉承现代教学重视科学知识的传统，着力发展人的理性、思维，注重科学知识的传授。"人文主义"不满"科学主义"见物不见人，要求加强人文教育，培养人的价值、情感、信念、品德等人格因素。这些不同的理论和实践，各有得失。

现代教学要促进个人全面发展，就得认真探讨科学和人文的关系。科学素养和人文修养是个人全面发展的两个不同侧面。科学（狭义）是人类认识自然的成果，改造自然的武器。科学教育就是要提高学生的科学素质，使他掌握认识和改造自然的工具。科学素养侧重于人的智慧、理性和能力的发展，增强人的力量，使其行为合乎规律性。人文教育侧重于人类社会价值、规范、情感的形成和确立，意在培养人的美德，弘扬价值，陶冶性情，从而提高人的境界，完善人格，使其行为合目的、合人性。显然，一个完整的人，既需要有理性力量，又应有人格力量。否则，就难算是全面发展。而且，科学素养和人文素养互相关连。科学素养的提高，有利于人文修养的进步；人文修养的完善，又为科学素养的提高指定正确的方向，提供内在动力。没有人文的科学训练可能使人变成"机器"，甚至危害社会的"野马"；没有科学的人文训练，使人空有济世之心而无济世之能。因此，二者兼则俱荣，分则俱损。

促进个人全面发展，要求教学既重科学训练又重人文熏陶。这对于课程设置具有指导意义。偏重科学训练而忽视人文修养，是现代教学发展中各国课程安排的主要偏失之处。苏联的课程体系，重视科学知识的学习、技能的训练，于人文修养关心不够。20世纪80年代中后期苏联教学改革，提出了加强人文学科教学的建议，人文教育受到了应有的重视。我国的课程体系，也应在人文学科上多下功夫。我们的教学，偏重于知识和技能，对于人的情感、需要、审美、兴趣、品德等因素缺乏强有力的培养措施，因而有见物不见人的问题存在。要真正培养全面发展的个人，我们在提高科学训练质量的同时，重心在于加强人文修养，培植学生完善的人格。

4. 共性与个性的关系

现代教学促进个人全面发展，还存在共性与个性的矛盾。虽然，在理论上，这对矛盾并没有产生多少论争，但在实践中，经常发生偏差和失误，有着深刻的历史教训。

现代教学目的的共性与个性的矛盾，主要有两个层次：一是世界教学发展趋向、现代教学的共同追求与各国、各教学流派的具体目的之间的关系问题；二是教学目的提出的对全体学生的共同要求与每个学生具体的发展目标之间的关系问题。

现代教学目的是多样个性的统一。每一个国家、每一个时代、每一个流派，有教学的不同目的规定；但是，培养现代人，促进学生全面发展，这一基本规定又是大家共同遵循的。共性和个性的对立统一，要求各国在制订具体教学目的时既要反映时代精神，体现现代教学的理想，又要结合本国国情，从实际出发。这在历史上有许多经验教训。20世纪50~60年代，美国布鲁纳搞结构课程改革，大大加强了科学训练，但在实践中遭到失败。这固然原因很多，但没有处理好共性与个性的关系，是一个原因。强化科学知识教学，符合当时的世界潮流，但布鲁纳忽视了美国教育的个性：关心学生的主动性、活动能力甚于关心知识质量。也是在这个时候，我国则犯了另一个错误，忽视教学发展的共性。当别人大力开发智力、强化科学教育时，我们却搞起了"开门办学"、"上山下乡"，否定了科学知识教学。当前，我国的教学目的的厘定，既要避免忽视个性的全盘洋化，又要防止忽视共性的封闭，应结合我国国情来推动个人全面发展。

　　教学目的是对所有学生提出的共同的要求，反映了培养人才的共性。但另一方面，每个学生总有具体的个性。因此，在教学目的落实到具体对象时，也要处理好共性和个性的关系。忽视教学的普遍、统一的要求，或者忽视学生多样的、具体的个性，都不能使全面发展的目的正确落实。例如，美国的中小学教学，过分强调学生的自由发展，而对统一的基本要求很少很低，结果是整个国家教学的基本质量上不去。我国刚好相反，教学计划、教学大纲（课程标准）乃至教材都基本统一，教学要求全面细致，但却缺少灵活性，学生难有自由选择的余地，其结果，基本质量虽有保证，却泯灭了学生个性，出现千人一面，拉平补齐等弊端。因此，在教学目的上，既要注意全面发展的共性，又要提倡因材施教，以因材施教的多样个性来体现和落实全面发展。换言之，因材施教不但是教学原则，而且应是教学目的。要使每个学生都因其"材"而成才，在保证基本要求的前提下，发挥每人的优势、特长，实现各式各样的全面发展。全面发展不是一个样板，大家都套这个模子，成为这个模子；相反，全面发展除了基本素质的共同要求外，没有统一的模子，只是每个人在条件许可范围内充分而自由地发展，走最适宜于自己的成长道路。只有把全面发展和因材施教统一起来，现代教学的理想才能较完满地实现。

　　在教学目的上既要全面发展又要因材施教，指明了我国当前教学改革的方向。在坚持全面发展这一总的目标的前提下，应强化因材施教并使之具体落实。在基本目标统一的条件下，应允许不同地区、不同学校根据实际情况，确定各自的具体目标。应鼓励学生学有所长，选择适合于自己的发展方向。课程和教材应打破大一统格局，可以"一纲多本"，甚至"多纲多本"。在中学应开设选修课，允许学生有所偏重，合理分流。小学开设各种活动课、兴趣课，适合儿童的不同兴趣和特长。

5. 具体与一般的关系

全面发展是现代教学目的的一般抽象和概括，而在具体工作中，教学目标总得具体化、可操作化才行。只有把具体与一般的关系处理好了，个人全面发展才能时刻指引教学活动并在教学中实践着。

具体与一般的关系，表现为互相联系的两个问题：一般目的如何具体化？具体目标如何体现总的追求？对这两个问题的处理，历史上有深刻的教训，也有一些成功的经验。

在很长一段时间内，教学目的具体化问题没有引起人们的关注。人们虽然在总的目标下列出不同目标，但操作性不强。20世纪中叶，教学目的具体化有了突破性进展，表现在两方面。一是苏联提出并实践了课型理论，对每一节课的任务加以划分，或传授新知，或巩固复习知识，或训练、练习，这样，每堂课的目标就明确多了，不再那么笼统。二是美国研究了教学目标分类，比如布卢姆把教学目标分为认知、情感、运动三大类，每一类又区分出若干小类和等级，这样，整体的目的不再聚为一团，而是分化为可以操作的具体目标。如果把这两方面的进展联合起来，那么我们就可以把整体目的分解为每一堂课的可以操作的具体目标。这样，一般的教学目的便和实际的教学活动沟通了，教学活动目标具体了，教学评价也有了依据。

由于教学目标分类和课型理论的广泛应用，教学目的具体化已取得了很大进步。不过，在我国，这项工作还不尽人意。一些同志在教学时，仍习惯于用笼统的目标，比如："发展学生的能力"、"培养学生的情感"、"扩大学生知识视野"，等等。这种目标自然没错，但难于操作，也没法评定，这样教学反而失去了针对性。能力有很多种，培养什么能力就得具体化。例如，以发展记忆力为重点这还不够，还应具体规定是识记？保持？还是提取？例如，重点教学生如何保持信息，这才较具体，也才好制订教学措施。我国的一些教学改革实验，非常注意教学目标体系的制订，对教学目的具体化有积极影响。但也有停留于一般化，不具体、难操作的不足。总之，如何制订教学具体化的系统的目标体系，使抽象目的到具体课堂教学目标之间形成逐次下降的目标序列，还有待我国教学界共同努力去探索。

在追求目的具体化的同时，也不应忽视具体教学要受总的目的指导。和总目的不能具体落实相联系，还存在具体教学忽视整体目的的弊端。我国的教学宗旨是促进学生全面发展，但在具体教学工作中，许多人却完全忘记了这一基本宗旨。片面追求升学率就是具体例子：教学就是为了升学，于是，保尖子而放弃部分学生的现象出现了，加班加点不顾学生身心负荷能力的现象出现了，抓住考试科目而忽略艺术、体育等不考科目的现象出现了，抓住分数而把人的品德、能力舍弃的现象出现了……这难道不是与全面发展教育背道而驰吗？甚至于，"依靠科研提高教学质量"的口号，在一些人眼中，也不过是用教学实验去提高升学率而已。因而，强化总的教学目的对具体工作的统帅、指导作用，在具体教学中保证基本目的的方向性，这很有现实意义。具体工作不应游离在现代教学的宗旨之外。这需要教育领导者、研究者和教师端正教育思想，自觉实践现代教学的理想；也需要依靠教育立法，使现代教学的基本目的成为指导教学工作、统率教学活动的法律，成为社会的要求，使个人全面发展具有法律的保障。

二、主要的理论基础：教学认识论

现代教学是高度理性自觉的活动，它建立起了教学理论来指导教学实践。

（一）现代教学是理性自觉的活动

现代教学和中世纪教学的重大区别，不仅表现为目的不同，而且体现在工作原理上。中世纪教学主要凭教师个人的经验与体会来指导，教师不专门去学习如何教，也没有人专门来研究教学的原理与技艺，因而，中世纪的教学是经验主义的、是感性的。现代教学则不再凭教师个人的体会或经验来指导，而是用教学理论来指导：有人来专门研究教学的理论与技术，形成了关于教学工作的系统的知识体系——教学论学科（群）；教师在从事教学工作之前，要接受专门训练，学会教学理论与技能；教师的工作按教学原理来设计和实施。因此，现代教学是高度理性自觉的活动，是理论指导下的实践。理性自觉或者说有理论指导，这是现代教学的重要特征。

现代教学从一开始就注意探索教学工作原理并用理论来指导实践。夸美纽斯反对中世纪凭互不联系的肤浅经验来安排教学的做法，要求教学活动要有依据事物性质而提出的原则为可靠引导。他运用类比自然的方法来探寻教学原理，提出"适应自然"这一基本的教学原则和五个具体原则。这些教学原则，既概括了教学的性质，又包含了教学的工作技艺，是具有实践价值的教学理论。虽然，类比自然而得到的教学理论有很多不足，但夸美纽斯这种力求使教学活动成为理性自觉的活动的追求，则体现了现代教学的精神。

夸美纽斯之后的许多教育家，如卢梭、裴斯泰洛齐、赫尔巴特、第斯多惠、斯宾塞、乌申斯基等人，不懈地探索教学规律，为现代教学理论发展及实践进步作出了重要贡献。在这些教育家中，有的不是用类比自然的方法来寻求教学规律，而是借助于理论思辨来探寻教学工作的原理。"形式教育"和"实质教育"，其理论依据主要是哲学（认识论）。"形式教育"派的教学理论，从唯理论推衍而来；"实质教育"派的教学理论，则从经验论推衍而来。裴斯泰洛齐、赫尔巴特等人倡导和进行的"教育心理学化"运动，是从心理学原理来解释教学工作原理，换言之，是从心理学角度来探讨教学理论。但在"教育心理学化"时代，还没有独立的心理学学科，心理学还包含在哲学之中，主要在认识论中。因此，"教育心理学化"运动，仍然是用哲学的演绎、思辨而探求教学规律。众多教育家通过哲学思辨、演绎来探寻教学规律，取得了不少成果：卢梭提出了"自然教育"理论、裴斯泰洛齐创立了"要素教学法"、赫尔巴特发明了"阶段教学论"、斯宾塞建立了"实科课程论"，如此等等。各种教学理论，深化了人们对教学本质与规律的认识，同时在教学实践中发挥着重要的指导作用。

19世纪末20世纪初"实验教育学"的兴起，也反映了现代教学力求建设科学的教学理论的强烈愿望。当实验研究引入心理学而使心理学成为独立学科，并大大提高了心理学理论的科学性之后，人们也企望引入实验方法而使教育学成为"科学"。"实验教育学"不满于一般的思辨和演绎，要求用实验来研究教学，从而找出教学的规律性联系。"实验教育学"做了不少的工作，例如：各种识字方法的实验研究、对儿童进行教育和心理测量，等等，这些工作对于教学理论的研究有积极意义。虽然"实验教育学"并没有在教学理论上作出更多贡献，但它引入了研究教学工作的新方法，包括分析的实验设计、量化研究、实证归因等。这些方法的引入和运用，使得教学理论研究不再停留于理论推断而有了确凿的实证分析，研究结果增强了精确性、准确性和可靠性。因此，"实验教育学"丰富了现代教学理论探索的方法，使抽象和分析、演绎和归纳、思辨和实证在教学研究中都运用起来。

20世纪，现代教学的理论可谓迅速发展。人们既注意进行哲学思辨、理论把握，又注意事实求证、实验研究、量化分析，力求使教学理论具有较高的科学性。杜威的教学理论，以实用主义哲学为基础，又亲身实验，并总结归纳"新教育"运动、"进步教育"运动的经验，产生了很大的影响。形成于20世纪30～40年代的苏联教学论，以马克思主义认识论为指导，吸收历史成果和实践经验，取得了重要成果。苏联教学论认为：教学本质上是一种认识活动，同时又有其特殊性；以此为基础，进而考察了教学的规律，例如：感知表象规律、概念形成和抽象思维规律、知识巩固规律，等等，并具体研究了教学方法和原则。苏联教学论较科学地回答了教学的本质，为科学地揭示教学规律奠定了良好的基础。

二战之后，教学理论的发展更出现了前所未有的繁荣局面。在实验研究的基础上提出了各种各样的教学理论，形成了多种教学流派，如前曾予列举的程序教学、结构—发现学习、"教学与发展"教学体系、最优化教学、暗示教学，等等。同时，人们从不同的理论视角出发来研究教学，产生了众多的教学论学科，例如：教学心理学、教学技术学、教学社会学、教学传播学、教学美学等等；或者，对教学的某一侧面、某一环节进行深入研究，分化出不同的教学论学科，例如：课程论、教学评价论、学科教学论（法）、教学模式论等等。这样，教学理论不仅有众多流派，而且有众多学科。在教学理论如此丰富多彩的背景下，由苏联的教学理论工作者开其端，我国教学论工作者继以辩证唯物主义认识论为指导，吸收各流派和各学科的成果，正逐步地探索建设教学认识论，以作为现代教学的主要理论基础。教学认识论着力探讨教学的本质，认为教学是特殊的认识，即教师教学生学的认识活动；又进而研究了教学认识的内在联系，获得了一些对教学认识的规律性认识。这样，在一定程度上，揭示了现代教学的一般规律，使现代教学的基本理论建设进入了一个新的阶段。教学认识论的出现和发展，是现代教学理论探索的一项重要成果。

总之，在现代教学的发展历程中，人们始终不懈地探求着教学规律，并努力把教学理论付诸实践。在这个过程中，有着矛盾和失误；但另一方面，又表现出不断完善和发展的趋势；而且，进步往往以矛盾斗争的形式出现，进步和发展又蕴含着新的矛盾和失误。现代教学理论通过矛盾斗争而不断完善和发展，教学理论的科学性越来越强。从类比自然到哲学演绎、心理学化，再到以马克思主义认识论为指导形成教学认识论，人们对教学本质及其规律的认识越来越深入、越来越向科学接近。现代教学的理论基础不断拓展，学科体系日益完善、丰富。现代教学最先以哲学、心理学为主要理论基础，后来逐渐扩展，生理学、社会学、技术学、美学、传播学等等都成了教学的理论依据；教学工作原理最先表现为教育学中的一些教学理论和原则，尔后教学论成为独立的学科，现今又分化为教学论学科群。教学理论基础扩展与学科完善丰富，使得教学原理日益全面、深入和系统化。现代教学研究方法不断丰富发展。最先是类比推衍，然后为哲学和逻辑思辨，再后出现了实验、量化等实证归纳分析法，最后是多种研究方法、研究手段并用，既思辨又实证，既演绎又归纳，既定性又定量。研究方法的丰富、完善，促进了教学理论的科学水平的提高。

现代教学理论的不断完善和发展，为教学实践提供了强有力的理论指导。

（二）教学认识论所揭示的现代教学的本质和一般规律

教学认识论揭示了教学活动的本质。它明确指出："教学过程就其实质来说，是一种特殊形式的认识过程"[1]，"是教师教学生进行认识的过程"[2]。这是教学认识论对教学活动的基本观点。大家都知道，教学的基本任务，在于

---

[1][2] 北京师范大学教育系《教学认识论》编写组编：《教学认识论》，北京燕山出版社1988年版，第43、28页。

使学生从不知到知，从不能到能，这只有依靠教师领导学生认识客观世界来实现。教学活动，主要是学生学习人类认识和改造世界所取得的文明成果，是"传道授业"。把教学本质概括为认识活动，抓住了教学最根本的特性和最主要的矛盾。认识，在辩证唯物主义看来，是在实践活动基础上人脑对客观世界的能动反映，是主体和客体之间的反映活动；教学则是学生在教师领导下通过教材（课程）中介能动地反映客观世界的过程。把教学视为一种认识，具有高度的概括性，可以包容对教学本质的各种理解。赫尔巴特说教学是统觉团的运动，亦即观念运动，这不正是原先获得的知识经验吸收新的知识的活动吗？统觉团运动只是人脑的一种反映；杜威说教学是"从做中学"，是经验的不断改造，其实不过是活动情境中人的反映；"人本主义"把教学视为体悟、理解、交流过程，即艺术和价值把握的过程，这也是人脑反映客体世界的形式；"科学主义"视教学为逻辑、理性、认知过程，这无非是科学（理论）把握而已，同样属于人脑的反映活动。

教学认识论包容了众多的教学理论，又克服着它们各自的局限性，具有较强的解释力。教学活动是非常复杂的活动，有着多样的联系。把教学概括为一种认识，可以合理地容纳和体现教学联系的复杂多样性，并给予有机的概括。教学活动中，有感知、表象、记忆、思维、言语等认知活动，又有注意、情感、意志、动机与兴趣等心理成分，不管是认知的还是非认知的心理活动，都是人脑的机能，是反映活动的组成要素，因而，教学作为一种认识活动，是知情意的有机统一。教学活动中，存在教师和学生之间的关系，他们既有教学业务联系即教与学的分工合作，又有非业务联系如个性交往、情感交流、伦理关系等。教学认识不仅是教师教学生学的活动，而且是人与人之间的社会关系，是处于具体、历史和社会联系中的认识活动。在教学中，学生学习、接受、掌握现成的知识、技能、规范，又亲身实践、实验、探索、发现、体验欣赏。教学认识作为一种反映，是间接经验和直接经验的统一，是多种认识方式的统一。教学活动中，学生不仅要认识世界，获得知识，而且要形成品德、发展能力，乃至提高主体性，教学认识正是在反映世界基础上改造、塑造认识主体的过程，是认识客观世界和改造主观世界的统一。教学认识的进行，不仅要发挥人的主动性和运用人的力量，而且要借助教学手段，如书本、教具、机器或电子技术手段等，是活动主体运用认识工具进行认识的过程，因而，教学认识是人力与物力的结合。教学工作的开展，需要运用一定的教学理论，遵循教学规律；又要发挥人的创造性，驾驭规律，注意教学艺术和教育机智，这就是说，教学认识活动既是科学，又是艺术，是科学和艺术的辩证统一。教学不仅要传授科学知识和技能，而且要陶冶人的性情、品德；教学也不仅有理性思维活动，还有情感体验、价值把握、审美观照等活动，因而，教学认识是真善美的统一。如此等等。教学是一种认识，这一命题概括了教学活动的各个侧面和多样的矛盾关系，为人们全面地把握教学规律提供了基础。

教学认识论总结、概括、系统化了教学论各学科发展的成果，形成了教学的基本理论体系，揭示了教学活动的最主要的规律性，为教学工作提供着基本的工作原理。教学认识论在揭示教学活动本质的基础上，进一步系统地研究了教学认识的特殊性：学生个体认识、间接认识、教师主导的发展学生主体的认识。

教学是学生的个体认识。就是说，它区别于人类总体认识，也区别于科学家、实际工作者那些人的个体认识。教师领导学生在教学活动中发挥着主观能动性，利用一定的教学认识工具，对认识客体进行着能动的反映。学生对客体的能动反映，依赖于他的主体结构，是主体结构的功能表现；学生的主体结构，包括动力系统和操作系统两大部分，动力系统发动、维持、调节认识活动的进行，操作系统则对认识客体进行注意选择、感知、编码加工、抽象概括、同化顺应、存贮保持，等等。但另一方面，学生作为教学认识的主体，又是不完善的，是处于不断成长、发展过程中的主体，学生的主体结构还处于不断建构过程中，学生的主体能力需要提高。因而，学生还难以独立地充当教学认识的主体，这一主体是在教师指导、帮助下的主体即有主导的主体。教学作为学生的个体认识，承认和尊重学生的主体地位，同时也不忽视学生主体的不完备性。

教学是一种间接的认识。在教学活动中，学生面对的主要不是浑然未知（对人类而言）的客观世界，并不是去探求未知的规律，相反，这个世界基本上是已知的。学生是通过教材（课程）来认识世界的，或者说，学生是学习教材中组织好了的科学知识、技能、规范,通过对教材内容的学习,进而认识世界。教学认识的客体是独特的:它是已知的世界,主要是人类认识和改造客观世界所取得的成果;它是已经加工改造过了的,人们对精神成果加以选择、组合,把那些基本的、有发展价值的内容按适合学生接受的方式呈现给学生,这种经过加工改造了的认识客体的主要形式为教材(课程)。正因为认识客体的独特性,所以学生在教学中进行的认识,不是直接经验,主要是间接经验;学生的认识方式主要不是探索发现,而是接受掌握。这样,教学认识具有快捷、高效的特点,是简便的认识,是认识的"高速公路"。此外,教学活动中,甚至学生和教学内容之间的相互作用,也不全是直接的。教师在组织和设计着教学认识主体和认识客体之间的相互作用;教学内容又往往经过了教师的再加工,往往由教师来传授。教师的"嵌入",并在教学活动中充当主导者,使得教学认识存在独特的"三体结构":主导、主体、客体三者构成教学认识结构。教师主导,更增添了教学认识的间接性特征,使教学认识的快速、高效性有可能得到充分发挥,使学生能较好地完成认识主体的作用并使主体性不断提高。

  教学是发展主体的认识。教学认识主要追求的不是为人类增添多少新的知识、发现什么新的规律,而是让学生掌握人类已有的知识成果,使社会的精神财富转化为学生个人的精神财富和理性力量,使个人(学生)因为享有了人类的精神财富而成长起来,变得强大和高尚。简言之,教学认识不是发现知识,而是传授和掌握知识、发展认识主体。促进认识主体全面发展,使认识主体掌握知识、技能和规范,并在此基础上发展智力、人格、品德,形成健全的主体结构,这是教学认识的目的,也是教学认识的基本功能。同时,教学认识的检验,也主要不是历史检验和实践证明,而是考试,即检查学生是否掌握了所学的知识、技能、规范,是否形成了要求发展的能力和品德。教学认识的成败,主要由认识主体发展情况来衡量。教学作为以发展主体为己任的认识活动,要求在认识客体的设计上、在认识方式的选择上要注重内容、方法的发展功能。

  教学是学生个体认识、是间接认识、是教师主导的发展主体的认识,这三个命题从不同侧面概括了教学认识的规律。它们又互相联系、相辅相成,从总体上规定了教学工作的基本原理：教学的任务和作用是发展学生；教学的内容是加工改造了的人类文明成果；教学由教师来安排、设计、组织，教师为主导；学生是教学认识的主体，发挥着主观能动性；教学的方法、形式主要是学生学习掌握教学内容，以间接经验为主；教学评价的方式主要是考试，以学生发展情况为标准。这就在比较高的理论层次上指明了教学工作的方向和策略。

总之，教学认识论揭示了教学的本质，概括了教学的多样联系，总结了教学的基本规律，从而，也为教学工作提供了基本的工作原理。因此，教学认识论是现代教学的基本理论，是现代教学总的原理，对教学论的其他学科和教学实践具有指导意义。

（三）教学工作的几个基本关系

在现代教学的工作原理中，存在着一些矛盾关系。这些矛盾关系的背后，是现代教学的内在的联系，即现代教学的规律。这些矛盾，时时困扰着人们，促进着人们去探索。怎样处理这些矛盾，直接关系到现代教学的优劣成败。

1. 教师与学生的关系

教学是教师教学生学的活动。在教学中，教师与学生的关系是基本的教学关系之一。这一对矛盾关系的实质是教学中教师与学生的地位和作用问题。

关于师生关系，现代教学有各种各样的认识。赫尔巴特主张，在教学中，教师处于中心，教师是权威，学生主要应服从教师权威。这就是教师中心说。杜威认为，在教学中，学生是中心，是太阳；教师要围着学生转，起帮助、辅导作用。这就是儿童中心说。苏联教学论的观点是：教师起主导作用，学生发挥主动性。20世纪80年代，我国教学论界提出教师主导、学生主体学说。当今，这个问题仍有争论。可以说，在现代教学理论中，师生关系一直是一个论争的话题。而在教学实践中，师生关系也一直没有完全处理好，频频出现各种偏差、失误。当然，在论争中、在失误中，也表现出历史的进步性，师生关系理论日益增强科学性，教学实践中的师生关系也具有了更多的合理性。

要科学地把握教学中教师与学生之间的规律性联系，就必须把师生关系的研究和教学本质联系起来。如果只停留在对教学活动的感性直观上，那么教学中师生关系的形式则多种多样。教师中心说和儿童中心说之所以有失误，一个重要的原因是它们都只分别体现了某些个别类型的教学活动中的师生关系，而不是教学活动整体的反映。教师中心说反映的是课堂讲授的师生关系，儿童中心说反映的是活动教学的师生关系。只有从整体上、从本质上来研究教学活动，才能科学地把握教学中的师生关系。教学本质上是特殊的认识，是教师教学生认识。教学作为学生的个体认识，学生是主体，发挥着主体性。没有学生主体，教学活动就既无存在的意义，也不可能现实存在。但是，教学作为一种社会现象，体现一定的社会价值，存在着复杂的规律性联系，而学生作为培养对象，作为未完成的主体，既不可能自觉实现社会要求，又难以按教学的规律去活动，因此，教学活动需要有专门的教师来设计和组织，以便实现社会价值、合于教学规律。这就是说，教学必须有教师来领导。教师在教学中具有主导作用，他决定教学的方向、方法、内容、形式等等。可见，从教学认识论来分析，教学中的师生关系只能是：教师为主导、学生为主体。这是教学中师生的规律性联系，是各种各样具体的师生联系方式的理论抽象和概括。

在教学中，教师为主导、学生为主体不是分割的，它们是互相联系、内在统一的。教师主导是对学生主体活动的领导，或者说，教师设计、组织的恰恰是学生认识教学内容这一活动。学生主体又是教师主导下的主体，或者说，学生是在教师设计、组织的教学认识过程中充当主体，学生成为主体正是教师主导的体现和结果。教师主导、学生主体的具体形式多种多样，是跟具体的教学模式相联系的，在具体的教学活动中得到具体的统一。

此外，教学中的师生关系，也不能只抽象为占据不同位置、具有不同作用的角色之间的联系，即物—物联系。其实，师生之间总存在人与人之间的社会关系，例如：教师爱护关心学生、学生尊重爱戴教师的人伦关系；教师与学生之间的情感交流，个性交往，审美观照关系；甚至还有同志、伙伴、朋友、血亲等各种复杂关系。师生关系，既是业务分工合作关系，又是人与人的社会联系。师生的业务关系总是建立在具体的社会关系之上的，而且，社会关系制约着业务关系。在教学工作上，这两方面的关系都应重视起来。因此，严格地说，教学中教师和学生的关系是：在师生的社会关系基础上教师为教学活动的主导、学生为教学认识的主体。

2. 动力与操作的关系

这是教学系统运作的两个侧面。教学活动既要有动力来发动和维持，又要有一定的程序、方法、形式来具体操作。教学动力与教学操作的关系，主要涉及教学运行的机制。

虽然，在现代教学理论中，动力和操作作为相对的范畴并不多见，但是，每一种教学理论，都讨论着这两个方面的有关内容并表现出不同的见解。关于教学动力，起先主要讨论学生的兴趣、积极性；后来，提出了动机这个概念并发展了各种动机理论。例如，行为主义的强化理论，认知主义的认知兴趣、成就动机，人本主义的自我实现。关于教学操作，即教学内容、过程、方法及其原则，一直是教学理论的中心，教学理论的三次大论争，每一方对教学操作的设计都不一样。在有关教学运作机制的研究上，也出现了很多失误。失误之一是对动力、对操作的认识陷于片面性、狭隘性中。教学动力只讲学生的动机，而且只讲学生某些动机，看不到学生动机的全面性；教学操作方面习惯于分解而不能把握教学操作的整体，也只讲某种（些）操作模式而忽视其多样性、综合性。失误之二是把动力和操作完全割裂开来。讨论教学动力时，看不到教学活动的制约性；讨论教学操作时，也忘了教学动力的存在。这些理论上的缺陷，导致了教学实践的失误：学生视学习为苦役，厌学畏学；搞各种花样、噱头，引发学生的"动力"，却不在教学质量上下功夫；如此等等。可见，探讨二者的关系是很重要的。

教学的运作，是动力和操作共同发挥作用的结果。教学动力发动、维持、调节教学活动的进行，为教学提供牵引力、推动力。没有教学动力，教学就像熄了火的车，没法开动。教学操作是完成教学任务、执行教学程序的具体活动，它是教学的时空实体。没有教学操作，就像工厂没有原料和生产线，根本就没有什么教学了。教学的顺利进行，既要有充足的教学动力，又要有合理、优化的教学操作。只有动力与操作协同作用，才能完成教学任务。

在教学中，教学动力乃是师生动机的联合，它虽然根源于师生的个性，但它们的生成和发展，主要依存于教学活动。如果教学活动尊重人的个性，满足人的需要，教学过程具有科学性和艺术性，教学结果圆满成功，那么，教学活动就会生成、巩固、发展教学动力；反之，则削弱、动摇乃至泯灭教学动力。简言之，教学操作合规律、合目的、合人性，就促进教学动力的生成，激发教学动力。另一方面，教学动力调节着教学操作的功能。教学动力充足，教学操作的作用就能充分地表现、发挥，就会变得合理、优化；反之，教学操作的功能就受到限制，甚至毫无效果。因此，教学动力与教学操作互相制约、互相影响。二者形成良性循环，则教学运作良好、高效；二者构成恶性循环，教学就越来越糟了。

总之，教学系统的运行，是教学动力与教学操作的协同作用，这是教学运行的机制。教学动力依存于教学操作，教学操作则受教学动力的调节，二者相互作用，这乃教学动力与教学操作的一般关系。认识教学运行的规律，并结合实际进行具体创造，对于搞好教学工作有重要意义。

3. 直接经验与间接经验的关系

这是现代教学时刻遇到的矛盾之一。这一矛盾关系，不只涉及教学内容（课程），还涉及教学工作的方法，或者说教学认识的形式、学生发展的途径。

人类个体认识的获得，有直接经验和间接经验两种方式。在教学中，学生获得知识是直接的还是间接的呢？这是现代教学理论中、实践中经常争论的问题。"主知主义"以课堂为中心、以书本为中心，走的是间接认识道路。"行动主义"以经验（直接经验）为中心，以活动为中心，选择的是直接认识道路。结构—发现学习理论重视学生的亲身发现、探索；接受学习理论则强调学生对科学知识的接受掌握。在实践上，有的搞课堂讲授中心，有的搞活动教学；要么"关门办学"，要么"开门办学"……这些都是直接经验与间接经验矛盾斗争的表现。对直接经验与间接经验的关系的认识及在实践中的处理，曾经有过不少失误、偏颇，有着深刻的历史教训。应辩证地把握二者的关系。

教学认识本质上是一种间接认识，这是教学的基本规律，是客观事实。教学要解决个体认识与人类认识之间的矛盾，使个人尽快地掌握人类认识已取得的成果。这只能用间接认识的方法去解决，即学生以人类已有的知识经验为认识目标和对象，接受已有的成果。如果学生再重复前人的认识道路，事事躬亲探索，一切从零开始，这样个人就永远达不到人类已有的总体认识水平,解决不了个体认识与社会认识之间的矛盾。因此,教学主要是采取间接经验的方式,这是不以人的意愿而转移的规律。其实,即使"行动主义",也不排斥科学知识。他们设计的活动教学,并不是要学生去发现人类未知的真理,而是通过精心安排的活动情景来使学生获得知识;只不过这种知识不按系统学科来编排,不由教师教给他,却由活动教给他。这说明,教学中直接经验与间接经验的矛盾,要害不是要不要学习已有的东西,而在于如何把已有的东西变成学生自己的东西。

在如何把已有的东西变成学生的东西这个问题上,直接经验与间接经验是两条基本的道路。直接经验是学生通过亲身探索、发现、实验、操作等形式,认识已有的知识经验,获得发展;间接经验是学生通过听课、读书等方式,直接从教师(从他人)、从书本那里得到知识经验,掌握学习它们。这两条道路,都可以帮助学生获得知识经验;而且,各有各的优点与不足,在教学中,应该把它们结合起来,扬长补短。间接经验具有快速、高效的特点,有利于系统知识的学习,而现代教学的主要矛盾是学生理性的发展(即知识、技能获得与能力发展),因而,在现代教学中,间接经验是主要的教学方式。直接经验具有亲身了解知识产生过程、锻炼技能和应用知识的能力等优点,它也是教学的重要方式之一,有它独特的适应性和作用。只强调某一种教学方式,难以全面完成教学任务;同样,在总体上不区分直接经验与间接经验的主次,也会抹杀现代教学的特点。

在教学中,直接经验与间接经验是互相联系的。间接经验需要有一定的直接经验为基础,完全脱离个人的直接经验的知识接受、学习是不存在的。直接经验依赖于已经获得的间接经验,它运用已掌握的知识经验,在已有的科学知识的指导下活动。在当代,人们越来越克服着把直接经验与间接经验割裂开来的倾向,力求使二者综合着去实现教学目的。在教学中,既强调从书本中、从教师的讲解中系统地接受掌握已有的知识经验,同时,又给予实验、操作、探索、发现的机会,把接受知识和"发现"知识结合起来,把书本学习和解决具体问题结合起来,并根据具体的教学条件,或侧重于直接经验,或侧重于间接经验,这样,直接经验和间接经验就得到了具体的联系、具体的结合。

总之，直接经验和间接经验都是教学认识的方式。在现代教学中，间接经验是主要的方式，直接经验有重要的作用；在坚持间接经验为主的前提下，应重视直接经验；要把二者有机联系起来、协同作用以全面实现教学目的。这是搞好教学应坚持的一个重要原理。

4. 人的因素与教学手段的关系

现代教学还存在人的因素与教学手段的矛盾关系。教学既要发挥人的主动性、利用人力，又要运用一定的教学手段、借助于一定的教学手段。人的因素与教学手段的关系，主要涉及的是二者的相互制约及联结问题。

现代教学的手段、工具不断改进，不断丰富。最初，现代教学主要的手段和工具是书本、粉笔、黑板以及各种直观模型。后来，现代教学技术手段诸如幻灯、投影、广播、电影、录音、录像等都进入了课堂。再后，电子计算机、语音实验室、卫星通信、网络等智能型教学手段也在教学中得到了应用。这样，教学手段就由最初延长了人的感官功能发展到现在延长着人脑的功能。

教学活动受到教学手段的制约，教师教、学生学都和教学手段分不开。教学作为一种认识活动，主体和客体的相互作用需要借助一定工具、中介，教学手段正是这种中介。教学手段一方面决定认识客体的存在方式、表现形式，另一方面又影响主体用什么形式、方法反映客体，同时还制约教师的工作方式。比如，现代教学的内容若主要以书本为载体，通过文字符号来表现，这就决定了学生也要用语言文字为工具来反映客体，用概念、判断、命题的方式来掌握，同时也规定了教师的工作是讲解、演说、论证。如果以电影为教学手段，那么客体就以一系列图像、文字符号来表现，学生认识客体则主要用视觉表象与言语符号来进行，教师的工作则以指导、组织和及时总结为主。若以计算机为教学手段，教学内容完全编成了教学程序，学生靠直接和计算机交流来学习，教师则不用讲解、指导了，主要工作是选择、编制教学软件。

在教学中，人的因素与教学手段是相互联系的。教学手段要由人来操作，人有驾驭教学手段的能力，善于运用教学手段，教学手段就能充分发挥作用，反之亦然。教学手段不仅制约师生的活动方式，而且可以解放师生，增强师生的能力。一些教学手段可以代替教师一部分工作，比如电子计算机可以教学，也可以管理。教学手段可以转化为学生的力量，比如，会用算盘就增强了计算能力，学会了读书就增加了求知的能力，会用计算机则延长了大脑的许多功能。因此，教学中，教学手段靠人来运用以发挥作用，人则利用教学手段来更有效地工作和学习。

在现代教学中，人的因素与教学手段应协同起来发挥作用。不能只讲教学手段的花样翻新而不讲师生运用教学手段能力的提高、不讲手段的组合与运用；也不能无视教学技术、工具的革新，不能轻视教学手段对教学工作的作用，走抱残守缺的路子。只有既重视人的作用、提高人的能力，又重视教学手段的改进、更新，并结合具体的教学情境，使人力与工具合理地组合，形成良性配置，才能使现代教学高效、快捷、圆满。

5. 科学与艺术的关系

现代教学活动既是科学，又是艺术。科学与艺术的关系，是现代教学的基本关系之一。二者的矛盾关系，主要涉及教学的必然性与超越性、规范化与艺术化等问题。

现代教学究竟是科学还是艺术，存在着争论。"科学主义"把教学活动视为科学的活动，要求教学活动规范化、模式化、精确化、优化。"人文主义"主要把教学视为艺术的活动，不讲究规范、精微，注重的是自由创造、即兴发挥。在教学研究上，有的强调教学论是科学，教学理论揭示着教学的客观规律；有的则认为教学论（乃至教育学）不是科学，而是技艺、技术、艺术，教学理论研究的是工作的技艺。可见，正确认识科学与艺术的关系，对于现代教学工作有实际意义和理论价值。

现代教学是理性自觉活动，是科学的活动。教学作为客观社会现象，有内在的规律性联系，比如：教学是个体认识、间接认识、发展主体的认识，教学中教师主导、学生主体，教学动力与教学操作互相制约……这些都是客观的教学规律。现代教学要按照教学规律办事，教学工作要遵循教育规律、生理规律、心理规律、社会规律的要求。现代教学是自觉运用各种规律的教学，是理论指导下的实践。不讲科学，没有理论指导，就不是现代教学。由于教学具有客观规律的约束，具有科学理论指导，因而现代教学具有一定的规范、标准和基本的方式方法，表现出精确化、规范化的特征。

现代教学又是艺术活动。这有两个层次。第一个层次是技艺。在长期的教学实践中，人们积累了很多教学技艺，比如教学语言艺术、师生交往艺术、提问艺术、板书艺术等等。教学活动需要教师运用各种教学技艺；没有教学技艺，教学难以顺利进行。第二个层次是能动创造。教师认识了教学规律，巧妙地利用教学规律，超越普通的规范（必然王国）而达到艺术境界（自由王国）。这是教学的高级境界，是自由创造的天地，是主体性的最高表现。在艺术境界里，不是人跟着规律走、人为规律所支配，而是人驾驭规律、规律为我所用。

现代教学既是科学，又是艺术。在教学中，人（教师、学生）既要受到必然性的约束，又要发挥着主观能动性，要积极创造。不讲科学、不讲必然性，教学就成为随心所欲的游戏，就成为无章无法的盲目的冲动或偶然性的运动。不讲艺术、不讲能动创造，教学就会落入僵化模式，千篇一律，失去个性、灵性和现实针对性。可见，只讲科学或只讲艺术，都不行。这已有了许多的历史教训的实证。必须既看到现代教学的科学性，又看到它的艺术性。

在现代教学中科学与艺术是互相联系的。科学、规律只有通过一定的技艺体现在主体的创造性中才能成为自觉的积极力量，没有人的技艺和创造，规律只是自发的力量，难以充分、现实地发挥作用。艺术、创造是立足于规律的活动，规律、科学是艺术、创造的基础、条件，没有科学，也就没有艺术。因此，教学中的科学和艺术是可以统一的，也应该统一起来。统一的途径是立足科学去追求艺术。也就是说，科学是二者统一的根据、前提，艺术则是二者统一的形式、实体。在真正的教学艺术中，教学具有最高的科学性。在这个意义上说，现代教学就是立于科学而达于艺术的教学！

三、结构：多样综合的教学模式

现代教学的促进个人全面发展的目的以及它的主要理论基础——教学认识论，都越来越借助和体现于多样综合的教学结构。具体说来，班级授课是其基本的教学结构，但日益涌现出多样综合的教学模式。

(一) 对教学模式的认识

教学活动有各种要素，它们互相联系、分工合作而构成整体的教学关系，这就是教学结构。教学结构体现的是教学活动的要素组合，是教学活动的静态的形式；教学活动是有结构的，是教学结构的动态运作。在不同的教学活动中，各教学要素之间的联系不尽相同，构成的教学结构也不同。某种教学活动在千百次演化过程中，教学要素之间的联系即教学结构具有了相对的稳定性、范型性，这种教学结构便成为一种教学模式。教学模式是相对稳定的范型式的教学结构，或者说教学要素的一种相对固定的联系。教学活动的开展，从实体上说就是把教学要素合理组合，以便有效地完成教学任务，这其实就是教学模式的选择、改造、应用。因此，教学模式是教学工作的集结点、落脚点，是现代教学的实体和工作枢纽。

教学模式是理论和实践的统一，是理论与实践联系的桥梁。教学模式以理论为基础，同时又是教学理论的可操作形式。每一教学模式，总体现和自觉运用了一定的教学原理。赫尔巴特的阶段教学模式，是他的教学理论的具体化，以观念心理学为主要的理论基础；杜威的活动教学模式，把实用主义教学论具体化了、操作化了。教学模式是教学实践的范型，是实践经验的提炼、概括。阶段教学模式是教师讲解，学生接受知识这类教学经验的提炼、概括；活动教学模式则是"新教育"、"进步教育"的教学经验的总结和抽象。教学模式兼有理论与实践的成分，架起了理论与实践转化的桥梁。理论具体化为教学模式，就能为教师实际地应用、操作；实践经验提炼为教学模式，则把教学要素的稳定联系体现了出来，从中可以得到规律性认识。正是借助于教学模式，现代教学理论和实践得到统一、一体化；而教学模式，则成为理论和实践的汇聚，成为现代教学的浓缩形式。

教学模式是结构与功能的统一。每一教学模式，都是具有一定功能的结构；不同的教学模式，功能不尽相同。为了具备一定的功能，人们去反求教学结构，设计、安排和改造教学模式。结构—发现的模式具有掌握学科基本结构、并培养直觉思维、探索精神、内部动力的教学功能；课堂讲授则易于学习系统的科学知识、技能；非指导教学在培养情感、人格、主动性方面有独特的功能；如此等等。不同的教学模式，在实现个人全面发展这一现代教学目的上具有不同的功能,完成着不同的教学任务。这样,通过教学模式,教学目的和教学活动联系起来,观念追求和实践实体一致起来。人们为了完成某些教学任务而选择、应用某种教学模式,人们依靠教学模式来实现教学目的。因此,教学模式是教学目的与教学活动的汇聚,是目的与活动的中介。

教学模式是局部与整体的统一。教学活动有各种教学要素,这些要素通过教学模式而形成有机的、稳定的整体联系。教学模式作为教学活动的稳定的整体结构,把相对分散的教学要素统一起来,把局部的联系综合为系统联系。教学模式,主要有三个局部的联系,或者说存在三个子结构。一是师生关系结构。每一个教学模式,都有相对固定的师生的分工合作。比如课堂讲授模式以教师讲学生听为主;活动教学模式是以学生为中心教师从旁辅助、指点;合作教育学则由教师和学生共同设计、参与,师生平等互助。二是教学内容结构。由哪些内容组成,如何呈现内容,在不同教学模式中不一样。程序教学的内容是小步子的程序;发现学习的内容是学科基本结构;暗示教学则把教学内容设计为生活乃至演剧形式。三是教学过程结构,亦即如何安排教学步骤(程序)、选用哪些方法、形式、手段,从而构成相对完整的教学过程。不同的教学模式,过程结构也不一样。自学辅导模式自学在先、教师总结和讲解在后,而课堂讲授模式多是教师先讲授、学生听讲后再练习、巩固;活动教学模式要由问题情境入手一步步解决问题,计算机程序教学则按知识的逻辑一步一步地进行人—机对话。师生关系结构、教学内容结构、过程结构在教学活动中互相联系、互相制约,构成整体的教学结构,这就是教学模式。教学模式是师生关系、内容、过程之间形成的稳定的联系。在教学模式中,各要素形成了具体的稳定的联系;教学模式就是整体、稳定的教学实体。

(二) 现代教学模式多样综合的必然性

由于教学模式是教学的实体、落脚点、枢纽,因而现代教学把教学模式的创设、选择、应用作为基本的中心的工作来对待。整个现代教学的历史,是人们不断探索合理的教学模式的历史。

夸美纽斯在《大教学论》中,提出了班级授课制度,这就勾画了现代教学的基本的教学模式雏形。赫尔巴特的阶段教学法,是第一个比较完备的现代教学模式，把教学的各要素构成了较稳定的联系：教师权威，学生服从教师领导，学生调动学习兴趣；教学内容是系统的科学知识并组织为分科教材；教学按"明了"、"联想"、"系统"、"方法"的步骤进行，在相应阶段采用提示、分析、综合等教学方法。后来他的学生把阶段教学法发展为五段教学法。这种教学模式即课堂讲授，主要用于教师向学生传授系统知识。20世纪中期，苏联教学论进一步提出了课型理论，完善了课堂讲授模式。课堂讲授是班级授课的基本教学模式，几百年来虽屡遭批评，但仍广泛地运用于教学实践中。

杜威总结"新教育"、"进步教育"的经验，以实用主义教学理论为指导，提出了和课堂讲授截然相反的一种新的现代教学模式：活动教学。这种模式的基本结构是：儿童处于中心位置，教师起辅导、帮助的作用；内容是体现各种科学知识和社会生活知识的问题、作业；教学按设计情境、提出问题、收集信息、解决问题、检验评价的程序展开。这种模式的特点是教师组织学生解决问题增长经验。这种模式曾经流行一时，并和课堂讲授模式进行着针锋相对的斗争，使得20世纪上半叶出现了两种教学模式并存的局面。

20世纪50年代以来，社会发生了许多变化，不论是课堂讲授还是活动教学，都不足以满足新的需要，于是，人们不再在二者间做非此即彼的选择，而是努力探索新的教学模式。通过不懈的多样的探索，现代教学又增添了许多新的教学模式，例如：程序教学、结构—发现教学、暗示教学、发展性教学、非指导性教学、范例教学、合作教育学等等。这样，教学模式便呈现出多样综合的特点，进入了一个新的时代①。

现代教学由最初一种基本教学模式分化成两种模式，再演变出多种教学模式的综合，这是教学结构逐步发展、完善的历史过程。现代教学模式由单一走向多样、由分化走向综合，是必然的，是现代教学结构发展的规律。

首先，现代教学结构走向多种教学模式的综合，是现代教育变革本性的表现。现代教学处于不断变革之中。通过变革中世纪教学，现代教学建立起了班级教学制度，确立了课堂讲授模式。此后，现代教学的任务要求与已有的教学模式的功能之间发生矛盾，现代教学通过不断调整、变革教学结构来

---

① 详情请参阅本章第一节的论述。

适应教学的目的要求。这样，活动教学模式出现了、程序教学出现了、暗示教学出现了……教学的任务要求与教学模式功能之间的矛盾，是教学结构不断变革的动力，推动人们去改造不适应教学任务要求的教学结构、去创造适应新的要求的新的教学模式。正是在变革中，教学模式多样了、各种模式综合了。

其次，在当代，教学任务复杂了，只有多样综合的教学结构才能适应。现代教学要促进个人全面发展，这个总目的分化为复杂的具体任务：提高学生的知识、技能水平即掌握基本的科学知识和各种活动技能；发展学生的智力，包括观察力、想象力、思维力、记忆力、言语能力及各种其他的特殊能力；丰富、健全学生的人格，诸如情感、意志、兴趣、需要、价值观、品德、审美情趣等；此外，还要培养人的创造力、直觉，开发人体潜能，提高人的主体性。任何一种教学模式，都不具有如此全面的功能，都不能完成如此复杂繁重的任务。每种教学模式，都只具有一定的功能，都只能承担实现个人全面发展的某些任务。课堂讲授模式最适宜传授系统的学科知识，而对于培养人的创造力、动手能力等则力有所不逮。活动教学模式长于丰富个人直接经验、锻炼操作探索能力、培养主动精神等，但在系统科学知识的传授上则难有作为。非指导性学习，可以有效地陶冶人的情感、澄清价值观、加强人际交往，不适宜思维训练、知识传授等任务。不论举证多少教学模式，每个都有长处，也有弱点，没有全能的教学模式。因此，要全面完成现代教学的任务，只有一条道路可走：把各种教学模式联合起来综合应用。把不同的模式分别应用到它最适用的地方，发挥它的强项功能，通过分工合作，完成总体的教学任务。教学模式多样综合，这是实现教学目的的客观需要。

再次，现代教学结构走向多样综合，是各种因素相互影响的结果。宏观上，当代社会既分化又综合，各种科学互相渗透，综合学科、新兴学科、边缘学科不断涌现，多样化、综合化已成为时代的特征。这种时代特征成为教学结构多样综合的思想背景。教学理论发展迅速、探讨问题的角度增多、理论基础多样化、各种教学流派互相论争，这为教学结构多样综合准备了教学理论条件。广泛地开展着教学改革实验，不断探索新的教学结构，形成新的教学模式，这为教学结构多样综合提供了实践根据、实践条件。

总之，现代教学结构由单一分立的教学模式走向教学模式的多样综合，这既是客观事实，又有充分的理论根据，是现代教学结构的发展规律，具有历史与逻辑的统一性。

（三）进一步推进教学结构多样综合

现代教学结构由单一分立走向多样综合，仍带有自发性质，出现过各种偏差、失误和矛盾。把握教学结构的发展规律，自觉地推进现代教学结构的多样综合，仍需要进一步努力探索。

1. 把握好两种关系

在现代教学结构走向多样综合的过程中，存在两个基本关系，即人与模式的关系、模式与模式的关系。在这两个关系上，曾经出现过各种失误。处理好这两个关系，对于建立合理的教学结构、对于全面实现教学目的有重要意义。

教师与教学模式的关系是教学工作的一个重要的矛盾关系。古代社会的教学，没有固定的教学模式和工作制度，主要凭教师个人的经验、习惯和意志行事。现代教学克服了古代社会教学的随意性，建立了稳定的教学模式和共同的工作制度。教学模式把教学工作规范化了，对教学的程序、方法等都做了基本规定。这样，教学就不能再由教师随意地操作，而要按照那些共同的程序、方法去工作。换言之，教师要运用教学模式来教学，要遵循教学模式中所体现的教学要素的稳定联系，从而，教学便具有了客观必然性。这是教学工作的进步：教学由无序进入有序、由无法进入有法。但后来，又走上了另一极端，把教学模式绝对化了。教学的一切事项，都严格地规定下来并要求统一遵守，上自课程、目的，下至每堂课的程序和方法，都没有灵活变通的可能。这便把教学模式有利于教学有序、有法的优点推向了反面，教学变得机械、僵化了。这种绝对化和古代的随意性正相反，只强调教学的客观性，完全不讲教师的能动性、主观性。把教学模式绝对化，在历史上、在现实中都存在过。我国以前学苏联，采用班级教学模式进行教学，不论什么课都是五个环节，犯有机械主义、绝对化的毛病。

随意性和绝对化是人与模式关系上常见的两种偏颇。随意性只强调教师的主观意志而忽视教学结构的客观必然性，绝对化则只强调教学结构的客观必然性而不讲人的主观能动性。它们都没有正确反映人与模式的辩证关系。教学是主观见之于客观的活动，这在教学结构上，就是教师运用教学模式、改造教学模式以建立合理的教学结构。教学模式是一般、简化的教学结构；教师设计的具体教学则是特殊、真实的教学结构。教学模式要转化为实际的教学，必须通过教师的主观努力，经过教师的改造、组合、丰富；只有以教师为中介，一般才能见之于具体、简化形式才能成为真实结构。具体的教学是教师运用教学模式，而不是教学服从模式；是教师驾驭模式，而不是模式统率教师。另一方面，教师选择、运用教学模式，说明教学模式制约着教师的工作，一旦选用某种模式，就得体现这一模式的特点、遵循这一模式的基本规范。因此，教师也不能随心所欲。总之，只有既看到教学模式对教师的约束、规范，又看到教师在运用、选择教学模式上的主观能动性，才能正确地处理人与模式的关系。只有真正从教学的实际出发，审度教学的具体要求和条件，才能摆正人与模式的关系，才能真正推进现代教学结构多样综合。

　　模式与模式的关系也是教学结构上的一个重要矛盾关系。当现代教学出现了两种以上教学模式时，教学模式之间的关系就产生了。在处理教学模式之间关系问题上，常出现的失误是：模式万能论或模式无能论、模式唯一论、模式对抗论。把一种教学模式的功能无限地夸张或者全盘否定，是处理教学模式间关系曾犯过的错误之一。人们曾经相信，总有某种最好、最优的模式可以满足一切教学实践的要求，孜孜以求这种万能的模式。比如，"主知主义"和"行动主义"各自把班级授课和活动教学视为万能的模式。模式无能论是和模式万能论并存的，一种模式万能，其他模式就无能了。比如，我国批判杜威时，便把活动教学模式全盘否定了。模式唯一论也和模式万能论密切相关。既然有万能的模式，就可以用它去包打天下；如果这种模式不能包打天下，那么就必有其他一种万能模式可包打天下，于是，便去寻求新的唯一的模式。总之，有一种模式就行了，也只能存在一种教学模式。另外，把各种教学模式对立起来，非此即彼，这也是常见的事情。比如，有发现教学就不能有接受学习，有非指导性教学就排斥指导性教学，如此等等。

　　模式万能（无能）论、模式唯一论、模式对抗论都没有正确把握现代教学各模式间的辩证关系。其实，既不存在万能的模式，也没有一无所长的模式，每种教学模式都有其功能，也只有一定的功能。总之，各教学模式是多样共存、合作互补的关系。认识并正确处理各模式间的共存、合作、互补关系，是现代教学结构多样综合的前提、基础。

2. 丰富多样性

现代教学结构多样综合，既包括多样，又包括综合。首先要多样，然后才能谈得上综合。

只有有了多种多样的教学模式，才能打破教学结构单一、僵化、封闭的局面。以前，教学活动结构单一、形式死板，这和没有多种多样的教学模式存在分不开。现在，我们的教学活动比较生动、多样，也和在教学改革中引进、生成了许多新的教学模式分不开。当前，为了推进教学结构的多样综合，仍面临着丰富、发展教学模式的任务，要使教学结构中的几个基本结构进一步丰富多样。

师生关系结构的多样化是十分重要的。教师中心或儿童中心都不适应现代教学的要求，要在教师主导学生主体原则下寻求师生关系的多样化。或者说，要寻求主导、主体的多种具体的联系方式。主导、主体在具体的教学情境中，可以有多种多样的表现方式、活动方式。可以教师主讲、学生听讲；可以学生先独立学习书本，教师辅导、总结；可以教师安排一定的问题情境，学生去探索、发现；可以教师和学生围绕一定的主题进行交流、讨论、对话；可以教师和学生合作、共同规划、组织教学；可以教师示范、学生模仿练习；可以教师设计教学软件、学生操作计算机来学习……总之，教师与学生的关系，在现代教学中可以有多种组合，形成各种不同的联系。

教学内容的多样化对教学结构多样化有举足轻重的影响。不论是课程的内容，还是课程的编排形式，都应更丰富多彩。课程内容除了基本的科学知识、技能和社会规范外，还应根据时代需要和个人需要来进一步丰富和完善，科学技术的新成果、当代重大的社会问题、未来的发展趋势等应适当地充实到课程中去，心理健康与自我保健、人际关系与社会适应、思维与创造方法等内容也应在课程中占有一席之地。课程的编排形式要适应内容特点与教学要求加以多样化，增强适应性。除了基本的分学科的系统的教材外，还应采用活动课程、综合课程、乡土课程、专题材料等灵活多样的课程类型。课程在保证基本要求的前提下，要克服单一、僵化的弊病，实行"一纲多本"、"多纲多本"，以适应不同地域、不同社会发展水平和教育发展水平的要求。课程体系中不仅要开设必修课，而且要设立一定数量的选修课，以便适应不同学生个性发展的需要，因材施教；不仅要重视显性课程的作用，而且要加强隐性课程的建设，发挥校园文化的积极作用，丰富校园生活。教学内容的载体也要多样化，不仅要用传统的文字、书本来呈现，而且要充分利用现代化技术手段来加工表现教学内容，采用音像教材、程序软件、影视节目、网络课程、学科资源库等形式来传载教学内容，如此等等。

教学过程结构的多样化对教学结构多样综合具有重要意义。用多样的方法、形式、手段来进行教学，使讲解、听讲、练习、操作、探索、交流（往）、讨论、欣赏、体验、观察、阅读、实验（模拟）等各种各样的教学方法都有一席之地，而不是死守讲解、听讲或其他某种方法。教学组织形式也不只用集体教学形式，而是集体教学、分组教学、个别教学、小队教学、活动课时制、人—机对话、远距离教学、微型教学、巨型教学等多种组织形式合理地采用。在教学手段的运用方面，把传统手段与现代技术手段结合起来，把口头言语、书面言语、模型、图表、实物及各种现代教学技术手段如幻灯、录音、录像、电影、电脑等都纳入教学之中。至于教学程序，一旦打破僵化的思维模式，更是变化无穷。根据具体的任务和条件，各种方法、形式、手段可以而且应该构成多种多样的教学程序，或者先集体听讲、再个别练习、最后分组讨论；或者先集体听录音欣赏、再分组交流、最后个人阅读课文；或者个人先设计解决问题的方案、然后小组讨论修改，最后集体讨论确定方案、教师总结……同样，教学过程时间的分配，在不同的情境中，也多种多样。长讲短练或精讲多练或精讲精练，多听少说或多说少听，多集体活动少个别活动或多个别活动少集体活动……这种种分配时间的办法，使教学过程变得灵活多样。这样，在不同的教学程序中，在不同的教学时间配置中，把不同的方法、形式、手段加以有机组合，便会得到灵活多样的教学过程结构，有效地克服教学过程机械呆板的毛病。

师生关系、教学内容、教学过程的多样结构，是教学活动多样化的基础。它们的有机组合，使得教学要素构成多种多样的整体联系，表现为多种多样的教学模式。这样，教学工作就可根据实际条件，选用合适的教学模式。

那么，通过什么途径使教学模式多种多样呢？一是引进，借鉴别人的教学模式，为我所用。改革开放以来，我们大量引进、借鉴了国外的教学模式，比如程序教学、发现教学、范例教学、最优化教学等等，这些教学模式丰富了我国教学活动。二是探索生成新的教学模式。可以由理论演绎，也可以由实践经验来提升，不过更多是用教育实验来生成新的教学模式。教育实验在理论指导下，为了实现一定教学目的，改革、调整原来的教学关系，使教学要素形成新的稳定的联系，这样就生成了新的教学模式。在教学实验中，既继承着原有教学模式的合理要素，又进行改造、创新，发展出新的联系。现代教学的许多模式，都来自教育实验。在当前，我们要丰富教学模式的多样性，除了借鉴、引进外，重点还要放在教育实验生成新的教学模式上。

3. 加强综合

这是建立合理教学结构的客观要求。没有综合，多样便是杂乱、无序的多样，片面的多样或多样片面性，难以完成现代教学的整体目标，也难以优化教学结构。多种教学模式如果不能有机地综合、具体地统一，效果便会互相抵消，工作上便会互相矛盾，甚至重新犯片面性、单一化、僵化的错误，陷入相对主义、无是非标准、各行其是的无政府主义的局面。因此，在多样的基础上，还面临着进一步综合的任务。

综合乃博采众长、自成一体的过程，是对多样的综合。即使最简单的教学任务，也往往不能单靠一个教学模式来完成，需要组合好几种教学模式的成分。教师依据实际情况，以一个或几个教学模式为基础，把有关教学模式的有效措施加以改造作为基础的教学模式，把教学要素组合起来形成一种能较好地完成教学任务的结构。这结构不同于任何一种模式，是依照实际综合各家之长而形成的新的教学联系，这是一个创造过程。实际的教学，一般都需要选择、改造、运用教学模式，这个过程更多是多样的综合而不是机械的搬用。多样的综合，类似于开中药的药方，根据病症来组合各种药材。如果适用于某一类教学任务的由多样综合而成的教学结构反复出现，就逐步把教学中的基本关系稳定下来，人们总结这种教学活动经验，得到新的范型结构，这便是新的教学模式的生成。多样的综合，可以不断地创造出新的教学模式。

在教育实验中，人们进行着理论指导下的多样综合，自觉地创造、继承、借鉴，有效地生成着教学的新模式。

综合不是随心所欲，而是在一定基础上的综合。从总体上说，现代教学结构的多样综合，是以个人全面发展为目的、以教学认识论为基本原理、以班级教学为基本制度的多样综合。多样综合总是为实现个人全面发展而进行的创造，是在教学认识论的基本原理指导下的创造。此外，在目前看来，班级教学仍是现代教学的基本制度，它比较集中地体现了现代教学的规律性联系，是教学结构多样综合的制度基础。但是，要把班级教学的师生关系、教学内容、教学过程结构搞得多种多样，使班级教学功能更强、适应性更大，这是教学结构多样综合的方向。二战以来，出现了许多新的教学模式，它们主要应被视为补充、完善、丰富班级教学，是围绕班级教学进行的创造。早期的活动教学模式其实不过是起着这种作用。当代的结构—发现教学，则是加强班级教学的探索、发现成分；教学与发展实验主要是增强班级教学的发展功能；合作教育学追求的是改善班级教学中师生工作方式和交往方式；如此等等。完全抛开班级教学去探索现代教学的多样综合，就会失去根基。

在具体工作中，综合要结合具体条件、要依据教学任务来进行。多样综合形成新的教学结构，不在求其新异、不在示其多变，而在于使教学要素具体地优化组合，较有效地发挥教学的整体功能，顺利地高效地实现教学目标。多样综合在具体条件下也存在着功能的强弱优劣之分，不是一律都适用，只有一定的教学结构才较适宜。具体的教学任务、教学环境、师生特点、内容特点及其他的条件，限定了选择、改造、组织教学模式的范围，规定了教学结构的走向。

多样综合还要求有一定的主客观条件。客观上，必须有多种多样的教学模式可供选择和综合。在中世纪乃至现代教学初期，就没法设想多样综合。此外，教师要拥有教学的一定自主权。如果一切都统管死了，到处要按条条框框办，也没法搞多样综合。主观上，教师要有多样综合的意识和能力。如果教师坚持模式万能论、模式唯一论、模式对抗论的主张，就不会去追求多样综合。只有认识到了多样综合的意义、目的、实质，才会去实践教学模式多样综合。教师了解、熟悉各种教学模式，掌握各种教学模式的特征、功能、应用条件、适用范围,是必要的主观条件。此外,教师要有根据实际任务和条件合理地选择、改造、组合教学模式的能力。只有满足这些主客观条件,多样综合才有可能。

总之,现代教学结构是多样综合的结构,由单一分立走向多样综合是客观规律。认识这一规律,丰富多样性,加强综合化,是教学结构改革的大方向。

最后,我们想对本章内容作一个基本概括,借以形成关于现代教学的总的认识:现代教学是依据教学认识的基本规律采用多样综合的教学结构去实现个人全面发展的教学活动;它自夸美纽斯以来,一直在矛盾斗争中变化发展,经历了形成、分化、多样综合等几个大的发展阶段,产生了并存在着多种多样的个性形态。

第九章 现代德育

现代德育是现代教育的一个有机组成部分。现代德育与现代社会、现代人的品德密切联系。现代德育已成为德育理论和实践的一个突出的崭新的现实的课题。现代德育所涉及的问题很多,但现代德育的基本特点、基础或背景、我国社会主义初级阶段德育的现代化这样三个问题应是最基本的问题。本章试图对这几个问题作些探讨。

第一节 现代德育的基本特点

一、德育和学校德育的概念

在中国古代,德的本字为"惪";经传中多借"德"为"惪";现代汉语中本字"惪"已演化为"德"的异体字。汉许慎《说文解字》(以下简称《说文》)说:"惪,外得于人,内得于己也。"清段玉裁《说文解字注》(以下简称《段注》)说:"内得于己,身心自得也;外得于人,谓惠泽使人得之也"。这里,德即得,得通德,得德相通;德的对象和内容是道,道表示事物发展变化的规律和规则或一定的思想体系,包含有处理人与人之间以及人与自然之间关系的行为规范的意思;人们认识了道,转化为内在思想感情,然后外化为行为,施于人,便称为德。由此我们理解,从社会或客体的角度说,"德"的内容是外在于个体人的客观存在的"道",是哲学、政治、法律、道德等形式的社会意识及其体现的社会规范(简称思想道德,下同);从个体人的角度说,"德"指的是人的"品德",是人的内在思想感情和外在行为表现,亦即人的思想、政治、法纪、道德等品质。

德育是什么呢?一般说来,德育是教育者培养受教育者品德的活动。简言之，德育是培养人的品德的活动。德育就是教人学习按照"道"、按照社会意识及其体现的社会规范行动，"惠泽使人得之也"，亦即教人学做人。

培养人的品德，这是古今中外以至未来各个社会、国家、地区、民族、阶级等各种内容、形式、对象的德育的共同的、本质的属性，是德育的质的规定性，是德育与其他事物、其他社会现象包括体育、智育、美育等教育现象相互区别的本质特征。

因此我们理解，从内容上说，德育是思想教育、政治教育、法纪教育、道德教育的总称；德育即品德教育，包括思想、政治、法纪、道德等品质的教育。从形式上说，德育包括家庭德育、社会德育和学校德育。学校德育是教育者根据一定社会的要求和受教育者品德形成发展的规律与需要，有目的有计划有组织地系统地对受教育者施加一定社会或阶级的思想政治准则和法纪道德规范影响，并通过其品德内部矛盾运动，以使其养成教育者所期望的品德的教育活动。

二、德育的历史形态

综观历史和现实，迄今世界上的德育存在三种基本的类型或形态，这就是原始形态的德育、古代学校德育和现代德育。从一定意义上说，三种性质的德育反映了德育与社会、与人的品德相互关系和作用上的不同发展阶段及其联系和特点。

（一）原始形态的德育

这是与社会生活混沌地溶合在一起的原始氏族的全民的生活式的德育。这种德育主要存在于原始社会中。在当今世界，这种原始形态的德育不仅存在于那些仍处于原始形态的社会中，而且在现代文明社会中，这种生活式的德育仍不失为一种德育类型，当然，它的基础发生了变化。

原始形态德育存在的基础是生产力水平极端低下，财产的原始公有，氏族的自由和平等，体脑融合，即整个社会生活的原始混沌状态，以及社会生活规范的极其简单。这种德育的主要标志和特点是其原始融合性，即德育活动溶合于社会生活的实际活动中。因此，这是一种生活式的德育。这种生活式的德育的要求和过程主要是为了维护社会公共生产和生活，而且是在社会生产和生活中进行的,承担着社会生产性和生活性职能。第二个特征,这种生活式德育的内容、形式和手段极其简单。它所传递的仅仅是一些简单的社会公共生活规范,"古代氏族的自由、平等和博爱"①的观念,其手段主要是老一辈结合社会生产和生活通过口头语言的传递和身教式的示范以及儿童在实践中的耳濡目染的学习方式进行的。第三个特征,这种生活式的德育是原始状态下的机会均等,它并无阶级、等级上的区别或分野。

(二)古代学校德育

它是随着学校教育的产生而产生的,是从原始形态的德育中分化出来的一种独立的德育形态。古代学校德育是一种组织化的专制奴役性的德育,狭隘封闭性的德育,是一种私有者、剥削者、统治者、劳心者的阶级性、等级性的德育,它进行的是一种精神统治术的教育,扼杀人的思想和创造性的愚民教育。这种德育主要存在于奴隶社会和封建社会中。

古代学校德育存在的基础是古代有所发展而不太发达的生产力、财产私有、阶级产生与对立、脑体分离、知识分子出现,以及古代的科学文化、思想道德、社会生活等等。比之原始形态的德育来说,这种德育的主要标志是德育的学校化组织,即它已从社会生活中分化出来,成为一种独立的社会活动形式,成为一种有组织的教师培养学生品德的专门的社会活动,学校是这种活动的组织机构,德育的过程是在学校这种专门场所或环境中进行的。从本质上讲,它是奴隶主、封建主阶级的德育,这种德育的基本要求或目标是"明人伦",主要目的是为了维护私有制的生产关系以及与之适应的上层建筑,因此,它主要承担社会上层建筑的功能。这种德育的主要特点是其专制性、经验性、封闭性。

但是又必须指出,古代学校德育的产生是教育、德育发展史上的一次飞跃,是一种历史进步,是社会思想道德进步发展的必由之路,是教育、德育进步发展的重要阶段,它的思想体系中偶然也会出现一些带有平等性、民主性和符合青少年品德形成规律的内容,其实践为现代德育提供了丰富的可以批判继承、借鉴创新的历史经验和思想资料。

---

① 《马克思恩格斯选集》第4卷,人民出版社1995年版,第179页。

(三) 现代德育

这是一种科学化、民主化、社会化的德育，促进人的精神解放、个性自由的发展性德育，培养人的创造、开拓、革新精神的变革性德育。这种德育的阶级性和上层建筑的功能是明显的，但德育的全人类性也日益显明，社会共同性日益增多，德育的经济功能或生产力功能、社会文化功能以及维护人类安全和促进人的发展、人类发展的功能日益增强，其中心是通过培养人的科学、民主精神，促进人的精神解放、品德发展而实现的。这种德育存在于资本主义社会和社会主义社会中。

现代德育存在的基础是以机器为标志的社会化大生产，发达和成熟的商品经济，现代化的科学技术以及科学化的社会生产和社会生活，进一步分化和集中的财产，社会进一步分化和集中为无产阶级和资产阶级两大阶级，民主化的政治和法制化的社会。现代社会是一种科学化、民主化、法制化的社会，开放化的变革性的社会。在当代，和平与发展问题突出，空间障碍被突破，空间距离相对缩短。随着现代生产、现代科技、现代商品经济的发展，现代交通工具的出现，"知识的爆炸"，信息量剧增，社会日益开放，交通便利，打破了时空障碍，交往范围扩大，接触面开阔，增加了相互接触、渗透和融合，但社会的和阶级的矛盾仍很复杂，特别是不同社会制度、不同发展程度国家之间的矛盾和冲突尖锐、突出。人和自然的关系发生了新的变化，矛盾地位在上升，人类生态环境问题提上政治和社会日程，人的理性和人类自我意识出现新的觉醒。现代德育的对象是具有独立个性和创造精神的人，具有自由、平等和民主观念的人，具有时间、效率观念、责任感和群体意识的人。现代德育是一种民主化的德育，是"古代氏族的自由、平等和博爱"在更高级水平上的复活。

现代德育的产生是教育、德育发展史上的又一次飞跃。现代德育为未来德育（共产主义德育）创造了条件。现代德育本身就存在着未来德育的因素，并且这些因素正在现代德育中成长、扩大、变化着，从而由量变、部分质变到质的飞跃，走向未来共产主义德育。事实上，共产主义低级阶段即社会主义阶段的德育已经在现代德育中出现了，在社会主义国家中已存在半个多世纪了，它自觉积极主动地传播着共产主义的思想道德，引导着亿万民众走社会主义道路，培养出一代又一代的数以千万计的坚定的共产主义者。社会主义的德育理论和实践正是以未来共产主义德育为发展方向和目标的。

总起来说，上述三种形态的德育与社会发展的原始社会、古代社会（奴隶社会和封建社会）、现代社会（资本主义社会和社会主义社会）的形态相适应，与蒙昧和野蛮的原始人，没有独立个性和创造革新精神的依附于人的古代人，具有独立性、创造革新精神、科学精神和开放意识的现代人相适应，它标明德育发展的三种水平、三个阶段，反映了社会发展、人的发展、人的精神或品德发展的不同历史阶段上德育的特点及其发展逻辑。当然，在古代社会、现代社会，低一级水平上的德育依然存在，只是它不代表该社会阶段德育发展的方向，或不占该社会阶段的主导地位。在当今世界上，甚至同一国家内，上述三种形态或类型的德育同时并存，呈现出错综复杂的矛盾和冲突。

三、现代德育的两种基本类型

在现代机器大工业生产和进一步分化与集中的财产的基础上，社会上形成了两大对立阶级——无产阶级和资产阶级。19世纪中叶以后，随着无产阶级和资产阶级的斗争由自发走向自觉，马克思主义的诞生和获得广泛传播，1917年，诞生了世界上第一个社会主义国家，从此，人类社会进入了一个新纪元，现代德育也形成为社会主义德育和资本主义德育两种基本类型及其并存发展的基本格局。

社会主义德育和资本主义德育是建立在两种根本不同性质的经济基础、政治制度和意识形态基础上的德育，是具有无产阶级和资产阶级两种不同阶级属性的德育，因而彼此之间存在着本质差别、尖锐矛盾、对立和斗争。在研究探讨现代德育的理论和实践时，决不能抹杀和模糊它们之间质的区别和界限，同时又必须看到和重视这两种德育的若干共同的基本的特点及其存在的共同基础和背景。共同之中有斗争；斗争寓于共同之中。斗争性与同一性贯穿于德育的指导思想、内容和方法等一系列问题之中，两者都是现代德育，又是两种不同形式或类型德育或者说是德育的两种不同形式、不同类型。

四、现代德育的基本特点

现代德育是从原始形态德育、古代学校德育变革演化而来的，既继承了前两种类型德育中的许多合理的内核，又扬弃了其中许多不适应现代社会、现代人的品德发展要求的糟粕和过时的东西，并在新的形态和水平上加以发展，出现了许多与前两种类型德育相区别的特征。

现代德育究竟出现了哪些主要特征呢？这当然还是一个需要认真研究的课题，但许多学者对这个问题已作了许多研究，至少涉及这个问题，并从不同方面和角度提出了许多很有价值的见解和意见，我们应很好地吸收其积极的成果，以便从总体上、内涵上把握现代德育的本质和发展的规律。在我们看来，现代德育与古代学校德育相比较，已逐步显露出以下几方面特点是值得认真探讨的。

（一）德育目标的全面发展性

第一，德育的对象是人，确切地说，是人的品德。促进人的品德向着社会要求的方向发展，适应社会的要求，这种发展性是任何德育都具有的。但是，古代社会是一种专制、人治社会，是"人的依赖关系"① 的社会，这种社会的德育是一种专制奴役性的德育，扼制人的思想和创造精神的德育，这种德育的强制奴化性多于发展性。现代社会是自由、平等和民主的开放性、变革性的社会，是"以物的依赖性为基础的人的独立性"②的社会，这种社会要求教育培养出充分地自由地独创性地全面发展的人，促进社会的发展和变革。作为现代德育，它同样地要促进人的品德充分地自由地独创性地全面发展。这就是说，古代学校德育目标主要是专制奴化性的，现代德育目标主要是个人全面发展性的，这是现代德育目标的第一个显著特点。第二，从德育目标的社会内容方面看，古代学校德育目标的根本内容是政治，是阶级斗争的政治，是专制性、等级性的政治，因为古代社会的思想和道德及其教育都政治化了，政治是以阶级斗争为其主要内容的，并且政治是专制、等级性的政治。现代德育的目标也有政治方面的内容，并且占有重要地位，但它并不是唯一的，它还包括有思想的、法纪的、道德的等方面的内容，并且其中贯

---

① ② 《马克思恩格斯全集》第46卷上册，人民出版社1979年版，第104页。

穿着科学和民主的精神。即使从政治性的目标要求来看,两者也有区别。在性质上,现代政治是民主政治,因此,现代德育的政治性目标则是民主政治的要求;在内容上,现代政治也是以阶级斗争为其内容的,同时,它还具有列宁所说的"经济的政治"的内容,甚至在一定时期内,这种"经济的政治"还可能成为政治的中心内容,因此,它必然会在现代德育目标的政治内容方面有所反映和表现。还应看到,现代德育目标中还包含有社会安全性乃至自然性要求的内容。在现代,培养人们学会关心、国际合作、环球意识、和平与发展的意识、环境与发展的意识、环境法和环境道德的观念等已成为现实的、显著的目标要求。因为在当今世界,各个民族、国家之间不只是存在矛盾和冲突,同时还寻求合作、共处和发展,在人和自然的关系上,不能只是向地球索取,破坏整个人类的生存环境,全人类必须保护好自己赖以生存的自然界,即自己的自然生活条件,这是人类生存、发展的需要,也是各个阶级、民族、国家生存、发展的需要。人类必须检讨自己与地球的关系,维护好生态平衡。第三,品德心理保健和品德能力培养方面的目标日益突出并显示出它的重要性,培养健全的人格,良好的品德心理品质,培养健康的品德情感,诸如理想感、道德感、事业感、责任感、同情心等等,促进和保持整个心理健康、平衡,乃是现代德育的重要目标。特别是随着现代人的自我意识和理性的觉醒和发展,现代社会的矛盾和冲突,生态环境的破坏和失衡,迫切地提出了培养能力的目标,诸如品德认识能力(包括品德思维、评价、判断能力等)、品德实践能力和自我品德修养能力等。

(二)德育功能的全面性

从德育的功能来说,促进人的品德社会化或社会性发展,使之适应社会,维护和推动一定社会上层建筑的巩固和发展,这仍然是德育的重要功能,不过,相对而言,古代学校德育发挥的主要是外在的或工具性的社会功能,现代德育除了社会功能外,它还具有并发挥着日益明显的外在的或工具性的自然性功能和内在的或本体性的个人全面发展的功能。关于个人全面发展性功能问题,上文在说明德育目标变化时已有较多涉及,这里不再赘述。从社会功能来说,古代学校德育的政治性、思想文化性的上层建筑功能几乎是唯一的,甚至可以说政治性功能几乎是唯一的,因为思想文化性功能也政治化了。现代德育除了政治性、思想文化性功能外,它还日益明显地发挥着推动社会生产力的发展、现代科技的发展和商品经济的发展的功能,维护生态平衡、人类安全、人类发展,调动、调整和控制人类开发利用自然的潜力和方向,保护自然,适应自然,保护人类生存的地球、人类经济发展的自然环境和条件。现代德育的经济功能,维护人类安全的功能以及保护自然生态平衡等自然性功能,已经成为与古代学校德育相区别的重要特征之一。

(三)德育结构的多样综合性和开放性

在现代,德育的综合系统化或整体结构化的趋势日益显著。大德育观正在逐步取代单一、孤立、片面的德育观念,不断追求整体的效率、效益和效果。

第一,从各种形式德育的关系来说,综合化的趋势日益明显。这表现在以下几个方面。在德育社会组织形式上,德育已不囿于学校范围,学校德育、家庭德育、社会德育逐步形成一体化的模式。特别是大众传媒、大众文化的发展,德育社会化的趋势日益明显,社会文化的发展,也使社会德育化。学校德育、家庭德育、社会德育必须综合一致才能取得良好的德育效果。封闭式的学校德育不符合现代德育的发展趋势。因此,学校德育、家庭德育、社会德育已逐步形成一体化的相互协调的综合化施教模式。在德育对象上,它也不局限于年轻一代,不局限于职前德育,它已扩展到成人,扩展到职后,以至人的一生,可以说这是与终身教育相适应的终生德育,也就是职前德育与职后德育形成系统连贯的综合化的或一体化的德育。在德育的社会性质上,它坚持并强调阶级性、民族性、全人类性历史的具体的辩证的统一,同时,它还注意调整人与自然的关系,人与宇宙的关系,教人学会正确对待自然,对待人类赖以生存的地球及其直接接触的宇宙空间,因此,在德育内容中,传授和训练人们的保护自然的观点及相应的技术的和保护环境的行为规范已成为德育的一个重要的内容和特征。调整人与自然的关系,其规范是人、是社会制订的,是具有社会性的,并与自然性统一的;其目的是为了人,为了人类和社会的利益,这同时也是各个阶级和民族的共同的利益。不过从范围上说,它毕竟扩大了,延伸了。

第二，在德育目标、内容、方法、途径等方面也是日益综合系统化或整体结构化。在德育目标上，它强调整体化、系统化、序列化。德育是培养人的品德的活动。人的品德是一个完整的结构整体。尽管人们对品德完整结构、形态究竟是怎样的尚未形成共识，但它是由多维度、多因素、多层次构成的动态发展的结构整体却是大家都承认的。德育的目标就是要形成人的完整品德结构。德育一般目标与具体目标的一体化，各级各类学校德育目标及其序列化等，就是现代德育整体化或系统结构化特征的具体表现形式之一。在德育内容上，道德教育、法纪教育、政治教育、思想教育之间及其每一方面各具体内容之间也是一个系统连贯的综合整体。德育决不是只进行政治方面的内容的教育，事实上，道德教育是最基本最基础性的德育内容，当然，它也不是唯一的。就道德教育来说，社会公德教育是最基本最基础性的，但同时也要在此基础上进行职业道德教育、婚姻家庭道德教育、环境道德教育、性道德教育等等，并使之形成一个系统连贯的综合的整体。这是现代德育与古代学校德育相区别的重要特征或表现形式之一。在德育方法上，一般分为说理法、感染法、训练法、评价法、修养法等。前四类方法更多地是侧重于施教的方式；后一类方法则更多地是侧重于受教的方式。施教传道和受教修养方式的统一，各类德育方法的统一，讲究德育方法的体系及其综合整体的效果，这也是现代德育整体结构化特征在德育方法上的具体表现。在德育工作中，不能孤立地片面地使用某一种或某一类德育方法，不能把某一种或某一类德育方法绝对化神圣化，而必须讲究方法的综合运用，根据德育的目标与内容、对象的需要与可能以及方法的体系，综合选择和运用德育方法和创造新的德育方式方法。

现代德育不是封闭性的结构系统，而是一个开放性的结构系统，它具有开放性的特点。

（四）德育内容和方法的科学性和民主性

现代德育内容已由固定不变的一般化、单一化的社会、阶级和民族规范教育，逐步增加着现代社会的一般的或普遍的社会规范和技术规范教育的内容，人道主义、科学精神、法纪和道德教育的内容，环境意识、法律和道德、全球意识、和平和发展的意识、合作意识等全社会、全人类共同的一般的行为规范教育已成为德育的重要内容。自由、民主和平、合作的教育成为现代德育的基本内容之一。现代德育内容中贯穿着科学和民主的精神，现代德育再也不是那种专制式的奴役性的教育了，科学精神和道德、艰苦奋斗和造福人类的无私奉献精神教育以及社会责任感教育，也已成为德育不可缺少的内容之一。德育方法和管理的民主化，参与性和合作性增强。受教育者再也不是那种仅仅是被动受教的对象、客体，而是积极主动地参与德育活动和进行修养的主体，是与教育者共同合作的积极参与德育活动的主体，进行自我品德修养的主体。德育模式多样化，包括德育目标、内容、方法、途径和管理、施教与受教关系等等方面，都不再是单一的固定不变的模式。比如，学校德育与社区德育一体化方面，就是有多种模式。如在城市，有以学校为主的结合模式，也有以社区或居委会为主的结合模式，还有以厂矿为主的结合模式；在农村也是多种多样的德育模式并存。

（五）德育社会地位的主体独立性

随着德育主客观条件的变化，教育主体地位的显示和确立，德育也日益确立它的主体地位，增强它的相对独立性，使之在与社会和人的品德发展中不只是扮演消极适应的角色，而是日益走上超前、先行、主导的地位，呈现出日益明显的主体性、进取性。从德育与社会的关系来说，由于古代社会是建立在小生产的和自给自足的自然经济基础之上的社会，是奴隶主、封建主控制政治、经济大权的社会，社会发展缓慢，惰性很大，与之相适应的学校德育也是惰性极大，依从性极强，甚至可以说绝对服从是唯一的，独立性、主体性微乎其微，而现代社会是建立在机器大生产的、现代科技和商品经济基础之上的社会，是工人阶级成为新生产力代表的社会，社会发展迅速，变革性成为明显特征，与之相适应，德育已不是消极适应和服从，而是积极主动地传播与现代社会变革性相适应的新观念、新规范，推动社会向前发展。这是现代德育的主体性、独立性、进取性的表现。

在德育与品德发展的关系上，现代德育不只是适应品德社会政治性发展的需要，同时积极主动地推动人的精神解放和主体独立性和创造性的发展，促进人的品德充分自由的全面发展，促进人的主动性、积极性、创造性、独立个性的发展，促进人的心理全面协调和谐发展，不断满足人的精神享用的需要；而古代学校德育，迷信、盲从、压服的奴役性非常明显，其专制特性决定了它不可能积极主动地促进人的精神解放和人的主体独立性和创造精神的发展。

（六）德育本性和存在形式的变革性

德育作为一种社会教育现象和教育力量，一般属于稳定的因素，但现代德育的实际情况表明，德育的不停顿的变革，已成为现代德育存在和发展的本性，并引发出德育稳定性、继承性和变革性的矛盾，德育改革已成为现实的需要和德育理论研究的重要课题之一。

现代社会是变革的社会。变革的根源在于工人阶级成为新生产力的代表、现代科技革命引起的社会生产力的极大发展及其所推动的社会生活和人们观念的变革。从德育与社会发展的关系来说，社会的迅猛发展要求德育必须随之发生变革，不断地进行改革和创新，以使德育适应社会变革的需要，维护社会的稳定和促进社会的发展。从德育与社会生产、科技发展和商品经济发展的关系来说，生产的迅猛发展，新的科技革命，商品经济的发展，新的思想道德观念的产生，引发德育的目标、内容、方法和途径等等的变革。由于人的理性的觉醒，人们观念的不断更新，新的思想、新的观念的确立，德育主体性、独立性的突出，它不仅要随着社会的变化而变化，而且要面向未来，站到时代的前面，引导人们观念的变革，保证和推动社会的变革、生产力的发展、科技的发展和商品经济的发展，因此，它不再安于现状，而是积极主动地不断地进行变革，变革性已成为现代德育的一个根本特性。德育改革已成为现代德育理论和实践中的一个重要课题。

现代德育的变革是全面的变革，从德育观念到德育目标、内容、方法、途径以至管理等各方面都进行着深刻的根本性的变革。当然，变革并不是对古代学校德育的全盘否定和抛弃，而是在批判继承中的变革，是对过时的、不完善的、不符合现代和未来社会以及人的品德发展要求的东西的扬弃中的继承和发展，改造中的超越和提高。现代德育是批判继承古代学校德育合理内核中的变革，是改革其弊端，去除其缺陷，以发展和提高其自身，更好适应和促进现代社会和现代人的品德及其未来发展需要的变革。

总结本节所述，现代德育是培养以科学和民主精神为基础的现代人的品德的活动。这是现代德育的根本特征、本质属性与质的规定。现代德育的上述特征都是现代德育这一本质属性的具体反映和表现。

第二节 现代德育基础或背景问题的探讨

现代德育之所以发生和发展，它的必然出现和现实发展，它的基本特征的显现决不是偶然的，而是有着深刻的社会历史发展的背景或基础的。因此，探讨现代德育存在的基础，对于正确认识和把握现代德育的基本特征和本质是必要的。

一、现代生产、现代科技和现代市场经济是现代德育的物质基础和科学技术基础

现代社会是迅速变革的社会。现代社会的变化，最重要的是发生了科学技术革命，它带来整个社会的（即世界性的）生产革命和社会生活革命，引发了社会物质文明的大发展，带来了精神文明的大飞跃，而在现代精神文化的大发展中，现代科技是其重要的成果和表现。现代科技、现代生产、现代商品经济的发展，对德育的现代化发展有着重要的深刻的制约和推动作用。这种影响和作用，源于现代生产、现代科学技术和现代市场经济对人们的观念、思想、法纪和道德等所具有的影响和作用，在于它们向现代德育提供了物质、科技基础，提出了要求。具体说来，其影响和作用主要表现在以下几个方面。

（一）现代生产、现代科技和现代市场经济的发展对人的品德的培养规格提出新要求，并在生产和科技活动中形成人的某些品德

在原始社会，由于生产力水平极端低下，科学尚未萌芽，人们为了跟自然作斗争，常常凭借简陋工具从事渔猎采集活动直接获取自然物而生活，并无商品交换。但是，要获得鱼、兽等自然物也并非易事，因此，要求生活式的德育培养人们英勇、顽强、吃苦、耐劳和合作等品德。

在封建社会，农民在小块土地上使用简单手工工具进行分散的小规模生

产，这就形成了农民小生产者勤劳、节俭、纯朴与涣散、保守、狭隘等思想道德观念、行为习惯和思维方式；同时向德育提出了培养农民小生产者这种品德的目标要求。

随着生产力和科学技术的发展，市场经济的发展和成熟，特别是现代生产日益社会化、科学化，人们的生活方式也日益社会化，这就要求现代德育培养从事社会化大生产、科技活动和市场经济活动的生产劳动者、科技人员、商人以至全体社会成员的大生产观念和科学的意识、科学的精神、科学的道德和科学的思维方式，具有自由、平等、民主和法纪观念，具有群体意识和团结协作精神等等，而社会化大生产、科技活动和现代市场经济活动也为培养他们的这种品德提供了物质基础和科学技术基础，乃至现代思想道德的即精神文化的基础和实践的基础。

（二）现代生产、现代科技和现代市场经济的发展对德育内容的影响和制约

科学技术的发展会改变人们传统的思想、信仰和道德，从而引起德育内容的更新。在人类科学史上，哥白尼的"日心说"和达尔文的进化论的问世，从根本上震撼了《圣经》所宣扬的上帝创世说，动摇了统治西方千百年之久的宗教思想、信仰和道德，影响了德育内容的更新，这是人们所熟知的事实。生产力、科学技术和市场经济的发展还会改变人们的社会关系、社会结构，改变人们的生活方式、消费方式、交往方式等，从而引起人们思想道德观念以及德育内容的更新。比如生产力和科学技术的发展会使小生产改变为大生产，自给自足的自然经济和以物易物的简单交换改变为现代市场经济，从而就会改变人们在小生产方式下和自然经济条件下形成的迷信、盲从、狭隘、保守思想，散漫习惯以及"日出而作、日落而息"的时间观念，形成与科学化的机器大生产和现代市场经济相适应的科学和民主的思想，促进人的充分自由发展、精神解放，满足人的精神文化需求，包括思想道德的自由充分发展、完善和提高的观念，以及协作、遵纪、守时等观念，效率、效益、效果观念，并将它们充实到德育内容中去，改变德育内容中原先的某些内容，这也是人们已知的事实。当然，在不同的社会制度下，不同的阶级和人们对科技成果的运用所持的态度，以及自由、平等、民主和法制观念、消费观念等

等是不尽相同的,这应从生产关系、政治制度方面找原因。社会主义的科学和民主观念是对资本主义的科学和民主观念的超越,追求的是人的充分自由的全面发展。但是,在现代社会,德育要对人们进行科学、民主和法纪教育,促进人的精神解放,满足人的精神需求,这是共同的,是现代生产、现代科技、现代市场经济的客观要求,是不以人的主观意志为转移的客观规律。

现代生产、现代科技和现代市场经济的发展还丰富和扩展了德育的内容。现代科学技术的发展直接影响着现代生产和现代市场经济的发展。任何新的科学技术在生产上的应用,都会使整个生产部门发生革命,引起国际性商品市场的变化,引起劳动的变换,职业的更动和工人的全面流动,一些职业和行业迅速消失了,另一些职业和行业又勃然兴起了,这就必然引起人们就业观念的变化以及某些职业道德规范的更动和兴衰,因此它必然引起德育内容的某些更动革新和丰富扩展。特别是现代科学技术的重大突破和发展,提出了许多新的伦理问题、政治问题和法律问题,并引起人们道德观、政治观和法律观的变化。而政治、法纪、道德观点和规范的教育是德育内容的基本组成部分。因此,随着现代生产、现代科学技术、现代市场经济的发展,必然影响和丰富德育内容。在现代,随着生态学的发展,创立了生态伦理学;环境保护意识日益深入人心,人们强烈要求用法律形式强制保护人类生存环境,环境法体现了人类的共同意志;保护环境的法律观点同生态学的科学观点具有内在的直接的必然联系。随着核科学的发展,和平利用核能,防止核战争、核污染对世界和平和人类安全的威胁和危害,这已成为全世界爱好和平和关心人类安全、幸福的人们的迫切愿望和注视的热点之一,因而和平利用核能和防止核污染的国际公约应运而生。随着宇航科学的发展,有人提出了宇航伦理学,提出了要达成保证宇航安全等合理利用宇宙空间等的国际协定或公约。遗传学和优生学的发展,直接影响人们关于婚姻的法律和道德的观念及规范。医学的发展,"安乐死"问题的提出和试管婴儿的问世,引起了人们的极大关注和有关伦理道德问题和法律问题的热烈讨论,如此等等。这样,与科学相联系的新的政治、法律、道德观点和规范等等,必将影响、丰富和扩展德育的内容。

(三)现代生产、现代科学技术和现代市场经济的发展水平对德育社会形式、规模和结构的影响和制约

社会生产、科学技术和市场经济的发展水平直接决定着为德育发展所能提供的经费和物质条件的多少、受学校德育人口的多少以及为人们所能提供的自由时间即余暇时间的多少。这些因素决定着德育所能采取的社会形式、德育的发展规模以及类型和级别。在原始社会,德育是在氏族家庭中进行的,是同生产劳动和社会生活实践融合在一起的,这是一种家庭德育、生活德育的形式。这种德育是同生产力水平极端低下、物质生活资料极度缺乏直接联系的。在奴隶社会和封建社会,学校教育之所以能够产生和发展,之所以能够通过学校形式进行知识教育、品德教育,原因固然是多方面的,但生产力的发展,科学的萌芽,简单的商品交换,为学校提供了物质基础和经验性知识基础,这应该说是其中一个重要的原因。当然,当时学校教育、学校德育的对象主要限于统治阶级的子弟,规模、范围有限。到了现代,学校教育的对象除统治阶级子弟外,同时还包括被统治阶级子弟,学校教育开始具有群众性、普及性,学校教育的规模、范围扩展了,类型和级别日益多样化,为什么能如此?生产力、科学技术和市场经济的发展为其提供了新的物质基础和科学知识基础,这也应该是其中一个重要的原因。普及教育不只是进行科学知识教育,同时也进行品德教育等多种内容的教育。可以说,从通过学校形式进行德育到德育具有更大的群众性、普及性等等,这都是同生产力、科学技术和市场经济的发展水平以及在此基础上所提供的物质条件、受学校德育人口和余暇时间等相联系、相适应的。不仅如此,在有目的、有计划、有组织的社会德育方面,同样明显地存在这种联系。在现代,如果没有生产力、科学技术和市场经济发展所提供的物质条件、从事教育和受教育的人口及余暇时间,建立社会教育机构并通过它进行德育那是不可能的;特别是运用现代化的科学技术手段、大众传播媒介来对社会广大民众进行广泛的、超越学校德育人力、物力和时空限制的、大规模的、普及性的品德教育、舆论宣传,那更是不可能的。德育社会化和社会德育化的趋势是建立在现代生产、现代科技和现代市场经济发展的基础之上的。总之,现代生产、现代科学技术和现代市场经济的发展水平对德育社会形式、规模等具有影响、制约作用。

（四）社会生产、科学技术和市场经济的发展水平对德育方法的影响和制约

德育的实施需借助一定的物质手段和精神手段才能形成施教传道和受教修养的活动方式。一定的物质手段是同一定的社会生产和科学技术的发展水平相联系的。因此，社会生产和科学技术的发展水平对德育方法的运用有制约作用。在原始社会，德育采用的是"口耳相传"、"长者施教"的方法。随着文字的产生，竹简、绢帛的出现，特别是造纸术和印刷术的发明和应用，读书指导法引进古代学校德育实践。在现代，由于生产力的发展，新的科技发明和应用，电影电视等视听设备的出现并引进教育，运用于德育，使德育的直观性、形象性、陶冶性加强，时空范围和德育对象范围扩大，"施教传道"速度加快，甚至隐没了"施教传道"者，出现了一种似乎没有教育者施教传道的德育方法。特别是在现代生产、科学技术和市场经济条件下产生的科学、民主和法制观念，更成为现代德育方法运用的指导思想，使现代德育方法具有科学化、民主化的特性。所有这些都说明，社会生产、科学技术和市场经济的发展水平，对德育方法具有一定的影响制约作用。现代生产、科学技术和市场经济为现代德育方法提供了重要的物质技术基础和科学化、民主化的思想指导。

二、现代社会生活是现代德育的现实背景和实践基础

社会生活包括物质生活和精神生活两个方面。制约社会生活的有自然环境、经济政治制度、历史文化和民族传统等因素，其中社会生产方式是一切社会生活生存和发展的基础。在现代，随着现代生产、现代科技和现代商品经济的发展，引起了现代社会生活整体性的多方面的巨大变化和革命性变革。其中最重要的变化有劳动方式、消费方式、闲暇生活以及交往方式和范围的变化。这种变革的基础是物质资料的丰富，人们余暇时间的增多，交通的方便和交往范围的扩大，社会生活内容的日益丰富和多样化。现代社会生活的变化对德育有着重要的影响作用，成为现代德育的重要的现实背景和实践基础。

有关社会政治经济制度对现代德育的制约影响作用已在"现代德育的两

种基本类型"中论及，现代生产、现代科技和现代商品经济为现代德育提供了物质基础和科学技术基础、对现代德育的巨大影响作用也已在上文论及，这里不再赘述。这里着重就消费方式、闲暇生活、交往方式的变化对现代德育的影响作用作些探讨。

从消费来说，在生产力、科学技术和市场经济发展的不同阶段，在不同的国度里和文化类型不同的社会中，人们的物质消费诸如消费水平、消费结构、消费方式等等是不尽相同的。马克思主义认为，人的生活可分为生存、享受与发展三个不同生活水平的阶段。在现代，由于生产力的大发展，物质资料的相对丰富，人们在生存问题、温饱问题基本解决之后，随之而来的就是享受与发展提上了日程，教人学会消费、享受、发展已成为现代教育、现代德育的现实课题。现代生产力的发展提供了人们物质消费、生活享受的物质条件或基础，然而什么是消费？什么是享受？如何享受？享受是否只是物质的？享受与发展、与奋斗、与环境保护是什么关系？如此等等，所有这些问题都是同人的消费观、享受观、人生观、价值观以及消费和享受的能力有关，因而就必然引起教育和德育目标、内容及方法等的变化，必然成为现代德育需要认真加以探讨的课题。消费和享受包括物质方面的消费和享受，但不等于物质方面的消费和享受，它还包括精神方面的消费和享受。享受不等于享乐主义，不等于精神空虚、无所事事、无所追求，不等于懒惰、不劳动、不奋斗、不干事、睡大觉。吃饱、穿暖、有住处是生存的基本条件，吃好、穿好、住好等应该算是享受，然而什么才算"好"呢？有损健康、有损发展的衣、食、住算是好吗？比如酗酒、无节制地满足所谓"口福"，那不能算是真正的享受，因为这种享受是以损害身体健康为代价的。即使从有益于身体健康的衣、食、住来说算是"好"，然而食用受保护的珍贵稀有动物的饱口福能算是享受吗？这种享受是要受到人们谴责的，它是以损害人的精神、品德、情操的健全和完美为代价的。享受与学会生存、学会发展、艰苦奋斗是并行不悖的。在现代，在发达国家，在物质生活极大丰富之后，在社会生活及家庭生活机械化、自动化、电气化的环境里，随之而来的是享乐主义盛行，贪图安逸、不愿劳动、奋斗以及厌学逃学，生活无所追求，人生没有目标，精神空虚，无事生非，缺乏责任感等等现象出现了，它严重扭曲了正常的社会生活和发展、人的生活和发展，压迫、限制了人的旺盛精力和创造的精神与能力；同样，由于物质生活现代化，加之城市化的发展，家庭结构的小型化、核心化，人与人之间的关系疏远了，淡漠了，"人的孤独"，特别是"老年的孤独"、"儿童的孤独"已成为一个突出的社会问题。因此，随着生活现代化，随着物质生活的富裕，为了让人们过上一种健康、舒适、安乐、依恋、和谐，又能充分发挥人的才能、激励人进取和创造的消费生活，文化问题、教育问题就提了出来，并向德育提出了严重的挑战。现代教育，包括德育，教人学会生存、消费、享受，其中就内在地包含着教人奋斗，奋斗是享受的前提，也是享受、发展的内容和途径。教人学会交往、关心、合作，也是现代德育的重要目标和内容。

从闲暇生活来说，随着生产力的发展，社会剩余产品的增多，人们的余暇时间，即劳动时间之外的自由时间必然增多。余暇时间就是用在享受和发展上的时间。余暇时间如何安排？如何使用？这也与享受观、人生观、发展观以及闲暇生活能力有关。在闲暇时间里，应该安排休息、娱乐、游玩，以恢复体力，愉悦精神，丰富生活，但休息不等于整天睡大觉、"码长城"、打扑克、闲逛街头，也不是整天泡在游乐场、歌舞厅，更不是无事生非，打架斗殴，危害社会和人们生活的安宁。因此，教人学会休息，学会游玩，提高休息的效率、效果，愉悦身心，陶冶情趣，乃是现代教育、现代德育的重要课题和任务。在现代，随着生产力的发展，物质产品的丰富，人们余暇时间的增多，应教人学会合理安排和利用余暇时间，充实生活内容，丰富精神生活，发展自身，包括身体的、智力的、精神情操的和审美的充分发展，要根据自己的思想、才能、需要来自主地安排。

从人的交往来说，随着现代交通和通讯技术及工具的发展，总的说来，人们的交往范围扩大了，便利了，交往空间缩短了，时间增多了，然而从个体人来说，由于城市化的发展，核心家庭的形成与增加，个体人的直接交往空间又相对地缩小了，局限了，时间减少了，限制了人的交往，压抑了人的交往需要。这就要求现代社会必须为人们提供公共活动的场所和机会，同时，现代教育、现代德育必须教人学会交往，学会文明交往，懂得交往的礼仪，特别是要教人学会尊重人，尊重人的人格、劳动和民族风俗习惯，学会自尊自爱，尊重自己的民族和自己本身。

三、现代社会的"东西南北"关系是现代德育的重要社会历史根源和背景

"东西"问题，即社会主义国家和资本主义国家的关系问题，实质是和平问题，它是当今世界的主题之一，也是现代德育的一个重要的社会历史根源和背景。

在当今世界，东方和西方，同属现代社会，但由于社会关系、社会制度的不同，文化背景的不同，价值观的不同，这就使得现代教育、德育呈现出社会主义和资本主义两种根本不同的社会性质和特点。这种不同的根源在于社会生产关系或经济基础的性质不同。由于这种基础不同，东西方现代德育的矛盾和冲突不可避免，认识、把握这种不同，正确对待它们的矛盾和冲突，是非常重要的。同时应看到，东西方现代德育同处于现代社会背景下，同属于现代德育的范畴，它们之间存在着许多共同点、共通点、相似点，认识、把握这些共性也是很重要的。这主要是因为：社会主义既是一种先进的社会制度，也是一种先进的思想体系，它的这种先进性应该是人类社会、人类思想文化最优秀成果的继承和发展，其中包括继承、吸收和发展西方资本主义的优秀科学文化和思想道德遗产，决不能一说西方，一说西方的思想道德就跟"腐朽"相联系，一说向西方学习就只理解为学习其先进科学技术、管理方法，其实在思想道德方面，它也有许多先进的优秀的东西，值得东方社会主义认真学习、吸收、借鉴，决不能把西方的思想道德通通贬之为"腐朽"，一概地完全地当做糟粕加以拒绝和排斥。比如，讲尊重人的价值和发展的观念，尊重科学、尊重人才的观念，讲现代文明，讲质量、时间、效率、效益等等观念，现代西方已成为普遍的社会风尚和遵行的准则，而东方则尚须着力加以宣传和普及，在这方面，东方应该向西方学习。特别是西方在现代社会基础上产生的讲人道主义、个性自由、机会均等、民主参与、理性原则，科学精神和人的个性发展等已为马克思主义所吸收、继承，并在新的基础上加以发展了。西方资本主义讲自由、平等和民主，东方社会主义更应该讲自由、平等和民主，而且应该是对事物发展规律的认识和改造的更自觉的真正的充分的自由,是没有剥削和压迫的真正的人民的平等,更广泛的民主,真正人民的更充分的民主。由于历史的原因,东方国家背负着沉重的封建专制的历史包袱,特别缺乏科学和民主的传统和习惯,因此,从一定意义上说,东方向西方学习科学和民主的思想道德观念,形成真正合乎现代社会要求的科学和民主的思想道德观念和习惯就更具有现实的重要性和迫切性。事实上,现代东西方不是只存在区别、差异、矛盾和冲突,同时还存在联系、一致、共处和合作;就差异、矛盾和冲突来说,也并不只是对抗,而且还寻求合作,寻求和平共处。特别应该指出的是东西方存在的一致性问题,这种一致性或共同点的基础就是现代生产、现代科技、现代市场经济,以及在其基础上产生的思想道德观念,最显著的就是人道主义、个性自由、机会均等、民主参与、理性原则和科学精神这些被五四时期概括为科学和民主的精神和原则以及时间、效率观念和环境意识、道德、法律等等,这些精神和原则是现代社会精神最显著的内容,是现代德育的共同点。这里还应该指出,在现代生产、现代科技和现代商品交换行为亿万次的重复中所形成的人们的行为规范、思想原则、价值观和社会观,是在现代生产、现代科技和现代商品经济基础上产生的,是调节现代社会的经济的、政治的和社会的各种关系的基本原则,是每个社会成员必须遵守的基本原则,它是现代教育,也是现代德育的内容和追求的目标,是东西方现代德育一致的或共同的东西。

"南北"问题,即发展中国家和发达国家的关系问题,或曰第三世界和第一世界国家的关系问题,实质是发展问题,它是当今世界的又一个主题,是现代德育的又一个重要的社会历史根源或背景。在当代,一方面,"南北"问题给现代德育带来许多矛盾和冲突。北方属于发达国家,经济高度发展,社会生产力和科技发展水平高,市场发育得很充分和完备,而南方则属于发展中国家,经济不发达,生产力和科技发展水平低,市场不完备,各方面相对都较为落后,它们在社会、经济、政治、教育、文化等方面都面临现代化的迫切课题,在德育方面面临着挑战和由古代学校德育向现代德育转变过程之中,它们既要走德育现代化的道路,又要根据自己的国情、民情和民族文化特点与历史传统,走自己的路,既要为现代生产、科技和商品经济的发展制造舆论，创设思想道德的适宜环境和形成良好的社会思想文化背景，又要保护自身的利益，保护自己的经济发展的自然环境和人们的生存和发展的自然的和经济的条件，因此，科学和民主问题，和平和发展问题，环境和人道或人的生存权利问题等等就提了出来。在当代，讲科学和民主，讲人道，讲人道主义，讲世界和平，讲国际合作，讲环境和发展，从南方来说，首先是为了推动社会的发展，维护第三世界、发展中国家及其人民的利益、经济落后国家的利益，也是为了维护全人类的利益，防止发达国家利用其占优势的经济和军事实力，破坏世界和地区和平，把其发展带来的环境污染问题转嫁到南方发展中国家，在和平和发展、环境和发展等问题上，北方发达国家应承担更多的义务和道义责任，因此，现代德育所进行的环境意识、法规、道德等的教育，不仅是南北双方间利益的需要，也是全人类共同利益的需要，从某种意义上说，更是南方发展中国家人民利益的需要。因此，南方发展中国家和北方发达国家的关系，也是现代德育的重要的社会历史根源或背景。

四、现代科学为现代德育提供了重要的理论基础

德育的对象是人，是人的品德。人、人的品德是众多学科共同研究的对象。培养人的品德，促进人的品德发展的德育，必然需要多学科的积极参与和方法论的移植。在古代社会，科学虽已萌芽，但并未形成。从严格意义上说，科学产生于现代。古代的萌芽状态的科学的总特点是经验性和混沌整体性，而现代科学则是理性和日益分化与高度综合。因此，从德育的知识基础来说，古代学校德育是建立在经验性知识基础上、混沌整体性的古代哲学、政治学和伦理学的基础上，而现代德育是建立在科学理论的基础上，并且它的理论基础已大大地扩展了，它不仅包括众多的社会科学，而且扩展到包括自然科学、思维科学、管理科学，特别是心理学、行为科学、人类文化学、系统科学和人本主义等等。现代科学是现代德育的极其重要的理论基础。现代社会科学为现代德育提供了重要的社会科学知识基础，自然科学为现代德育提供了重要的自然科学知识基础和科学技术基础。关于科学技术为现代德育提供了重要的科学技术基础问题已在上文论及，这里从略。下面着重从心理学、行为科学和系统科学方面探讨一下它们为现代德育所提供的基础或背景问题。

(一) 心理学是现代德育的重要理论基础

德育是培养人的品德的教育活动。人的品德是在一定的心理背景下和活动过程中形成、发展的,因此,培养人的品德的德育就离不开心理学所揭示的心理活动的形式及其规律的指导。在现代,心理学得到了长足的发展,出现了许多分支学科,诸如普通心理学、个性心理学、社会心理学、发展心理学、教育心理学以及医学、体育、工程、管理、司法、文艺、商业心理学等等。其中个性心理学、社会心理学以及发展心理学和教育心理学及其具体分支的品德发展心理学和德育心理学,人本主义心理学及其人的需要理论等,是现代德育最重要的心理学基础。比如,现代德育培养现代人的品德,必须考虑现代人的身心发展、个性发展以及人的品德形成、发展的外部条件、内部动力,考虑德育如何适应人的需要,特别是人的个性、人的品德形成发展的需要及其年龄阶段特征的规律,考虑现代社会人的社会心理问题,特别是群体心理问题及其动力问题,考虑人的品德心理结构及其知、情、意、行各构成要素形成发展的规律、相互作用和转化的规律以及将社会思想道德转化为个体品德的品德心理活动过程和机制问题,品德形成发展中心理障碍的结构、特征、成因及其克服或排除问题,品德不良的心理要素、成因、教育转化过程和矫正中的心理学问题。离开德育对象的心理活动规律,特别是品德心理活动的规律,就无法有效地将社会思想道德转化为个体品德,促进品德社会性发展。因此,心理学是现代德育极为重要的理论基础。

(二) 行为科学也是现代德育的重要理论基础

行为科学是第二次世界大战以后发展起来的一门新兴科学。现在这门科学已被广泛地应用到凡涉及人的各个领域、各个部门,其中当然包括教育领域、教育部门。行为科学的定义尚未统一,但一般地说,它是利用心理学、社会学、人类学和伦理学的知识,研究人们行为规律的一门科学。

行为科学理论的出发点是人性假设。因为行为科学的研究对象是人的行为,而人们关于人性的认识又众说纷纭,很难统一,于是行为科学家们根据人的种种表现,提出了自己的人性假设,诸如工具人、经济人、社会人、自我实现人、复杂人、决策人等假设。这些人性假设都对人的行为实质作了描述和论证，既有真实性的一面，但又都没有揭示出人性的实质。①

行为科学理论的核心部分是激励理论。人是一种有情感、理智、欲望和需要的高级动物。他们生活在一定的环境中，环境中的许多因素都能刺激人们的欲望和需要。当人们从理智上或情感上选择了某种需要，并尽力去追求它，这些因素就成为激励人们行为的力量；环境中客观存在的一些因素未引起人们的注意，就起不了激励人们行为的作用；由于个人所处的社会环境、所从事的职业与所具有的文化素养、经济收入、价值观和道德观及个性特征的不同，面对同一刺激因素，每个人对它的态度和追求程度也有很大差异。行为科学家们是从人的需要、人的行为转化和改造、人的动机形成和目标选择过程三方面来研究激励理论的，从而提出了需要层次理论、行为改造理论和过程分析理论。②我们认为，德育作为教育者培养受教育者品德的活动，那就必然涉及人性问题，人的需要问题，人的行为问题，因此，现代德育的进行必须考虑人的需要，必须符合人的行为规律，而行为科学所揭示的人的行为规律的一些科学理论和方法就必然成为现代教育、现代德育的重要理论基础，对现代德育有着重要的指导意义。比如，品德形成发展的动力是品德发展新需要与已有品德发展水平之间的矛盾，德育要想取得成效，首先就要使德育要求适合受教育者已有品德发展水平并转化为受教育者品德发展的新需要，就要考虑人的需要层次，否则，任何德育都是徒劳的，无效的，甚至是负效的。行为科学不仅研究人的个体行为，而且研究人们的群体行为。德育的对象是人，是人的个体和群体，因此，行为科学的群体理论对于群体德育就有着重要的指导作用。比如在学校德育工作中，组织、培养学生集体，进行集体德育，就要考虑学校群体，其中包括全校教师群体和学生群体，学生正式群体、非正式群体、同辈伙伴群体等问题，否则，学校德育也是不能取得良好效果的。

---

① ② 参见陈孝彬主编：《教育管理学》，北京师范大学出版社 1990 年版，第 60～63、63～68 页。

(三) 系统科学对现代德育具有重要的方法论意义

系统科学是第二次世界大战后发展起来的一门新兴科学。系统科学以系统为研究对象,其任务是探索系统的特点及其发展变化的规律。系统科学是一门横断科学,它横跨多种运动形式和物质,横跨技术、生物、社会、思维等众多领域。系统科学包括基础理论、应用技术理论和工程技术应用等。其中基础理论以系统论、信息论、控制论以及耗散结构论、协同论、突变论中的基本原理为内容,共同构成一门基础学科。

系统科学对现代德育具有方法论意义。宇宙中包括人类社会中的宏观、微观等方面都是由大大小小系统组成的。系统就是由相互作用、相互依赖的若干组成部分结合而成的具有特定功能的有机整体,而且这个系统本身又是它从属的更大系统的组成部分。一个整体的大系统可以分解为若干部分的子系统,子系统内部还可以有若干层次的子系统。德育也是一个系统,因此可以运用系统科学的理论和方法对德育系统加以考察。运用系统方法研究现代德育理论和指导现代德育实践要注意它以下特点。①整体性。将德育看成一个大系统,这个大系统内部各个子系统之间存在着不可隔裂的联系。整体具有它各个元素所不具有的功能和结构。整体大于各部分之和。②结构性。一个德育系统的稳定联系构成德育系统的结构,它保证德育系统的有序性。德育系统是多层次、多等级的,有横向联系、纵向联系、单项联系、多项联系、一维联系、多维联系,构成立体交叉的网络模式。③动态性。德育系统是相对稳定的,但一个开放的德育系统又是不断运动、发展、变化的,一个德育系统只有和环境相互联系、相互作用,不断进行物质、能量和信息的交换,才能保证德育系统的有序性结构的发展,达到动态平衡。德育系统是"运动与平衡的活的统一"。因此,应该在动态中协调德育各要素的关系,搞好德育系统的综合、平衡。在现代德育理论和实践中,我们要注意和运用上述几个特点。

第三节 我国社会主义初级阶段德育的
基本理论和实践

一、现代德育与我国社会主义初级阶段德育的联系和区别问题应该探讨

探讨现代社会的德育问题，立脚点是要站在现代社会德育发展的高度，综观当代世界德育发展的全局，面向世界德育发展的未来趋势，把握现代德育发展的共性，目的在于明确我国社会主义现代化建设过程中德育的发展方向并指导其德育实践，推动其实现现代化。我们应该立足现代看世界，放开眼界看未来，决不能落后时代发展，眼睛向后看，囿于中国国界，局限自己的眼光，闭塞自己的视听，封闭自己的头脑，堵塞思考，迷失前进的方向和道路。但是，我们又必须从我国的具体国情和现实出发，切实把握我国社会主义初级阶段社会发展的基本特点，德育发展的特殊性，它的具体发展方向和道路，以便探明现代德育的一般发展方向和道路与我国社会主义初级阶段德育的具体现实和道路之间的联系和区别、一般性和特殊性。

二、我国社会主义初级阶段德育的基本性质及其特点

（一）我国社会主义初级阶段德育的性质

社会主义初级阶段是我国在生产力落后、市场经济不发达条件下建设社会主义必然要经历的特定阶段。我国从20世纪50年代生产资料私有制的社会主义改造基本完成，到社会主义现代化的基本实现，至少需要上百年时间，都属于社会主义初级阶段。①

我国社会既然处在社会主义初级阶段，其德育的基本性质应该是社会主义的初级性。它包括两层含义。第一，它是社会主义性质的德育。这种德育与原始社会、奴隶社会、封建社会、资本主义社会的德育，与我国半殖民地半封建社会的德育，在社会、阶级性质上是根本不同的。因此，我们必须坚

---

① 参见《沿着有中国特色的社会主义道路前进》，人民出版社1987年版，第12页。

持而不能离开德育的社会主义方向。如上所说，社会主义德育与资本主义德育一样，同属于现代德育范畴，具有与原始形态的德育和古代学校德育根本不同的性质和特点，但是，我国的社会主义德育又是从旧中国半殖民地半封建的德育、古代学校德育脱胎而来的，虽然马克思主义在德育思想上已占据指导地位，从某些特征看已进入现代德育的阶段，我们的目标也是要建立发达完善的现代德育，但是，它还带有比较严重的旧社会的痕迹、历史传统和包袱；由于我国社会发展的不平衡性，在一些边远少数民族地区，甚至还带有原始社会的原始形态德育的性质、特征、痕迹、历史传统和包袱；从总体上讲，主要是带有比较严重的封建社会的古代专制式的奴化性的学校德育的性质、特征、痕迹、历史传统和包袱等历史遗存，我国德育还没有完全进入现代德育的阶段。因此，第二，它是社会主义初级阶段的德育处于现代德育的初级阶段。这种初级阶段的社会主义德育与属于社会主义范畴的新民主主义性质的德育和社会主义经济基础尚未奠定的由新民主主义向社会主义过渡时期的德育，与社会主义现代化实现阶段的德育，以及与社会主义发展的高级阶段即共产主义阶段的德育，虽然同属于共产主义体系，与在共产主义运动过程中处于不同发展时期和阶段的德育存在着内在的必然的联系，但在社会性质和发达完善程度上，是不同的，是有区别的；从德育发展形态上讲，它还处于现代德育的初级阶段，远未完全进入发达完善阶段，虽具有共产主义的因素，但它更未达到共产主义德育的发展水平的形态。我们应该从我国社会主义初级阶段德育的社会主义初级性质出发和现代德育的初级性质出发，一方面要正确认识和把握它与古代学校德育的联系与区别，坚持德育的现代化发展方向，加强德育的现代化建设；另一方面要正确认识和把握它与同属于共产主义体系而在共产主义运动和发展过程中处于不同发展时期和阶段德育的联系与区别，既不割断历史联系和内在发展逻辑，又不混淆层次水平和性质差别，既不停步不前，又不脱离社会主义德育的初级性质和现代德育的初级性质这个实际，超越初级性的社会主义现代德育这个必经阶段，跳越冒进，急于求成，盲目求纯，企图一步达到共产主义的最高目标，德育发展的最高形态。在这个问题上，新民主主义和过渡时期德育的优良传统、有效做法当然要继承，但不能完全照搬。新民主主义革命时期的德育主要是为阶级斗争和革命战争服务，为夺取政权服务，进行的主要是无产阶级的思想政治教育，这当然是正确的。在进行社会主义改造的过渡时期，德育继承了新民主主义革命时期德育的传统，德育的指导思想仍以阶级斗争为纲，主要进行无产阶级的思想政治教育，这也有它的正确性、合理性，但同时也有一定的片面性。因为过渡时期的总任务是"一化三改"，即不只是要进行生产资料私有制的社会主义改造，而且要进行社会主义工业化建设，并且这"一化"还放在"三改"之前，"三改"是要在"一化"的同时来进行，因此，阶级斗争不是唯一的，建设的地位上升了，任务突出了，这就要求在德育指导思想上不能片面强调阶级斗争，把思想政治教育当做唯一内容，而应把德育现代化建设作为重要的指导思想，把道德和法纪教育提上重要的日程，当做德育的基础性内容认真切实地抓好。然而不幸的是，在德育指导思想上并没有由以阶级斗争为纲向进行德育现代化建设的方向转变，道德和法制教育等基本的基础性德育内容也并没有引起足够的重视，甚至处于被忽视被否定的地位。所有这些都不能不说是有所失误，有所不妥。特别是在生产资料私有制社会主义改造基本完成，剥削阶级作为阶级已经消灭，国内的主要矛盾已转变为落后的社会生产与人民日益增长的物质文化需要之间的矛盾，主要任务是进行社会主义现代化建设之后，仍然抓住以阶级斗争为纲不放，超越德育社会主义现代化的必经阶段，并企图通过无限上纲、群众运动式的大批判，在短时间内消灭几千年来遗留给人们的私有观念等旧的思想道德的痕迹、影响和沉重包袱，让所有的人都树立起共产主义理想和信念，一步登上共产主义的理想殿堂和精神顶峰，甚至用被曲解的、带有浓厚的古代封建社会"愚忠愚孝"等思想道德色彩的所谓"马克思主义"来批判符合社会主义现代化建设需要的思想道德，来对人们进行教育。这种"左"的思想和做法，是不符合社会主义初级阶段德育的性质和实际的。我们应从中吸取教训，切实端正思想，改变"左"的方针、政策和做法，根据我国社会主义初级阶段德育的实际，采取切实有效的措施，搞好我们德育的社会主义现代化建设，做好我们的德育工作。

（二）社会主义初级阶段德育的若干特点和社会主义现代化的发展方向

1. 社会主义方向性

我国从20世纪50年代生产资料私有制社会主义改造基本完成以后已进入社会主义社会。我国1982年宪法的第一条明确规定："中华人民共和国是工人阶级领导的、以工农联盟为基础的人民民主专政的社会主义国家。"我国现阶段的主要矛盾是人民日益增长的物质文化需要同落后的社会生产之间的矛盾。阶级斗争在一定范围内还长期存在，但已不是主要矛盾。今后国家的主要任务是集中力量进行社会主义现代化建设，中心任务是发展生产力。因此，德育应该在中国共产党领导下，在马列主义毛泽东思想指导下，坚持社会主义方向，为社会主义现代化建设服务，为经济建设服务，为巩固人民民主专政服务，而不是为革命战争、为夺取政权服务，或是以阶级斗争为纲，单纯为阶级斗争服务。为此，德育应帮助人们克服以阶级斗争为纲的观念，树立起"一个中心，两个基本点"的观念，克服自然经济和产品经济的观念，树立起社会主义市场经济的观念，教育人们自力更生，艰苦奋斗，为把我国建设成富强、民主、文明的社会主义现代化强国而奋斗。

这里应该强调指出，坚持德育的社会主义方向性，应该抛弃德育以阶级斗争为纲的观念，树立起为社会主义现代化建设服务的观念，但这决不意味着德育可以离开马克思主义指导，相反应该坚持和强调马克思主义对德育的指导地位。在社会主义初级阶段，马克思主义在意识形态领域的指导地位已经确立，适应社会主义现代化建设和改革开放的理论体系、思想观念、文化条件和社会环境也正在逐步形成，但是封建主义、资本主义腐朽思想，历史遗留的半殖民地奴化思想，小生产习惯势力和各种落后习俗在社会上还有广泛影响，在发展社会主义市场经济的过程中，也会出现某些消极腐败现象，在这种情况下，在思想道德领域内，马克思主义与各种非社会主义性质的思想道德的矛盾和斗争不可避免。为保证德育坚持正确的社会主义方向，正确解决思想道德领域的矛盾和斗争，建设社会主义精神文明，德育必须以马克思主义为指导，用社会主义的思想政治准则和法纪道德规范教育人们，提高整个民族的思想道德素质，批判、抵制各种旧的思想道德以及消极腐败现象和落后习俗的影响，增强人民在现实生活中识别和抵制不良思想道德影响的能力。

2. 全民性和民主性

建设社会主义政治文明和精神文明是全国人民的共同任务，德育担负着社会主义政治文明和精神文明建设的任务，因此，德育应该是全民的。从教育来说，教育事业是全民的事业，德育作为全面发展教育内容中的一个有机组成部分，也应该是全民的。从德育内容来说，它是既有阶级性，又有社会共同性、民族性和全人类性的，特别是其中的社会公德即社会公共生活准则，是社会各阶级、全体社会成员都必须共同遵守的，在社会主义条件下尤其是这样，它对维护社会主义社会人们的正常生活和活动，对社会主义社会的安定和发展是必需的，是具有积极意义的。同时，讲德育的全民性，讲社会公德，对于促进社会团结，维护人类尊严也具有积极的意义。既然存在全社会必须遵循的社会公德，因而谁破坏它，就是道德的堕落，就是破坏、损害社会全体成员的利益，就要受到全社会舆论的强烈谴责。应该指出，我们讲德育具有人类共同性，讲社会公德，是在肯定德育内容阶级性的前提下讲的，是从无产阶级立场和人民的利益出发的，是从维护社会主义社会安定和发展的大局出发的，是从社会主义社会的具体历史条件出发的，决不要把阶级性和全民性对立起来。具体来说，德育的全民性包括这样几层含义：①德育是全国人民的共同权利、义务和责任；②德育的对象包括全国人民，全体社会成员，就是说，全国人民，全体社会成员，都要接受社会主义思想道德教育，遵守社会主义思想政治准则和法纪道德规范；③德育的任务是提高全国各族人民的思想道德素质，提高整个民族的精神文明程度。

德育的全民性和民主性是紧密关联的。我国实施的是社会主义民主制度。社会主义应该有高度的民主、完备的法制和安定的社会环境。但在社会主义初级阶段，民主还很不完善，法制也不够健全，不安定的因素甚多。为适应和促进社会主义现代化建设，必须在安定团结的前提下，努力建设民主政治。德育应该坚持和努力实现民主化。德育民主化包括这样几层含义：①德育要尊重人民当家做主的权利，尊重人民享有的各项公民权利，尊重人民参与国家管理包括德育管理的权利，尊重人的人格尊严和社会主人翁精神；②德育的决策和实施应该民主化；③德育的内部关系及其进程和方法应该民主化，包括教育部门各级领导和下级关系的民主化，教育者和受教育者之间关系的民主化，德育进程和方法的民主、平等、和谐化；④应该对人民进行民主和法制教育，帮助人们树立民主和法制的观念，培养起社会主人翁精神，养成少数服从多数和尊重他人人格等民主习惯以及学法用法守法的习惯,克服封建宗法等级观念和资产阶级自由化观念,摆脱人身依附关系和唯我主义,形成独立人格和社会主人翁精神。还要教育人们热爱祖国,维护国家的统一,中华民族的尊严,社会的安定和民族的团结。

3. 变革性

现代社会是变革的社会。变革的观念已深入到社会生活的各个领域。从19世纪中叶以来的一个多世纪,我国社会一直处于变革之中。从旧社会变为新社会,这是社会性质的变革,是一场社会革命。在社会主义初级阶段,社会的变革不仅不会停止,相反,为发展生产力,还必须自觉地改革生产关系和上层建筑中不适应生产力的部分。这种改革是社会主义制度的自我完善。随着生产力的发展,社会关系的变化,社会主义改革的不断深入和制度的不断完善,作为社会主义社会上层建筑一部分的德育来说,它不可能墨守成规,一成不变,而必然随之不断发生变革,不断对其进行改革和完善,并帮助人们树立改革的意识,促进人的精神解放,满足人的精神发展和享受的需要,适应和推动改革的进行,解放生产力,促进生产力的发展、科学技术的革命、社会主义市场经济的发展和社会主义制度的完善,为社会主义现代化建设服务。

4. 开放性

现代社会是开放的社会。我国在生产力落后、市场经济不发达条件下建设社会主义,尤其需要对外开放。闭关自守只能越来越落后。德育是社会的一部分,它要适应和促进我国社会主义初级阶段社会发展、生产力发展、科技发展、市场经济发展和人的发展,应该成为开放性系统,而不能自我封闭和禁锢,脱离我国社会主义现代化建设的生活环境和当今世界的发展变化。从德育自身来说,只有形成开放系统,与外部环境相互联系,相互作用,才能保证德育有序结构的发展。德育的开放性包括两个方面,一是向国内社会开放,二是向国际社会开放。德育开放性的实质是使德育与社会主义现代化建设沟通起来,与改革开放的社会生活实际联系起来,与国际社会联系起来,从中吸取营养,以使德育适应和促进社会主义现代化建设事业的发展,并使德育自身充满生机和活力,得到发展、提高和完善,这与否定正常的品德教育而搞的以阶级斗争为主课完全不同。德育向国内社会开放，与社会主义现代化建设联系起来，这在人们的思想上是不会怀疑的，但社会主义德育要向国际社会开放，这也许就要引起人们的疑问。我们认为，既然我国社会是对外开放的，社会主义德育是以马克思主义为指导的，因此，我国社会主义初级阶段的德育不仅应该而且能够对国际社会开放，吸收、借鉴国外一切科学的、先进的、有益的德育理论、内容、原则、经验和做法，以利我国德育理论和实践的发展，并帮助人们打开眼界，面向世界和未来，克服小生产的狭隘眼界、保守落后习气和封闭禁锢的状态，促进我国政治、经济、教育、科技、文化的对外交流和合作，促进国际交往和合作，吸收世界文明成果，批判、抵制资本主义腐朽思想道德和生活方式的影响，增强马克思主义以及社会主义思想道德的战斗力，保持和发扬中华民族优良文化传统，为实现四化、振兴中华服务。同时，我们在开放的过程中也将自觉地宣传、介绍我国的德育理论和实践、经验和成就，宣扬我国人民崇高的精神世界和思想道德风貌以及中华民族优良的历史文化传统和美德，这对弘扬我们的民族精神，扩大我们伟大祖国及其德育理论和实践的国际影响，促进世界思想文化的交流和发展，同样具有重要的意义和作用。

5. 统一性、多样性和层次性

我国是一个统一的多民族的社会主义国家，全国各族人民处于大体相同的社会历史条件下，有中国共产党的统一领导，具有共同的理想、奋斗目标和历史任务，但是各地区、各民族的社会政治、经济、教育、科学、文化等的发展水平和状况很不平衡，人们的思想道德水准、文化素养和觉悟程度差异很大，并表现出明显的层次水平，各地区、各民族和各种层次水平上的人们的需要和条件很不一致。从德育内容和人们品德结构来说，也是统一的、多样的、分层次的。比如德育内容和人的品德就是由思想、政治、法纪和道德等四方面内容和品质构成的多层次的统一的结构整体。因此，德育的要求及内容应该既有统一性，又有多样性和层次性，既有集中，又有分散，既有高标准、严要求，又有一般的起码的标准和要求。统一性的主要表现是，德育的指导思想、总的目标要求、内容和方法是统一的，各种类型、级别和层次水平的德育及其目标和内容是互相衔接和有内在联系的系统连贯的统一的德育体系。德育多样性和层次性的主要表现是，不同地区、民族、类型、级别和层次水平上的人们的德育及德育的具体目标和要求、内容和方法、实施途径和领导体制等是灵活多样的，是因地因时因人制宜的。德育的统一性、多样性和层次性可以大到国家社会，小到部队连队、工厂车间、学校班级、社区家庭乃至个人。

　　德育的统一性、多样性和层次性是密切联系、辩证统一的。统一性是在承认和照顾多样性和层次性基础上的统一性，而多样性和层次性是在统一性指导下的多样性和层次性。在实际德育工作中，决不能片面强调德育的统一性，而抹杀德育的多样性和层次性，使德育变成没有个性的、僵死的、脱离实际的、抹杀差别的、扼杀人的主体性的、毫无生机和活力的教条。同样，也不能片面强调德育的多样性和层次性，而抹杀、否定德育的统一性，使德育偏离统一的指导思想、目标、任务和内容，各行其是，互相脱节，混沌无序。我们应该在统一性的指导下，充分注意德育多样性和层次性的特点，使德育丰富多彩，富于个性，充满活力，卓有成效。

　　6. 全面发展性和整体性

　　德育的全面发展性和整体性是由人的身心的全面发展性和辩证统一性，人的品德结构及其形成发展的全面性和辩证统一性以及影响人的身心发展、品德发展的因素的全面性和辩证统一性决定的。我们知道，人的身心发展是全面的、辩证统一的，人的品德结构是由品德内容、形式和能力等构成的、具有内外层次结构的统一的综合性整体，而其内容、形式和能力等各自又都是由多种内容和要素构成的并具有一定层次结构的综合性整体。因此，德育的目标和内容应该是全面的、综合一致的，这样才能培养塑造出具有完整品德面貌的精神健全和心理健康的全面发展的社会主义新人来。而要培养出这样的人来，必须实施综合一致的德育影响才能达到目的。因为人的品德是在活动和交往的基础上，接受环境和教育的影响而逐步形成和发展起来的，因此，培养人的良好品德，抵制不良思想道德和习俗的影响，提高整个民族的思想道德素质，不只是宣传部门、教育部门的事，而是全社会的共同任务。只有全社会互相配合，形成整体一致的德育环境和影响，才能有效地抵制不良思想道德对人们的消极影响，取得良好的德育效果。在我国，在中国共产党的统一领导下，全国人民有共同的理想和奋斗目标，党政军民、工农商学和社会各界应该而且能够齐抓共管，形成整体一致的良好德育环境和影响，共同培养起人们的良好品德。就学校德育的组织实施来说，其整体性主要体现在两个方面：①学校内部各方面应该互相配合，整体一致；②学校德育与家庭德育和社会德育应该紧密配合，形成整体一致的良好德育影响、舆论和风气，共同培养教育好学生。

三、我国德育现代化的主要问题

（一）确立先进性和广泛性相统一提高全民族思想道德素质的方针

我国的社会制度属于社会主义。社会主义是共产主义的低级阶段，它的发展方向是共产主义，是向共产主义高级阶段前进的历史运动。因此，我国的德育目标和内容应该有共产主义的先进性要求。在我国，共产党员、共青团员和先进分子应该树立共产主义理想，追求共产主义的远大目标，树立为了人民的利益和幸福，为了共产主义理想，站在时代潮流前面，奋力开拓，公而忘私，勇于献身，必要时不惜牺牲自己生命的崇高的共产主义道德，成为遵纪守法的模范。我们的德育应为培养出具有这种崇高理想和道德的人尽责出力，这可以说是我国德育的先进性要求。但是，我国毕竟还处于社会主义初级阶段，社会发展很不平衡，人们的思想道德发展水平也很不平衡，而且差别很大，层次明显，旧社会遗留的非社会主义的思想道德在社会上和人们的头脑中还有广泛影响，并且经常侵袭党的干部和国家公务员队伍。因此，我们的德育毫无疑问应该宣传、提倡共产主义的理想和道德，并把其中的少数先进分子培养成共产主义者，但是，决不能要求把所有的人都培养成为共产主义者，而必须从实际出发，进行建设社会主义现代化强国的共同理想教育、社会主义民主政治教育、法制教育、道德教育和文明行为习惯培养，提高整个中华民族的思想道德素质水平。我们的德育应该鼓励先进，但一定要照顾多数，决不能脱离绝大多数人的实际思想道德水平，一味地追求先进性，企图在一夜之间就消除所有人们头脑中的旧有的思想道德影响，一步登上共产主义的无私境界。否则，这样进行德育那只能是脱离实际的"假、大、空"，不仅不可能取得任何真正实际的正效果、正效应，而且还会产生极大的负效果、负效应。我国五十多年来的德育实践已经让我们尝够了这种超越冒进式的"左"的"先进性"的苦头。究其原因，就是脱离我国社会主义初级阶段的社会实际、德育实际。我们应该吸取历史的经验教训，认真研究和切实把握我国社会主义初级阶段德育的性质和特点，"从实际出发，鼓励先进，照顾多数，把先进性的要求同广泛性的要求结合起来，这样才能连结和引导不同觉悟程度的人们一起向上"①，不断满足人的精神需求、精神享用和身心发展的需要，促进人的精神解放，"提高整个中华民族的思想道德素质"②，团结一切可以团结的力量，调动一切积极因素，"形成凝聚亿万人民的强大精神力量"③，齐心协力，"艰苦奋斗，勤俭建国，脚踏实地地干事业"④。

　　这里应该指出的是，先进性和广泛性相统一，提高全民族思想道德素质，应该是我国德育的总的方针，总的指导思想，但如何真正做到具体的历史的统一，如何把处于不同觉悟程度和层次水平的人们的德育要求和内容连结起来，真正做到序列化和科学地进行衔接过渡，这还是一个有待深入研究探讨的课题和需要具体化的过程。就学校德育来说，各级各类学校德育的目标和内容的序列化和衔接过渡问题，同样也是一个有待深入研究探讨的课题和需要具体化的过程。不过，我们设想，就我国普通中小学德育来说，其一般目标可以确定为：进行社会主义思想政治准则和法制道德规范教育，使他们具有社会主义法制观念、道德品质和文明行为习惯，形成社会主义的政治品质和科学人生观世界观的基础，具有一定的品德认识、实践、修养能力和良好的品德心理素质，成为有社会主义思想道德基本素质和良好个性品质的，并立志为社会主义现代化建设事业奋斗、服务的好公民。在此基础上，使他们中的优秀分子将来能够成长为坚定的共产主义者。具体说来主要包括以下几个方面：①形成学生社会主义道德品质、法制观念和良好行为习惯；②为学生确立坚定正确的政治方向打好基础；③为学生形成科学人生观、价值观、世界观奠定基础；④培养学生具有一定的品德认识、品德实践和品德修养能力；⑤形成学生良好的品德心理品质。

---

　　①②③④《中共中央关于社会主义精神文明建设指导方针的决议》，人民出版社1986年版，第12、5、12、9页。

上述五项目标是从品德内容、品德能力和品德心理形式三个方面规划设计的中小学德育目标的大致规格和范围，具有方向性和一般性，也具有一定的针对性，但并不是国家对中小学德育目标的具体规定，也未区分小学、初中、高中德育目标的层次性及其衔接和过渡，因此，普通中小学德育目标的序列化和衔接过渡问题也是一个有待深入研究探讨的课题和需要具体化的过程。

（二）加强马克思主义德育理论建设

我国是社会主义国家，我国的德育现代化是社会主义的德育现代化，因此，我国德育要走向现代化，就必须坚持德育的社会主义方向，加强马克思主义德育理论建设，坚持马克思主义对德育的指导性，以使我国现代德育体系真正建立在坚实的科学方法论的基础上，这样才能分清两种不同的现代德育观的联系与区别，真正防止"左"的或右的思想的影响和干扰，充分地兼收并蓄各种德育流派的科学成果，避免和克服它们的片面性和狭隘性，同时也才能真正科学地总结概括新中国德育的成功的经验和失败的教训。

马克思主义是人类智慧的结晶，是放之四海而皆准的科学真理。马克思主义全部学说的基础是马克思主义哲学。马克思主义哲学是辩证唯物主义和历史唯物主义，是科学的世界观和方法论，是一切科学研究和科学实验的指导思想，也是社会主义德育理论研究和德育实践的指导思想。德育理论是德育实践的向导。要建立我国现代德育体系，就必须以马克思主义德育理论为基础。而要建立马克思主义德育理论，就必须以马克思主义特别是马克思主义哲学为指导。因为，任何一门科学的研究都必须有理论思维，而理论思维的正确与否则离不开哲学观点的指导。问题只在于是否自觉以及依据什么样的哲学观点。因此，要使我国德育走向现代化，建立我国现代德育体系，就必须加强马克思主义德育理论建设，为此就要以马克思主义哲学作为指导思想和方法论基础。

世界观和方法论是统一的。正确的方法论决定于正确的世界观，错误的世界观必然导致错误的方法论。马克思主义哲学是无产阶级的世界观，是最科学的世界观，同时也是无产阶级和劳动人民认识世界和改造世界的方法论，是最科学的方法论。恩格斯曾明确指出："马克思的整个世界观不是教义，而是方法。它提供的不是现成的教条,而是进一步的出发点和供这种研究使用的方法。"① 马克思主义哲学是科学世界观和科学方法论的统一,它为人们提供了客观地、历史地、全面地、深入地认识世界和改造世界的一般方法和思想武器,使研究者尊重事实,实事求是,遵循实践—认识—实践的认识途径,善于观察、分析事物的矛盾运动,懂得共性和个性、绝对和相对、量变和质变、肯定和否定以及存在和意识、社会存在和社会意识等的辩证统一的道理,懂得用历史的、阶级的和群众的等历史唯物主义的观点分析研究社会历史现象的必要性和必然性,在研究中能够明确地作出理论和实际的结论。研究我国德育现代化,建立我国现代德育体系时,既要把德育现代化问题提高到世界观的高度来认识,又要把一般的哲学理论化为认识现代德育和指导我国德育现代化的具体方法。只有以马克思主义哲学为方法论基础,才能给一切德育研究规定出一个总的正确方向,作为我们观察和处理一切德育问题的向导,才能使我们采取行之有效的德育研究方法,并能在这个基础上预见德育未来发展的趋势。马克思主义哲学世界观和方法论是我国现代德育理论和德育实践研究的指导思想和方法论基础。如果脱离马克思主义哲学的指导,我国现代德育理论和德育实践研究就会偏离正确的方向,就会受到唯心主义和形而上学的支配,就不可能取得成效,甚至会犯错误。

　　方法论是受世界观指导的,但并不是掌握了正确的世界观就会自然地获得正确的方法。因为由世界观到具体方法不是径直的,它需要有一个具体化的过程。哲学方法是各种具体科学方法的总结和概括,同时对各种具体科学方法起着一般的指导作用。马克思主义哲学只是为德育论研究提供了指导思想,它不能够也不应该代替德育论研究。马克思主义哲学方法论只是对各种具体科学研究方法的抽象概括,是一般的方法论,它只是德育论研究的方法论基础,而不是也不应该是德育论及其研究方法本身。企图用马克思主义哲学代替德育论研究的"代替论"也是错误的,我们也应该防止和克服这种"代替论"。

　　总之,在我国德育走向现代化的过程中,必须加强马克思主义德育理论

---

① 《马克思恩格斯全集》第39卷,人民出版社1974年版,第406页。

研究，必须以马克思主义哲学为方法论基础，坚持马克思主义对德育的指导性，从而在马克思主义及其哲学的指导下，建立我国现代德育的体系。

应该指出，坚持马克思主义对德育的指导性不是让人们用僵化的教条态度对待不断变革的社会生活和德育实践，而是要求我们运用马克思主义的立场、观点和方法，研究社会主义初级阶段社会发展变化和德育的新情况、新经验、新问题，探索我国新时期德育的新特点和规律，创造性地解决新时期德育变革过程中的新问题，努力建立适应社会主义市场经济和民主政治不断发展、人的主体性和个性自由充分发展不断增强需要的德育工作的新体系，适应建设富强、民主、文明的社会主义现代化国家需要的德育的道路。

坚持马克思主义对德育的指导性，还要求坚持德育理论研究中的学术自由和德育实施过程中的民主方法和自由讨论。在新时期的德育实践过程中，德育的改革和新体系的建立是极其复杂的创新的事业，没有也不可能有现成的答案，理论上和工作上的不同意见和做法是经常发生的。因此，必须支持和鼓励人们以科学研究为基础的大胆探索和自由争论，坚持在四项基本原则和遵守宪法的原则下，实行学术自由、创作自由、批评和反批评自由。在德育过程中，必须坚持德育的民主性，运用民主的、说理的、自由讨论的、教育和自我教育的方法，促使人们明确社会主义方向，自觉分清是非善恶，辨别美丑香臭，提高思想道德水平，提高识别是非和抵制不良思想道德影响的能力。

加强马克思主义德育理论建设，坚持马克思主义对德育的指导性，还意味着德育理论工作者和德育实际工作者、决策者带头学习、运用和实践马克思主义；要进行马克思主义德育理论的宣传和普及；要用马克思主义的基本立场、观点和方法教育人们，在群众中特别是青年中积极倡导学习马克思主义。在学校德育中，马克思主义基本立场、观点和方法教育要作为德育的一项重要内容并与其他内容结合，或渗透在其他内容之中，有机地结合进行，并统率其思想政治方向和指导其进行。

（三）加强德育内容和方法的科学化和民主化建设

我国德育要走向现代化，建立社会主义的现代德育体系，从内容和方法上说，就是要加强科学化和民主化建设，以便使我国现代德育基本内容的确立和安排真正符合现代社会和现代人的发展的要求,符合人的品德发展规律和实际,切实克服"假、大、空"和"一刀切"的弊端,真正实行民主、平等、团结、合作、说理、疏导的原则和方法,充分发挥受教育者的独立性、积极性、主动性和自觉性,加强自我品德修养,切实克服和防止压服、"强灌"、损害人的尊严和抹煞人的独立性和主动性的做法。

1. 德育内容的基本组成部分及其关系

我国德育内容民主化、科学化建设的首要问题是要正确解决德育内容的基本组成部分或基本结构问题。如何解决这个问题呢?这就必须首先弄清社会意识、社会规范及其形式,人的品德的基本组成部分或基本结构。

(1) 社会意识、社会规范及其形式

社会意识是社会存在的反映,并反作用于社会存在。哲学世界观、政治思想、法制思想、道德、文艺、科学、宗教等都是社会意识的具体形式。不同形式的社会意识是从不同方面、以不同方式来反映和作用于社会存在的。它们都是由社会存在决定的相对独立的社会意识形式或因素,它们之间是平行的、互不派生的;同时它们之间又是相互联系、相互作用的。

社会规范是调整社会生活中人与人、人与社会之间关系的行为准则。道德、习惯、宗教戒律、纪律、政策、法律、社会公约、社团章程等都是社会规范的具体形式。社会规范是社会意识的核心、具体反映和体现。在阶级社会,社会规范具有鲜明的阶级性。应该指出,社会规范只是人们行为规范中的一类,另一类叫技术规范,它调整人与自然之间的关系,它本身没有阶级性,但在阶级社会,它一纳入社会规范,就为一定的阶级利益服务,就具有一定的阶级性,但更多的或更根本的是社会共同性、全人类性。

从教育来说,有关哲学世界观、政治思想、法制观念、道德和宗教等形式的社会意识及其体现的社会规范的教育,属于德育的范畴,而科学教育和文学艺术教育虽包含有德育的意义,但它们基本属于智育和美育的范畴,不应包括在德育的范围之内。

我们是社会主义国家,在我们新中国的德育中,与政治教育相对应相平行的思想教育,指的是作为社会意识形式之一的科学世界观即马克思主义哲学世界观的教育,亦即辩证唯物主义和历史唯物主义观点的教育,而不是泛指包括无产阶级的政治思想、法律思想和道德等的无产阶级的整个思想体系的"思想"的教育，也不是与人的外在行为相对的内在的"思想"的教育。这里应该说明，宗教虽然也是社会意识的一种形式，也是社会存在的一种反映，但它是一种虚幻颠倒的反映。恩格斯说："一切宗教，不是别的，正是在人们生活中支配着人们的那种外界力量在人们头脑中的幻想的反映，在这种反映中，人间的力量，采取了非人间力量的形式。"① 宗教是自然压迫和社会压迫的产物。宗教和唯心主义是一对孪生兄弟，而科学和唯物主义同宗教则是对立的。辩证唯物主义是彻底的无神论。对广大人民进行无神论教育是必要的，但只有在实现共产主义社会以后，人类才能最终地从宗教偏见的束缚下解放出来。正因为科学和宗教是对立的，科学世界观是唯物主义的、无神论的，宗教则是唯心主义的、有神论的，因此，科学世界观教育内在地包含着科学思想、科学精神教育和无神论教育，宗教教育不包括在我们新中国的德育范畴之内。我们的德育要进行无神论教育，克服人们的宗教偏见，但必须耐心细致，引而不发，决不能强制、越俎代庖。宣传无神论，同宗教偏见作斗争，这同在政治上联合宗教徒是两回事，我们既不能在政治上排斥宗教徒，也不能放弃无神论的宣传和教育，调和宗教和科学。

这里需要强调说明的是，政治思想及其体现的政治规范与法权思想及其体现的法律规范的关系是很密切的，但它们都是一种相对独立的社会意识、社会规范形式，彼此之间是并列平行关系，而不是从属、包含关系。因此，在德育中，政治教育和法制教育，是相对应相平行的，是应该加以区分的，而不应该互相包含。现代社会是民主社会、法治社会，古代社会是专制社会、人治社会。现代民主与现代法制是紧密相联的，现代民主是现代法制的前提和基础，现代法制是现代民主的体现和保证，二者互为条件，互相促进。现代民主有社会主义民主和资本主义民主的本质区别，但它们都继之以法律化、制度化，这却是共同的。总之，法权思想及其体现的法律规范与政治思想及其体现的政治规范的关系是很密切的，甚至密切到了不可分割的程度，但这只是从联系上来说的，它们毕竟是两种相对独立的社会意识、社会规范形式，

---

① ［德］恩格斯著，吴黎平译：《反杜林论》，人民出版社1962年版，第333页。

因此，从德育来说，法制教育，加上纪律教育，应是德育内容中一个独立的组成部分，而不应该把法制教育包含在政治教育之中，否则，不仅在理论上不符合有关社会意识、社会规范的科学分类和正确确定德育内容的基本组成部分，而且在实际上，也不符合我国德育现代化的需要，不符合我国建立社会主义市场经济这种一定意义上说是法制经济的需要，不符合我国现在要加强法制教育和纪律教育的需要。特别是在我国，在我国实现社会主义现代化的过程中，在破除人治、确立法治的过程中，把法制教育作为德育的一个独立的基本组成部分，更有着迫切的现实的意义和长远的战略意义。我们在这里之所以要花费笔墨说明社会意识、社会规范及其形式，说明法权思想和法律规范与政治、道德等思想和规范一样，是一种相对独立的社会意识、社会规范形式，目的之一就是要从理论上明确法制教育是现代德育的一项独立内容，我们应加强社会主义的法制教育、纪律教育，培养人们的法纪品质，维护人民的权利和社会主义社会的安定团结，保证人的尊严、权利和发展，保证和推动社会主义现代化建设的顺利、健康发展。把法制教育纳入德育内容，作为德育的一个相对独立的基本的组成部分，这是现代德育区别于古代学校德育的应有之义，不是任何人的主观愿望、随心所欲或嗜好。

至于道德教育，它是德育的一个基本组成部分，道德教育与思想教育、政治教育、法制教育是相并列相平行的；我国现在讲的道德教育是指社会主义的道德教育，这是毫无疑义的。现在的问题是，我国现在进行的道德教育也应该现代化，体现科学精神和民主精神。

综上所述，从社会角度说，我国现代德育的基本内容应由思想教育、政治教育、法制教育和道德教育四个基本部分组成。具体说来就是科学世界观教育，包括科学思想、科学精神和无神论教育，社会主义现代民主和法制观念教育以及社会主义的现代道德教育。从实质上说，贯穿上述德育内容之中的乃是科学精神教育和民主精神教育。

这几项基本内容之间是什么样的关系？总的说来是辩证统一的关系。具体地一般地说，道德教育处于基础性层次上；法制教育处于较高的基础性层次上；政治教育则处于高层次上；而科学世界观教育则处于最高层次上。低一级层次上的教育要在高层次上的教育的指导下进行，并向高于它的层次上的教育发展和提高；高一级层次上的教育又要以低于它的层次上的教育为基础，在低于它的层次上的教育的基础上进行、向上发展和提高。

这四项基本内容的每一项内容又有其具体的亚结构和关系。比如道德教育就包括社会公德教育、家庭道德教育、职业道德教育以及国民公德教育、社会主义人道主义教育和共产主义道德教育等方面和层次。集体主义是共产主义道德的基本原则，集体主义教育处于道德教育的高层次上。

(2) 品德的含义、基本组成部分及其关系

品德有狭义和广义之分。狭义的品德即道德品质，又称品性、德性，是个人依据一定社会的道德原则和规范行动时所表现出来的稳定特征和倾向。从最广泛的意义上说，品德是个人依据一定社会的思想政治准则和法纪道德规范以及宗教戒律行动时所表现出来的稳定特征和倾向。品德属于个人意识范畴，是一种个体现象。广义的品德是一定社会的哲学世界观、政治思想、法权思想、道德和宗教等形式的社会意识及其体现的社会规范在个人身上的表现。

在我国社会主义条件下，在德育论或德育原理、德育学范围内和本章中，我们说的品德是广义的，指个人依据社会主义思想政治准则和法纪道德规范行为时所表现出来的稳定特征和倾向。它具体体现为思想、政治、法纪和道德等四个方面的稳定联系和倾向，也就是，品德包含思想、政治、法纪和道德等四种基本品质。品德以及其中的任何一种品质都包括内在思想感情和外在行为两个方面。品德是内在思想和外在行为的稳定的统一。因此，人们常用"德行"、"操行"、"思想行为"来指人的品德。品德并不是人的思想和行为的偶然的或一时一地一事的表现，而是一贯的和一致的，是稳定的特征和倾向，是个人在其内在稳定的思想感情的自觉的支配调节下，在社会实践活动中表现出来的一贯的实际行为，是人在某一实践领域、某一活动阶段以至一生中的全部思想和行为的综合统一，稳定的统一。正是这种稳定的或一贯的统一，所以当我们知道某人具有某种品德，就可以预见或期望他在特定的环境情境中将如何行动。人的品德不是神定的、遗传的、先验的、主观自生的、环境机械决定的，而是人在一定的社会物质生活条件下，在积极主动的社会实践活动和交往中，社会关系包括思想、意识关系在其头脑中的反映。品德内容是社会存在的反映，它具有社会性。这种社会性是历史性、阶级性、

全人类性的统一。个人的品德是发展的，并呈现不同层次水平和等级。不同人的品德具有差异性或区别性。品德的发展和差异也是具有社会性的。从德育来说，对受教育者进行社会主义的思想教育、政治教育、法制教育和道德教育，就是要将社会主义思想政治准则和法纪道德规范（简称社会主义思想道德）转化为受教育者个体的思想和行为，形成社会主义的科学世界观以及政治、法纪和道德的思想和行为，即形成社会主义的思想、政治、法纪和道德等四种基本品质。因此，从个体角度说，德育包括思想、政治、法纪和道德等四种基本品质的教育。

总起来说，人的品德是由思想、政治、法纪和道德这四种基本品质组成的有机联系、辩证统一的综合整体。从个体人的品德发展来说，这四种基本品质发展变化的大体顺序或轨迹是：道德品质→法纪品质→政治品质→世界观。由此也可见它们在人的完整品德结构中的基本层次关系，这就是道德品质处于基础性层次上，法纪品质处于较高的基础性层次上，政治品质则处于高层次上，而科学世界观则处在最高层次上；前者是后者的基础，后者是前者的必然发展。对于具备这四种基本品质的完整品德结构的人来说，低一级层次上的品质受高于它的层次上的品质指导，高一级层次上的品质又要以低于它的层次上的品质为基础。

（3）德育基本内容安排的序列化

科学地确定上述德育基本内容是加强我国德育内容科学化、民主化建设的关键性的第一步。第二步就是在具体安排上、落实上要序列化。为使序列化的具体安排科学化，就必须弄清人的品德结构与要素问题。上文所述品德包括思想、政治、法纪和道德四种品质，这也可以说是品德的一种结构要素，但品德还有一些更为具体的要素结构。品德究竟是由哪些要素构成的？各要素相互联系、相互作用构成的统一的品德结构整体是什么样子的？长期以来，这虽是教育科学家们比较关注并不断探讨的一个问题，但迄今为止，对此尚未形成比较一致的意见，还需要进一步研究和探讨，但从我国20世纪80年代以来的探讨中也可看出某些比较共同一致的认识和倾向。

①大多坚持以辩证唯物主义作为品德结构研究的最一般的方法论或指导思想，并具体运用现代系统科学的方法，对品德结构作因素系统结构分析和

综合，这在指导思想上几乎是共同的、趋向性的。

②在结构系统因素分析上，大多认为品德结构是多维度、多水平、多序列的众多因素构成的整体，它包括品德内容、形式、能力等方面或维度，每一方面或维度又包括若干层次水平上的若干要素，如品德内容包括思想、政治、法纪、道德等；品德心理形式包括品德认识、情感、意志、行为习惯等；品德能力包括品德认识、实践、修养能力；如此等等。思想、政治、法纪、道德四种品质就是由其相应的品德内容、形式、能力构成的整体。

③从联系、综合、整体上说，大多认为品德结构不是各维度、各要素的简单相加或机械凑合，而是由相互联系、影响、作用、渗透的各维度、各要素、各层次有机结合而成的系统的整体，它具有各单个元素不曾具有的性质和作用。研究品德结构不仅要对品德因素进行分类、列举和分析，更要研究品德结构因素间的联系、联结、作用和转化规律，对结构系统整体进行综合性研究；不仅要分析品德内容、形式、能力的构成要素，还要分析各要素间的对立统一关系，特别是要研究品德形式和内容，品德形式、内容和能力之间的对立统一关系；等等。

④从动力上说，大多认为品德结构是由品德内部需要、内部观念动机及外显行为构成的内外式层次结构系统。品德内部观念动机是品德内部需要的反映和表现。品德内部观念动机包括世界观统率下的抽象的理论的和具体的、形象的或经验的政治、法纪、道德的动机等几个层次。这些品德动机通过品德意志与品德行为相沟通，从而形成品德内部动机和外显行为两个大的层次，组成品德的任何一种品质都是由其相应的品德内部动机和外显行为构成的整体。因此，不仅要研究品德的静态结构，还要研究品德的动态结构、动力系统，不仅要研究品德的内部需要和动机及其层次关系，还要研究品德的外显行为及其特点，特别是要研究品德内部需要、动机和外显行为之间的联系、联结、作用及其转换变化过程和组织操作系统。

⑤从动态发展上说，大多认为品德结构是动态开放性结构，是具有动态发展性和阶段性的。品德结构是开放性结构系统，是通过信息变换而实现自控、有组织、自我调节的系统，是从无序到有序，再到无序，又从无序经过涨落到更高的有序状态的不断向前的动态发展性结构。只对品德发展比较成

熟或高级阶段形态做静态考察不能回答品德社会性发展不同阶段上品德结构的形态、特征、作用等等。应该将共时性和历时性统一起来，采用静态和动态发展相结合的考察方法，既研究静态结构，又研究动态发展性结构，研究品德发展不同时期或阶段上不同品德结构形态。只有这样，才能揭示青少年儿童经由道德品质、法纪品质、政治品质，最后形成以世界观为统帅的完整品德结构的发展路径及其各阶段上的结构形态。

⑥大多认为品德结构具有统一性和差异性。品德结构是各要素相互联系、相互作用的矛盾统一体，但它们的发展也具有差异性；各个人的品德结构也是具有共同性和差异性。品德结构的差异性是由品德构成要素及其特点不同，以及各要素的组合关系不同决定的。

⑦大多认为，人的品德结构是人的身心总结构的一部分，既受社会因素、生物因素制约，还受心理过程、个性心理特征和心理状态制约，它们之间存在相互联系、影响、作用、渗透的复杂联系和关系。研究品德结构不能脱离人的身心结构、心理结构、个性结构孤立地进行，而应与之紧密联系、密切配合地加以考察。同时，研究品德结构的实践意义在于有效地指导德育工作，因此，必须联系德育目标、内容、方法等进行考察。

总之，大多认为品德结构是多方面、多层次、多序列、多因素、多形态的开放性、动态性的有机联系的整体。

根据人的品德结构，德育基本内容必须循着人的品德经由道德品质、法纪品质、政治品质，最后形成以世界观为统帅的完整品德结构的发展路径，看对象、分层次、分阶段、有重点地进行全面的序列化安排。

2. 德育方法的分类

德育方法怎样分类？分成哪些类？这是现代德育理论和实践尚需认真深入研究的一个重要的课题。在我们看来，德育方法可按照德育手段、师生相互作用方式、品德形成过程、德育过程、德育方法所具功能等多种角度，综合起来加以分类。按照多度性或综合性的分类方法，德育方法可以分为以语言说理形式为主、形象感染形式为主、实际训练形式为主、品德评价形式为主和指导学生品德修养形式为主进行德育的五类方法。简单说就是说理法、感染法、训练法、评价法、修养法五类。由于感染法中所包括的示范法和陶冶法或暗示法在人的品德培养上具有重要的作用,因此,人们通常把它们单独列出,作为德育方法中的一种。但从德育方法分类来说,这两种方法具有某些共同的特征,因此,把它们归为一类,叫做感染法或许要更为确切些。前四类方法更多地是偏重于教育者对受教育者进行施教传道方式的方法,而指导学生品德修养则更多地是偏重于受教育者受教修养活动方式的方法,而受教育者及其受教和修养是整个德育活动方式的另一方面,因此,我们把它作为与前四类方法相对应的一类方法,以如实反映它本身具有的突出地位和作用。应该说明,品德评价是对学生业已形成的品德或目前已有的品德发展状况的一种考查或评定,实质是检查德育效果,所以它是德育过程的一个环节。同时,品德评价本身又具有德育价值,即利用品德评价的反馈信息可对人的品德进行激励或抑制,达到德育目的。所以它可以作为德育的一类辅助方法加以使用。

应该指出,说理法,说的是科学真理,它包含有自由、平等和民主讨论的内容和思想,体现了现代德育的科学、民主精神,与古代专制奴役性德育的迷信、强制是对立的。从师生相互作用方式的角度进行分类,特别是把修养法与前四类方法相对,既突出和体现了教育者和受教育者双方的民主、平等、团结和合作、和谐关系,更突出了受教育者在德育过程中的主体独立性以及德育的发展性,因此,它体现了更贯穿着科学和民主的精神。

为对上述分类有一个简明概括的了解,试将前四类德育方法所反映的角度和顺序列成一个简表(见表9-1)。

表9-1 四类德育方法所反映的角度和顺序简表

方法类型	德育方法	德育手段	师生关系	品德形成过程	德育过程的环节及德育功能
语言说理	讲解、谈话、讨论、阅读指导	语言	教师为主	品德认识	提高品德认识
形象感染	参观、示范、陶冶	直观	学生半独立教师半放手	品德情感	陶冶品德情感

续表

方法类型	德育方法	德育手段	师生关系	品德形成过程	德育过程的环节及德育功能
实际训练	常规训练、活动锻炼	活动	学生独立自主	品德行为	培养品德行为习惯
品德评价	奖励、惩罚、评比、操行评定	反馈信息	师生结合教师为主	品德	品德考查与评定进行激励与抑制

由表可知，分类是相对的，乃至难避机械之嫌。各类方法都有它的一定功能、起作用的范围和条件，也就是都有它的优点和局限，各类方法之间又是互相联系的，是一个综合化的结构体系，因此，各类方法要配合使用，以充分发挥各类德育方法的综合整体作用和效能。

（四）建立多样性综合的德育模式

我国德育要实现社会主义现代化，包括德育目标、内容、方法、途径、管理、师生关系等等在内，一切德育活动都应认真摆脱单一化、绝对化、片面性和僵化的模式，实行多种多样的综合。由于这个问题在本节有关问题的探讨中已有多处涉及，也由于篇幅所限，因此，这里仅是把问题提出来，不再详细探讨。

总结本章所述，现代德育是现代教育的一个基本组成部分、基本问题。现代德育是原始形态德育、古代学校德育合乎逻辑的发展，并为未来德育（共产主义德育）创造了条件。现代德育存在社会主义德育和资本主义德育两种基本类型。现代德育在德育的目标和功能、结构、内容和方法、社会地位以及本性上，与原始形态德育、古代学校德育相比，呈现出一些新的明显的特点。从实质上说，现代德育是在现代社会生活条件下，培养人的科学和民主精神，促进人的品德自由充分独创地发展的德育。简言之，现代德育是培养以科学和民主精神为基础的现代人的品德的活动。这是现代德育的根本特点，质的规定性。现代德育的产生和发展不是偶然的，而是有其社会历史发展的基础或背景的。主要的是，现代生产、现代科技和现代市场经济为其提供了物质基础和科学技术基础，现代社会生活为其提供了现实背景和实践基础，现代社会的"东西南北"关系是其重要的社会历史根源和背景，现代哲学、自然科学、社会科学、教育科学等众多学科，为其提供了重要的理论基础。我国是社会主义国家，还处在社会主义初级阶段。我国现阶段的德育是社会主义现代德育的初级阶段。社会主义方向性，全民性和民主性，变革性，开放性，统一性，多样性和层次性，全面发展性和整体性，是我国社会主义初级阶段德育的特点和发展方向。我国社会主义初级阶段德育要实现社会主义现代化，需要探讨和解决的问题很多，主要有：①确立先进性和广泛性，提高全民族思想道德素质的方针；②加强马克思主义德育理论建设；③加强德育内容和方法的科学化和民主化建设；④建立多样性综合的德育模式。

第三编

现代教育的研究方法

第十章 现代教育发展趋势及研究方法特点

现代教育的进步与发展有赖于方法论的深化。教育研究方法的科学化、现代化成为世界各国共同关注的问题。教育科学理论研究也是一样，如果没有方法论的突破，要建立现代教育理论体系是不可能的。

本章和下一章所探讨的中心问题是现代教育研究的基本特点、结构体系及研究过程。在对教育研究方法发展历史进行考察的基础上，分析现代教育研究方法发生的根本变革并进而阐明现代教育研究方法的发展方向、基本思路及方法特征。

第一节 现代教育研究方法的历史发展

一、现代教育研究方法的基本概念

什么是现代教育的研究方法，这一基本概念的探讨，涉及方法、教育研究、教育研究方法等一系列基本术语。

所谓方法，语义学的解释是"按照某种途径"（沿自希腊文"沿着"和"道路"），指的是为了达到一定目的而必须遵循的调节原则的说明。方法，不仅是一种技巧技术，也是一门艺术，其实质在于规律的运用。运用科学的认识方式，遵循规律就成了方法。

教育研究作为科学研究，同样执行着解释、预测和控制的功能。首先它是一个认识过程，是以教育现象和过程为对象，以科学方法为手段，遵循一定的研究程序，解释或预测、发现或发展一定的教育原理、原则和理论，并实现对教育实践的科学调节和控制。因此，教育研究方法既是一种知识的体系（思维方式），又是一种行为规则（行为方式）。

那么，什么是现代教育研究方法？所谓现代教育研究方法，是一个相对概念。通常有两种不同含义：一种是泛指，指当今世界上所出现的各种教育研究方法；另一种是专指，指在20世纪50年代后，随着新科技革命的到来及教育改革的深入开展，在重大的历史发展阶段交替转折时期所产生的具有生命力的现代教育的研究方法。

进入21世纪，现代教育研究面临三个最紧迫的问题：一是如何把握现代教育研究的主题及界定研究领域；二是在多种教育思潮并存情况下，如何寻求研究的理论基础；三是在研究方法不断创新的当今如何建构现代教育研究的基本方法体系。因此，要求人们要自觉地运用方法论的理论思路，按照时代发展要求，对原有教育研究方法进行变革改造，不断地选择、融合、重组、整合世界教育潮流中出现的新的教育研究方法，同时又结合各国教育传统和教育研究的实际形成的教育研究方法体系，这正是我们所要研究的。现代教育研究强调方法的时代性、民族性及现代化。

二、对现代教育研究方法进行考察的两条基本线索

可以说，从教育一产生，同时也就开始了对教育这一社会现象的研究。正是通过教育研究，促进了各个时代的教育的发展，没有教育研究就不会有现代教育的产生，而现代教育要进一步发展又必须借助于现代教育研究方法才能使它保持变革、创新的特质。

那么，现代教育研究方法是如何产生发展的，它的基本特点是什么？要回答这些问题，就必须把握研究的两条基本线索。一是作历史研究。要通过历史分析来认识现代教育研究方法的过去，从历史发展过程中正确地截取特殊矛盾所经历的发生、发展全过程。我们知道，任何事物今天的状况都是历史的发展，与过去存在着相关或因果关系。历史现象、过程或规律经常反复重演，似乎是周期性地影响着现实社会的各个方面。现代教育研究方法的产生，是一个历史的发展过程，因此，必须进行历史考察。二是现实研究。要在把握教育研究方法历史发展的基础上来分析现代社会的发展对现代教育与现代教育研究提出了哪些新的要求。也就是说，现代教育研究方法所面临的时代的新挑战。这是由于，作为现代教育研究方法，它必须具有新思想，新

观点，新的认识基础和新的研究方法，有它产生的必然性和现实性，而不仅仅是对原有研究方法体系的简单修改、补充和完善。历史研究和现实研究二者是相辅相成的，历史研究是作为现实研究的基础并为现实研究服务的，通古今之变是为了改造现在，而对现实的深刻把握又会深化我们对历史发展规律的认识。历史研究和现实研究正是我们探讨任何教育问题所应把握的两个基本线索。

三、现代教育研究方法发展的历史阶段

与现代教育产生发展的过程一样，现代教育研究方法也经历了三个基本阶段，这就是从经验与定性研究、定量分析与实验研究到现代系统科学方法研究的发展过程。

(一) 现代教育研究方法的萌芽时期

这个时期是从17世纪到19世纪末，即从以夸美纽斯《大教学论》教学原理的提出为标志的独立的教育科学产生，到"新进步主义教育运动"的兴起。

在16世纪前，由于当时科学发展水平和社会历史条件的限制，人类还不能对自然界、社会、教育进行解剖和分析，将世界看做一个混沌的整体，只从总体上观察，人们极力寻求认识世界的一般原理，试图回答："世界是什么"这个问题。对方法的追求是笼统的和模糊的。教育的研究主要是依靠不充分的观察，对教育实际经验的总结以及在直觉基础上的思辨的方法。虽然有简单的逻辑推理，但总的分析是笼统的、直观的、综合的认识教育现象，带有明显的素朴性和自发性。

16世纪以后，随近代自然科学的发展，自然科学逐步从自然哲学中分化出来，相继产生了实验方法，分析、比较、归纳、演绎等逻辑方法，数学方法，假说等科学方法。特别是实验方法的产生，是人类认识史上的重大变革。人们探求认识的根源和结构，试图揭示事物发展的内在规律。先哲们根据他们对科学认识中两个最重要方面（经验和理论）侧重面的不同理解，分别形成经验论和唯理论两大主要派别。特别是马克思主义科学理论的产生，对这个时期教育研究方法的发展产生了极其深远的影响。作为现代教育研究方法

的萌芽，主要表现出以下特点。

1. 从经验的描述上升到理论的概括

把教育作为一个发展过程来研究，不仅描述教育现象的特点，而且着重揭露现象间的联系和发展历程，并开始深入到教学过程的一些本质因素。

2. 两种不同研究方式和研究风格的形成

在不同哲学理论指导下形成的归纳法和演绎法，或重思辨轻实践经验，或重局部具体经验而轻理论思维。从哲学方法论角度来分析，二者都是以分析为主的形而上学思维方式，二者的分歧反映了研究问题的深化，并推动着方法论，尤其是逻辑方法论的发展。能否认识世界和如何认识世界的认识论和方法论问题成为研究的中心。

3. 心理学开始成为教育研究的理论基础

尽管当时的心理学思想还局限在以经验论、联想论和感觉论为基本形式，方法上片面地以力学规律来解释心理现象等问题，但毕竟是使教育研究在科学化方向前进了一步。裴斯泰洛齐和赫尔巴特正是企图寻找心理根源来发现通过自然法则本身决定人类发展的形式，"教学的原则，必须从人类心智发展的永恒不变的原始形式得来"[①]。尤其是赫尔巴特，他从"多方面兴趣"的原理论证教学任务和课程，从观念的运动统觉原理论证教学过程的形式阶段，从而使他的教学理论建立在心理学的基础上。

4. 反对权威专断，主张教育要适应自然，并从自然科学中移植实验方法

当时不少教育家开始以人的发展作为研究对象进行了教育实验的大胆尝试，通过教育实验验证他们提出的进步的教育观点。早先，如裴斯泰洛齐等进行了初等教育新方法的实验研究，到19世纪后期，德国的梅伊曼和拉伊创立了"实验教育学"，首次把心理实验的方法直接应用于教育研究中。尽管这些实验是验证性的，还没有严格的科学程序和分析手段，但作为实验研究方法已不同于直觉的观察方法，已经有了明显的分析成分了。它是变革现实的一种实践活动。因此，实验方法在教育研究中的应用正是作为现代教育研究萌芽的一个重要标志。

---

① 张焕庭主编：《西方资产阶级教育论著选》，人民教育出版社1979年版，第180页。

(二) 现代教育研究方法的形成时期

19世纪中叶以后，在分析方法论有较大发展的同时，自然科学实现了两次大的理论综合。这就是由能量守恒和转化定律、细胞学说和进化论的建立带来的宏观领域自然科学的综合；相对论和量子力学理论创立，实现的宏观和微观领域的理论综合。自然科学的发展大大促进了辩证唯物论的产生和广泛传播。这个时期，对教育研究方法带来重要的革命变革的是马克思主义的产生。马克思主义引起了世界观和方法论上革命的科学的变革，在辩证唯物主义和历史唯物主义的观点和方法指导下，教育科学及其研究进入了科学的辩证法时代。

1. 教育研究方法体系的形成和独立学科的产生

教育研究方法从哲学方法论中分化出来成为一门独立的专门的研究领域。在20世纪初，不仅在一些大学开设了教育研究方法课，而且相继出现了一大批教育研究方法的专著。这些专著是在总结当时丰富的教育研究实践重要经验基础上写成的，不仅有对教育科学研究历史和现状的分析，而且全面论述了当时通用的研究方法，如历史法、调查法、实验法、测量法、课程编制法及论文写作法等。从而构建了现代教育研究方法初步的学科体系，以教育研究方法本身作为研究对象，意味着人们对教育研究领域认识的深化。

2. 研究方法和手段的改进，初步形成共同的科学规范，从而提高了教育研究方法自我改进机制

一是马克思主义辩证唯物论为教育家们探讨教育规律，研究教育现象所提供的普遍有效的科学方法论指导，二是心理学及心理学研究方法的发展，特别是教育测量、统计与实验心理学的发展，定量方法的采用以及"经验→理论→实验检验→定量分析→形成新理论"这一研究程序的形成。

3. 教育研究方法理论中的两个基本派别

"进步"派与"传统"派、实证的与思辨的、实用的与理论的进一步分道扬镳，在各自的哲学方法论基础上深入地发展研究，从而形成教育研究的基本研究课题并不断开拓新的研究领域。在两派观点的对峙中，一派强调要从社会发展对教育的要求来研究教育，另一派则强调要从儿童的发展本身来研

究教育，并形成了各自不同的研究课题、研究形式和方法。正是围绕教育的社会化与个性化关系问题，展开了"科学主义"与"人文主义"的论争。这个论争在当代特别地突出出来。

应该看到，这个时期的现代教育研究方法发展，同时还存在着一些问题，比如，由于受西方哲学唯科学主义思潮及实用主义教育哲学的影响，在教育研究方法中表现出明显的实用主义倾向以及对量化方法的过分追求，而构成研究方法体系的不少方法是从其他学科移植而来的，一定程度上缺乏"教育化"。这些问题的存在影响到教育研究方法科学化的发展，同时也不能适应当代教育发展的迫切要求。

正是现代科学的发展以及在此基础上社会的发展，要求对原有研究方法进行变革，从而促进了现代教育研究方法的进一步发展。

第二节　现代科学的发展与教育研究方法论的变革

现代教育的研究受到多方面因素的影响，不仅有当代科学技术发展水平及哲学认识论、一定社会政治经济状况的影响，还有与之相应的教育理论与实践发展的水平、与教育相关学科的发展以及一定社会文化传统的影响。马克思指出："一切划时代的体系的真正的内容都是由于产生这些体系的那个时期的需要而形成起来的"①。要振兴和繁荣现代教育，首先必须把握时代的本质趋向和提出的基本课题，立足于现代科学技术发展的高度，在教育与社会、教育与科学哲学大前提下对教育科学理论及研究方法的发展进行总体分析考察，才能真正实现教育科学研究及方法论体系的科学化。

20世纪50年代以来，西方科学哲学出现了一个新的发展趋势，这就是：冲破了对科学理论的静态的逻辑分析，从而把对方法论的研究同科学发展的历史联系起来，在认真回答现代社会提出的重大问题中得到发展。

现代科学革命冲击着经验论和唯理论的传统划分，从整体上导致了机械

---

① 《马克思恩格斯全集》第3卷，第544页。

观的衰落。人们用动态的、多元互补的思维方式代替了过去那种静止的、孤立割裂地去把握复杂客体运动过程的认识方式,科学家们转而从成功的科学认识实践中抽象出一般原理,力图寻求"人类的知识是怎样发展的"这一问题的答案,不仅是对科学认识活动的描述,而且包括对科学方法的探究。正如有的同志所分析的:"当代科学活动的重大特点之一,是以方法论问题作为形成科学本身各种崭新思想的必要条件。例如在对数学原理、量子力学、宇宙学、分子生物学以及控制论等代表现代科学面貌的学科的研究中,哲学反思不仅仅是刻画已有的科学形象,而且本身也参与实际科学活动,并且在某方面将实际加以改造,以方法论为核心的哲学反思是超越科学中现成思维模式的不可或缺的手段,是获取科学突破的重要条件。"[①] 正是现代科学的发展以及同时产生的社会实践的需要,是方法论的发展的基础和推动力,并把方法论问题提到了前所未有的高度。

与古代科学发展相比较,现代科学的发展表现出以下特点。一是科学理论的加速发展以及抽象程度越来越高;二是分化与综合趋势加强;三是研究的物质手段日益复杂多样,不仅表现为科学技术的数字化趋势,而且表现在电子计算机的广泛应用;四是强调人的主观能动性和创造性作用;五是科学技术日益社会化和社会的科学技术化,十分关注当代社会发展提出的一系列综合性的重大问题,如生态问题,环境问题,人口问题,能源问题等。

那么,现代科学的发展给教育研究方法及方法论提出了哪些新的课题?它带来的方法论深刻变革主要表现是什么?在哪些方面影响教育科学理论与实践的研究?关于现代科学发展与教育研究方法论之间关系的考察,是我们建构现代教育研究方法体系的重要基础。

一、现代科学技术发展拓宽了教育研究的理论基础

现代教育必须建构与之发展相适应的理论基础,而不应该只是在原有理论基础上的修补。正是由于现代科学的发展,现代教育正在形成自己新的理论基础的格局,这就是以现代哲学、现代心理学、现代生理学和系统科学

[①] 刘大椿著:《比较方法论》,中国文化书院1987年版,第12页。

为主干，以社会学、人类学、伦理学、未来学、创造学、语言学、思维科学、生态学、环境科学、数理逻辑和模糊数学等新兴学科为延伸补充的一个多层次、多方面的框架结构。由于作为理论基础学科研究的深化和新发展，由于众多学科的参与与互补，不仅更新了教育研究的内容，而且更新了研究方法。

仅以语言学为例，语言学的发展被列为哲学、心理学重大变革的标志之一。语言学本身又包括了众多分支学科，这些学科是：有以语言结构变异和社会结构变化之间相互关系为研究对象的社会语言学，研究言语发生理论和言语行为理论的语用学，研究语言活动的心理过程、心理机制及其发展规律的心理语言学，研究人脑与语言关系的神经语言学，还有运用数学模型和数学程序对语言现象进行研究以便为机器翻译、自动化检索和通讯技术设备提供有关语言结构和精确资料的数理语言学。① 与此同时，现代心理学，特别是 20 世纪 70 年代后认知心理学的发展，批判了过去那种以逻辑实证主义为哲学基础、严格的环境决定论及人与动物不分的观点，引入内化外化、同化顺应、结构建构等概念，研究人的内部心理过程，人的智能和解决问题的程序分析，控制论的信息反馈模式等。在现代生理学方面，脑科学对人脑基本构成及基本活动规律的揭示，意识机能、脑内分工和协作的神经网络联结机制的研究，思维过程中逻辑、非逻辑、形式化和直觉因素的互补性关系的揭示，以及通过计算机科学进行大脑思维模拟的人工智能的研究等，为语言学的研究提供了重要的自然科学基础。正是众多学科的协同研究，不仅促进了对脑与意识这一重大难题的探索，而且通过语言研究，有助于揭示人脑思维内在规律和历史进程，思维结构与模式，儿童获得语言的过程、特点，异常行为的语言结构及矫正等，从而为教育教学规律的研究提供了新的科学依据。也正是众多学科在课题研究上的共同性，研究方法和研究手段的移植，研究成果的渗透，从而对现代教育的研究和发展起了重大作用。

---

① 参见杨国璋等主编：《当代新学科手册》，上海人民出版社 1985 年版，第 570～598 页。

二、科学技术发展引起的思维方式变革对现代教育研究方法论产生的深刻影响

（一）科学技术发展促进了教育研究思维方式的变革

思维方式是科学方法的基本要素之一，基本思维形式和方法在思维过程中不同的结合（如分析、归纳、抽象相结合形成的分析为主的方法，综合、演绎、抽象上升为具体相结合形成的综合为主的方法）以及每一种基本思维形式和方法在这种结合中所占有的不同地位，形成了具有不同特点的科学研究方法。而思维的加工的基本形式正是随一定时代科学技术发展而不断发展演变的。任何科学革命的实质，首先在于方法符合于科学认识之更高阶段的"新的思维方式"。改革要求思维方式超前变革，陈旧落后的思维方式，只会严重阻碍改革的进程。现代科学技术的发展，更突出了思维方式问题的重要性。

基于对科学发展史和教育发展史的综合考察，我们可以比较清晰地勾勒出与各时代人类思维方式相适应的教育研究认识论方法论的发展阶段。正是科学技术发展改变着思维方式的要素，而主客体关系的多样性，规定着思维方式的复杂性。

与古代萌芽状态的自然科学和技术水平相适应的是直观猜测的思维方式，是对事物的整体观察、描述及经验性总结，是依据不充分的观察事实，用直观思辨和简单的逻辑推理，笼统地把握客观物质现象。这一思维特点突出反映在我国《学记》、《论语》以及西方柏拉图、亚里士多德、昆体良等人的著作中。他们论述教育问题多停留在现象的描述、形象的比喻和简单的形式逻辑推理上。到中世纪，形而上学的思辨的思维方式则是反映了人们对自然界认识的不足，"是人们对自然界认识不足的反映；是自然科学突进到新的领域，旧的理论和概念发生急剧变革的时候，人们认识上的迷乱的反映；是人们对自然科学成果的片面的、绝对化的、歪曲的理解的反映"[①]。

与近代自然科学相适应的是分析的、机械的、形而上学的思维方式。18世纪以前，自然科学从哲学中分化出来，进入实验阶段。这个时期思维方式

[①] 龚育之著：《关于自然科学发展规律的几个问题》，上海人民出版社1978年版，第115～116页。

是以搜集经验素材方法和分析方法为主；18世纪以后，自然科学从搜集经验材料进入整体分析经验材料阶段，着重对事物内部联系的分析和对整体进行综合研究，从经验描述上升到理论概括。在教育理论研究上实现了从夸美纽斯到赫尔巴特的飞跃。正是思维方式的变革才可能从对教育经验的描述到进一步寻求揭示教育的内在过程特点及发展规律，突出反映在赫尔巴特对教学过程认识发生、发展的研究并在此基础上形成的"形式阶段"理论。事实说明，一定的科学思维方法，从更深层次上规范着不同的教育观和研究方法论。

与现代科学发展相适应的是综合的、辩证唯物的思维方式。19世纪末20世纪初由于物理学革命，使自然科学进入到现代科学阶段，尤其是在20世纪40~50年代以后，以电子计算机为代表的电子技术、原子能技术、遗传工程和空间技术的发展，标志当代新的科技革命的到来。科学高度分化和深入发展，要完整地认识现实的各个领域，就不能仅仅局限于揭示个别种类的事物或个别领域的事物所具有的性质、功能和规律，必须说明事物的整体结构、事物与事物间的系统关系，也就是说，要求揭示事物的层次和结构，事物间的联系和发展。特别是科学的社会化，使科学研究的对象由单一客体变为系统的整体。如果要研究课程结构体系，那么就不仅要考察教育目标，学生水平，而且要考察一定时代科学技术发展、政治经济发展、一定的课程理论的影响，还要考察课程发展的历史传统，未来社会的要求以及一定社会国家教育方针政策、物质设备、师资水平等条件的制约。如图10-1所示。

正是由于现代科技发展成为世界性潮流并渗透于社会生活各个领域，要求我们在探索世界发展规律时必须进行系统思考、结构思考、形式化思考、创造性思考和面向未来的价值思考，从而更全面、深刻地认识事物。正是与现代科技发展相适应，形成了当代整体的、动态的、多维的、综合的思维方式。

事实说明，每次重大的科技革命，不仅仅是用一种新理论代替陈旧理论，而且随之而来的是思维方式的变革，从而不断使人们的认识方法科学化。这里应该指出的是，唯物辩证思维和科学实验一起成了现代教育科学研究发展的两大支柱。

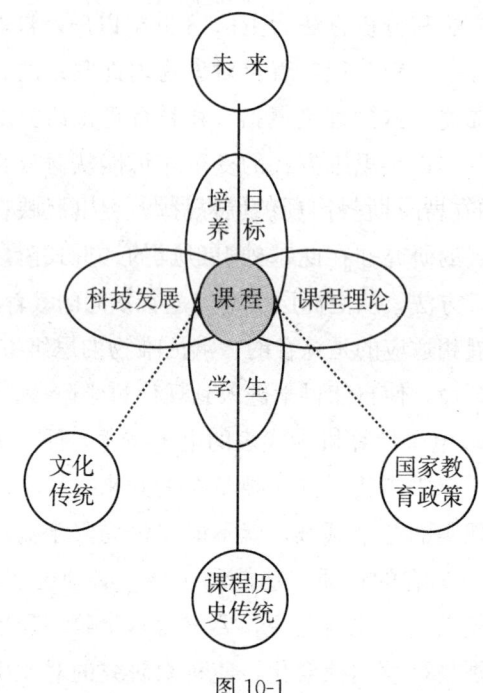

图 10-1

(二) 现代系统科学方法论的移植对教育研究的影响

随着现代科学技术的发展,产生了信息论、控制论和系统论(统称"系统科学")的理论和方法,这是当代科学综合发展趋势所提出的新的科学方法论。以系统科学为基础,不仅对象是一种有机的、非线性的、不可绝对还原分析的整体,而且认识活动的各种因素和过程也不可能进行孤立的、线性的还原分析。

现代系统科学方法论对教育研究的影响,不仅表现在直接借鉴系统方法、信息方法、结构方法、控制方法,更突出表现在所引起的教育方法论观念的转变,强调系统,强调结构。运用系统科学的理论和方法研究教育,着眼于从整体与要素、整体与外部环境之间的相互关系来综合考察研究对象,可以帮助我们较好地处理在研究和分析教育现象中涉及的整体和部分、偶然和必然、可能和现实、数量和质量、形式和内容、结构和功能等方面的辩证关系,从系统的整体和各组成部分的相互联系、相互作用中来揭示教育系统的特征和运动规律,揭示青少年发展规律。所以应该看到,正是系统科学的方法论为教育科学的研究开辟了一个新的研究方向,在促进教育科学研究方法论的发展上具有极为深远的意义。

三、现代科学技术发展促进教育研究内容的变革

现代科学技术发展不断提出新的研究课题,从而促进教育研究内容的变革。考察教育发展的历史,科学技术发展所引起的研究课题的不断变革主要表现为以下三种基本形式。

(一)教育科学基本理论框架的推进

教育的发展由一定社会政治经济所决定,最终由这个社会的生产力发展所决定,教育必须为一定社会的延续和发展培养合格人才,这是教育发展的基础。也正是在这一点上,从根本上决定了各个时代每个社会教育科学研究课题的基本内容。研究选题从形式上看表现为不断递进的归化模式,从内容上看则是各个时代必须解决的基本问题,诸如一定时代教育体制的基本模式,课程的结构,教法的要素等。

一个新的时代、新的社会产生,统治者所进行的教育改革首先是教育体制的改革,必须不断根据一定社会对新生一代素质及其培养提出的要求不断变革教育体制。如我国古代在小农经济基础上建立中央集权制的封建统治,采取"重农抑商"的经济发展政策,其教育体制是政教合一的官学制,带有明显的一统性。

现代科技发展,不仅要求培养多层次多规格人才,而且要求建立合理的富有活力的办学体制,直接为解放生产力、发展经济服务。例如,我国在部分地区试行的农科教结合,基础教育,职业教育,成人教育"三教统筹"所形成的社会参与教育的新体制,以及高校教育、科研与生产结合的新体制即是适应了这一要求。

又如课程的演进,科学技术的发展对课程变革的作用,不仅在于科学内在结构和科学活动的过程对课程内容要素和结构系统的决定作用,即根据科学技术发展要求不断调整课程结构以及更新教育教学内容,而且在于它对课程编制的方法乃至不同时代课程发展的性质和特点的影响和制约。

我们知道,人们对自然和社会发展规律的探索,通过演绎方式,逻辑和

历史的一致，将这些认识成果加以系统化才形成知识形态的科学结论。从科学理论转化为学科课程内容，科学的发展在其中起着定向、鉴别、筛选的作用。如何建立与现代科技发展水平相适应的课程结构体系，不断更新课程内容和调整课程结构，以保持课程的先进性，是当代各个国家教育科学理论研究中的重要课题。

正是与现代科学技术既高度分化又高度综合的发展趋势相吻合，现代教育研究经过基础理论研究，实践，应用研究，多学科交叉研究得到深化发展，从而使教育科学的发展逐步形成一个具有学科群落、理论集块和多维结构的新格局，并不断构建教育的新学科。

（二）新的有重大价值的命题及"概念群"的提出

现代科学技术的发展产生了大量的新概念，它们向哲学领域转化并引进教育领域，不仅表现在对原有概念及概念体系的修正（使原有概念运用范围缩小或扩大，并使概念含义进一步精确化），更重要的在于产生与该时代教育发展相适应的主导概念，用新的概念代替旧的概念并形成新的一般理论概念的"群"。对教育的研究，突出表现在马克思恩格斯基于对资本主义大工业生产的考察，而对教育本质问题的精辟论述。

此外，现代科学关于生态文化、生态教育的研究，旨在研究生态系统、生命系统与环境系统之间相互作用的规律及其机理，引入生态、生态环境、生态系统等概念，以进一步深入研究如何保持教育教学生态系统的各种平衡并努力创造条件达到最优平衡。

特别是系统科学的形成和发展，由信息、结构、要素、同构、系统、概率、对称、层次、控制等概念所形成的概念"群"，进一步发展完善了教育科学的主导概念并将导致整个教育科学的深刻变革。

（三）教育观念的更替

教育理论的发展，实质在于教育观念的更新，而观念的转变又为教育改革和教育理论研究的深入发展起着渗透、开路作用。如果说现代科学技术的发展促进了从赫尔巴特以教师为主、以学习系统科学知识为主、以课堂系统讲授为主的传统教育观，向杜威的以儿童为主、以学习生活直接经验为主、从活动中学习的方式为主的"进步主义教育观"的转变，那么现代科技的发展则是在从"科学主义"向"人文主义"转变以及二者趋于结合中发挥了重要作用。正是基于现代科技发展状况而使"科学主义"和"人文主义"成为当代西方两个基本的教育思潮。两个思潮的分化、对立、渗透、融合交织而构成现代西方教育哲学的总体轮廓。

从 18 世纪以后，随着科学技术的发展所显示出的科学技术对人类生存、发展的重要性，逐渐形成为一种思潮，主张按照自然科学的观点和方法看待一切，观察一切。认为科学是合理性的唯一形式，人的价值问题被排除在科学领域之外，这就是所谓的"科学主义"思潮。它反映在教育观点上，主张以社会发展为着眼点，教学中强调学习科学、数学、外语及学术课程，主张教学要重视概念、原理、问题解决以及基本技能训练，强调的是知识的、认知的、分析的、逻辑的、思辨的理性方面。

正是现代科学技术发展对社会影响的二重性，在生产力高度发展的同时所带来的对人类生存、发展的威胁，如人口危机、粮食危机、资源枯竭、能源危机、生态失衡、环境污染一系列严重问题，促使了"人文主义"思潮的发展。"人文主义"主张探讨人生价值和自由，认为是科学理性的膨胀压制了人的生命本能，阻碍了人的能动性、创造性的发展。因而提出要以人的个性发展为出发点，强调对人的信任、尊重，强调个人的兴趣、情感、自信心、自制力及参与意识，强调的是综合的、整体的、直观形象的、人格发展的非理性方面。

总之，这两种思潮正是反映了现代社会科学技术发展给人类社会、人的生存发展所带来的利和弊，是自然科学和人文科学的分裂在唯心主义与形而上学世界观中矛盾的反映，"实质上都反映了它们在真理和价值、知识和信仰、理性和非理性的二元对立中各执一端而陷入的无法靠自身力量解脱的困境和困惑"[①]。我们应寻求在科学的马克思主义哲学指导下，在无产阶级世界观及理论形态基础上实现社会发展与人性发展的完善和谐的统一，即真、善、美在时代水准上的统一。立足于现代科技、现代社会的发展，我们要树立现

---

① 岳长龄：《关于现代西方哲学研究的若干问题》，载《当代哲学思潮研究》，中共中央党校出版社 1992 年版，第 252 页。

代教育意识，明确教育必须以发展社会主义经济建设为中心；要确立新的人才观，根据现代社会、现代科技发展对人才的规格、层次、数量、质量提出的要求及时调整教育体制结构，培养能迎接21世纪挑战的高质量的人才，要有全面发展教育观，使学生在德、智、体诸方面生动活泼主动地发展。

四、现代科学的发展与教育研究方法和手段的更新

随着现代科学的发展，教育研究不断更新方法和手段，不断提高科学化水平。现代科学技术对教育研究方法发展的影响作用是多方面、多层次的。总体分析可以归纳为三个基本层次。

（一）现代科学技术的科学范式的移植渗透

这是最高层次的影响作用。尤其是现代科学长期以来形成的严密的理论规范、思维方式和科学精神，如理论的彻底性、逻辑的准确性、严格尊重客观事实以及对方法的科学性的关注等，对教育研究方法的发展起着重要的影响作用。

（二）自然科学、社会科学和思维科学研究方法的借鉴

各门科学都有自己的一套研究方法，这些方法是随科学发展而不断完善的。首先是以理论为基础，然后借助于哲学建立各具特点的理论及相应的方法体系。教育规律的复杂性要求研究方法的多样性，特别是与别的科学领域相区别，教育现象涉及人类科学的所有领域，因此，借鉴移植各门科学的研究方法是必要的，也是可能的。早在19世纪末，近代科学技术发展所形成的强烈冲击，教育研究不仅引进了社会科学研究的调查法、文献法、历史法、比较方法，也引进了自然科学研究的归纳法、实验法、统计法，还有心理学方法，从而在20世纪初形成教育研究方法的体系雏形。今天，科技革命所带来的自然科学方法的发展，大量新学科的形成，随之而产生的新方法将再次冲击教育的研究。如社会生物学方法，社会地理学方法，现象学方法，解释学方法，发生学方法，传播学方法，状态空间法，形态分析法，功能模拟法，模糊论方法，层次的方法，控制论方法，系统论方法，预测方法等。教育研究方法的多元化将帮助研究者们更好地把握教育现象及其发展过程。

（三）数学方法和计算机技术的初步应用

数学方法，尤其是计算机技术的应用，为现代教育研究提供了新的更为得力的方法和手段，定性研究与定量研究的结合，将提高教育研究的科学化水平。近年来的实践证明，以计算机多媒体技术和网络通讯技术为代表的现代信息技术的发展，正在引发一场深刻的革命。在教育领域，这种变革集中表现在三个方面。一是计算机的应用从文字信息编辑、问题求解等转向信息源共享、协作型的CAI教学模式的发展及模拟教学实验。二是在课程资源的开发方面，信息网络提供集成性的学习资料，不仅作为一种信息文化，而且将广泛应用于学习资源和学习过程的设计、开发、利用、评价和管理。三是人工智能和智能教学系统，主要应用于"任务分析与专家系统"、"个别指导策略与学习者控制"、"学习模型建构与错误分析"、"问题求解策略"等，不仅使教学更具有灵活性、创造性，而且将带来学生学习方式的改变。

确实，以互联网为代表的现代信息技术，越来越广泛应用于学校教育教学的方方面面，出现了虚拟学校、网上教室，通过电子邮件信息发表，极大地扩展了学生的学习资源，促进了教育新范式的形成。面对现代信息技术大变革的时代，需要我们从技术哲学的视角，认真思考和回答：现代信息技术导致现代教育研究发生了什么样的深刻变革，为我们提供了哪些方法论的启示。

第三节　现代教育研究方法的主要特点

所谓的现代教育研究方法发展特点是与以往教育研究方法特点相比较而言的。目前，教育科学的研究方法正在进入一个新的历史发展时期。无论在方法论基础，研究对象范围的深度、广度，还是采用的方法手段，都正在发生着划时代的深刻变化。我们必须立足于现代教育发展的高度来把握现代教育研究发展的基本思路和未来走向。

现代教育研究方法发展的主要特点表现在以下几方面。

一、提高教育研究的理论化程度

这一特点突出表现在当代教育研究中直观性的程度减少，抽象化的程度提高，并产生了逻辑思维方法高度发展的必要性。如果说在20世纪初，教育研究主要关心的是搜集与教育现象有关的描述性资料，关心编制测验工具，在逻辑经验主义思潮影响下强调的是经验在检验理论中的作用。那么在当代，尽管不同教育理论有不同哲学理论基础及方法主张，但其中有一点是共同的，那就是努力提高研究的理论概括程度，理论地来研究教育，关注的是构建完善系统的理论体系，提高到哲学认识论高度从多方面分析教育问题。这里，所谓的理论地研究教育，在直接意义上是以严密的理论体系的方式再现和阐释一定的教育现象和过程，是以更高层次的具有一定包容性的理论框架和方法论原则作为形式系统，从而使教育内在规律得以揭示和合理说明。

理论是对实践的某种概括，但又是创造性思维的结果，它可能"超前"于观察事实而对未来进行预测。理论的功能在于解释现实，预测和指导未来。现代教育研究活动所具有的探索性质，非常强调理论的指导作用。科学的认识论及教育理论，不仅提供认识的逻辑范畴和方法，而且还给教育研究活动提供思维的准则和框架，制约着认识和研究的水平和方式。它不仅决定着研究的起点，而且决定着经验材料的思维加工水平和形式。

这里需要指出的是，由于现代教育的发展涉及因素众多，科学理论不仅要受制于教育内部发展规律，而且必然受一定时代社会观念、科学思潮、文化传统的积极或消极影响。因此，现代教育研究在提高理论化程度过程中非常关注以下条件：

现代教育观的确定及其对研究的指导；寻求立足于现代教育实践基础上的现代教育科学理论发展的生长点；科学的思维方式，促使经验事实向科学理论转化并保持二者动态的一致；在发扬各国优秀教育传统基础上实现对时代共同教育传统的把握。

二、教育研究方法的统一性与多元性

多种教育理论流派的形成从而形成教育研究方法的统一性与多元性。这

是世界发展的一个潮流。有的同志撰文分析了社会科学方法演变的历史和特点，[①] 教育作为社会科学，也同样呈现出那些特点。当代教育研究，不同的教育哲学观构成不同认识论和方法论，建构不同的理论体系。在西方，有代表性的如自然主义的（naturalistic）、实验主义的（positivistic）、结构主义的（constructivistic）、存在主义—现象学的（existentialism-phenomenological）理论，它们在对教育事实作出解释分析过程中形成不同的教育研究方法，从而反映出教育研究方法发展的多元趋势。

（一）对教育的生物学理解以及由此产生的社会生物学方法

有的学者企图用生物体的需要和冲动的观点来解释人类行为，用生物进化观点来解释文化、教育及其他社会问题。而以分析自然和社会现象起源的发展过程为基础的发生学方法，如皮亚杰将生理学、心理学、认识论联系起来，通过儿童智慧产生发展的研究，创建了发生认识论，提出认识发展的过程是一个内在结构的连续的组织与再组织的过程。一些学者用发生学方法并结合历史比较法、结构功能法去探索教育的起源、发展过程及本质等问题。近年来从动物行为的理解，强调儿童的生物性遗传对于本身及与他人的互动的影响，还有利用脑电图、皮肤电反射与生物反馈理论等相结合，从生理信息角度进行控制与调节自主精神系统的尝试研究，也是值得我们关注的问题。

（二）对教育的行为主义理解以及由此产生的如斯金纳的工具制约论方法

认为"教育就是塑造行为，"学习就是形成行为，而行为与意识无关，被环境所决定。控制行为就要控制环境，因此，强调外在环境在儿童行为发生和发展中所起的决定作用，强调通过操作性或工具性的条件反射制约认识发展，强调行为的强化和训练。这种方法研究的是可观察到的刺激与反应，追求的是研究的客观化，实验方法以及精细的假设。

（三）对教育的符号学理解以及由此产生的信息论方法

如西蒙（Simon）的信息加工理论，认为人脑和计算机的功能粗略相似，工作原则一致，都是信息加工系统，而且都是符号信息加工系统，学习就是

[①] 陈志良、杨耕：《社会科学方法的走向和现代化》，载《社会科学》1990 年第 1 期。

利用有限的工作记忆来进行一系列的符号操作过程。因此，人的学习活动中的思维过程可以由计算机来模拟，可以由一些基本的信息加工程序加以实现。

（四）对教育的文化学理解以及由此产生的解释学方法、社会地理学等方法

从社会和地理空间结合角度分析研究社会现象的社会地理学方法，研究社会区域与家庭的教育功能，社区多层次协调教育网的结构及教育条件。同时，涉及教育生态环境，探讨社会教育的作用，社会风俗、社会规范、社会舆论——显性的与潜在性的——形成及其对青少年的影响，研究如何对社会影响进行有效控制。西方现代解释学认为，只有当人的行为被看作是有意义的行动时，才能获得关于社会生活的真正知识。因此把研究人的理解活动作为方法的基本出发点。在解释教育现象时，首先是把教育作为一个整体来分析，分析构成的复杂因素，并放在一定的历史、地理、社会、生态、政治等背景中加以综合考察。

（五）对教育的社会学理解以及由此产生的诸如班杜拉的社会学习理论及研究方法

强调行为、认知和环境三位一体的交互作用，认为行为产生是受多种因素影响，行为又主动影响其他因素，并着眼于能够认识环境和自身的调节控制。采用控制实验及信息加工系统流程图解释人复杂的社会学习行为。还有苏联维果茨基的教育与发展观，也是以外部耦联事件来说明发展。

（六）对教育的心理学理解以及由此产生的诸如人本主义研究方法

这就是从杜威、蒙台梭利到柯尔伯格关于儿童个性发展的研究，马斯洛和罗杰斯的个性理论以及弗洛伊德的精神分析法。出自于不同的心理学理解，研究方法侧重点也有所不同。马斯洛的自我实现理论，关注人的高级心理需要和动机，即包括社会需要和创造需要在内的人的内在价值。罗杰斯的以自我为中心、自我实现为驱动力的人格结构理论，强调的是意识和自我意识对人的行为的作用。弗洛伊德的精神分析法，是从本能、人格结构、心理发展阶段来探讨人的精神机制和人格特征，而艾瑞逊的心理社会发展论则强调社会制约、儿童主动性与社会适应性。

从以上所列可以看出：①西方教育研究方法是随着对教育本质的不同理

解而分化的，以资产阶级唯心主义、形而上学世界观方法论作为基础，必然导致各自的偏颇和缺陷；②多种理论流派及方法的产生发展，反映人们对教育认识的逐渐深化过程；③各种理论流派从基本趋势上可归为两个主要思潮，这就是注重社会发展的科学主义导向和注重人本身发展的人文主义导向。因此，我们在评价分析时要注意以马克思主义基本观点作指导，从本质上加以把握才不会误入迷津。

教育研究方法的发展在呈现多元化趋势的同时也表现出统一性的特点。这种统一性，不仅表现为现代多种教育理论流派的相互渗透、补充和融合，表现为东方、西方不同教育研究模式方法的相互借鉴与模仿，而且表现在不同学科领域就教育的共同性问题进行的交叉、合作研究，运用系统科学的方法论及方法所实现的在更深层次意义上的研究方法的统一。这一点应该说始于皮亚杰将认识论、哲学史、生物学与儿童心理学加以统一，对儿童个体认识发生发展的研究。正是在现代科学发展基础上，具有元理论特征和广泛解释功能的系统科学的产生，以整体的思维方式取代了近代以分析方法为中心的思维方式，强调对系统的整体、综合考察，强调确定最优目标并使系统达到最优状态，强调数学语言和数学工具的运用，从系统角度研究不同领域事物的共同特征，从而实现了教育研究方法上的突破。

三、关注教育研究的社会性和价值标准

近代以来在西方科学哲学界一直存在着关于科学认识的理性与非理性之争。20世纪20~30年代的逻辑实证主义，对科学理论的静态研究，强调归纳分析方法，公理演算和对应规则。到20世纪60年代，库恩等人十分强调非理性因素的作用，提出"科学共同体"、"范式"等概念。这一争论对教育研究产生了深刻影响，使研究者们认识到，狭隘的经验论与片面的唯理论都不能适应时代发展的要求，必须处理好理性与非理性关系，认真考察非理性因素在教育和人的发展中的作用，关注教育研究的价值标准。当代这一趋势突出表现在以下几方面。

（一）在研究目标的确定上，以价值导向作为根本依据

如果说20世纪前半期关注的是用理性方法揭示教育现象本身的特点、属

性、内在本质和必然联系，目的是建立系统完善的理论体系，那么当代教育研究则更强调研究的应用价值，强调通过揭示教育发展规律来解决教育中的实际问题，如教育发展的方针政策、教育体制、教育发展战略与规划、课程教法、教育立法等，目的是促进社会的发展和人的发展。

（二）在研究过程的实施上，强调大教育观

按照系统结构的观点，把教育放在社会大环境中加以考察，考察时代背景、政治、经济、文化、科学、哲学、宗教等环境条件及其对教育的影响，考察地域文化、家庭教育、社会教育与学校教育的关系，而决不能就教育论教育，搞封闭式研究。

（三）在研究方法上，作为社会科学性质的教育研究，在现代更强调发挥人的主体性，重视非理性因素，即人的动机、兴趣、情感、意志、信念、理想在教育研究过程中的作用

也正是教育研究所具有的非逻辑性、非形式化、模糊性的特点，强调置于学校教育的现场情境，从片面追求甚至迷信量化研究到更关注定性研究，并使定性与定量研究结合。

（四）在研究的组织形式上，强调在个体研究基础上的集团认识主体——科研群体

优势互补、群体攻关，这是现代教育研究的重要特点。我国目前已形成各具特色的群体科研类型模式，如以专业为基础的学科科研课题组形式；以教育实际问题为中心，在市、区、校组建的三级教育科研课题组形式；以教育实验研究为基础，理论研究工作者与教育实践工作者相结合的科研课题组形式。群体科研，由于人员结构合理，具有很强的灵活性和适应性。既能承担难度大的理论性课题，又能承担针对性强的应用性、决策性研究课题，并且能迅速地转移研究方向，高质量地完成科研任务。群体科研，有利于发展学术梯队，培养科研骨干，并有利于从多渠道争取科研经费和提供较好的设备条件。正因为如此，群体科研成为现代教育科学研究的主要形式。

（五）在教育研究结果的评价分析上具有的明显的倾向性，即价值取向

价值取向是教育研究目的的集中体现，在教育研究中发挥着主导、内控、选择、补偿等作用。现代教育研究抛弃了过去那种仅把教育的发展看成单纯

知识传递、积累过程的陈旧观点，将培养具有高度自觉能动性和创造性的新型人才作为追求的目标，从而使教育评价发生了相应的变革，表现为从过去盲目追求所谓评价的客观性到全面衡量价值标准上的差异以及追求评价目标的多元化。当前西方所谓"第四代教育评价"的形成，也正是反映了这一趋势。① 尽管还存在不少有待研究的问题，但是毕竟在更切合教育客观实际方面向前迈进了一步。

四、教育研究的可操作性

（一）强调教育实验研究在发展教育科学中的重要作用并努力探索教育实验的特点以提高教育实验的科学水平

教育实验，作为人类为实现预定目的，在人为控制的条件下研究教育现象的一种重要研究方法，是人类获得知识、检验知识的一种特殊的实践形式。它能超越狭隘的教学经验的局限，通过合理的控制和干预，获得较为丰富准确的第一手资料，为理论的概括提供比较可靠和必要的客观依据。教育实验在教育理论的发展中具有重要作用：①通过教育实验提供有意义的可信赖的信息，对现有教育理论进行鉴别、筛选、改造、提炼和完善；②通过教育实验可以促进新教育理论的产生、发展，原因在于教育实验这种特别实践活动其结果不是物质产品，主要是新的知识——从存在形式看是主观的，但其内容是客观的；③通过教育实验对引进借鉴的国内国外教育教学理论进行检验、改造、变通、综合和创造；④教育实验为教育理论具体化以应用于教育实践提供操作程序。由于教育实验在教育理论的发展中所起的特殊作用，历代著名教育家都十分重视教育实验并积极组织参与重要的教育实验以验证完善自己的理论。目前，世界各国也都把广泛开展教育实验作为教育理论科学发展

---

① 教育评价经历了从20世纪初至30年代的"测量时代"，30～40年代以泰勒为代表重测验的"描述时代"，50～70年代引入价值观的"判断时代"。一些学者认为目前已进入第四代教育评价，主要特点是评价对象作为评价活动的主体的积极参与，研究评价中的各种因素的相互作用，尤其是对价值问题的关注。可进一步查阅 Egon G. Guba & Yvonna S. Lincoln. *Fourth Generation Evaluation*，1989年；周朝森：《教育评价理论的新探索——美国"第四代教育评价"述评》，载《教育研究》1992年第2期。

的重要战略措施。

(二)数学方法和计算机技术促进教育研究数学化形式化的发展

所谓数学方法,不只是指具体的数字设计和计算,而是指进一步作定量分析,以便从量的关系上认识事物发展变化规律,作出更为精确的科学说明的方法。近年来,人们已开始认识到在以往的教育研究中仅靠定性的经验分析或纯粹思辨的理论分析是不完善的,是教育理论水平长期落后的原因之一。随着现代科学数学化的进程和发展,教育科学研究也开始关注教育现象中空间形式和数量关系,注意运用数学方法,并使定性研究与定量研究相结合以提高教育研究的科学性。

我们认为,合理地应用数学方法,使定量研究与定性研究结合,这是现代教育研究不同于以往研究的重要区别。定性研究,关注事物发展过程以及相互关系,侧重研究对象的质的规定性,是对事物整体的、发展的、反思的、综合的把握。而定量研究是对事物属性进行数量上的分析,从而判定事物的性质和变化。定量研究是在定性研究基础上,将被研究对象目标分解为若干因素并将其数量化,引用一定的数学方法,通过变换来判断诸因素的关联,最后用数值来表示分析研究的结果,教育研究中的定量方法有它独特的表达式。由于教育现象的复杂性,常见到"亦此亦彼"的模糊现象,没有明确的外延,加上社会因素、文化价值影响的特殊性,对人的精神现象测量的随机性,教育研究必须使定量研究与定性研究有机结合。事实上,有效的研究正是二者相互渗透、交织于研究的全过程。而现代科学发展,电子计算机的广泛应用,为教育研究数学化、形式化的发展提供了重要条件。

20世纪40年代兴起的计算机技术,在发展的初期主要是计算,用于研究数据的高效快速计算处理。50年代后期进一步发展为可以进行简单推理,构建模型,从而开始了对计算机模拟人的思维的人工智能的研究,进而发展为计算机科学,并对现代教育的研究发挥着深刻的影响。

首先,为研究数据的处理提供了重要工具。当前普遍采用的统计软件包,如社会科学软件包(SPSS)、统计分析系统(SAS)等,具有一定的数据分析能力,能进行有关研究数据的收集、储存、统计分析和检验。其次,是对思维过程的模拟和模型化实验研究,这一研究也正是随计算机科学本身的不断发展而得到不断深化的。这就是从算法策略（穷尽所有方法以追求最优方法）与启发式策略（追求满意方法以缩短解决问题的时间）的研究，到试图使人的思维条理化、形式化、符号化而进行的专家系统的研究以及当前对神经网络结构与功能的研究。再次，是关于计算机的辅助教学、辅助学习、辅助管理的研究，等等。所以，正是计算机科学的发展，不仅影响着教育研究的内容，而且深刻影响着教育研究的手段方法，为现代教育的研究和发展开辟新的广阔道路。

当代，随着数学从研究具体的数和形发展到量化的结构模式，从研究给定的量的关系扩展到研究可能的量的关系，数学的公理化方法的应用促进了理论的数学化和形式化，必然地也促进了研究方法的数学化和形式化。有的同志对科学理论的形式化问题作了精辟的分析。① 所谓"形式化"，就是用指派特定的符号系统所构建的符号公式来表达科学理论的内容，来进行科学研究。人类的某些观念可以用符号来代表，而且这些符号可以通过确定的符号运算过程加以变换。形式符号系统是人对总体实践操作活动的高度概括的反映，不仅具有普遍必然性，而且由于使认识形式和认识内容相对分化和隔离，从而为思维的创造活动提供了理想条件。一般地讲，寻求不变量是一切认识的一个基本原则，如何从复杂的教育现象中力图寻找相对来讲是稳定的、基本的因素，如影响课堂教学质量、影响教学内容确定的基本因素，影响一个地区教育事业发展决策的基本因素等。能否建立一定的数学模型，进行数学化、形式化研究，不仅有利于提高搜集资料的准确性，加强对教育过程随机性定量描述，而且可以简化思维过程，有助于我们在更深层次上把握所要研究的教育对象。这是一个有待进一步发展的新的研究领域。电子计算机技术与系统论方法的结合，为多变量、多因素的教育系统诸要素间相互作用关系的量化研究提供了可能条件。

---

① 李景源主编：《马克思主义哲学与现时代》，重庆出版社1991年版，第15～19页。

第十一章 现代教育研究的结构体系及研究过程

第一节 现代教育研究的基本结构体系

随着现代教育的不断发展,现代教育的研究方法在不断丰富、系统化,结构体系也不断发生变化。

一、教育研究的基本类型

现代教育现象的复杂性,决定了教育研究的多类型特征。对教育研究方法进行比较科学的分类,以揭示方法与方法间的联系,明确各方法在整个教育研究方法体系中的地位,把握各方法对象的运动形式、结构、属性及综合趋势,对于提高研究的科学水平是十分重要的。如何进行相对科学的分类,学者们进行了各种尝试。

目前所使用的较有效的分类方式基本上有三种。

1. 按适用范围和概括程度分,可划分为适用于某一科学研究领域的具体的科学方法,适用于各门科学的一般研究方法以及适用于一切科学的哲学方法论三个层次

三者之间是相互依存、互相影响、互相补充的对立统一关系,而哲学方法论的概括和总结,对于一般的科学方法、具体科学方法有重要的指导意义。

2. 按研究目的功能作用分,可划分为基础性研究、应用性研究、发展性研究、评价性研究和预测性研究

基础性研究是指通过阐明新理论或重新评价旧理论从而发展完善理论知识体系的研究。基础研究不仅具有发展理论的价值,而且具有"超前"性质

和预测未来的功能。应用性研究是指解决某些特定的实际问题的研究。它具有直接的实际应用价值。在教育研究中绝大多数的研究是应用性的研究。基础研究和应用研究常很难区分且又都是需要的。基础性研究提供解决教育问题的理论，应用性研究提供丰富材料去支持和完善理论，或促进新理论的产生。应用研究如果只限于解决当前某些具体问题，而不企图从基础研究的角度探究其根本原理，那么得到的结果往往只限于解决局部问题，而不能广泛应用。发展性研究主要目的在于发展用于教育事业、学校建设、教育教学质量提高等方面的有效策略，回答的问题是"如何改进"。评价性研究是通过对两个或两个以上选择活动的相关价值作出判断，回答的问题是"怎么样"。而预测性研究主要目的则在于分析事物未来发展的前景和趋势，回答"将会怎么样"的问题。

3. 按研究方法分，可分为历史研究、描述研究、比较研究、实验研究和理论研究

关于教育研究类型问题，有两个问题需要说明。第一，对教育研究方法进行分类，主要目的在于帮助我们对研究方法的理解应用，在于掌握每一类方法的基本特点、适用范围和条件。分类的客观性，反映我们对教育研究方法体系本质认识的现代水平。特别是应该看到，随着教育科学和研究方法的发展，很难设计出一个单一的分类方案来囊括全部方法，而一项研究往往是多方面的、综合的，可以归入好几种方法类型。例如，关于青少年主体性问题，涉及什么是主体、主体性，学生作为认识主体本质含义是什么，具有什么规定性？主体认识能力是怎样形成的，具有什么样的结构？学生主体性在教学中如何体现？如何培养学生的独立性、主动性和创造性，如何提高和强化主体性？如何让学生真正成为认识的主体等，既有基础理论研究，又有应用研究、发展研究。第二，教育研究方法体系本身也是一个不断发展变化的过程，随着科技发展，新的方法不断形成，特别是相关学科新方法的冲击，教育研究方法也在不断变革。因此，对教育研究方法的分类问题需要我们进行深层次的思考。也就是说，要从就方法分类谈方法深入到以下问题的哲学反思：教育科学发展的逻辑起点是什么？教育理论发展的内在机制是什么？教育研究概念的内涵和外延如何界定？什么是合理的科研活动结构？基础研

究、应用研究、发展研究应各占多少比例,几者在教育发展的不同阶段将呈现什么样的变化规律?等等。

二、教育研究的两种基本模式

教育研究是一种创造性的活动,它没有一成不变的模式,但从总体上分析,可以分为两种基本模式。

一种是观察分析教育现象,运用归纳法得出理论结论。

这种方法最早可追溯到培根,即所谓的"培根法"。近代自然科学的兴起,使分析方法在科研中取得了主导地位,培根从方法论上加以概括总结,这是先摆事实,后求结论,根据某类中每一事物(或一些事物)共有某一属性推出该类全部事物都具有该属性。培根批评经验主义者像蚂蚁一样只知辛辛苦苦勤勤恳恳收集,不知加工改造;而经院哲学家则像蜘蛛一样只靠自身物质来吐丝结网,故步自封,不懂利用收集。他认为应像蜜蜂一样,通过调查、观察、实验、统计,搜集和积累大量的充分的材料,然后通过归纳分析得出答案。

另一种是推论—验证的演绎法,最早始于亚里士多德。亚里士多德提出的先假说后求证,由一个共同概念联系着的两个前提推出结论。科研开始前,在少量事实基础上,通过理论思维提出假设或判断,然后用观察、实验来验证所提出的一般教育原理。教育史上从古到今,这种演绎推理的研究模式不乏其例。如亚里士多德关于德、智、体育的分类,卢梭的天赋人权、个性解放的教育主张,赫尔巴特的形式阶段理论,布鲁纳的课程结构论,我国赵宋光基于生成学习理论基础上形成的"语言符号镶嵌结构教学模式",张梅岭基于学生认知结构、数学学科知识结构分析基础上进行的发展教学研究,冯忠良的结构—定向教学,卢仲衡的中学数学自学辅导教学,张定璋的整体综合发展教学等基本属于此。

两种模式各具不同特点,在逻辑通道上,归纳法总体上讲是从特殊到一般的推理,是对经验获得的事实进行概括,而演绎法则是从一般到特殊。在思维方式类型上,归纳法是属于抽象思维的范围,强调思维的系统、事实例证真实充分,循序渐进,目的是确定科学认识基础的客观性,并由此得出合乎情理的、成熟的推论，是为了探索事物的规律性。而演绎法则属于形象思维范畴，强调运用事实的想象力和直觉解决的办法，以少数公理为出发点，通过推理构造理论体系，并对新的经验事实预言，是从一些作为原理的判断形式，推导出一个必然性结论的判断体系，目的在于建立理论体系。

教育实践中不少研究往往是两种方式的结合，如上海青浦县的"尝试指导，效果回授"数学教学实验，正是两种方式的结合，由或然性推论到必然性结论，由科学事实到科学理论。

三、教育研究的认识层次与水平

教育研究是一种认识活动，由于受到各种因素的制约影响，因此必然存在相对独立的、不同层次不同水平的认识。

总体分析，科学认识存在经验与理论两个不同层次。经验层次的科学认识，是从生动的直观来反映客体外部联系，是描述性的经验知识，其逻辑形式是查明事实的个别判断或是描述现象的某个体系。而理论层次的科学认识，则是反映客体的内在联系和运动的规律性，是解释性的理论知识，其逻辑形式是说明客体的抽象体系。

这里需要说明的是两个层次间界限是有条件的，反映了认识的发展过程。经验层次是理论学说的出发点，科学认识发展的基础；理论层次则是我们认识所要达到的目的——建立新的理论体系，把握客观真理。只有达到理论层次的认识才能达到普遍性和具体性，才具有实际运用的无限范围。①

教育研究同样具有经验和理论两个层次。具体分析，可以区分为四种不同水平。第一种水平是经验描述水平，带有较大的尝试探索性，属于搜集事实材料形成经验知识水平。第二种水平是探究原因水平，有一定的理论指导并以科学理论解释研究结果，能较好地描述研究对象内在的关系。第三种水平是迁移推广水平，教育研究的结果能较好地推广应用到同一总体中的不同环境条件，甚至是不同总体的不同环境条件，研究有较科学的实施方案，具有可操作性，对研究条件有明确的规定，因此有较好的外部效度。第四种水

---

① 参见刘大椿著：《科学活动论》，人民出版社 1985 年版，第 119~120 页。

平是理论研究水平，这是教育研究的最高水平，通过教育研究形成较完善的理论体系。当然，这几种研究水平之间有相互渗透与交叉，它们实际是教育研究发展的四个阶段。没有经验描述水平的研究，要探索内在规律就失去了基础，而没有内在效度的研究也就不可能具有好的外在效度。没有效度的研究则是毫无意义的。教育研究的四种不同水平实际上正是反映了人类认识从经验层次上升到理论层次的发展过程，研究者要客观地对研究课题进行分析，既不能急躁蹦等，在研究还未取得较好的内部效度时就急于推广，也不能满足于现有水平而使研究中途停顿，应积极创造条件使研究向高一级水平发展。

第二节　现代教育研究过程及方法的科学性

一个具体研究课题的完成，是一个包含一系列步骤的有序过程。这就是从研究课题的选定，文献资料的检索，理论构思形成研究假设，制订研究计划到实施计划，搜集、整理、分析研究得到的资料数据，最后得出结论，写出研究报告或论文。这里我们不一般地介绍教育研究过程的几个主要环节，而是尝试从方法论角度对制订方案、实施研究的过程和结果的解释（研究成果的评价）三个方面对研究方法的合理性问题进行探讨。

一、教育研究计划的确定

形成一个有意义的合理的研究计划从而避免盲目性，关键在于以下三个环节：选定课题、检索文献和形成研究假说。

（一）选定课题

选题决定教育研究发展的方向和水平，也是衡量一个科学工作者研究水平高低的一个重要标志。

教育现象极为复杂，需要研究的问题很多，在我们人力、物力和时间条件有限的情况下，如何选择那些带有全局性的规律性的问题，以更好地促进教育理论的完善发展，就成为一个至关重要的问题。回顾以往，由于受到这样或那样的干扰，在教育科研的选题上我们走了不少弯路，至今仍存在一定的盲目性。具体表现在：在理论研究与应用研究关系上，较多偏重理论的思辨性研究，而理论研究又缺乏科学客观的实证研究作为基础，其结果是理论苍白无力，提供给实际工作者的知识和方法，缺乏透彻的问题说明和系统的理论建树；而应用研究又呈现出急功近利的倾向，缺乏科学的理论指导，难以将研究成果上升到理论，影响了研究成果的效益。在一般与重点关系上，往往抓不准当前重点的前沿课题，形成一个时期一个热门课题，追时髦赶风尚，选题出现较大的不平衡。在借鉴与创新的关系上，一度热衷于引进国外理论与方法，或热衷于效法别人的先进经验，忙于移植和模仿，没有形成自己的特色，把科学的研究搞成"运动"，实际上却抑制了自己的积极性和创造性。有的实际工作者，在长期的教育实践中积累了丰富的经验和大量的资料，但由于不善于把问题提炼成科研课题，导致研究成果停留在一般的经验描述阶段。有的青年学者，缺乏扎扎实实的研究，满足于"初探"、"刍议"水平，热衷于"商榷"（这里并不是反对基于认真的思考研究基础上勇于发表自己的意见），缺乏深入科学研究和系统的理论建树。有的人发表不少文章，涉及多个领域的课题，由于主攻方向不清，成果显得零碎，肤浅。事实说明，如何正确选题，是一个关系到科研全局成效的战略性环节，必须认真对待。

如何做到选题正确呢？我们认为以下几点是应该注意的。

1. 要把握一个好的研究课题应具有的基本特点

（1）问题必须是有价值的，不仅具有好的学术效益、理论价值，而且有高的社会效益、应用价值。也就是说，不仅要有助于检验、修正、创新和发展教育理论，而且有利于提高教育质量、促进青少年德智体全面发展。一个好的课题，不仅具有好的内部价值，即对教育实践的指导作用和理论上的创新突破，而且有好的外部价值，表现在该课题研究既能引发一系列有内在联系的、逐渐深化发展的研究课题，又能对邻近学科的研究产生重要影响。（2）所选定的课题必须有一定的科学理论依据和事实依据。（3）课题必须具体明确，那种大而空、笼统模糊的课题往往科学性差。（4）课题要新颖，具有独创性，即该课题的研究对原有理论框架、思维模式或实践方式将有所突破、更新和再创造。（5）课题要有可行性，不仅具有相应的主客观条件，而且有一个时机问题。也就是说，要从大处着眼，小处着手。那种选题范围太大，主攻方向不清，或课题太小价值不大，或在现有条件下课题太难、资料缺乏而无从下手等情况，都应尽力避免。

2. 要遵循科学选题的逻辑过程

研究课题的选定意味着研究者要善于从理论本身、理论与实际间、理论与社会发展需要之间种种矛盾的分析中，发现和形成一个有意义、有创见的课题，这是一个复杂的思维过程，一方面需要科研人员敏锐的洞察力，对形势的判断力以及胆识，另一方面需要掌握选题的逻辑过程。一个研究课题的选定，往往是在阅读、研究有关领域的文献过程中，或者是在教育教学实践过程中逐渐形成的。开始时由于受到某一点启发，产生一个大致的设想，带着这个粗泛的想法广泛查阅有关资料，了解前人在这方面的研究成果、研究方法以及对这个问题的探讨所具有的理论意义及其对实际工作的针对性（现实性）。正是随着思考的深入，使原来朦胧模糊的想法变得清晰、集中，并且对如何探讨这个问题形成了一个初步想法。这一思路如图 11-1 所示：

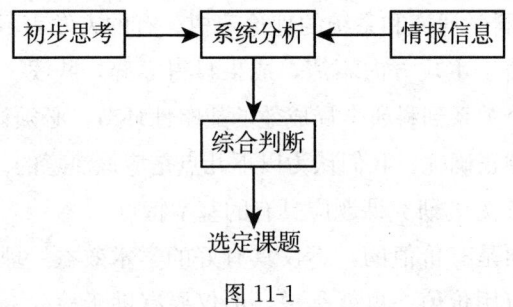

图 11-1

要使选定的课题具有研究的迫切性、针对性，并体现该课题的创造性、学术性和应用价值，关键在于要做好选题的基础准备工作。这就是要通过查阅文献、专家访谈、实际调查等多种方法，从总体上掌握某一领域当前重要的前沿研究课题，要尽可能搞清有关研究课题的历史脉络。比如你要进行教学理论的研究，你就必须了解新中国成立以来或十一届三中全会以来我国教学理论与实践发展的基本线索，经历了几个发展阶段，每个阶段主要探讨的问题是什么，有哪些分歧意见，研究方法的特点是什么；发展到现在，主要的理论研究课题、主要的代表人物和主要的代表著作情况；同样的课题，各自的研究进展情况如何，等等。如果对情况若明若暗，似是而非，是不可能选好课题的。这个准备工作需要下很大的苦工夫，也是进行研究的基本功，不仅可以避免重复选题，提高选题的起点，而且从前人、他人进行的相类似的研究中会受到很大启示。

3. 合理运用有关选题的方法

应该说，关于选题的方法，由于研究的方向不同，研究者个性差异的存在，方法是多种多样、各式各样的。但多样性中也有统一性，也就是要遵循一些共同的方法原则。

(1) 要明确研究课题产生的途径。教育研究选题的途径是很多的，或者从社会发展需要出发提出课题，比如当前关注的科技发展与教育，或者从学科建设需要出发确定课题，或者从教育实践中提出问题，从日常生活观察中发现问题，从不同学科之间的交接点提出问题，以及从当前国内外教育信息分析总结中提出课题。如果是理论课题，要侧重研究它的现实针对性，如果是实际问题，则要善于转换为理论课题。

(2) 要善于对问题进行分解，把一个大的问题分解成相互联系的许多问题，从而找到解决这个问题的步骤和相关的网结，使问题具体化。同时，还要善于转换对问题的提法，即从一个新的高度提出问题。教育研究中，一个带有基础性的意义重大的课题，往往表现出问题的延伸序列，由一个初始问题能引申出一系列相关问题。作为研究工作者，要考虑自己研究方向的稳定，使所要研究的课题沿一定脉络具有前后的相关性，或者是从多角度探讨剖析同一问题，或者是一个问题的由浅入深步步推进。

(3) 要进行课题论证以避免选题的盲目性。课题论证不仅要阐明从哪几个角度提出问题，而且要界定核心概念，要确定具体明晰的，有一定内在思路的研究问题，要对研究方法进行设计。课题论证本身就是一种研究，要求要占有详实的资料，要以齐全的参考文献和较全面的分析来支持自己关于选题的主张。一份论文的开篇，或前言说明部分，实际上就是简明扼要的课题论证。

(二) 检索文献

文献，是把人类的知识用文字、图形、符号等手段记录下来的有价值的典籍。文献检索是从文献中迅速准确地查找所需情报的一种方法与程序。

文献检索贯穿科学研究的全过程，是进行科研的基础和依据。通过查阅文献，全面正确地掌握所要研究的课题的情况，以帮助研究人员选定研究课题；通过查阅文献，使研究课题范围内的概念定义具体化，并提供研究方法。

处在信息社会的今天，教育文献资料数量的增长是迅速的，分布也是极其广泛的。据国外有人估计，在使用的文献资料中，大致分为三种情况：一部分是必要的情报，约占全部文献的30%左右；一部分则是错误的情报，约占5%左右；而相当部分则是冗余的情报（又分为必要的冗余与不必要的冗余）。因此，在进行教育研究时，如何从众多的文献资料中准确迅速查找出符合需要的文献，这就不是一个简单的、耗时间拼工夫的问题。一方面，要懂得工具书的使用办法，懂得文献检索的主要方法，会抓核心期刊核心文章；另一方面，要有一定的查阅文献资料的能力，做到认真细致，查准查全，避免疏忽而形成的论据失误或因偏见而造成的曲解引申，断章取义。其中重要的在于勤于思索和创新，带着问题钻研，善于进行比较分析联想，逐步形成自己解决问题的思路，才能超越前人。

（三）形成研究假说

研究假说是根据已有的科学知识和新的科学事实，在进行研究之前对所要研究的问题的本质、规律或原因所作的一种推测性陈述，假定性解释。研究假说实际上是预先设想的、暂定的理论，形成假说在于进行理论构思。

1. 研究假说在教育研究中的重要作用

（1）研究假说的价值首先在于它是理论的先导，使教育研究具有明确的研究方向、主题思想和研究目标，具有纲领性作用。教育研究就是探索教育现象之间的因果关系，教育内部结构及其起源、发展的规律。一旦有了研究假说，研究者就能根据其要求在限定范围内有计划地设计和进行观察研究；而假说得到观察、实验的支持，就会发展成为建立教育科学理论的基础。恩格斯曾高度评价理论假说在自然科学研究中的作用，"只要自然科学在思维着，它的发展形式就是假说。"[1] 社会科学也同样。假说是科学探索的必然阶段，是人的认识中能动性最强的一个阶段。假说的形成过程正是从观察发现到理论发现、从经验事实到理论概括的中介环节，是由个别特殊的发现过渡

---

[1] 《马克思恩格斯全集》第20卷，第583页。

到普遍一般发现的方式。应该看到，假说是建立和发展科学理论、正确认识客观规律的正确途径和有效手段。

(2) 研究假说规范调节着教育研究的过程和方法。根据假说确定的目标搜集必要的充分资料可以避免盲目性。有了研究假说，在相当程度上可以探求到对阐明问题所不可缺少的资料，同时避免搜集许多无用资料的失误。

(3) 研究假说制约着研究成果的界定、成果构成形态以及成果的评价解释。

理论构思，形成假说，是关系教育研究科学水平高低的重要一环。但在我国目前的教育研究工作中，对形成研究假说仍重视不够，往往没有任何研究假说，只凭一个大致想法，或者是重复固定的结论。由于研究主攻目标不清，因而也就很难衡量研究的效益价值。

2. 一个好的研究假说应具有的基本特点

研究假说有多种类型，如果按形成假说的方法分，可分为归纳的假说、演绎的假说。如果按性质和复杂程度分，可分为描述性假说、解释性假说和预测性假说。无论哪一种类型，要形成一个好的研究假说，都应具有以下特点。

(1) 科学性。有一定的科学根据，与早先的正确研究是一致的，与毫无事实根据的推测不同。科学性还表现在假说的核心概念具有严格规定的含义，具有好的概括度和清晰度，且理论体系结构严谨合理。

(2) 推测性。对一定的教育行为、现象或事件的出现作试验性的合理的解释，有一定的预测性。也就是说，假说与确实可靠的理论不同，假说带有推测和假定的性质，有待于实践证实。因而假说本身是科学性和推测性的统一，确定性与不确定性的统一。

(3) 逻辑性。假说的表述要明确，简明扼要，用词准确，条理分明，假说命题的本身在逻辑上是无矛盾的。

(4) 可检验性。研究假说必须是可检验的，一个原则上不可检验的陈述是没有科学价值的。由于教育研究的假说是对教育事实或现象间的关系所作的推测性假定，而研究目的是要验证这种推测的正确程度和可靠性，因此，原则上的可检验性成为科学假说的必要条件，科学假说必须能够通过研究加以验证。

当然，一个好的有价值的研究假说的提出是要经过一个过程的，同时研究者要不断对研究假说进行检验并不断完善假说。其中需要把握的一个问题是，假说作为对科学问题的一种试探性回答，应满足三个条件：①能够合理地解释原有理论所能解释的那些事实和现象；②能够解释新发现但原有理论不能解释的那些事实和现象；③能明确预言尚未发现的新事实、新现象，为进一步检验假说提供可能性。

二、教育研究的五种基本方法及其实现条件

（一）教育科学的历史研究方法

所谓历史，是人类社会生活运动、变化、发展的过程。历史研究正是借助于对相关社会历史过程的史料的分析、破译和整理，以认识研究对象的过去、研究现在和预测未来。教育科学的历史研究法，是通过搜集某种教育现象发生、发展和演变的历史事实加以系统客观的分析研究，从而揭示其发展规律的一种研究方法。人们为了正确地分析问题，必须从历史过程中，正确地截取特殊矛盾所经历的发生、发展全过程，作为独立的研究对象。这不仅是为了揭示历史发展规律，同时也是为了取得借鉴。在一定意义上说，没有科学的历史研究，不会产生真正的科学。

区别于教育科学的别的研究方法，历史研究法具有以下基本特点。①研究对象是过去已发生的教育事件，即研究者主体与作为被研究客体的历史事件、历史现象和历史过程之间，不是相对同步协调关系，而是一种非共存的历史性关系。客体不是作为现实中介的客体，而是已经凝结、稳定了的过去，是已经发生了的、不可逆转的。②搜集的是已有文献资料，是按照历史的时间顺序和空间范围再现历史的全过程，"按照历史""必须处处追随着它"，并且资料分析是以逻辑分析方法为主。③历史研究方法本身是一个多层次的立体结构。有的学者从历史学角度分析历史学总体结构，提出了很有见地的看法。[①] 史学总体结构包括三个不同层次：史料、历史文献为基础层次；历史

---

① 赵吉惠著：《历史学方法论》，四川人民出版社1987年版，第7页。

过程、历史规律为第二层次；史学理论与方法论为第三层次（历史哲学）。与之相对应，历史研究方法也分为三个层次：搜集、整理、分析处理史料为基础层次；以历史的分析方法、逻辑的分析方法、历史的比较研究方法以及诸如历史系统研究、历史计量研究、历史心理分析等新方法为第二层次；马克思主义史学方法论则为第三层次。分析研究方法结构层次，同时也说明历史研究法不等于就是文献法，或者说不完全等于文献法。搜集、整理、分析处理史料只是历史研究的基础层次，还必须通过历史的与逻辑的分析、比较才能完成历史研究的任务。

教育科学的研究中，历史研究方法具有广泛的适用范围。从大的方面可概括为：①对某一时期教育发展情况的研究，包括中外教育史从古代、近代到现代教育实践与理论的发展研究；②对历史上教育家教育思想理论观点的研究；③对一个时期教育流派、教育思潮的分析研究以及对不同教育流派理论的比较研究；④对一定时期教育制度，如法令、计划、政策等的评判分析；⑤对外国教育发展状况的分析；⑥开拓新的研究领域，如中国少数民族教育史，古代的科技教育、社会教育、家庭教育、艺术教育、军事教育等。

如何科学地运用历史研究法？结合近年来在教育研究中的具体问题，应特别强调以下两点。

1. 注意历史研究中资料来源及分析鉴别

史料是历史研究的出发点，研究者不仅要学会搜集资料，而且要懂得鉴定和整理史料的方法。

教育史料极其丰富，不仅有文字史料，而且有实物史料和口传史料。在悠久的历史发展过程中，有的文献被遗失破坏了，一些被湮没于书海之中，因此需要泛观博览，认真查阅。另外，辑佚、校勘、训诂等也是有用的方法。对搜集到的资料，首先要鉴别区分是第一手原始来源资料还是第二手材料。在此基础上，通过外部评论确定资料的真伪或真实性，即"辨伪"和"证真"，确定资料的作者及成书年代；通过内部评论确定资料的准确性和价值，即文献资料本身的含义、价值。总之，在研究史料时，要通过审查和鉴别，尽可能地把握教育史料的总和。要描述出教育发展史的实际历程，而不是僵死的史料的堆积。

2. 坚持唯物史观研究历史

如何正确看待历史、历史人物，如何正确评价历史事件，我们必须坚持唯物史观，使对历史负责和对未来负责，对前人负责和对今人负责有机地统一起来，这就要求处理好以下几个关系。

(1)"古"与"今"。当代关于教育理论、思想观念的每一重大争论以及推进理论的尝试，都要把当代问题提到历史范围内加以考察。但这并不等于说，任何历史研究都必然具有现实性，相反，目前教育研究中暴露出来的一个严重问题正是缺乏鲜明的针对性和强烈的时代感。具体表现在：对历史上教育人物的介绍、评价多，而专题研究少，尤其是对教育史上重大的、有价值的理论问题缺乏深入的考察分析；研究的范围较窄，关注的是各时期的教育制度及教育代表人物、教育思想理论的研究，结果留下了大量的空白地带；另外，方法陈旧落后，基本上是封闭的关门研究，横向联合、吸取相关学科研究成果不够，结果给人一种重复已知东西的陈旧感。

实现"古"、"今"转换的机制在于通过对历史的研究揭示出教育科学中最富于生命活力的深层结构，以此为基础，把这一教育科学在时间上的延续和空间上的扩展统一起来。原因在于，每一时代人们对教育历史进程的认识、反思、理解和阐释，都是基于他们所处的时代的社会要求和需要，并为了解答当代社会所提出的问题而进行的。历史必须不断地加以再写，才能满足各个特定时代中人们的需要，对教育历史的理解和思考也正是随时代的发展而不断深化、丰富，并不断转移着认识的角度。我们应有对现实变化的敏感和清晰的认识，以及有将这种认识引入到教育研究中的自觉意识。

(2)"史"与"论"。"史"与"论"关系实质是教育史料与教育史学的关系。所谓史学，就是在研究教育史料的过程中找出其中的内在联系，融会贯通，认识各时期教育发展的动态和趋势，以把握基本历史线索，借以探索教育发展的客观规律。如何处理好史与论关系，长期以来存在的"以论带史"、"论从史出"、"史论结合"几种不同看法，实践中反映出中国教育史的研究一定程度上还停留在史料与具体问题的经验性研究概括水平，尚不足以阐发教育理论原理，不能很好地揭示历史与现实的联系。关键问题在于要区分叙述方法和研究方法，不要以为只要史料考证准确，史料搜集丰富，就理所当然地得出研究结论。任何历史史料的搜集必须在一定理论的指导下，依据理论，明确史料的性质、范围和种类，并伴随初步的鉴别、审定。史论结合，帮助我们树立历史意识，科学地确定论题和得出合理的分析。

（3）历史与传统文化。人们关注历史，其重要原因之一在于，历史作为已逝的人类活动过程和产物，直接地以一种文化传统或传统文化参与到人们的现实生活中，并无所不在地影响和制约着现实人们的具体行为，积极的或消极的。我们既不能全盘照搬，又不能全盘否定，而是在选择、批判基础上继承。

（二）教育科学的调查研究法

调查研究是一种描述性的研究，是通过搜集科学事实，获取感性材料的经验性方法。区别于历史研究方法，它着重研究现实情况；区别于研究因果关系的实验研究方法，它搜集的是自然状态下反映实际情况的材料。教育科学的调查研究法是在一定教育理论观点指导下，通过观察、列表、问卷、访谈、个案研究以及测验等方式，搜集有关教育问题的资料，从而对教育的现状作出比较客观的分析并提出具体工作建议的一整套实践活动。它可分为学科性的专题调查，探索性（反馈性）的典型调查和未来预测调查。教育调查研究是研究教育现状及其发展的重要方式，是认识和改造教育的重要手段，因此，在教育科学的研究中应用极为广泛。

在教育科学的研究中如何应用好调查研究方法？我们认为应注意以下几个问题。

1. 具体把握每种方法特点及使用条件

调查研究法中包括众多的具体方法，每一种方法各有自己的特点及应用范围和条件。因此，要依据研究课题的性质特点决定采取什么样的方法手段。如列表法，偏重于事实资料（如概况、现状、基本数据等）的搜集，调查对象多是群体、地区，且调查范围较广。如关于中国基础教育、师范教育发展基本情况的调查，可搜集县、市、省的基本数据资料，便于作数量统计处理。问卷调查法则不仅有对事实现状的了解，而且较多偏重于意见、态度或看法，往往以个人或一群人为对象。其局限在于，由于多方面原因容易影响问卷的效度；另外，搜集的资料一般是浅层表面的，难于深入了解更深层的问题。

访谈法,简便易行,引导深入的交谈可获得可靠有效的资料,但样本小,需更多的人力、物力和时间。观察法最突出的特点是不改变研究对象的活动条件,可获得真实的第一手资料。问题在于不能很好判断"为什么"这一类因果关系的问题。另外取样小、观察资料琐碎,不易系统化,在研究人数多且分散的情况下应用困难。测验调查法,是根据一定法则对研究对象进行测试并进行数量化分析。在教育研究中测验法的应用通常表现为两种方式,一种是单纯使用测验作为搜集资料的工具,另一种是与其他方法(特别是实验法)结合使用而发挥诊断、建立和检验科学研究假设以及评价的功能,所以使用范围是有限的。只有把握不同方法的不同特点,才能使研究合理和有效。

2. 要有明确的研究目的和具体的研究提纲,避免调查的盲目性

教育现象是一个复杂的综合体,多因多果,多种因素往往相互交织而发生相互影响的效应。因此,就一次教育调查来说,目的必须非常明确和具体。如何按照研究目的列出研究项目并设计好调查内容,这是调查研究质量的根本保证。

例如,关于大学生学习动机的调查。首先确定研究的目的:探明大学生学习动机的现状及其影响因素,研究其发展变化的心理规律,以激发和培养大学生学习动机,调动学习积极性,提高学习的心理效益和社会效益。研究的问题是:①大学生学习动机的基本特点分析(包括总体层次特点,具体内容,性别、年级特点等);②大学生学习动机的影响因素(诸如性别、年级、系科、社会价值观等多种因素);③大学生学习动机的培养和激发。根据所确定的研究目的和问题,先通过小范围访谈,查阅有关文献资料,整理出目前大学生学习动机的九个层次,列出 36 个问题,以此作为设计问卷调查的依据。① 这种较规范的操作程序保证了调查结果的可靠性。

3. 采用定性与定量相结合的分析方法

为了提高调查研究的科学水平,不仅要做质的分析,而且要把抽象概括的理论观念研究成果转化为可以进行量的描述以加强可操作性。那种认为教

---

① 参见李青善等:《关于大学生学习动机的调查研究》,载《江西教育科研》1988 年第 3、4 期。

育研究最多只能是模糊数学的研究，完全排斥数学方法、定量分析方法或者迷信量化，都是片面的。目前的问题在于如何使定量与定性研究结合。

我们认为，所谓"定性与定量研究结合"不是机械地、形而上学地把定性方法与定量方法拼凑在一起，而是有机地渗透于研究的全过程。如制订研究计划时注意如何取样进行典型调查，取样不科学是教育调查中存在的主要问题之一。又如对调查结果的分析，有的往往迷信统计数据，不作问卷的偏斜估计，也不认真追究问卷的回收率，往往在回收率不到70%甚至更低的情况下草率得出结论。这种研究的信度表面上似乎很高，实际上往往结论有误。

（三）教育科学的实验研究方法

教育实验研究是按照研究目的控制条件，人为地变革研究对象，从而验证假设、探讨教育现象因果关系的一种研究方法。教育实验是一种重要的研究方法，也是教育科学发展的基础和源泉。

近年来，随着我国教育改革的深入发展，实验研究法开始被广泛采用。在积极进行教育实验的同时，对有关实验研究法方法论的若干基本理论问题也进行了初步的探讨。探讨的问题涉及：什么是教育实验，教育实验的基本特征是什么，教育实验的类型结构，教育实验的效度分析，教育实验的设计及程序的规范，以及教育实验结果的分析评价等。学者们正在为建立具有中国特色的教育实验学而努力。

教育研究由若干方法组成，是一个方法论研究的大系统，每种研究方法都是为解决一定的矛盾问题而产生的。那么，实验研究方法在教育研究这个系统中处于什么地位，起到什么作用，基本特点及应用条件是什么呢？

1. 教育实验研究法的本质特点

教育实验是获得知识、检验理论的一种特殊实践活动。首先，作为一种相对独立的社会实践活动，教育实验区别于一般教育实践，它具有实验的根本特征，这就是主动地去探索、变革和创造，是主动采取某个变革措施，发挥实验的"纯化、重组、强化、模拟"作用，探索教育内外部规律性联系，因果关系，从而发展理论。同时，教育实验又不是一般的实验活动，它是教育实践。因此，变革、创新的范围限制在教育实践活动领域内，是以培养人的教育活动作为研究对象的。通过教育实验提高教育教学质量，是检验发展创新某些教育理论假设的符合逻辑的必然结果。

关于教育实验本质特征问题的争论，尤其集中在两个问题上。一是关于实验的条件控制问题。有人认为要坚持严格的条件控制，以保证实验的科学性。另有人则认为可以宽泛一点，教育现象复杂，区别于自然科学实验，往往是不可能做到严格控制的，只要可行、有效益即可。二是对实验的"可重复性"的不同理解。有人认为，教育实验应该有"可重复性"特征，另有人则认为教育实验不可能重复，不应把它作为衡量是不是实验研究的标准。这些争论，有助于对教育实验本质进一步深入探讨。

教育实验具有以下几个基本特征。

（1）因果关系的推论。调查研究，只表明"是什么"、"怎么样"，相关研究则表明两个或更多事物之间有联系。只有实验研究，才揭示事物间的因果关系，寻求假说命题"若A则B"的真确性，说明"为什么"，推论因果关系的逻辑性。

（2）自变量的操作。自变量，即变化的条件。通俗说，就是所采取的实验措施。操作自变量，意指研究者要决定变化什么条件才能得到自己所要的结果。操作自变量有多种形式，或A对非A，或一点A对许多A，或A对B。但无论哪一种，在一个教育实验中，研究者至少必须操纵一个自变量，即采取的变革措施。

（3）无关变量的合理控制。教育现象的复杂性，要想在实验中观察主要因素的影响，确实证明是A的变化导致了B的变化，而不是由无关因素引起的，就必须使实验的其他条件保持稳定。这里涉及对"控制"概念的理解。在教育实验中"控制"有三层含义：一是指研究对于外部因素和实验情境的控制能力；二是指研究对于自变量的控制程度；三是研究实验设计过程中的控制成分。

（4）教育、教学的自然场景以及对价值判断的关注。教育实验研究对象决定它远比自然科学实验丰富、生动、复杂和多样。它不能改变研究对象的有关属性（如性别、年龄、社会经济地位、职业等），而教师和学生都是生活在特定的学校环境中，离开了这一特定的社会环境，相应的教育现象就不会发生。特别是社会价值观，研究者及研究对象主观意识及能动性的介入而使其成为教育实验研究的重要组成部分。如果说心理实验中采用"双盲实验"以保证结论的客观性,而在教育实验中则要考虑如何充分调动研究者、研究对象的主动积极性。主动积极性的发挥,既是研究的手段又是研究的结果。

2. 教育实验的基本类型

要保证教育实验的科学性,其中重要的一点就是要把握教育实验的不同类型特征以及各自应用的范围条件。正如恩格斯在《自然辩证法》中所指出的,科学分类就是这些运动形式本身依据其内部所固有的次序的分类和排列。教育实验有多种类型,目前我国学者从不同角度提出了分类标准。有的依据目的、性质将教育实验分为探索性实验、形成性实验和验证性实验;有的按研究范围分为单项单科、多项、综合及整体实验,常态与超常实验;有的按结构与功能关系,分为检验原有理论、提出新理论或按理论假设寻求操作程序的实验;有的按实验控制程度,分为前实验、准实验和真实验等。这些见解各有某些合理性,并各自发挥对实验的指导解释作用。

如何从整体上理解、把握教育实验的类型,我们认为以下几点是需要注意的。

(1)教育实验具有两种基本模式。一种是模仿自然科学,以自然科学研究为典范,强调因果关系的解释和研究的规范性,强调数学工具的运用和定量研究,强调分析的方法,强调严格控制实验条件,将事实与价值分开以追求结论的客观性;另一种是人文科学的方法,在现实教育情境下进行,关注价值、情感和个性,强调研究目的的应用性,对象的整体性以及定性的综合(整合)说明方法。两种基本模式是经历史实践发展而逐渐形成的,各有其哲学的方法论基础,各有其局限,又各有其合理之处,因而在研究简单问题和复杂问题上各有其有效性及运用范围和条件,需要我们结合实验的具体情况灵活应用。

(2)教育研究方法是多样、综合结构,很难设计出一个单一的分类方案来囊括全部教育实验类型,而一种教育实验又往往是多方面的、综合的,可以归入好几种实验类型。因此,应从教育研究目的出发灵活选择实验方法类型,并结合实际加以变通。

(3)要积极总结我国教育实验的丰富经验,形成具有中国特色的教育实验类型。

3. 教育实验的效度判断

内在效度和外在效度主要是实验质量的评鉴标准。自从坎贝尔和斯坦利1966年起用这两个概念以来，学者们皆以此作为讨论实验科学性水平的重要标志。内在效度表明的是因变量 y 的变化在多大程度上是来自自变量 x，表明实验结论的真实性程度。没有内在效度的实验是没有价值的，因为内在效度决定了实验结果的解释。而外在效度涉及教育实验研究结果的概括化、一般化和应用范围问题，表明实验结果所能推广的程度。

如何判断某一教育实验的效度？

(1) 要确定自变量和因变量，同时判断两个变量间的关系。自变量要十分明确，尽可能保持自变量的单纯性，防止自变量的混淆。如果实验结果确实是由于采取了某个变革措施，那么这个教育实验就具有了较好的内在效度，实验中由于自变量变化引起相应变化的因素是很多的，研究中要确定哪些是主要因变量，同时考虑能否对所确定的衡量主要因变量的反应指标（操作定义）加以检验。如果某一教育实验是要通过采用新的教材（自变量）提高学生的自学能力（因变量），那么就要有一套测验自学能力的指标体系及测验工具手段。

(2) 要对可能影响实验的内外部效度的因素进行分析。早在20世纪60年代，坎贝尔和斯坦利就提出了影响教育实验的内在效度的八类新异变量，这就是历史（history）、成熟（maturation）、测验（testing）、工具（instrumentation）、统计回归（statistical regression）、被试选择（selection）、被试的缺失（mortality, attrition）、选择和成熟的交互作用及其他。影响外部效度的是选择偏见与实验变量的交互作用效应、测验的交互作用效应、被试效应和实验安排效应。[1] 严格讲，影响教育实验内外效度的因素，远不止坎贝尔等所列的那些，还应包括各种社会因素、研究者的心理状况、价值观、文化素养以及教育思想观念等。我们要结合本实验的特点具体分析可能影响内外部效度的无关因素并确定控制无关因素干扰的方法。

---

[1] Dowald T. Campbell & Julian C. Stanley, *Experimental and Quasi-Experimental Desigs for Research*, 1966.

这里需要指出的是，教育实验效度具有不同等级、不同层次，是一个由低到高的效度取值范围。要根据教育实验的特性及具体的目的全面考虑实验的内外部效度，以取得比较满意的解释力和推广力。

4. 教育实验设计与程序的合理性

为保证实验结论的合理性，应该注意操作的规范性。一般来说，进行实验的步骤是：①实验的设计；②实验程序的执行；③分析资料数据；④形成结论并撰写实验报告，最后是进行重复实验或扩大实验。在这个过程中，要保证教育实验的科学水平，关键是搞好实验设计。

实验设计是考虑如何在一个实验中构造、安排自变量、因变量、控制变量各成分的位置，以及进行实验的程序步骤。一个教育实验是否有效，首先取决于实验设计的质量。

实验设计有单因素设计、多因素设计，组间、组内和综合设计。但总的说，应遵循一定的基本原则。费希尔（R. A. Fisher）提出随机化、重复和局部控制三个原则。我们认为，实验设计中要考虑：①操纵的自变量要具体明确；②要尽量控制各种实验条件；③在同一取样总体中实验是可重复的；④实验处理具有可比性。

为了搞好实验设计，在确定研究课题基础上，研究者必须科学地确定和描述教育实验方案形成过程的一系列活动，论述它的内容和方法。教育实验方案设计一般经过以下几个步骤（如图11-2所示）：

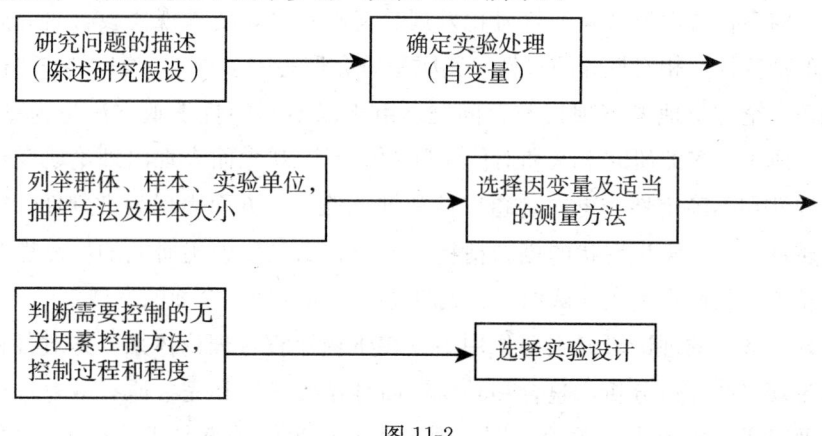

图 11-2

这一程序不仅适合于教育实验设计，也适合于对某一教育实验进行评价分析，这是一个可操作性步骤。如果仅仅关注对实验设计的选择而忽视了其他环节，将会造成很大的盲目性。实验设计在很大程度上制约着实验结果的处理。对实验中取得的资料数据进行较合理的分析，确定误差范围，才能获得有价值的结果。

（四）教育科学的理论研究方法

理论地研究教育，在其直接的意义上是要以严密理论体系的方式再现和阐释一定的教育现象及过程，是以一种带有总结概括性和普遍性的方法论原则和理论框架作为形式系统，使教育的本质和规律得以深刻揭示和合理的说明；是在大量地搜集和占有关于特定教育现象的感性材料基础上，运用概念范畴体系，通过分析与综合、抽象与概括、归纳与演绎等具体的思维操作方式，以各种逻辑的和非逻辑的方式进行加工处理的过程。这是一种理论性研究的方法。

现代教育的理论研究方法，无论是经验性层次还是理论性层次，都具有以下几个特点。首先是抽象概括性与间接性。它是以已获取的各种主观的现实材料、思想理论材料为研究起点，是以抽象的、理论上前后一贯的形式对教育问题进行概括研究，其研究结果是形成严密的理论体系。理论研究以教育现实问题或理论问题为起点，要从教育实际出发，但又要通过科学的抽象而远离现实；要从个别性判断到特殊性判断再到普遍性判断，不断深化认识过程。与现代科学形式化、符号化发展趋势相符合，要求现代教育研究要有更高的抽象性、相对性和间接性。其次是研究形态的多样性。需要从多方面、多视角、全方位地考察现代教育问题。由于以不同的哲学观方法论为基础，因而形成了众多的研究学派和对同一问题的不同观念而表现出理论研究形态的多样性和不确定性。再次是超前性和继承性。一方面表现为批判性，突破和超越现实，不满足现状的创新精神，另一方面又反映出研究的反复性和继承性特点，从而不断实现认识从低级向高级、从片面向全面的发展。

现代教育的理论研究主要作用不仅在于构建教育理论体系，并对各种教育理论观点的评价分析，整合和转换，而且还要发展和完善原有教育理论体系以及对研究成果进行逻辑证明。理论研究过程的关键是理论模型的建构，要建立研究的理论框架和方法论原则。

现代教育的理论研究方法，严格地讲是一个方法体系，包括众多方法。主要有：发生学方法，基本的逻辑思维方法，从抽象上升到具体，历史—逻辑方法以及系统科学方法等。

如何应用好理论研究方法？

1. 正确设置理论研究的现实出发点

正如有的学者指出的："以已有的思想理论材料和相关社会现象的关系作为研究社会问题的现实出发点，这是社会科学研究的重要特点。"[①] 现代教育的理论研究不能只从规范性的原理出发，而必须有坚实的实践基础，立足于对当代教育改革的实际问题的研究，从实际出发，在搜集和占有大量事实及统计资料基础上进行科学归纳整理，得出有价值的带规律性结论。因此，我们要认真寻求立足于教育实践基础上的现代教育科学理论发展的生长点。教育理论发展的生长点在于原有理论与新经验事实间的不一致。具体分析有三方面：①教育改革实践迫切需要解决的带有战略性的问题；②教育改革实践中创造的新经验、新观点、新方法，要求从理论上加以总结提炼，从而研究新的教育现象和规律；③随着教育实践的发展而暴露出来的学科建设本身需要解决的基本问题。应该看到，每个时代都有自己的问题，能否及时而准确地发现并把握这些问题，决定着理论的价值和生命力。

与此同时，还要有基于长期教育实践基础上所形成积累的全面而完整的思想材料，以及在此基础上的科学分析。从总体分析，这一思想材料主要表现在两个方面：其一是前人长期实践的总结，这就是历史上有关该研究课题的各种思想材料；其二是有关研究课题的现实的实际材料。前者使我们掌握人类在相关问题上的已有思想成果和已经达到的理论高度；后者使我们避免受当时认识水平的局限，根据新的事实在新的水平上进行理论开拓。只有掌握全面而完整的思想材料，我们的认识才能立足于人类对同一课题研究的最高水平，有全新的理论高度，从而立足于时代特点，作出符合时代精神的理论创造。

---

① 欧阳康著：《社会认识论导论》，中国社会科学出版社1990年版，第293页。

2. 合理确定理论分析的角度和基点

由于理论研究的多样性和不确定性，要使形成的理论具有科学性、清晰性，就必须要有一个正确的理论着眼点，要有一个适合的研究角度和基点并以此入手逐渐达到对研究对象的总体把握。

认识教育现象，人们可以从与之相关的哲学的、社会学的、伦理学的、人类学的、文化学的、历史学的、经济学的等方面进行考察。由于多种社会现象交织在一起，所以还必须进行整体综合考察。但必须看到，人们在认识教育现象时，每次只能从一个特定的角度首先去把握它，在多种因素中要找准基点和入手处，然后达到全方位的把握。比如马克思强调从社会生产力的变化发展这种特殊的角度来理解全部社会运动的现象，为我们研究教育本质提供了重要方法论原则。近年来，我国学者从系统科学方法论结构与功能关系来分析教育进程特点，着眼于教学认识的方式来探讨教学模式理论问题，还有，着眼于从主体创造和美的欣赏的有机统一来分析"愉快教学"，而不仅仅停留在解决学生厌学、学生课业负担过重的问题，等等。事实说明，能否找到一个适当的研究角度和基点，在相当大程度上决定了人们的思路能否得到正确展开，对研究对象内在规律的解释能否达到科学的水平。

3. 界定概念并形成概念系统

界定概念及理论假设的形成不仅是一个学科基础理论成熟的重要标志，也是进行理论研究的基本条件。进行理论研究，概念必须准确，尤其是基本概念必须具有严格规定的含义（包括特征和条件）。如果概念模糊含混，只会导致对事物本质认识的自相矛盾和随意性，并为某种空洞、抽象的议论和无休止争论创造条件。人们往往批评理论界从概念到概念的经院式研究，事实上教育科学自身的概念还有待进一步讨论并加以规范。为了保证教育科学基本概念的概括度和清晰度，要重新认真推敲某些概念的内涵，删除歪曲认识的、表述不确切的术语；对于那些从其他领域引进的概念术语，要赋予贴切的含义并加以充实；对教育实践中不断形成的新术语及概念范畴，则要通过实践不断检验和完善，在此基础上形成现代教育的基本概念系统。正因为如此，理论研究中形成研究假设就十分重要了。

有的学者进行了建立理论模型的尝试研究。应该看到，众多不同的阐释性理论模型是在长期的教育理论研究过程中逐渐形成的，皮亚杰的结构—建构学说为这一研究提供了心理学理论解释。当前存在的众多教育理论学派及不同观点的分歧，也正是在于对于同一教育现象给出不同的理论模型。教育研究中的阐释性理论模型种类及结构，有待于我们进一步总结研究。这个问题的探讨具有重要的方法论意义，原因在于运用模型方法理论地解释特定的教育现象，意味着要以一种带有总括性和普遍性的方法论原则和理论框架来更深刻地揭示和说明教育规律。

4. 合理的理论体系结构及逻辑检验

理论研究必须关注理论体系结构是否合理。认真考察目前所建立的某些教育科学理论体系，可以发现不同程度地存在范畴体系不严密问题。这固然反映人们对某个教育问题的把握水平，但其中也反映认识方式上的偏颇。由于研究者哲学基础和方法论的不同，或由于构建理论体系的逻辑起点不同，形成了认识的相对性。因而有的理论体系结构是相对合理的，也有的则是不太合理。目前有一种倾向，似乎只要引进某些新概念，有一个新思路，便可提出某个学科体系，并不认真审思这个体系内在结构是否合理。

理论体系结构是否合理，主要受以下几个因素制约：一是所研究领域的科学理论的有关研究是否达到的一定深度和广度，使基本理论得到较好的总结和概括；二是是否把握这些理论要素间的内在联系、层次结构；三是能否恰当地运用逻辑方法，寻求事物间的逻辑与非逻辑的互补而又互斥关系，使体系的逻辑符合客观事物结构的合理性。

理论体系结构客观度的确证，检验方法有两种，一种是实践检验，通过实践证明理论对实践的解释力（解释的广度、消化反常事例的能力以及可推演性）和预测力以及理论开辟新课题的能力，从而使认识一步步逼近真理，这是对理论研究成果的外部检验。另一种是逻辑检验，是形成理论的内部检验。要对作为现代教育理论"基本思想"的那些内容进行判断和分析，即不仅要对内核——立论的基础，理论体系所依据的基本命题、基本理论和学术观点进行判断，而且要对"保护层"——辅助学说进行分析。目的在于保持整个科学知识结构的协调。

三、教育研究及教育研究成果的评价

教育研究中的评价涉及多方面,但其中最主要的是教育研究过程的科学性评价以及教育研究成果解释的效益性评价。二者是密切相关的,但评价内容有所侧重。

(一)教育研究过程的科学性评价

什么是好的教育研究,如何评价分析一个教育研究的质量?我们认为应把握以下几个基本方面。

1. 教育研究课题的价值效益问题

教育研究,作为一种科学发现活动,是一种有目的的、受一定价值观支配的活动,具有明确的价值取向。价值取向体现了教育研究的目的性并规范、调节着研究者的整体研究活动。一个好的教育研究,首先必须具有较高的价值效益。

如何判断教育研究课题价值的高低?由于教育研究范围的广泛性、复杂性,教育研究的价值效益表现出多方面、多层次的复杂情况,这就是人们常说的"多因多果"。研究课题,大至宏观教育制度的改革,小至微观如学科教法的改革,或者是为揭露教育发展中现实存在的问题,或者是为帮助发现和总结推广先进教育思想和经验,或者是为检验、修正和发展教育理论,或者是为验证某个管理措施以提高及格率、升学率等。从总体上分析,评价教育研究选题的价值效益主要是衡量其社会效益和学术效益。

2. 教育研究理论基础的合理性

首先要对该教育研究所依据的教育科学基本原理进行考察。

无论是哪种类型的教育研究,都必须建构自己的理论基础。正是在一定的理论框架基础上,对旧的、不合理的教育思想观点、原则方法进行评判,这种鲜明的针对性、批判性,使该研究具有了与别的同类研究所没有的独特特点;也正是这一特定的理论框架对特定的教育研究起着定向、规范、选择和解释作用。

对教育研究理论基础合理性的评析,关键在于实在地把握每种研究理论框架的合理性与独特性。考察我国目前进行的教育研究,其教育科学理论基础大致有四种类型。第一种是依据教育学、心理学、教学论、德育论等的一

般原理，结合实际以探索教育、教学的内在联系。这种研究在当前占主要部分。第二种是依据系统科学的思维方式和方法应用于教育领域，不仅开辟了新的研究领域，而且使一些长期悬而未决的难题找到了新的突破口。第三种是对国内外有关理论方法的借鉴、移植和改造，汲取引进理论的合理内核，结合本地实际加以变通。这种研究不同程度带有验证的色彩。第四种是基于教师与学生在教学活动中所积累的事实经验并加以总结提炼。对这几种不同特色的理论框架，分析评价时侧重点应有所不同：第一种，主要考察所依据的教育科学一般原理是否为以往教育实践所证明，而又符合现代教育观的新理论；第二种，重点考察所引进的系统科学概念、原理与教育科学的结合点；第三种，主要考察引进理论在新条件下的生长点，从理论依据、目标、内容、方法全面考察其普遍性程度；而第四种，不仅要审视研究所依据的经验事实的科学性，而且要判断所提炼结晶成的新理论观点对科学事实与因果性解释关系分析的合理性。

其次，还要分析该教育研究理论框架的独特性，是否有新意，是否独家所有，这种特色是带有实质性的还是细枝末节，是否符合本国本地实际并且有推广价值。

3. 教育研究过程和方法的规范性

教育研究是一种创造性活动，无固定程序可循。这里所谓的"规范性"，主要指教育研究是否遵循了基本的认识方式和方法论原则。

(二) 教育研究成果的评价

1. 研究的理论成果及评价

研究教育现象，就其最终成果是要以观念的形成再现教育运动发展的过程及规律，以实现对教育本质的认识。其表现形式主要是教育学科理论的不断发展。

如何评价分析理论研究成果？学科理论的进步发展主要标志是什么？一般来讲，学科理论的进步发展主要看三个方面：一是科学概念体系的结构及自我完善的能力；二是对基本规律的揭示所反映出的理论水平；三是逻辑体系的严谨。这里的问题是，由于研究者哲学基础和方法论的不同，或由于构建理论体系的逻辑起点不同，从而形成多种多样的理论体系。诸如对体育活动与健康长寿关系的不同看法，是"动则活，活则动"，还是"不动则活，少动长活"？而西方不同的学习理论的形成更是一个典型的例子。因此，我们必须把握科学理论的基本特点。

应该明确，理论评价是对作为科学认识成果的科学理论的再认识。一种理论的生命力不在于它是否能提供解决问题的"百宝箱"，而在于以下几点。①具有客观真理性。理论必须同经验事实相符合，在本质上是对教育客观规律的正确反映。②与实践检验相联系。理论不仅对实践有强的解释力，而且有强的开辟新课题的能力。具体表现为教育理论能对各种已知的现象作出合理的说明，对各种未知的事实作出准确的预言，而且具有发现新事实的功能，能引导人们发现某些新的事实，能导致更新的、理论上有意义的问题。③与形式结构相联系，构成严密的逻辑体系。理论在揭示研究现象内在的本质时，无论是因果关系、结构功能关系，还是相关关系，科学理论总是选择形而上学假设最少、形式最为简单的基本命题及理论框架。

2. 研究的实践成果及评价

如果说教育研究的理论成果在于观念地掌握客体，表现为在不实际改变客体的现实存在状况下，将搜集的关于外部的现实存在的客体内容通过一种形式变换，经过过滤编码而成为有特定形式结构的语言符号系统。而教育研究的实践成果则是实在地掌握客体，表现为实际地改变客体的现实存在状态，如改进教育与教学措施，提高教育教学效率，或者促进了学生主体的发展，或者改进了学校的教育管理，或者是转变了一个后进生，等等。

综观教育研究的理论成果和实践成果，进一步说明了"教育发展规律"是一个体系，被包容在这个体系中的仍然是多种类型和不同的作用方式的。有的学者将社会规律划分为结构规律、作用规律、发展规律。① 如何刻画教育发展规律的结构和类型，有待于我们进一步探讨。二者划分是相对的，有条件的。研究的实践成果实际上是理论的物化与应用。无论是理论研究成果还是实践研究成果，最终都要看社会的价值评价，即社会按自己的要求和利益对教育研究作出的价值评价。这一评价着重探讨的是教育研究在发展教育

---

① 欧阳康著：《社会认识论导论》，中国社会科学出版社1990年版，第223页。

事业、提高人民素质、培养合格人才以及社会伦理道德等方面所起的作用的评价。

第三节　现代教育研究的主要方法论问题

现代教育学研究涉及若干方法论问题，诸如：一元与多元，必然与偶然，历史与逻辑，抽象与具体，理论与实际，科学与人文，定量与定性，平衡与失调，批判与继承，民族性与国际性，等等。面对现代教育的发展，必须坚持以下几个方法论原则。

1. 坚持理论、现实和历史的结合

理论、现实和历史的结合，指现代教育研究中的"理论先导"、"现实指向"、"历史回溯"，我们应在理论—现实—历史的三维空间中把握现代教育问题。

现代教育研究中的"理论先导"，指的是理论地研究教育问题。理论在教育研究中起到定向、导航、控制、解释和预测作用。缺乏理论思维的教育研究，不是真正的现代科学意义上的教育研究。从不同的理论出发，对同一问题会有不同的解释，不同的理论观点的碰撞争论，这正是理论研究学术繁荣的标识。现代教育研究必须注意提高自己的理论思维水平，提炼自己的理论观点，否则教育研究就会永远匍匐在经验的层面，而不能上升到科学的水平。正如有的学者指出的，最近若干年间，我国对教育研究方法的研究，比较偏重于实证—实验科学研究方法的介绍，对非实证—实验科学的教育研究方法的研究甚少，以至于教育研究方法的研究尚未达到系统化的程度。①

现代教育研究理论构建的特点是什么？有学者认为，区别于传统教育，现代教育理论构建的特点是：①提高理论的构造性和预见性，也就是说，是以一定的教育理论为基础，构建一个或一系列高层次的具有一定包容性的理

---

① 陈桂生：《关于"教育研究方法"的比较研究》，载《比较教育研究》1997年第1期。

论框架；②理论研究形态的多样性，表现为多种理论流派及方法的形成与发展，从多方面、多视角、多方位地考察教育问题；③理论研究的方法论的统一性和开放性。①

现代教育研究中的"现实指向"，指的是教育研究必须植根于教育实践，直面教育实践。教育实践活动，是教育理论发展的根本源泉。教育的现代研究，不是从构建体系出发，而是从教育实践出发，具有对教育实践强的解释力。这里一个重要的问题是，我们必须对学说与学科加以区分，中国要形成教育理论流派，不是靠封闭在象牙之塔的书斋内的杜撰，不是靠对国外有关理论的引进移植，而是走向丰富的鲜活的带有中国本地气息的教育实践。研究基本思路是：在研究中国教学实践重大问题中形成和完善有独特体系的学说，通过多种学说的孕育建立与支撑，促进中国现代教育诸学科的建设与发展。

教育研究中的"历史回溯"，指的是对教育活动发生、发展和演变的丰富历史事实进行分析、破译和整理，以探求教育活动本身的发展过程和人类认识教育活动的历史发展过程，从而揭示其发展规律，以说明过去，把握现实和预测未来。

严格意义上讲，任何科学都是一门历史科学。通古今之变，以史为鉴，通过纵向的教学活动的历史发展进程的考察，研究教学实践和教学理论发生、发展、演变过程的历史规律；在历史的反思中，对历史以一种文化传统或传统文化对人们现实生活的渗透和影响进行挖掘和把握，从而在选择、批判基础上继承；也正是通过古今转化，伴随对现代教育发展历史的理解和思考的不断深化、丰富，要求历史回答的问题以及我们从历史发展中寻求的价值标准的不断变化，从而与时俱进，转移认识的角度和视角，不断开辟新的研究领域，作出新的总结概括。

理论、现实、历史三维时空的把握，既是进行现代教育研究的研究视角，也是构建现代教育理论的一个重要分析框架。现代教育研究，只有将纵向的

---

① 裴娣娜：《中国传统教育现代化发展的方法论思考》，载《北京师范大学学报（社会科学版）》1995年第5期。

历史审视、横向的现实考察，以及高层次的理论把握相结合，才能理清现代教育现象、过程、发展的基本线索，抓住现代教育发展的各个环节、阶段、要素及其联系，从而对现代教育问题得出更深刻、更科学、更真实的结论。

2. 坚持教育实验和实践

教育理论的发展取决于教育实践活动。基于对"实践"的本质在于"变革"的理解，我们探讨现代教育研究实践基础时，不一般地泛泛而谈教育实践活动，将研究的重点聚焦于教育实验这一探索性的教育实践活动。

由于历史及各方面原因，在新中国成立以后相当长时期内，教育实验研究未受到重视。但20世纪80年代末以后，中国的教育工作者，勇于探索，广泛进行了教育实验研究，尽管起步晚，但起点高。伴随教育现代化发展，在丰富的实践基础上，寻求中国特色的教育实验研究新思路，集中表现在两个重要命题的提出。

一是"教育科学的生命在于教育实验"，这是中国教育工作者对教育实验的价值功能的生动概括。原因在于：教育实验，作为一种科学研究活动，能超越狭隘的教育经验的局限，将理论探讨与实践探索有机结合，将抽象的理论思维活动再现于感性的具体之中，从而检验、验证理论，通过变革现实，更好地指导教育实践。因此，现代教育研究必须以教育实验作为发展的实践基础，在教育实验基础上形成理论，在教育实验基础上发展理论。

二是"教育实验，首先是教育思想实验"，这是中国教育工作者对教育实验本质特征的生动概括。定位于教育思想的变革，无论是为追求有用有效，强调研究的现实性和可行性的所谓"宽泛论"，还是为追求验证理论，强调客观性和准确性的所谓"严格论"，都坚持了教育实验所具有的变革、创新的本质特点。

首先，这一命题深刻揭示了教育实验所具有的社会性。区别于自然科学的实验，教育实验是在一定社会关系和生动情境中进行的，是以不断发展变化的青少年儿童为研究对象的。由于研究因素的复杂性，对同一教育现象解释的多义性，研究方法的独特性，研究结论的统一性与多样性、开放性，使教育实验成为一种社会文化活动，成为一种充满情感、意志、个性特征的，有明确目的和价值观的，表现出多样个性的人的积极活动。教育实验既要借鉴自然科学实验求实、理性质疑的科学精神及一些具体方法,但又要避免实证主义那种将复杂教育问题简单化,过分强调量化分析,割裂事实与价值、实验情境与实践情境的倾向,这是科学与人文互补的教育实验规范观。

其次,这个命题澄清了关于教育实验的主体及主客体关系问题。教育实验,作为一种教育思想实验,是一种参与性研究,要求参与者通过转变教育观念充分发挥主动创造性,而不是消极被动地执行某个固定不变的程序。我国教育实验的主体,不仅有理论工作者,而且有教育实践工作者及管理干部,这是一支由不同知识结构、不同思维方式、不同研究风格组成的异质互补的科研群体,以其人员结构合理以及理论研究与实践探索相结合,通过客体主体化和主体客体化的双向建构,从而发挥出群体的整体效应。正是教育实验所具有的理论性、社会性、主动性和整合性,而使它走出了自然科学实验范式的阴影,在自身利益规范性探讨方面迈出了重要一步。

3. 坚持本土化与国际化结合

现代教育的发展,涉及对传统教育继承与国外教育理论的移植改造问题,因此,如何处理好本土化与国际化关系问题,如何处理中外古今的关系,这始终是制约教育发展的一个重要因素,也就成为现代教育研究中的一种重要方法论问题。

中国教育发展的百年历史表明,现代化对传统的继承改造是一个不断进行理性的批判、选择、融合、创新的转化过程,这个过程是一个新旧文化教育、中西文化教育之间撞击和冲突,不同教育思潮大论争的过程。这个过程包含两个方面:一是对自身要素、结构、机制的能动的批判改造,在现实教育实践基础上的主体能动的选择性;二是对外的文化教育交流,以外来的异质教育理论体制为参照系,在冲突融合中相互借鉴、吸收与改造。前者是变革的根本动因,但往往不易被人们主动意识。后者则常常表现为外显的激烈冲突,但它必须通过前者加以转化才能发挥作用。我们不仅要寻求转化的中介和前提,积极促进异质文化教育的转化,使它成为本土文化教育更新的内在力量,更重要的是要立足于本土文化教育的基础上,通过二者的不断碰撞、沟通、融合而整合成一种新的文化教育形态。

应该看到,任何一个民族的传统教育,如果没有外来文化教育的冲击、碰撞、交流与融合，是不可能实现自我超越而发生质的飞跃的。也正是这种不同地区、国家，不同民族教育传统的相互交流，取长补短，从而促进了世界各国教育的共同发展并在与外界交流中找到本民族教育发展的起点和形成自己的特点，这是世界各国教育现代化发展进程的共同规律。中国教育的现代化发展，不能搞自我封闭，而要保持与世界各国的联系，随时把握世界教育发展的动向，有强烈的时代感，紧迫感。我们努力寻求外来文化教育的精华与中国传统教育精华的交流，立足本国文化教育的土壤之中，又兼有中外文化教育的特长，才能具有强大的生命力。因此，现代教育研究，十分关注对国外哲学理论、思维方式和科学方法，先进的教育理论和教育体制，以及教育实验、数学统计方法、计算机技术等研究手段的借鉴移植。

4. 坚持研究方法统一性与多元性

随着人们对事物现象复杂性研究的关注，教育研究方法体系中的一与多、必然与偶然关系，重新成为研究的重要问题。学者们普遍认为，其出路在于走向多种方法多维度的综合（整合）。也有学者认为，应在现有的调查法、分析、概括提炼方法、理论表述方法等基础上，寻求一种以适当方式把这些方法优势集中起来，以形成与复杂的教育现象相匹配的整体研究优势。①

确实，长期以来，人们从研究简单性，追求各学科的"独特的研究方法"，进而关注某些研究方法对于不同学科的通用性质，并寻求多种方法的综合和整合，应该说，这是研究方法论上的一个进步。但如何在研究方法多元并存情况下形成新的学科研究方法论规范，是目前迫切需要正视的问题。有的学者提出：将"科学陈述体系构建的宽容性与检验陈述体系的严格性相结合"，"对科学假设，要求按一定规范说明——证伪；对意识形态理论假设，要求按一定规范辩护——批判"。② 这一看法，为我们把握目前纷呈的多种研究方法提供了一个分析判断的思路。

---

① 庄西真：《实证教育学方法论——教育研究者如何解释》，载《教育理论与实践》2004年第2期。
② 陈桂生：《关于"教育研究方法"的比较研究》，载《比较教育研究》1997年第1期。

其中，核心的问题是思维方式的变革。正如有学者指出的，进入 21 世纪，人类思维面临着深刻变革。集中表现在：突破概念思维后，人类思维方式将进入以历史的、动态的走向为特征的实践思维。以研究人的发展为主题，不仅研究"本体论"，而且更关注关系论、"存在论"。① 也就是说，将现代教育的发展置于现代社会、现代经济结构变革、现代文化发展大背景下，以人的发展为主题，借鉴哲学、社会学、心理学、文化学等研究成果，采用多种不同的研究方法，从不同视角，按不同研究规范，对现代教学论发展的重点问题进行综合考察，从而体现现代教育研究的多元化。当然，多样综合是有现实基础的，是以解决或诠释教育问题为出发点，而不是盲目地求综合，搞形式主义。

正是研究方法的不断丰富，为现代教育发展提供了重要基础。

---

① 李德顺：《人类思维面临着变革》，2002 年 4 月在吉林大学、南京大学、东南大学讲演，载《北京师大教科所全国教育科学"十五"规划国家重点课题专题研究文集第四集·主体教育理论研究》。

第四编

现代教育的展望

第十二章 现代教育的展望

现代教育的基本特征之一,就是不断变革已经成为它的本性和存在形式。随着现代生产和现代社会生活的不断变革和教育自身逻辑的发展,现代教育也在不断地变革着。尤其是 20 世纪 70 年代以来的新技术革命,① 已经、正在和将进一步引起经济、科技、文化、社会生活各个领域的深刻的、急剧的重大变化,现代教育也已经、正在和将进一步随之发生一系列影响深远和广泛的重大变化。现代教育将向何处发展变化? 起哪些变化? 这些变化将对未来经济、科技、文化和社会生活各领域产生什么样的影响? 这些问题正在引起教育界、经济界、科技界、决策层甚至全社会越来越大的关注。

第一节 未来教育的背景、理论和评价

20 世纪 70 年代以来兴起的新技术革命首先在西方发达国家的经济和社会各个领域引起了急剧的变化,这些情况又引起了一些敏锐的思想家和观察家的极大关注,他们经过若干年的悉心研究,提出了未来社会、未来教育等概念和理论。他们运用多种关于未来教育的概念和理论,研究探讨了现代教育的未来变化、未来社会中教育的性质和特点等问题,并且对现代教育或它的

---

① 现代技术革命分为两个阶段,20 世纪 40~60 年代为第一阶段,主要标志是核技术、电子计算机技术、空间通讯技术等逐步走向成熟;70 年代以后为第二阶段,即通常说的新技术革命,主要标志是以微电子技术为核心的新兴技术群引起当代技术领域的巨大变革以及微电脑广泛应用于生产和社会生活的各个方面。参见吴光宗、戴桂康主编:《现代科学技术革命与当代社会》,北京航天航空大学出版社 1991 年版,第 68 页。

种种弊端进行了批判。

一、未来教育的背景

新技术革命的兴起和迅猛发展是未来教育的概念和理论最重要的社会背景。

新技术革命对整个社会和人们的冲击是十分急剧和强烈的。它一开始就以其极大的生命力和发展势头以及神奇的发展速度,迅速而又剧烈地改变着整个经济和社会结构以及人们的生活,迫使整个社会要适应它,但又来不及适应;迫使人们采取新的生活方式,但又不知所措。未来学家托夫勒对新技术革命对当代社会和生活的强烈冲击作了较精辟的分析,指出新技术革命正在引起社会生活产生三个突出的变化:短暂性,即新技术革命所引起的整个社会的变化越来越迅速,过去的存在和形式不再是长久不变,一切存在、形式和关系正在和将变得越来越短暂;新奇性,由于变化非常迅速,闻所未闻的新发明、新事件日益增多,层出不穷;多样性,短暂性和新奇性又引起人类生活的多样性、丰富性和复杂性。这一切变化就给人们展现了一种新的社会和生活,要求人们去适应它和进行各方面的变革。①

新技术革命所引起的整个社会的变化将是极其深刻的。未来学家对此做了许多论述,最具代表性的是未来学家丹尼尔·贝尔的观点,他提出了"后工业社会"的概念和理论,指出新技术革命正在将西方社会从工业社会文明向更高层次的后工业社会文明即知识社会转变,这是人类历史上重大的转折,其中最深刻的变化主要包括:①在经济上,由制造业经济为主转向服务性经济为主;②在职业上,专业与技术人员阶层将居于社会的主导地位;③理论知识将处于中心地位,成为社会革新和制定政策的源泉;④技术的发展方向将受到控制,人们将使它朝更有利于人类的方向发展;⑤智能技术将成为未

---

① 参见〔美〕阿尔温·托夫勒著,任小明译:《未来的震荡》,四川人民出版社1985年版。

来社会的主导技术。① 其他一些西方学者也提出和论述了"后资本主义社会"、"后现代社会"、"信息社会"、"知识价值社会"等与"工业社会"和"现代社会"相对的概念，认为未来社会是比工业社会或现代社会更高历史阶段的社会，在未来社会，整个社会的各个方面都将发生根本性变化。

新技术革命对当代社会的重大影响和未来学家关于未来社会的理论正在对西方乃至世界产生深刻和广泛的影响，正在使人们重新认识社会和生活，正在改变人们对整个社会和人自身的观念和看法，也正在改变人们对教育的观念和看法；同时，社会的急剧而又深刻的变化，也正在对现代教育提出种种问题和挑战，要求人们对教育进行重新认识和变革，以便教育能适应未来的变化和发展。因此，种种关于未来教育的理论应运而生。

二、未来教育理论

20世纪70年代以来，出现了许多关于未来教育的理论，影响较大和较广泛的有以下几种。

（一）托夫勒的未来教育理论

美国著名的未来学家托夫勒在其代表作《未来的震荡》一书中对未来教育理论作了较集中和系统的论述。

托夫勒认为，社会发展可以分为三个历史阶段：传统社会（或农业社会）、现代社会（或工业社会）、未来社会（或信息社会）。社会发展的三个历史阶段是由低级向高级发展和依次更替，并各表现出本质不同的特征。相应地，教育也分为传统社会（或传统主义）的教育、工业社会（或工业主义）的教育、未来社会（或未来主义）的教育等三个历史阶段。

传统社会是基本停滞的社会，生活基本是在不断重复着过去，过去几千年的信条成为生活在这种基本停滞社会中的人们的生活原则。所以，传统社会的教育只要把古代的、过去几千年的教条和价值观念传授给下一代，就能使他们适应社会生活。传统社会的教育意味着教人们如何去适应和忠实于过

---

① ［美］丹尼尔·贝尔著，高铦、王宏周、魏章玲译：《后工业社会的来临——对社会预测的一项探索》，商务印书馆1984年版，第18～20页。

去，其课程是关于过去的课程。

工业社会文明摧毁了传统社会的文明，同时也摧毁了传统社会的教育，工业主义需要一种新人，一种具有新的价值观念和新的技能的人，它不是要人们去适应过去、适应传统社会几千年的文明，而是要人们适应现在正在变化的工业社会文明，它创立了一种能适应工业社会大规模生产的强调集中性、等级化的大众教育体系，通过班级授课制、记分制和灌输一整套工业社会所需要的价值观念和生活方式等来造就一代代能严格遵守等级化秩序的大规模生产的工业社会的人。

但是，随着未来社会的到来，工业社会的教育越来越不能与之相适应。未来社会需要的是高度创造性的、个性化的人，而工业社会的教育只能造就缺乏个性、强调集中统一的人；未来社会需要一种能适应迅速变化、了解和适应未来的人，而工业社会的教育只能培养出适应现在的人。因此，工业社会的教育应随工业社会一起退出历史舞台，人们应创立一种新的能适应未来的教育。未来教育的目标应该主要是增进人们了解未来变化和不断适应未来的能力。未来教育的创立，也必然伴随着对现行教育制度的彻底改革：改革教育体制的组织结构，打破教育以学校为主要甚至唯一场所和时期的组织结构，创立在空间上包括学校、企业、家庭、社区等，在时间上贯穿人的一生的教育体系；彻底改革现行课程，改变目前仅围绕英语、数学、经济学等这样一套固定的、标准化的、缺乏多样性的课程体系，创立多样化、个性化的课程体系；改变不关心未来的方向性，倡导注重未来的方向性，塑造对未来充满好奇心和敏感性的人，鼓励学生大胆去想象未来、了解未来，培养他们适应未来的能力。适应未来的能力至少包括三个方面：一是不断学习新事物、新知识的能力；二是在迅速变化和流动的环境中与人相处的能力；三是对多样性和复杂性变化进行选择的能力。总之，未来教育的核心是强调注重未来的教育。①

---

① 参见［美］阿尔温·托夫勒著，任小明译：《未来的震荡》，四川人民出版社1985年版。（托夫勒关于未来教育的另一部著作是由他主编的《为明天而学习——未来在教育中的作用》，1974年出版）

托夫勒的未来教育理论已经在国际上产生了广泛的影响。21世纪以来许多新的教育主张与其当年倡导的有许多共同之处。

(二) 终身教育理论

对当代世界教育理论和实践产生最为广泛和深刻影响的未来教育理论，应当说是当代终身教育论。当代终身教育论公认的代表人物是联合国教科文组织终身教育局前局长、法国的保罗·朗格朗。当代终身教育论的代表性著作主要有：朗格朗著的《终身教育引论》(1970年出版) 和联合国教科文组织国际教育发展委员会编著的《学会生存——教育世界的今天和明天》(1972年出版)。

终身教育论的核心思想是：由于新技术革命的巨大作用，整个世界正在出现一系列重大变化，人类正在面临前所未有的种种新的挑战，旧的教育组织结构、形式和思想观念，不能帮助人们适应新的变化和战胜新的挑战，那种认为青少年时期在学校受到的教育就足以使人在未来的一生中应付他遇到的各种挑战的观念已经过时了，必须重新建立一种新的教育观念，这就是：不应该将人受教育的时期仅限于青少年时代，而应该贯穿于人的一生；不应该将人受教育的场所仅限于学校，而应该遍布于全社会。

当代终身教育理论是非常丰富的，不能简单地认为它只是把过去的将教育仅限于青少年时期的学校教育的观念转变为今后的教育应该是贯穿于人一生的教育的观念。事实上，它是以终身教育的概念为核心，对现存教育的弊端进行了全面批判，对未来教育作了全方位的理想描绘，表示了对人类完美教育的一种期望和追求。当代终身教育论至少可以归纳为以下一些内容：当代世界迅速而又剧烈的变化，对人们提出了一系列新的挑战，旧的教育观念和体系已不能帮助人们与之适应，必须建立新的终身教育的观念和体系；现存教育只是限于青少年时期的教育，终身教育则是贯穿于人的一生的教育；现存教育的场所主要限于学校，终身教育的场所不仅仅是学校，而是包括学校、企业、家庭、社区等的全社会，未来是学习化社会；现存教育仅是单纯传授知识的教育，终身教育是使每个人的个性的各方面（身、智、情、社交、创造性潜能等）得到尽可能充分、全面发展的教育；现存教育是脱离现实和生活的教育，终身教育是紧密联系实际、不断适应变化着的社会生活的教育；

现存教育体系是将教育的各部分、各阶段互相割裂的教育体系，未来教育则应以终身教育思想为指导将教育各部分、各阶段统一于一个完整的体系中；现存教育制度下，学生学习动力是从外部强制的，他们是被动地接受教育，而终身教育制度下的学生，其学习动力是出自于个人的需要和兴趣；现存教育的目标侧重于培养顺从的品质，而终身教育主张更重要的是培养人对未来和生活的冒险和探索精神；终身教育将不是仅仅将现有知识传授给学生，而主要是教会学生学会如何学习、学会自我教育、学会生活、学会如何不断主动适应变化着的环境；终身教育不是仅仅让人学习那些固定不变的课程，而是帮助人们去了解生活、了解各种变化的趋势；终身教育使人一生都在不断地受教育和学习，这不仅能帮助人通过教育和学习不断获得适应新环境的知识、技能和能力，更重要的是，它能实现人类千百年来的一个美好思想：成为全面而又完善的人；终身教育通过为人们提供多次受教育机会，使人可以达到不断发展自己和提高个人地位的目的，因此，它也是实现平等的一个重要手段。

终身教育论不仅对当代教育理论产生了重大影响，同时也对当代世界各国的教育实践产生了重大影响，许多国家正在按终身教育的理论改革本国的教育，使教育朝着更适应迅速变化着的社会的方面发展。

（三）学校消亡论和教师取消论

针对现存学校教育制度越来越难以适应当代和未来社会的急剧变化，一些学者提出了"学校消亡论"，其中比较著名的是伊凡·伊里奇。他们认为，事实上，学校不但不能解放人的个性，反而越来越成为压抑人、使人互相隔阂和失去人性的机构，因此应该禁止开办一切学校，废除一切教育制度，使教育非学校化、非制度化，只有取消学校，才能使人摆脱压抑、使人获得解放。应该把教育交给全社会，让人们在社会生活和实际任务中，互相交流，进行学习、争论、思考，使他们充分发挥人的首创精神，让所有人自觉地去学习自己感兴趣和需要的东西。尤其是现代信息技术的迅速发展和广泛应用，使一些人断言，在未来社会，随着信息技术的普及化和个人化，人们就可以不必到学校去接受教育，而可以在任何地点、任何时间利用先进的信息工具和技术提取自己所需要和感兴趣的任何信息和知识。

伴随着"学校消亡论"的提出,"教师取消论"也被提出。主张这种观点的人认为,学校既然没有存在的必要,教育也正在转变为学习,因此,教师也应该随之被取消。教育不再是以教为主导,也不是教与学的结合,而是学习者单方面的学习过程,知识和信息不再由教师提供和解释,而是由学习者根据需要和兴趣采用先进的信息技术和工具自己去提取。这种学习是学习者根据自己的意愿而不是他人的意愿去作出种种决定,因而可以使人变得更自由、独立,更有自主性,可以使人得到更大的解放。

(四) 创新性学习论

著名的未来学学派之一罗马俱乐部以其独特的观点,从另一角度提出和论述了未来教育问题。根据罗马俱乐部20世纪70年代初的观点,人类所面临的人口爆炸、环境破坏、资源锐减、经济危机、道德衰败、战争和政治对峙等问题,正在将人类引向最后的灾难。他们认为,人类的灾难性危机是难以消除的,人类的前景是极其悲观的。但是,70年代以后,罗马俱乐部的观点不再那么极度悲观,开始设想解决人类危机的途径和方法。他们认为,解决人类危机的根本办法是发展和解放人类自身,"没有人的发展,任何其他的发展,任何关于未来的政策和计划,都无从谈起,没有人的发展,人类将继续走向灾难"[1]。人类危机的延续和恶化,重要的原因之一是因为人对变化的认识能力和人解决危机的能力远没有充分发挥出来,人的潜能还远未被挖掘,只要人的潜能被大大挖掘和发挥出来,人不但能摆脱危机,并且能按照自己的愿望去重新创造未来。

他们认为,传统的关于教育和学习的概念对于未来已经不能适用,传统的学习方式是一种维持性学习,它是通过学习去获得原先已经确立的观点、方法和原则,用来对付已知的或重复发生的问题,这种学习方式现在是并将继续是每个社会正常运行和保持稳定的必不可少的学习方式,但它对于应付灾难、变化、紧急情况却不适用。在危机和困境下,人们不得不采用一种冲击式学习方式,即在危机的不断冲击下,逐渐改变自己的观念和行为,求得

---

[1] [意] 奥尔利欧·佩奇著,王肖萍、蔡荣生译:《世界的未来——关于未来问题一百页》,中国对外翻译出版公司1985年版,第111页。

对新境况的适应。过去，冲击式学习对帮助人类摆脱危机和适应新环境起了重要作用，但它对于当今和未来社会中变化越来越快、变化的性质越来越严重、危机正在不断威胁整个人类的生存的情况，也显得无能为力。可见，维持性学习与冲击式学习都不能帮助人们极大提高对付人类所面临的日益严重的危机的能力。因此，我们应该更新关于教育和学习的概念，重新设想一种新的学习方式，这种学习方式必须能帮助人类摆脱灾难性危机和重建美好的未来，这就是"创新性学习方式"。"创新性学习"的核心思想是，这种学习主要不是为了帮助人们保存旧的价值，而是帮助人们不断创造新的价值，不是帮助人们去面对过去和现在的问题，而是帮助人们面对未来的问题，它通过不断激发人们的首创精神，使人们学会和实践对付未来问题的新的方法论、新的技能、新的态度、新的价值观，为对付未来问题和创造自己所期望的未来做好准备。创新性学习的两个基本特征是：预期性，即对种种未来可能性进行想象，并学习各种关于预测、选择未来的方法和技能；参与性，即通过参与各种社会实践活动来进行合作、对话和交流，并验证自己所掌握的新方法和观念的适用性。总之，创新性学习将帮助人们掌握一系列新的方法和观念，从而使人成为更全面和充分发展的人。只要人得到越来越全面和充分的发展，人的潜能被充分地挖掘和发挥出来，人类危机就可以消除，符合人类美好意愿的未来也将被创造出来。①

创新性学习论在国际上也产生了一定影响，如1989年联合国教科文组织在中国北京召开的面向21世纪教育国际研讨会的报告中就重申了这一观点。

三、对未来教育理论的评价

未来教育理论在国际上产生了广泛的影响。尤其是当代终身教育论，通过联合国教科文组织的广泛宣传，已在世界各国引起极大反响，深刻地改变了人们对教育的观念，并较大地影响了各国对教育制度的改革和各国教育的实践。有些学者认为，当代终身教育论可能是20世纪以来最有影响的教育理

---

① 参见［美］詹姆斯·博特金等著，林均译：《回答未来的挑战——罗马俱乐部的研究报告"学无止境"》，上海人民出版社1984年版。

论之一,甚至还有人说:"终身教育概念的提出可以与哥白尼式的革命相比,它是教育史上最引人注目的事件……终身教育孕育着真正的教育复兴。"① 许多国家以终身教育的原则为指导,设计和建立本国 21 世纪的教育体系。几乎所有的国家在面对未来挑战时,都提出要用终身教育为指导改革本国教育。托夫勒的未来教育论也被国际上许多学者和著作所引用和介绍,由于托夫勒的名著《未来的震荡》在世界上的广泛影响,其中的未来教育论也相应地在世界上得到了广泛的传播。罗马俱乐部的"创新性学习论"也在国际上产生了较广泛的影响,联合国教科文组织的有关教育的文件和报告中常常引用和介绍它的观点。"学校消亡论"和"教师取消论"在国际上的传播也较广泛,并且引起了教育理论界热烈的争论。

以上未来教育理论和其他许多关于未来教育的思想和研究,反映了人们在新技术革命引起的急剧的社会变化面前,对教育的种种重新思考。它们把对教育的思考和研究主要投向未来,考虑教育如何适应未来和促进未来的发展,这对过去较多注重对教育历史和现状的关注和研究,是一个重大的转折,是对教育的一种超前意识和研究,对于指导教育改革和教育实践有重要的意义和作用;它们对种种不适应当代和未来发展变化的教育观念、教育制度和教育实践进行了许多深刻的剖析和批判,要求抛弃和停止不适应和阻碍社会进步的教育观念、教育制度和教育实践,对现行教育进行重大的改革,以便使教育跟上历史前进的步伐;它们提出了许多新的、有的是极富创造性的教育观念和思想,丰富和充实了整个人类教育思想和理论宝库;它们重申和进一步阐述了人类千百年来的理想之一,就是使人人更全面更充分更自由地发展,使人的全面发展思想更丰富并得到进一步发展;它们推动、(有的)指导了各国教育的改革和教育实践;等等。总之,它们的理论意义和实践意义是很大的,影响也将是较深远的。但是,它们中有些观点却值得商榷。

(一)关于未来教育与现代教育的关系

一些关于未来教育的研究往往将未来教育与现代教育对立,甚至用未来

---

① [罗马尼亚] S. 拉塞克、[伊朗] G. 维迪努著,马胜利等译:《从现在到 2000 年教育内容发展的全球展望》,教育科学出版社 1992 年版,第 144 页。

教育完全否定现代教育。

将未来教育与现代教育对立,用未来教育完全否定现代教育的思想很大程度上是由于受到将未来社会与现代社会对立,用未来社会完全否定现代社会的思想的影响。一些学者认为,未来社会与现代社会是两个性质完全不同的社会,这种观点是有很大疑问的。在新技术革命面前,现代社会确实受到了很大挑战,过去的许多原则、观念、秩序、制度确实难以适应了。但是,能否说,现代社会的主要的、基本的原则、观念都已全部过时了、不适应了、需要抛弃了呢?事实上,从20世纪70年代开始,新技术革命已兴起四十余年了,但环顾我们的周围和世界,现代社会的一些基本原则和观念,如科学、民主、自由、平等、效率、竞争、合作,等等,并没有被抛弃,而是继续被不断地重申、发扬,并继续引导着整个社会的运行。这些原则在遥远的未来,如50年、100年后是否会被抛弃,这是难以预测的。但从70年代到20世纪末,这些原则没有被抛弃,也没有动摇,这是事实。在近中期的未来也看不出有要被抛弃的迹象。因此,将未来社会与现代社会对立,用未来社会完全否定现代社会是难以断言的。

相应地,将未来教育与现代教育对立,用未来教育完全否定现代教育,认为未来教育与现代教育是性质完全不同的教育的观点也是有很大疑问的。确实,在新技术革命不断冲击下,社会生活不断迅速变化,现代教育也受到很大的挑战,它的许多观念、制度、原则正显得越来越不适应,但是,能不能由此断言,现代教育的基本原则和特点也全部过时和不适应了呢?能不能由此推断,现代教育主要的、基本的理论、原则、观念全部过时,而未来教育的概念、原则、观念完全与之不相干呢?这显然是不能的。事实上,如果仔细认真地研究一下许多关于未来教育的思想和理论,仔细观察教育的未来发展趋势,不难发现,所谓未来教育的一些基本的观点和主要的发展趋势不仅与现代教育的原则和思想不矛盾,而且它们是现代教育一些基本原则和思想的重申、发展、丰富或现实化。许多有重要影响的未来教育思想和理论都着重批判了传统教育对人性压抑、对人的全面发展有阻碍的弊端,批判了传统教育与社会现实相脱离的问题,论述了未来教育要使人更全面更充分的发展和教育要紧密联系现实生活的问题,其实这些也正是现代教育的基本思想和原则。只要对未来教育思想作较为详尽的研究，就可以得出一个结论：未来教育的思想核心就是要使教育在未来能使人更充分更全面更自由地发展和紧密地联系现实社会，而这两个观点也恰恰是现代教育的核心思想。因此，从现代教育与未来教育的思想核心和基本原则来看，两者其实是一脉相承的，将它们对立起来，用后者完全否定前者，在理论上是不能成立的，在实践上也是不可能的。当然，现代教育的这两个核心思想在现实中还没有得到实现，而新技术革命不断创造出来的客观环境和条件将更有利于它们在未来逐步得到实现。在今后相当长一个时期，现代教育的核心思想仍将是指导教育实践和教育改革的基本原则。

（二）关于终身教育与学校教育的关系

一些人将终身教育与学校教育对立起来，用终身教育否定学校教育，他们认为，通过学校不可能实现诸如注重个性发展、满足个人需要和兴趣等这样一些目的，只有终身教育和成人教育才能实现这些目的。

不可否认，学校教育确实存在着许多不适应当代和未来发展的弊端，存在着不利于个性发展的许多问题，但是，能不能由此断言，过去学校对个性发展只有阻碍而毫无贡献呢？能否断言，今后学校对个性发展也是不会有什么作用的呢？显然是不能够这样下断语的。尽管过去，学校教育对个性发展的作用未尽如人意，甚至可能还起了一定阻碍作用，但是，学校教育对个性发展的作用却不能一概抹杀。现代教育的基本原则之一就是使人全面发展，使个性充分发展，20世纪以来，在现代教育思想的指导下，学校教育实践还是在不断朝尽可能有利于个性发展的方向前进。由于种种客观条件的限制、历史上旧的教育观念的影响和其他各种因素的干扰，教育实践和教育制度还不能完全实现现代教育的基本思想，人的个性发展也还不能满足时代前进的需要。但是，一个世纪以来，教育实践却在通过不断的改革，努力使学校能对个性发展作出更多贡献，起更大作用。当然，也应指出，学校教育对促进个性发展确实存在它固有的一些局限性，所以，终身教育思想将教育在时间上贯穿于人的一生，在空间上拓展到全社会，它大大突破了学校教育的局限，对人的个性发展是大为有利的。但这并不能构成彻底否定或贬低学校教育的理由。应该看到，不管将来终身教育的体系如何构建，也不可能完全抛弃学校教育，学校教育还应该是其一个重要的、有机的组成部分。学校教育应该是终身教育的重要基础，离开了青少年时期的正规化、制度化的学校教育，整个终身教育的体系如何构建是难以想象的。今后的学校教育应该是通过不断地改革使其对个性发展作出更大贡献，为青少年将来的发展打下良好的基础，终身教育体系则通过全社会连续不断地为每个人提供个人所需要的教育和学习机会，尽可能使他们得到充分的、全面的、自由的发展。

（三）关于继承性学习与创新性学习的关系

创新性学习的倡导者提出了一个面对不断迅速更新的未来，要用创新性学习方式去获得了解未来，解决未来新问题的知识和能力的方案。但是，能不能说，旨在对过去知识的掌握的继承性学习和教育就越来越不重要了呢？甚至不必要了呢？显然是不能这样说的。事实上，人类不可能抛弃而不继承过去几千年积累的文明和知识去创造未来，人类的学习首先应该是继承性学习，在此基础上才可能进行创新性学习。人类发展不是割裂的而是连续性的，知识也不是割裂的而是互相联系的，掌握了过去人类已积累起来的知识和科学，就更有利于对未来的创新。个体从出生到青少年时期的家庭教育、幼儿园教育和中小学教育，主要的还是基础性、继承性的学习和教育，个体没有青少年儿童时期的继承性为主的基础教育，成人时期的创新性学习和创造性活动是十分困难的。因此，尽管在未来，创新性学习越来越重要，但继承性学习和教育并不是越来越不重要，更不是不必要，而是仍然是重要的。当然，过去的教育实践中，确定存在对继承性学习和教育强调过头，甚至当做唯一的，对创新性学习不重视，很薄弱，因此，今后要更突出地强调和加强创新性学习，尤其是有了相当基础知识的中学后教育阶段，创新性学习的分量要更加强更突出。同样，针对性学习和教育在今后也不是不重要，更不是不必要，事实上，职业技术教育、成人教育和继续教育在相当大程度上属于针对性学习和教育的性质，这种帮助人们适应社会现实生活和不断变化的环境的教育和学习是十分重要的，它也是帮助人们对付近期未来问题的重要途径，随着社会生活变化的加速、稳定性短暂，这种针对性学习和教育可能会变得更重要。

（四）关于学校和教师的作用

"学校消亡论"和"教师取消论"曾经遭到许多人的激烈批评，但是，主张"学校消亡论"和"教师取消论"的人所提出的一些问题却是不容忽视的。正如他们批评的那样，现代教育制度、学校和教育实践中确实存在着压抑人的个性，不利于人的自由、充分发展的现象，有些甚至是较严重的现象，但是，他们的结论不是改造学校制度和改进教师教学，而是过于偏激地主张停办学校和取消教师。应该看到，"学校消亡论"和"教师取消论"的作用不完全是消极的，由于它们严厉批评了学校和教师教学中的一些弊端，使人们在论战过程中越来越正视这些问题，并在教育改革中不断对学校制度和教师教学加以改造，使其能更好地适应当代和未来发展的变化，但是，这并不等于说，主张学校消亡和取消教师是正确的。由于在未来国际竞争中，人才和民族素质的因素越来越重要，教育的地位也随之日益重要，作为整个教育体系的基础部分的学校教育的作用也更重要了。因此，学校教育不仅不能消亡，而是要更加强，使其发挥更大的作用。很难设想，任何国家要建立一种没有一所学校的教育体系去迎接21世纪日益激烈的竞争和挑战，其后果是什么样的。《学会生存——教育世界的今天和明天》一书就指出："如果我们废弃了学校，不把学校当做教育的一个重要部分（纵然不是唯一的部分），这就等于我们不让成千上万的人受到这种可使他们系统地掌握知识的教育。"[①] 事实上，尽管对学校有种种批评和责难，但没有一个国家在真正着手废除学校，而是在加强对学校的改革，使其发挥更大更好的作用，使其更有利于人的全面、充分、自由的发展。教师也是同样不能被取消的，许多专家认为，未来教师不是要取消，而是要教师的作用随社会发展的变化而有所变化，先进的信息技术的普及化和个人化尽管不会导致学校和教师消亡和取消，但是，随着个人选择性、自主性加强，教师不再成为单纯的知识灌输者和解释者，其作为教育和学习的组织者、指导者、启发者的作用会越来越大；此外，教师与学生之间的情感交流、教师对学生的榜样作用、熏陶影响、启发激励作用等，也是任何先进的机器所不能代替的。

[①] 联合国教科文组织国际教育发展委员会编著，华东师范大学比较教育研究所译：《学会生存——教育世界的今天和明天》，教育科学出版社1996年版，第18页。

第十二章 现代教育的展望

第二节 现代教育的发展趋势

我们说现代教育与未来教育并不矛盾，它们的核心思想是一脉相承的，不能用未来教育来完全否定现代教育，这并不等于说现代教育是一成不变的、是不会再发展变化的。事实上，当代世界正处在和平与发展的阶段，新技术革命在不断发展和深化，现代教育也正在发生巨大的历史性变化，正在使现代教育的思想和理论日益从理想和概念逐渐转变为现实，使现代教育的内涵更加丰富，使现代教育更能够适应经济和社会发展的要求，这些变化正在发展成一些重要的大趋势。比较重要的趋势主要如下。

一、面向 21 世纪的教育改革浪潮日益高涨

20 世纪 80 年代以来，现代教育最引人注目的事件之一是各国教育改革浪潮迭起，其动作之大，频率之高，范围之广，前所未有，正在形成一场历史上影响最广泛、最深刻的世界性教育改革运动，这场运动正在步步深化，把现代教育推进到又一个新的阶段。

（一）改革的方向和实质

这场史无前例的教育改革运动，其方向和实质已逐渐明朗，大致说来，就是为构建适应 21 世纪国际竞争和本国经济和社会发展的新教育体系而努力。它包含三个方面的意义：面向 21 世纪；适应本国经济和社会发展；建立新的教育体系。

1. 面向 21 世纪的历史性教育改革

展望 21 世纪，世界将发生历史性巨变，这场巨变在 20 世纪 80 年代已初露端倪，正在极大地影响各国发展和改革的方向，有两个重要特征。

（1）世界经济和社会发展新特征。新技术革命已成为引导世界经济和社会发展方向的主导力量，正在从根本上深刻改变各国经济和社会各领域的面貌和特征，到 21 世纪，世界各国经济和社会发展的新特征主要是：科学占据社会的中心地位；高技术产业占据主导地位；产业结构和职业结构以智力型

为主；人类活动越来越国际化；人类文化走向多样化；等等。

（2）国际竞争新特征。二战以后，国际竞争以两个军事阵营和社会制度的对抗和冷战为重要特征。20世纪90年代，这种格局宣告结束。随着日本和德国在经济上的崛起和在国际事务中地位的提高以及美国经济霸主地位的衰落，各国经济竞争成为当今和未来国际竞争的主旋律。由于科技在经济发展中的决定性作用，激烈的国际经济竞争同时也伴随着激烈的国际科技竞争；由于教育对科技和经济发展的重要作用，激烈的国际经济竞争和国际科技竞争同时也促使国际教育竞争日益激烈化。因此，国际经济竞争、国际科技竞争、国际教育竞争将成为21世纪国际竞争的基本特征，并将成为未来各国不断进行教育改革的重要动因。

2. 适应本国经济和社会发展

当今和未来教育改革的主要目的是使教育能促进本国经济和社会发展，本国经济和社会发展是各国教育改革和发展的首要目标，只有提高本国经济和社会发展水平，才能有效和富有活力地参与到国际竞争中去。

所谓适应本国经济和社会发展，就是要适应本国经济和社会发展的需要。由于各国发展不平衡，各国经济和社会发展的主要（或基本）需要并不一致。从大的方面分析，可以将各国划分为发达国家和发展中国家。发达国家已实现或基本实现了现代化，其主要发展方向将集中在迎接21世纪的新技术革命更加严峻的挑战；而发展中国家尚未完全实现现代化，因而，继续完成现代化仍是它们的重要任务。二者的重点不同。再者，所谓适应本国经济和社会发展，就是要审视条件，教育改革不可能脱离本国所能提供的条件（包括经济条件、政治条件等），在条件尚不成熟的情况下，仅根据经济和社会发展的需要提出的教育改革方案，可能是合理的，但不一定是可行的，很可能失败。各国教育改革的实践表明：一些雄心勃勃的脱离本国条件的教育改革往往失败，或者一开始就因得不到广泛支持而流产。因此，教育改革要适应本国经济和社会发展所能提供的条件，才可能取得较大成功，才能真正起到适应本国经济和社会发展的目的。

3. 建立新的教育体系或教育体制

21世纪的历史巨变，将从经济、科技、政治、文化等各方面对人的发展和教育提出全方位的新要求,现存教育体系和制度已远不能适应这些新要求,只有对教育作全面性改革,建立一套新的教育体系,才能适应21世纪的发展。日本是较早明确这一教育改革方向和实质的国家之一,由日本首相直接领导的1984～1987年日本"临时教育审议会"为日本面向21世纪教育改革所作的四次报告,一再强调了这一方向和实质,指出80年代以来进行的日本教育改革是日本历史上第三次历史性的教育改革运动,其基本方向和实质是:面向21世纪,使教育适应日本社会变化和文化发展,建立新的终身教育的体系,指出新教育体系要强调个性化、自由化、多样化、国际化、信息化、向终身教育体系过渡等特征。我国也是较早明确这一教育改革方向和实质的国家之一,80年代以来的我国教育改革,正在成为全方位、全社会参与的广泛深入影响的教育改革运动,其目标是建立适应21世纪中国经济和社会发展的新的教育体系和教育体制。

(二)改革的特征

这场教育改革运动与以往的教育改革相比,出现以下一些新的特征。

1. 中央直接组织和领导教育改革,将其作为国家发展的重大战略之一

例如美国,20世纪80年代以来,联邦教育部组织力量提出了一系列改革教育的文件和报告,布什当选总统后,更是声称要当教育总统。在美国总统的直接领导和参与下,美国在1990年和1991年连续出台《美国2000年的教育目标》和《美国2000年教育战略》两个文件,这在美国历史上还是第一次。又如日本,1983年,日本首相就下决心把教育改革列为日本当前和21世纪的三大任务之一,1984年,在首相提议下成立了由他本人直接领导的"临时教育审议会",对日本教育的方针政策和实践进行全面研究,提出了关于面向21世纪教育改革的重要报告,教育改革直接由首相领导而不是由文部省负责,这是日本现行做法的一个重要变化。再如我国,中央最高领导层领导了80年代以来的教育改革运动,党和国家领导人曾多次就教育改革作重要讲话,党中央多次就教育改革专门发出文件,尤其是1985年的党中央作出的《关于教育体制改革的决定》和1993年由党中央和国务院印发的《中国教育改革和发展纲要》对领导和推动中国的教育改革运动起着重大作用。

2. 全方位、大动作

（1）全方位。改革涉及教育领域所有各个方面和与教育有关的其他各方面，现代教育面临着需要全面更新的问题。

（2）大动作。不是对现存教育体制进行小修小改，而是进行重大的改革，例如，日本目前的第三次历史性教育改革运动，旨在对现行教育体制做大动作的改革；我国目前的教育改革运动，也是在探索突破原体制的限制，建立更有活力、效率、灵活多样的教育体制所作的努力。

3. 改革需要更全面更充分的条件

这场教育改革运动是历史上规模最大、历时最长的大改革，需要全社会各方面创造许多有力条件才能成功。

全面组织和领导这场改革，需要有力的中央管理体制的支持和各级实施机构的有效贯彻执行。现行各国教育的领导管理体制主要有两种类型：中央集权制和地方分权制。二者比较起来，前者更有利于对这场教育改革运动的领导，后者对于领导一场全国性的全面的教育改革运动有较多的困难。

与广泛的社会各界和教育基层取得共识。一些国家在改革之初就发动社会各界和教育基层对教育改革展开大讨论，时间达数年之久或更长。通过大讨论，可以使社会各界和教育基层对现行教育体制的利弊有较全面正确的认识，对改革的方向、性质、内容、背景、目的、前景有明了的认识，这对于改革的顺利进行是重要的基础。

足够的教育经费是改革落实和成功的保证。任何改革都需要足够经费的支持，一方面，要疏通各种经费渠道，尽可能争取较充足的经费，另一方面，改革方案要充分估计经费的限制，方案要建立在现实的基础上，而不是完全建立在理想的基础上。

社会的稳定。各国的改革实践已证明，社会稳定是改革顺利推进和成功的重要条件，社会的不稳定则可能使改革中断或失败。

二、人的全面发展的丰富化和现实化

21世纪，人类将面临种种更加严峻的挑战，各国之间的竞争将更加激烈，比以往任何时期都需要更多的更全面发展的人，对人的素质提出更新更高的要求，这使得人的全面发展的内涵更加丰富；同时，实现人的全面发展的客观条件也日益丰富和成熟，教育正日益加强实现人的全面发展的目标，将对人的全面发展发挥更大的作用。

(一) 人的全面发展内涵的丰富化

关于能够适应未来的全面发展的人，一些素质越来越被强调，这就是：更富创造性、更加成熟化、更有适应性、更具个性化。

1. 更富创造性

创造本来是人类的本性，人类发展到今天，是人类自身创造的结果。人类创造自身的巨大成果，使当代人越来越相信："未来不是我们要去的地方，而是我们要创造的地方。通向未来之路不是找到的，而是走出来的。"① 强调人的创造性，努力发展自己的创造能力，充分挖掘自己的创造潜力，将成为现代人未来发展的主要方向。尤其在当前，国际综合国力竞争正日益剧烈，各国发展将可能打破历史的排序，先进国家将可能因被后来者赶上而需要重新唤起全民的创造性去夺回过去的优势；后来居上的国家在超过先进国家后会发现自己开始失去了赶超和模仿的目标，因而昔日模仿性的民族性应该抛弃，强调以创造性刷新自己的民族性，以使自己保持领先地位；落后国家也会发现，在新的历史转折时期和和平竞争的国际环境下，自己有了更多的机遇，利用国民的巨大创造性，可能比单纯模仿能更快接近先进国家和尽快摆脱落后状况。因此，人的创造性将成为未来各国参与国际竞争极重要的条件。未来所强调的创造性品质，突出的表现如下。

(1) 创新意向。所谓创新意向是指人经常处于打破旧事物、创立新事物的欲望之中，常常追求用更合理的新事物取代不合理的旧事物。当代和未来处在特别需要创新的时期，一方面，历史正处于转折点，越来越多的旧事物正在退出历史舞台需要新事物取而代之；另一方面，变化的节奏加快，新事物自身的存在周期也在缩短。这些就使人们提出了人人创新、不断创新的要求。

---

① 国家教委国家教育发展研究中心、中国教科文组织全委会秘书处编：《未来教育面临的困惑与挑战》，人民教育出版社1991年版，第26页。

(2) 冒险精神。创新是对未知的探索，已知的对象其成败得失利害一目了然，而未知的对象则意味着较大的风险、代价和牺牲，因此，创新活动是以敢冒风险、肯付出代价，甚至将生命置之度外的冒险精神相伴随。① 在变化和发展极缓慢的社会，创新和冒险不具有普遍性，在保守的社会，冒险不但不是美德，"冒险家"还是被贬得很低的名称；而在竞争日益剧烈，创新活动成为普遍性的未来，冒险将成为被充分肯定的品质，冒险精神也从过去只体现在极少数创造奇迹者身上逐渐成为人人应具备的普遍性品质。因为，没有冒险就没有创新，冒险精神的缺乏意味着创新活动的中断或停止，一个国家和民族的人民缺乏冒险精神，则意味着它只有很少的创新活动，也意味着较小的进步和发展。

(3) 开拓能力。创新意味着对一块处女地的开垦，对一片废墟的挖掘，意味着从无到有，从一到多，从简单到丰富……这就需要开拓能力。随着创新活动走向普遍性，开拓能力也成为未来人普遍具有的品质，而不是特指少数所谓开拓型人才的特有才能。

(4) 批判精神。批判是对旧事物的否定，也是对新事物的深化和完善。没有对旧事物的否定，新事物的生长将可能受阻；没有对新事物的深化和完善，新事物就可能不长久或不具普遍性。旧事物的否定和新事物的长久和普遍性，只靠极少数人的批判精神难以达到，必须是多数人甚至全体人的批判精神才行。因此，批判精神在未来也将成为普遍性的品质。

2. 更加成熟化

现代社会正越来越告别简单和幼稚的时代，朝着更成熟化、复杂化的阶段发展。现代人在创造客观世界的同时，也创造着自身，随着社会的成熟化，现代人自身也正在从简单、幼稚走向成熟。

(1) 更加开放化。在思维方式方面，不只是专注于问题本身，而是更注意把问题放到广阔丰富的时空背景上去思考；在性格特征方面，更趋向于外向，更开朗、善交际、交往频繁，更渴求了解和关心别人；在生活方式方面，

---

① 参见[法]保尔·朗格朗著，周南照、陈树清译：《终身教育引论》，中国对外翻译出版公司1985年版，第106页。

不固守传统或原来的生活方式,更注意从外部吸收新的、自己喜爱的生活方式,以此丰富和更新自己的生活;在知识和职业方面,不仅仅局限于掌握本专业或职业范围的知识,越来越渴求了解和掌握本专业或职业之外的知识。

(2) 更有相容性。在思维方式方面,从坚持一种意见观点和方案转向善于吸取各种不同的意见观点和方案,甚至可以容纳完全对立的观点和意见;在人际关系方面,从严格区分对手和朋友到有时可能是朋友有时可能是对手;在性格和才能方面,可以将似乎不相容的性格和才能集于一身;不把中国文化与外国文化、东方文化与西方文化、传统文化与现代文化完全对立,而是善于吸取各种文化的优秀之处。

(3) 具有系统观。不再是孤立地看待个人、家庭、本地区和本国行为的后果,而是注意考虑个人和家庭行为之间的相互影响、地区和国家行为之间的相互影响,认识到个人和家庭行为不仅与自身利害直接相关,也会影响到别人和别的家庭,甚至与国家民族全世界有联系。

(4) 更了解和认识自己。人类最困难的是认识自己,但随着人的成熟化,现代人会更多地了解自己;随着人类对人的研究加深,个体也会随之对自己有越来越深入的认识;随着教育的普及和提高,每个人都能更多了解和认识自己;复杂多变的未来,要求现代人不断重新认识自己身体、生理、心理、性格、情感、思维、能力等各方面的优缺点、特点和潜力,从而可以正确作出判断和调整,才能适应未来的剧烈竞争,求得生存。

3. 更有适应性

现代社会正朝着变化更剧烈、更快速的方向发展,现代人只有发展得素质更高、更全面,才能更有适应性。

(1) 更强健的体质。由于竞争日益激烈,工作和生活节奏日益加快,现代人越来越需要更强健的体质才能适应;未来激烈竞争中强健体质的重要性,将从根本上改变人们的体育运动观,体育运动将从过去以少数运动员竞争夺标为主要目的逐渐转向以广大人民群众健康身体为主要目的,学校体育也将在学校教育中具有更突出的地位;随着人们文化知识水平的提高,卫生保健知识也将从专业化走向大众化、普及化;现代人将具有对疾病更强的抵抗力、良好的卫生保健和锻炼习惯。

(2) 主动适应变化的品质。肯定变化的态度：由于人们过去长期生活在变化缓慢的年代，养成肯定稳定、害怕和反对变化的态度。随着社会的不断变化和进步，人们将会逐渐转变这种态度，转向对变化持肯定态度。快速处理信息的能力：变化的加速，意味着信息量的增大和信息的多样化，要对变化的方向、性质、程度等作出迅速而又准确的判断，必须具备快速处理信息的能力。预测能力：为了适应变化，必须了解变化的趋势、性质、方向，因此，要提高预测能力，包括对社会未来发展方向的了解，对职业变化的了解，对本专业知识发展方向的了解，对预测方法的掌握，等等。

(3) 更全面的知识和能力。扎实宽厚的基础知识和基本技能：基础知识和基本技能相对较稳定，适应性较强。合理的知识结构：由于自然科学与社会科学相互渗透，科学与技术日益密切结合，知识日趋综合化，要求人们的知识结构应以本专业为中心，兼通文理，科学与技术相结合，理论与应用相结合。多样的能力：随着变化的加快，职业的变换，跨专业领域的活动日益频繁，国际化趋势增强，等等，单一的专业或职业能力已不能适应，自学能力、职业能力、创造能力、人际交往和合作能力、国际交往能力等各种能力，必须集于一身，才能适应未来。

(4) 更健全的心理。更能控制自己的情绪：由于社会变幻莫测，往往使人由于突然陷入不熟悉情境而产生焦虑、忧郁的情绪，这种情绪的蔓延和持续使人产生挫折感，变得反应迟钝、精神萎缩，身体虚弱无力，失去自信，甚至完全放弃对适应变化的努力。现代人需要学会在突然到来的变化面前控制情绪，减轻和消除焦虑和挫折感，逐渐做到可以在变化到来之际表现得镇定自若，应付自如。更广泛的兴趣：现代人将有更广泛的爱好和兴趣，这不仅因为广泛的爱好可以增加对各种机会的选择，还因为通过广泛的兴趣可以使情绪愉快，以利于使快节奏的工作和生活带来的紧张得到一定的松弛和缓解，也可以使个人生活更丰富，摆脱紧张工作带来的单调感。更坚韧的意志：在竞争激烈和需要不断创新冒险开拓的未来，失败和挫折将可能更频繁，事业的成功需要更艰苦的努力，需要坚忍不拔的意志。更乐观进取自信的人生态度：面对未来日益频繁的各种挑战，现代人将取更加积极的人生态度，悲观、保守、自卑的消极人生态度将被越来越多的人所抛弃，更多的人采取的是乐观、进取、自信的，勇敢迎接挑战、战胜挑战的积极的人生态度。

4. 更具个性化

社会的高度发展和多样化推动人的个性化，个性化的人反过来也推动社会进一步的发展和多样化。随着社会发展水平的提高，整个社会的服务业正朝着越来越满足个性化方向发展，社会物质产品的日益丰富，人民收入的日益提高，为人的个性化创造了条件，个人越来越得到较多方面和较高程度的尊重和满足，生活方式、工作方式和消费方式等个性化趋势正在增强，人正在走向更鲜明和更全面的个性化。反过来，个性化的人也将有更大的创造性、积极性和主动性，将更大限度地创造未来美好的世界。

（二）教育将使人的全面发展的理想进一步现实化

随着社会对全面发展的人的需要越来越迫切，要求教育为人的全面发展负起更大责任的呼声也日益高涨。《学会生存——教育世界的今天和明天》一书发出呼吁：要为一个新世界培养完人，要把一个人在体力、智力、情绪、伦理各方面的因素综合起来，使他成为一个完善的人。加强全面发展的人的培养正在成为各国教育改革的共同目标，其中创造性和个性素质的培养又得到特别的强调，例如，日本关于面向21世纪教育改革的八条基本指导思想中，第一条就是重视个性的原则，第三条是培养创造性思考能力和表达能力，而第一条"重视个性的原则"又被认为是这次教育改革中最主要的，也是贯穿在其他各条的基本原则。为了促使人的全面发展和创造性、个性培养的现实化，各国教育改革都采取了相应的改革措施，如建立终身教育体系，教育内容的进一步充实和多样化，教育方法的多样化和个性化，高等教育的进一步多样化，使教育与社会和生产更加紧密联系，等等。总之，教育改革正在推动整个教育体系越来越有利于人的全面发展的方向前进，而通过教育，也正在使人的全面发展的理想逐步走向现实。

三、教育与社会生产更加紧密联系

教育与社会生产相联系是现代教育的一个特征，随着现代社会进一步朝一体化方向发展，教育与社会生产的联系也越来越密切。当前，教育与社会生产紧密联系的形式主要有两种：一是产学合作；二是教育、生产和科学一体化。前者主要着眼于大学科研成果（尤其是高科技成果）尽快用于社会生产，同时也起到利用社会力量帮助学校培养人的作用；后者主要是着眼于利用社会力量（主要是生产单位）培养高质量和满足生产要求的人才，同时也促进高等学校科研与生产结合，使科研成果用于生产。上述两种形式各有特点，都具有较强生命力，目前正引起各国教育的纷纷仿效，其形式和内涵在21世纪将进一步丰富和深化，对教育尤其高等教育改革和发展将产生深远影响。

（一）产学合作

其主要目的是通过大学与企业合作，加快大学科技成果转化到生产过程中去，促进教育为经济服务。主要形式如下。

1. 高技术领域的产学合作

由于新技术革命的影响，目前和未来国际间高技术领域的竞争十分激烈，因此，产学合作的重点主要在高技术领域。这方面的主要形式有以下几种。①"科学公园"，其特点是以大学为中心、与科研机构、企业合作办高技术密集区，以开发新技术、新产业、新产品为中心，同时培养新技术人才，已发展成为发达国家推动新技术革命的核心力量。美国已有许多由大学与公司企业合作建立的"科学公园"，其中著名的有"硅谷"、"128号公路"和"三角研究院"；德国也已建立一些"科学公园"，其中最著名的是柏林革新和创业者中心；英国则在英格兰西南部以三所大学为依托，准备建造世界最大的"硅谷"。②"合作研究中心"，以一家或数家大企业与一两所大学联合的研究实体，其特点主要是以加强工业界的竞争力为主要目标，以基础科学为基础，强调跨学科研究，博采各学科之长协作攻关，强调教学与科研的有机结合，此类中心的建立，加强了学术界与企业界、理科与工科的合作，能更迅速发展高技术，能造就富有创造能力和竞争精神的人，增强企业发展的后劲，已受到一些发达国家的高度重视和大力扶持，目前美国和英国都建立了一些这样的中心。③"孵化器"或"工业革新中心"，大学与中小型企业为主要合作对象，以发展高技术和高技术产品为主要目的的联合研究的组织形式，发达国家有许多中小企业，因规模小，对技术更新适应性强，但资金和技术力量不足，"孵化器"为其提供大量科研成果，提供技术设施、经营管理和人才培训等优惠服务，受到发达国家重视。

2. "官产学"三位一体

官（国家科研机构）、产（企业）、学（高等学校）三方面的科研，由于性质和任务不同，其内容和侧重点也不一样。科技力量的这种分工有利有弊，其弊端是各自为政、互相隔绝，尤其对国家重大科研课题不利。对此，一些发达国家促成三方面的合作，以利于发挥各自优势，组成最佳联合攻关队伍，如日本的"官产学"三位一体，是以政府科研机构为主导，以企业科研力量为主体，吸收大学参加的三结合体制，把基础、应用、开发紧密结合，形成从研究到开发生产一条龙，使三方面各扬所长，分而不离。日本的"官产学"三位一体，在新技术领域，如生物技术、新材料科学、超导研究等方面尤其突出，不仅促进了日本科技水平的提高，缩短了科研成果到产品开发的时间，而且培养了一批新技术人才。

3. 其他形式

企业在大学投资办研究机构：如德国汉诺威工科大学研究所等，大学接受企业委托的科研任务，与企业签订研究合同。建立工学学术交流中心：通过这种中心，大学与企业共同举办学术研讨会，研究确定科研任务和计划，向企业和经济界推广科研成果，转让技术等。大学与企业交流科研人员：大学教师到企业担任顾问，给企业研究人员讲课，企业研究人员也到大学兼课，使学生获得工业研究和生产实践知识。

（二）教育、生产和科学一体化

教育、生产和科学一体化的基本制度是把教育、生产和科学一体化建立在合同责任制和规定在国家计划的基础上，实行干部的定向培养和再培训制度。其形式是：通过建立教学、科研和生产综合体，把部分教学过程转移到生产单位进行，这种综合体包括教研室的分部、科研实验室和实验工段，同时，实行由重点联合企业、工厂、科研机构、设计部门、医疗机构、农工联合企业组成的部门教学中心；师资交流：生产单位的专家参与专业人才的培养工作，高校教师参与工程技术部门的业务进修和丰富他们的理论知识，同时提高青年教师的实践经验；科研合作：通过联合体，吸引生产单位、科研机构、大学教授、研究生、大学生进行科研协作，解决跨部门的综合性问题。

各方应承担的责任:在国家计划范围内,根据所签合同,高校要按要求的数量,并在规定的期限内,高水平完成专门人才的培养和进修任务;生产单位要保证部分支付专业人才学习所需的经费,要成为培养人才的主要物质基地和自然实验场,高等学校扩大培养计划或开设新专业时,要支付一次性的基本建设投资,要为合理使用毕业生创造条件。

四、终身教育理想正在逐步实现

当代终身教育思想在20世纪70年代提出后,就得到联合国教科文组织的极大赞同和广泛传播,联合国教科文组织国际教育发展委员会1972年发表的重要报告《学会生存——教育世界的今天和明天》指出:"国际教育发展委员会特别强调两个基本观念:终身教育和学习化的社会。"[①] 终身教育思想在世界各国引起极大反响,各国纷纷高度评价终身教育的重大意义,并正在将终身教育的理论付诸实践。

终身教育迅速发展的主要动力是:知识增长加速化,使个人需要不断更新自己的知识;产业结构和职业结构变化加快,并由体力型为主向知识型、智力型为主转移,使个人职业变动的频率增大,对就职者的知识和智力水平的要求也越来越高;人口平均寿命越来越长,老龄化社会正在到来,使退休期越来越长,老年人的学习需求明显增长;等等。同时,社会提供的日益丰富和优越的条件是终身教育迅速发展的重要保证;社会的日益信息化,为终身教育和学习提供越来越丰富和便利的技术条件;劳动时间的缩短,闲暇时间的延长,为终身教育和学习提供时间保证;经济的发展,国家财力和个人收入的不断提高,为终身教育和学习提供经济保证。

终身教育正在从理想走向现实,从理想的部分实现走向实现的部分越来越多,这使人们逐渐意识到,终身教育思想并不是一种空想,它的主要思想的实现很可能是不十分遥远的事情。

---

① 联合国教科文组织国际教育发展委员会编著,华东师范大学比较教育研究所译:《学会生存——教育世界的今天和明天》,教育科学出版社1996年版,第18页。

(一)终身教育思想的部分实现

回归教育的实施。在欧洲经济合作发展组织推动下,欧洲从20世纪70年代开始推行回归教育,形成所谓回归教育战略的欧洲终身教育体系,使终身教育思想在一定程度上变为现实。回归教育吸取了终身教育的思想,认为教育不应该局限于人生一个特定时期(青少年时期),而应该通过教育→劳动→教育交替循环的模式贯穿于人的一生。青少年在结束义务教育或基础教育后,不必立即升学,而是工作一定时期,在工作需要时再回到学校或继续教育机构学习,教育与工作交替进行,循环反复,直至终身。但是,回归教育制度仍然存在问题,还有待完善,而且,回归教育并不等于是终身教育,它只是体现了终身教育的部分思想,而不是全部思想。

中等后教育的提出和成人教育、继续教育的发展。在终身教育思想影响下,高等教育的概念正在发生变化,逐渐为中等后教育的概念所代替。传统上,教育分为初等教育、中等教育和高等教育三个等级,高等教育一般指中等教育以后的全日制普通高等教育。由于终身教育的影响,中等教育以后的成人教育和继续教育迅速发展起来,但传统的高等教育概念和制度难以包括中等教育以后的各种教育形式,于是中等后教育的概念应运而生,并逐渐走向制度化。中等后教育的概念既包括了普通高等教育,又包括除普通高等教育以外的一切教育和学习形式。中等后教育的概念和制度化进一步推动了各国成人教育和继续教育的发展。现在,世界各国几乎所有大学都承担了继续教育和成人教育的任务,一些国家还明文规定,大学的任务不是只承担普通教育这一项培养任务,而是普通教育和继续教育、成人教育的双重培养任务。但是,目前继续教育和成人教育还处在较混乱的状态,其制度性、计划性还不完整和完善,而要使其在现行体制下达到相当的制度化、计划化和规范化有很大难度。因此,继续教育、成人教育也只是部分地实现终身教育思想。尽管回归教育的发展和继续教育、成人教育的发展只是部分实现终身教育思想,但是它们毕竟使终身教育由理想向现实走出了第一步。

(二)为建立完整的终身教育体系而努力

目前,一些国家已逐渐意识到回归教育、成人教育、继续教育,这些形式的发展,虽然也缓解了当代教育的一些问题,但是,它们并没有完全体现终身教育的理想。一些国家对终身教育寄予很大期望，试图打破现行教育体系的局限，建立一套包括人生各个阶段、学校与校外教育机构互相联系的完整的终身教育体系，并着手对本国现行教育体制进行改革，向终身教育体系过渡。这表示终身教育正在开始向现实迈出第二步。例如日本，经过较长时间的酝酿讨论和研究，80年代开始全面展开面向21世纪的教育改革，把向终身教育体系过渡作为改革的一个重要方向。1988年底，又专门发表题为《我们的文教政策——终生学习的新发展》①的教育白皮书，就建立21世纪的终身学习体系进行了系统论述，指出，在展望21世纪的社会和推进教育改革之际，我们面临的基本课题是实现终身学习的社会……强调终身学习的重要性……建议向终身学习社会迈进。其主要设想和措施有：实现从学校为中心的教育体系向终身学习体系的转变；完善推进终身学习的体制；完善终身学习的咨询体制；实现各种终身学习设施的网络化；实现作为终身学习基础的文教设施的智能化；在终身学习体系下改革学校：重视个性培养，实现中等教育后阶段的多样化和灵活化，入学途径多样化，创办各种新型学校，向社会开放学校的各种教育教学设施，等等；推进社会教育的发展；在管理机构上作相应改革，设立终身学习局；等等。从发展趋势看，建立一套完整的终身教育体系，可能是21世纪教育改革的一个重要方面，到21世纪，将有更多的国家着手向完整的终身教育体系转变。

（三）人人受到终身教育和走向学习化社会

当代终身教育论者提出的基本设想包括：终身性，使每个人所受的教育都不会终止于学校教育阶段，而是使其一生受到连续的教育，直至生命的终结；全面性和自由性，教育和学习不再是单纯地传授知识，而是人的身心所有方面的全面发展，不再是从外部强迫灌输的，而是自由的、根据个人需要

---

① 关于终身教育、终身学习的概念，我们赞成用终身教育、终身学习，而不用终生教育、终生学习。这里的"《我们的文教政策——终生学习的新发展》"的题目，我们保留了《发达国家教育改革的动向和趋势》（第三集）（国家教育发展与政策研究中心编，人民教育出版社1990年版）中第111页的原文。以下该白皮书中的一些有关内容，因非直接引原文，终生学习的提法都改为终身学习。

和兴趣的；有机联系的、协调性的学习化社会，教育的场所、机构和组织不仅仅是学校，而是全社会构成一个教育和学习的整体，构成学习化社会或教育化社会，整个社会是一个协调性的互相联系的整体，其中所有部门、机构、企业、公司、学校等共同承担教育责任，教育的人力资源也不仅仅是教师，而是全社会的人，包括教师、家长、医生、工程师、经理等等都是教育工作者，在这样的社会里，每个人享有在任何情况下都可以自由地取得学习、训练和培养自己的各种手段。这些设想既反映了人类对美好理想的追求，也反映出当代和未来社会发展的客观要求。因此，随着未来经济、科技、政治等方面的发展，实现终身教育理想的各种条件将越来越成熟和丰富，上述设想也将可能最终成为现实。

五、提高教育质量成为重点

在数量与质量之间，未来更注重教育质量。在对 21 世纪的预测中，一些专家注意到这样一个趋势：质的问题比量的问题日益引人注目，从关心数量到关心质量反映了科学技术方面从能源到信息的重点转移。关心质量将成为 21 世纪生活的主要特征之一，在整个社会领域，包括科技、环境、市场、管理、生产、政治、教育等等，质量无不成为关注的中心。20 世纪，教育数量的增长被放到了突出的位置，义务教育的普及化，中等及中等以上教育的大众化，成为 20 世纪教育的突出任务。20 世纪 80 年代以来，随着新技术革命的迅猛发展和以综合国力为主的国际竞争日益激烈，教育质量越来越成为突出的问题，各国教育正在将提高教育质量放到十分突出的位置。如美国，其教育在量的方面一直处于国际领先地位，80 年代以来，越来越突出地感受到提高教育质量方面的巨大压力，其 80 年代以来的一系列教育改革，均以提高教育质量为中心，1983 年，美国高质量教育委员会报告《国家处在危险之中，教育改革势在必行》强调指出，教育改革的中心任务是探索从根本上改变美国教育制度，把全国各地的大中小学办成高质量的学校；1984 年，美国高质量高等教育研究小组的报告《投身学习，发挥美国高等教育的潜力》也指出，本报告旨在使高等学校全力以赴地提高教育质量；1986 年，卡内基基金会的报告《国家为培养 21 世纪的教师作准备》中甚至提出，美国的成功取决于更高的教育质量。又如苏联,1987年发布的《关于高等和中等专业教育改革的基本方针》强调,提高专业人才培养质量是高等学校的主要任务;1984年通过的《苏联普通学校和职业学校改革的基本方针》指出,普通学校和职业学校的改革的基本任务中,提高教养和教育质量排在第一位。再如日本,1984至1987年的关于面向21世纪的教育改革的四次报告中,始终强调了提高教育质量的重要性。

随着教育质量问题的突出,新教育质量观也被提出。美国卡内基教学促进基金会主席波依尔博士关于教育思想必须实行五个转变的提法,在一定程度上反映了向新质量观转变的趋势:从强调教育的统一性转变为强调创造性和革新精神;从重点培养竞争到重点培养合作;从强调民族的狭隘的观点和忠诚转变为强调全球的观点和忠诚;从把知识分割过细、缺乏联系转变为强调知识的整体性和综合运用知识解决实际问题的能力;从强调为个人私利而学转变为强调为公众利益而学,并强调个人发展,培养自知、自尊和自信。①新教育质量观比较突出强调的有如下几个方面。

强调全面质量　认为好的教育质量不仅仅指好的考试成绩,或是牢固掌握所学的知识,而是注重包括知识、能力、品德、身体、技能、情感、审美、社交等等各方面质量的全面提高。

强调基础和提出新基础观　许多专家认为,所谓知识加速增长和知识陈旧率加快,主要是指专业知识,而基础知识具有较大的稳定性,其更新率或陈旧率要慢得多,而且基础知识有利于人们今后的继续学习和专业上的转向,因此,基础知识的教育和学习应该得到重视和强调。但是,随着时代的进步,旧的基础观已不能适应,需要提出新的基础观,新基础观主要有三种:新三基观,认为随着信息社会的到来,旧的读写算三基已不像过去那样重要了,而新的电声技术、电视技术和计算机技术用途日益广泛,很快将取代读写算,成为信息传递的基本工具,因此,未来的公民如果缺乏这三种新技能则可能成为新文盲。六基观,认为读写算这传统的三基尽管还很需要,不可抛弃,

---

① 国家教委国家教育发展研究中心、中国教科文组织全委会秘书处编:《未来教育面临的困惑与挑战》,人民教育出版社1991年版,第46页。

但仅有这三基远远不能适应未来的社会，还应包括新的三基：通信技术、高超的解决问题的技能和科技素养，二者合为六基。全面基础观，认为不能仅仅强调知识和技能的基础，还要强调品德和身体的基础，而后二者在复杂多变和竞争激烈的未来不仅是重要的，而且可能是比前者更重要的基础。

强调能力和提出新能力观　随着社会变化的加快和知识陈旧率的加快，能力越来越受到重视，受联合国教科文组织委托编写的一份报告对传统的教育目标与新的教育目标作了对比，传统的教育目标是按以下顺序排列的：第一，知识，第二，实用技能，第三，态度和能力；新的教育目标则将上述顺序完全颠倒过来：第一，态度和能力，第二，实用技能，第三，知识。① 也就是说，知识、技能和能力之间，能力正在被放到第一位加以强调。当代日益受到重视的能力有许多种，如自学能力、创造能力、预测能力、职业能力、交往能力，等等，而近来关于"第三张能力通行证"的提法，正在引起广泛的关注和重视，被写进1989年联合国教科文组织召开的关于2000年教育的会议报告中。柯林·博尔在向经济合作与发展组织教育研究与革新中心提交的一篇论文中指出：一个人要想在20世纪90年代获得成功，必须掌握三张能力通行证：一张是学术能力通行证，另一张是职业能力通行证，第三张是事业心和开拓能力通行证，前两张通行证在过去已被强调，但第三张通行证会显得越来越重要，所谓事业心和开拓能力并不是指某一种能力，而是指在快速变化的世界中开拓事业和取得成功的一组能力和品质，包括：创造性思想、冒险和探索精神、意志坚定、勇于负责、善于交流谈判规划和组织、有信心和主见，等等。② 实际上，所谓第三张能力通行证是对未来适应性强、成功率高的新人的能力和品质的概括和描述，提出了一种新的能力观。

新教育质量观将引起一系列教育改革。新教育质量观对教育提出了一系列问题，如，课程设置如何突出基础和能力的培养？现行的教育组织形式是

---

① ［罗马尼亚］S. 拉塞克、［伊朗］G. 维迪努著，马胜利等译：《从现在到2000年教育内容发展的全球展望》，教育科学出版社1992年版，第147页。

② 国家教委国家教育发展研究中心、中国教科文组织全委会秘书处编：《未来教育面临的困惑与挑战》，人民教育出版社1991年版，第67～69页。

否有利于能力的培养？能力是可教的吗？通过何种途径培养能力是最佳的？旧三基是否过时？新三基是人人必备的吗？等等。几乎所有人都认为现行课程存在较大问题，需要作较大改革，但是，课程改革是一项复杂和艰巨的工程，而课程中如何突出能力的培养，更是一大难题。一些专家还认为，学校教育对一些能力和品质的培养存在很大局限性，仅靠学校教育过程不能够培养出我们所期望的有能力的人，诸如上述所谓事业心和开拓能力的培养，不是由学校可以解决的问题，这类能力更多的是要人通过社会实践活动去获得，不是通过课堂听中学，而是通过实践做中学。一些国家还对中小学进行跨学科课程改革，旨在培养综合性解决问题的人，其基本点是，既不排除各门学科本身内容的特殊性，又要设法架起各门学科之间联系的桥梁，将各门学科有机地结合或整合起来，这方面的改革尽管还存在许多困难，但可能代表21世纪教育改革的方向。

六、教育技术日益现代化

被称为信息革命的信息科技的迅速发展，正在引起教育手段的革命性变化，使教育技术越来越现代化。目前，广播、电视、电影、录像、计算机和互联网等现代教育技术正得到广泛应用，并逐渐向普及化、成熟化发展。

（一）现代教育技术正在广泛应用

目前，全世界拥有的收音机已达数十亿；发达国家家均电视机数已超过1台，大多数国家的电视机朝普及化方向发展；教育电视发展迅速，随着卫星通讯技术的发展，教育电视节目能面对成百万人同时播放一门课程；20世纪80年代以来，微型计算机在世界各国大中小学教育中得到广泛应用，许多发达国家大中小学计算机和信息技术教育正在达到普及化程度，利用互联网进行教学和学习，正在遍及世界各国。

（二）现代教育技术的优点

现代教育技术引发了一些新型的教育方法，即从传统的单纯由教师直接控制教学过程转变为由师生双方共同控制乃至由学生自我控制教学过程，如语言实验室教学，学生既可以在教师控制下同时以不同进度和不同学习内容学习，也可以离开具体的教师，利用语言实验室自学，使水平各异的学生都能得到有效的学习。

现代教育技术可以综合调动各种手段，使教学更生动、活泼直观，达到较好的教学效果。如电视教学可综合多种艺术，利用音乐、文学、戏剧、美术等构成形象、生动、直观的画面和声音，把讲授、演示、图表、教具、表演、参观、实习等结合起来，组成可供选择的最佳教学方式，将知识性、报道性、娱乐性融为一体，通过技术处理在大与小、远与近、动与静、快与慢、整体与部分、外观与内容之间相互转化，从而达到透过现象抓住本质的效果。

它可以极大突破时空限制，为大面积普及教育和实现终身教育开辟了广阔前景。如卫星电视和互联网覆盖面广，不受地理距离限制，传输容量大，通过卫星和互联网传送多种学科的教育节目，尤其对边远地区的教育带来极大方便，成为远距离教育的理想手段。此外，录音、录像、计算机、电视等可以将教育内容长期储存，随时随地放映，便于因时因地制宜学习。

它还可以提高教师劳动效率。现代教育技术可代替教师大量劳动，使教师从批改作业、记录成绩，反复训练学生基本技能等大量事务性、重复性工作中解脱出来，以便有更多时间用于备课、科研和其他创造性劳动。

（三）现代教育技术的发展前景

随着新技术革命的进展，许多新技术正在涌现，不但技术水平更高、功能更佳，而且正在迅速向低成本和易于普及推广方向发展，如下一些新技术也在教育上具有广泛的应用和普及前景。

1. 电声教学技术的发展

语声信号的数码化：即把模拟的音频信号通过取样、量化、编码，形成数字化的脉冲形信息，然后用此数字音频信号进行记录、传输或分析、合成等处理，再通过解码恢复成模拟信号输出。数码化基本上不存在信息大小失真等问题，使信噪化、失真度等各项电声指标大幅度提高，对需要长期保有的教学信息及教学信息的远距离传输等，均有特殊意义。语速变换：在听力训练中，存在根据学习者水平将播音速度放慢或加快的问题，目前，磁带速度变换有声音失真，甚至无法听懂的问题，这方面的技术进展正在克服这一缺点，将给教学带来更大方便。

2. 教育电视技术的进展

信息存储技术的发展：如激光视盘的发展，其优点在于，存储密度极高，比现有的磁带或磁盘存储器高数十到一百倍；检索容易，能在 0.5 秒时间内找出任何一个画面来重放或慢放或快放；无机械性接触，寿命远大于磁带；可廉价大量复制，可反复擦除和记录达 100 万次以上，极大方便交互式个别学习。信息传递技术的进展：如光导纤维，在一根只有头发粗细的光导纤维中，可同时通过几千套电视节目的信号，具有体积小，保密性强，抗干扰力强，抗潮、耐温、抗辐射、重量轻等优点，据预测，21 世纪信息传递将是光导纤维世界。信息呈现技术的发展：如，大屏幕电视可为课堂教学和大众接收服务；平板化电视可如黑板那样悬挂在墙上；微型电视则可戴在手腕随时供学习者使用；高清晰度电视为教育电视显示那些精细结构和内容提供了条件；利用电子黑板可把教师在黑板上书写的内容，同时显现于电视屏幕上供学习者收看；小到 30 厘米口径的卫星天线和低成本的个人化微型终端的出现，将使卫星电视节目能直接收看，使人们可以坐在家里通过电视机收看世界各地的信息和资料。

3. 大型图书情报网络

计算机情报存储和检索系统将使图书馆出现大量录音带、录像带、录像磁盘、缩微胶卷、全息照片等，信息储量大，存储与检索方便、传输迅速，节约空间，计算机网络可与通讯卫星连接，使各地图书情报检索系统连成一片，使读者通过本地图书馆向全国各地甚至世界各地图书馆索取所需资料。

七、教育国际化势头日益强劲

目前，社会发展各领域的国际化步伐日益加快。首先是经济国际化，全球范围的竞争和合作，推动了各国的经济发展；新技术革命的迅速发展极大推动了科技国际化，全球科技竞争日益激烈，科技合作日益频繁，经济和科技国际化推动了各领域的国际化，教育国际化的势头也越来越迅猛，成为教育未来发展的一个重要特征。

(一) 国际教育交流和合作日益频繁，成果越来越显著

1. 学生和教师的国际流动①越来越频繁

许多国家拨出大量资金鼓励和支持学生和教师的国际流动。学生和教师的国际流动可以突破一国教育的局限，通过国际流动，了解、学习和研究别国和国际的学术、社会和文化，促进各国之间的教育和学术交流，帮助落后国家的人才培养。

2. 国际教育学术会议的举行日益频繁

联合国教科文组织等国际性教育组织、各学科的国际性学术组织、各国教育部门和学校都在大力支持国际性教育学术会议的举办，以增进各国教育和学术的交流，促进各国教育和学术的发展。

3. 国际间学校之间的合作和交流更加频繁

许多国家有大量大中小学与别国的学校直接进行交流和合作，有的通过结为兄弟学校、姐妹学校的形式，有的通过协议书形式，有的学校同时与国外数十所学校有协议合作关系，这些大大促进了学校的国际化。

4. 国际教育援助活动更加强

通过国际途径和力量对落后国家的教育援助正在加强。联合国教科文组织、世界银行等与教育有关的国际性组织大力倡导对发展中国家的教育援助，它们通过贷款、拨款等形式，帮助和推动了许多发展中国家的教育发展，对发展中国家的人才培养、普及义务教育、扶持贫困地区教育、了解和学习先进国家的科学文化教育等方面作出了贡献。

(二) 国际教育竞争正在激烈化

随着国际经济竞争和国际科技竞争的激烈化，国际教育竞争也正在展开，并日益激烈化。例如，美国越来越感到其经济和科技国际地位的下降，重要原因之一是其教育的国际竞争能力正在减弱。1991年，美国制定了《2000年的教育战略》，主要目的之一就是要加强美国的国际教育竞争能力，认为"我们的大多数国际竞争对手及贸易伙伴，正在严肃认真地花大力气来改进教育

---

① 即派出学生和教师到国外留学或访问进修与接受国外学生和教师来本国留学或访问进修的活动。

事业","但在国际比较中,美国学生的成绩不是倒数第一,就是最后几名"。① 在美国2000年的六大教育目标中,第4项"美国学生在数学和科学成就方面将是全球第一"是被特别强调的三项目标之一;在美国2000年的教育战略中,第一项战略的第一项措施,就是制订"五门核心课程的新世界标准",以便确保美国学生在数学和科学成就方面达到世界第一这一目标的实现。这些都明显地表现出美国正在加入国际教育竞争,并下大决心要在国际教育竞争中占上风,反映出国际教育竞争正在激烈化。

各大学之间的竞争也日益成为世界性的。世界各大学每年在国际重要学术杂志上发表论文数量和学术影响力的排序,成为各大学之间竞争的焦点之一,不断提前本大学的国际排序名次成为许多大学的重要目标;以增强国际竞争能力或成为世界一流大学为目标的大学之间的竞争也越来越激烈。

(三) 培养国际人才成为各国教育的重要目标

随着国际合作和国际竞争的势头越来越强劲,国际人才培养的需求也越来越大和显得越来越重要,正在成为各国教育的重要目标。如,在日本教育史上有划时代意义的所谓面向21世纪的教育改革报告中,其面向21世纪的三大教育目标之一就是:培养在国际事务中能干的日本人。认为要在和平、国际协调这种相互依存的关系中生存下去,培养深刻理解多种异国文化,具有国际性人际交流能力,即能充分沟通彼此思想的能力的国际型人才是非常重要的。② 美国2000年的六大教育目标之一就是使每个成年美国人掌握在全球经济中进行竞争所需的知识和技术。

八、更关注全球命运和未来发展

长期以来,教育主要关注的是个人需要、国家发展需要、民族的利益和命运以及当前的问题。随着全球问题的日益严重性和未来发展方向对当前问题越来越有重大影响,教育也对全球问题和未来发展更加关注,越来越多的

---

① 转引自国家教委教育管理信息中心编:《教育参考资料》总第185期,1991年7月15日。

② 国家教委教育发展与政策研究中心编:《发达国家教育改革的动向和趋势》,人民教育出版社1986年版,第191页。

国家开始重视和开展全球教育和未来教育，全球教育和未来教育正在成为各国教育中的重要内容。

（一）全球教育

所谓全球问题，是指人口爆炸、粮食短缺、战争、自然资源和能源的缺乏和生态环境破坏等问题正在全球范围内日益恶化，不仅严重破坏当代人的生产和生活，而且可能对未来人类的生存产生极大威胁。一份有关报告指出，全球问题具有五大特征：普遍性，世界任何一个地区都不可避免出现，也不可能单独解决诸如环境污染等全球问题；整体性，危机涉及人类生活的各个方面；复杂性，全球问题的各方面紧密相联，并互相渗透，任何一个问题都不可能在不涉及和考虑其他问题得到解决；深刻性，任何一般性措施已解决不了全球问题；严重性，全球问题已严重威胁到人类生存。

鉴于此，联合国通过各种宣言、报告、公约一再敦促和呼吁各国为缓解全球问题而努力。20 世纪 70 年代以来，联合国教科文组织通过一系列报告和会议提出和研究了全球教育问题。1982 年，发表了关于《学校中的世界性问题》的报告，提出了一系列全球问题，以图引起学生讨论和关注，使他们认识到全球问题的严重性，引导他们树立正确的观念和态度。1975 年，与联合国环境规划署共同提出了国际环境教育协调计划。1975 年，通过了关于世界性环境教育的《贝尔格莱德宪章》。1977 年，在第比利斯召开了关于环境教育的部长级国际会议。1983 年，举行关于第比利斯会议以来环境教育进展和趋势的国际专家会议。同时，联合国教科文组织在倡导人口教育方面也进行了许多努力。

在联合国教科文组织的宣传和倡导下，全球教育问题已引起各国重视，正在纳入各国教育计划。许多国家为大中小学生开设了环境教育课和人口教育课。有的国家提出了全球教育的计划。

全球教育的内容的核心是树立人们关心全球问题，关心人类的共同命运，从全球人类的利益和命运出发考虑自己的行为，为缓解和解决全球问题而奋斗的观念。联合国教科文组织于 1989 年在北京召开的面向 21 世纪教育国际研讨会的主题就定为"学会关心"，就是面对全球问题的严重化，呼吁世界各国要重视全球教育，教育人们要跳出只关心个人的小圈子，要关心全球命运，关心地球上的生存条件,树立关心全球的责任感和伦理观,强调全球合作精神,希望全球所有人共同携手为解决日益严重的全球问题而努力。①

(二) 未来教育

国际上许多未来研究专家认为,为了使人们能适应未来的变化,教育要面向未来,其中之一是要进行有关未来的教育。在他们的倡导下,许多国家正在开展未来教育。

所谓未来教育,是对学生讲授有关社会发展前景、科技发展趋势、未来研究的理论、科学预测的方法等知识,提高他们预测和设想未来以及对付未来变化的能力,等等。未来教育的形式很多,如开设未来课程,利用广播、电影、电视、出版物、讲座、座谈讨论等形式,其中开设未来课程是主要的、基本的形式。

例如,在美国,未来教育已进行多年,正在成为教育的一个不可缺乏的组成部分。小学未来教育,以激发学生对未来的想象力为主,如有的学校进行每周一次的"设想未来"的教育活动,内容涉及航空、宇航、通讯、国际关系、能源、社会问题、多民族文化等等各方面的未来。中学未来教育,有的学校开设未来课程或引导学生进行未来研究实践;有的学校向学生传授未来研究的基本方法,或请校外的政府官员、公司经理、未来研究专家讲授有关未来的知识;有的设置跨学科的未来课程,教育学生如何使用各种研究方法考察诸如土地的利用、生态环境、人口增长、城市的未来、全球的未来等问题;等等。高等学校的未来教育,这是未来教育的主要组成部分,涉及许多学科和领域。一种是专设的未来课程,一种是在原课程内容基础上加上关于该领域未来前景的部分。高校未来课程目的性明确,要求学生掌握未来研究的基本原则和预测方法,未来研究的价值和标准,并具有构思可供选择的未来可能性的能力,成为既有未来研究理论基础,又能熟练运用预测手段,从事实际未来研究工作的人员。

未来教育的出现和发展,丰富了教育内容,开辟了新的教育领域;使教

---

① 国家教委国家教育发展研究中心、中国教科文组织全委会秘书处编:《未来教育面临的困惑与挑战》,人民教育出版社1991年版,第17~38页。

育从面向过去和现在转向越来越注重未来;提供了一种面向未来的教育方法,启发学生充分发挥对未来的想象力,确立面向未来的观念,形成创造未来的欲望,建立关心未来的习惯,激励探索未来的兴趣;由于未来教育本身具有综合性特点,因此,也鼓励和推动了跨学科的综合教育。

九、现代教育日益与本国实际相结合

当今世界发展的一个特点是:现代化与民族化统一、国际化与多元化统一。一方面,现代化成为世界发展的方向,各国都朝现代化方向发展,而各国现代化方向的一致性又使世界走向国际化,新技术革命的迅猛发展,进一步推动了各国现代化和国际化的步伐。但是,现代化不等于西方化,国际化不等于取消民族和文化差异。世界发展已进入到更为成熟的时期,就是不再以现代化排斥民族化,不再以一体化国际化排斥多元化,在现代化、国际化、一体化同时,民族化和多元化仍然并存,并且还在走向二者统一。现代化不再认为只是西方模式,一些与西方模式不同的而与本民族、本国特点相结合的现代化模式正在取得成功;各国各民族经过几十年的努力,正在探索出符合本民族本国特点的现代化道路。同时,不仅存在与西方模式不同的现代化模式,而且即使同是发达国家,或同是发展中国家,各国之间也存在着种种差异,各有自己特色和特殊问题,因此,在国际化同时,现代化正朝着日益与本国具体实际相结合的方向发展。

现代教育的发展,各国教育现代化的道路也是如此。现代教育不再认为只是一种模式,教育现代化也不等于照搬发达国家的教育模式。目前,发展中国家一方面正在学习和吸取发达国家先进的教育思想、教育经验和教育制度;另一方面,也在将现代教育的思想、制度等与本国实际结合起来,走符合自己国情的教育现代化道路,因此,现代教育除了表现出它的现代性、国际性,也表现它的民族性。与此同时,不仅发达国家的教育与发展中国家的教育存在着差异,而且即使同是发达国家,或同是发展中国家,由于各国内部面临的经济、政治、社会、文化等问题不完全相同,它们之间的教育问题和它们各自所走的教育现代化道路或所建立的现代教育体系也不会完全相同。因此,各国教育在坚持现代性和国际化的同时,也正在把现代教育与本国具体实际相结合，建立符合自己国家国情和利益的现代教育体系或现代教育模式，这是现代教育发展的一个重要趋势。如我国，20世纪80年代以来一直在探索一种中国特色的社会主义现代教育体系，这种努力正在逐步取得一些成功经验，证明是一条正确的道路。又如日本，1985年临时教育审议会接受内阁总理大臣的咨询题目就是"为使教育适应我国社会变化和文化发展而进行各项改革的基本方针"，① 这个基本方针也就是后来由临时教育审议会制订的面向21世纪教育改革的基本方针。再如美国，近年来的教育改革从本国的实际和问题出发，不再把自己过去长期形成的分散化、多样化、灵活化的教育模式看作是最先进、最佳的模式，而是针对过于分散多样灵活带来的问题，逐渐朝一定的集中性、标准性和统一性方向转变，以利于美国教育向更健康、更有效的方向发展。总之，现代教育正在从过去片面地、幼稚地强调西方模式或一种模式走向更加成熟的、辩证的与本国实际相结合的道路。

以上是现代教育未来发展的一些重要的趋势，其影响是不可低估的。这些趋势并不是孤立地各自生长和发展，它们是以和平与发展两大当代主题、新技术革命的不断深入和以综合国力为中心的国际竞争不断激烈化以及科学主义与人文主义的不断矛盾斗争为背景，在不断的教育改革过程中互相交织，互相影响，互相推动，从而在整体上把现代教育逐渐推进到一个更高更新的阶段。

第三节　中国教育现代化的展望

20世纪80年代以来，随着以经济建设为中心的现代化进程的加快，中国教育现代化也迈出了较大的步伐。目前，中国教育现代化以建设有中国特色的社会主义理论为指导，正在朝着中国特色社会主义教育体系的方向进行不懈的努力。

---

① 吕达、周满生主编：《当代外国教育改革著名文献（日本、澳大利亚卷）》，人民教育出版社2004年版，第3页。

一、中国特色社会主义教育体系的探索

（一）农村教育改革首先进行了探索

几十年来，中国教育现代化在学习外国先进经验和探索中国特色方面走过了曲折的道路。20世纪80年代以来，改革开放使中国教育现代化迈出了较大步伐，建立有中国特色的社会主义教育体系的努力首先在农村进行了实验和探索。提出了"分级办学、分工管理"、"县、乡、村三级办学，县、乡两级管理"的办法，其意义和作用是试图调动起各级政府、社会和群众的办学积极性，使各方面明确自己的责任，理顺关系，减少矛盾，将对教育事业的长期稳定发展和提高教育质量起较大作用。但是，近年实践也表明，实行这种办法也还有一些问题，如拖欠教师工资问题，就难以解决。因此，还需要进一步深化、改革、调整、完善。农村教育改革的第二个着力点是解决农村办学方向的问题。长期以来，中国农村教育受追求升学的片面性的困扰，农村培养的人不能很好地成为当地经济建设的力量，这大大挫伤了农村办学和上学的积极性。经过若干年探索，中国农村教育逐渐明确办学方向，调整中等教育结构，提出了经科教、农科教统筹，经济发展、科技推广应用和人的培养相结合，普通教育和职业技术教育相结合的原则，逐渐形成经济发展、科技推广应用和教育三者互相促进的良性循环机制，推动了农村经济和教育的发展。

（二）城市教育改革取得明显进展

农村教育改革的成就，推动了城市教育改革的迅速展开。经若干年改革试验，城市教育改革也正取得较大成果。在办学体制方面，正在逐步建立以政府办学为主体，社会各界共同办学的体制，即基础教育以地方政府办学为主，高等教育以中央、省（自治区、直辖市）两级政府办学为主、社会各界参与办学的办法；职业技术教育和成人教育主要依靠行业、企业、事业单位办学和社会各方面联合办学。这样就明确了各级各部门办学的责任和范围，调动了各方面的办学积极性。在教育结构方面，已明确初中及初中以下教育是义务教育，主要是普通教育；各类型的中专、职高、技高、技校等在学制上也不以三年制一刀切，而是根据各行业、专业、职业的具体实际分别确定为二年、三年、四年不等，也就是说，高中阶段教育无论在类型上、层次上都在走向多样化。同时，农村经科教统筹的经验正在进一步推广到城市，逐渐形成城市经科教统筹的一套办法，促进了城市经济、科技和教育的结合，推动了城市经济、科技和教育的共同发展。

"分级办学，分工管理"、"经科教、农科教统筹"、"政府办学为主，社会各界共同办学"、"高中阶段教育类型和层次的多样化"等原则，在若干年实践中取得了较大成果，基本是符合中国国情的，具有较大适用性，正在构成中国特色社会主义教育体系的基础之一，对未来中国教育的发展将产生较大影响。但是，这些原则在具体运作过程中也出现了一些矛盾和问题，如近年来出现的拖欠教师工资问题，教育尤其是基础教育长期投入不足的问题，小学教育是主要为当地经济建设服务还是强调打基础的问题，等等。所以，还需要面对长期难以解决的问题和不断出现的新问题，进行艰苦的探索、研究和实践，使这些理论和原则更完善，更能有效地指导中国的实践和解决实际问题，从而建立起一整套符合中国国情的社会主义教育体系。

二、服务于经济建设为中心的教育体系将逐步形成

以经济建设为中心，是中国 20 世纪 80 年代以来社会主义现代化的指导方针，中国教育现代化也已提出以经济建设为中心、为经济建设服务的方向。随着 90 年代中国经济建设再次掀起高潮和进一步改革开放以及向社会主义市场经济推进，使中国教育不仅仅是在思想和理论上提出了上述方向，而且正在教育制度、管理体制、培养目标、教育结构、教育内容、教育方法等等方面朝这个方面迈开了较大步伐，使原来比较脱离经济、脱离应用、脱离实际的教育有了较大的改观。如果朝着这个方向继续大踏步地前进若干年，中国教育在制度、目标、结构、管理、内容、方法等方面与经济生产劳动和社会结合，为经济和社会建设服务的方向方面将会有比较大的转变。但是，这种转变并不是一帆风顺的，还会面临一系列选择和难题，例如下述问题。

如何处理经济目标与社会目标的关系？教育上坚持为经济建设服务，以经济建设为中心，这是没有疑问的。同时，教育不仅要为经济建设服务，也要为社会其他各项建设服务，这也是没有疑问的。但是，实际上，教育上的经济目标和社会目标有时是有矛盾的，这些矛盾常使人陷入两难选择的境地。

比如，在大学和研究生招生方面，现在出现涌向与经济建设关系直接和紧密并预测将来经济收入较丰厚的学校和专业的现象，而那些与经济建设关系不大直接和密切并预测将来经济收入较低的学校和专业则很少有人问津，甚至无人问津；又如，在经济目标的强大冲击下，教育的伦理目标在实践中正在严重削弱和陷入混乱或无所适从的状态；等等。

如何处理应用和理论、近期目标和长期目标的关系？随着以经济建设为中心的现代化进程不断深入发展，中国教育正从过去的重理论和基础走向重应用和开发，应用性专业和课程越来越受到重视，应用性人才的培养量大幅度增长，短期内能较快地直接转化为较高利润的专业发展迅速，成为热门。这些现象表明中国教育正在从过去比较远离经济走向紧密与经济结合、为经济服务。这种趋势正在从培养目标、教学内容和方法、招生分配制度等方面较大改变中国教育，逐渐使中国教育形成一套与经济发展良性循环的机制，以利于教育更好地为经济发展服务。但是，教育为经济服务、与经济联系的问题并不是简单的，二者关系是复杂的。今后面临的难题之一，是如何处理应用和理论、近期目标和长期目标的关系问题。目前，中国教育重点迅速朝应用性方向转移，其重要的支配力量之一是市场的作用，一般地说，市场主要对能获得近期利润的应用性专业和应用性专门人才有较大吸引力，也就是说，市场主要对近期目标起作用，因为，应用性专业和应用性人才具有较迅速地直接地达到近期目标的功能；但是，市场对长期目标所起的作用有局限，而长期稳定持续发展是中国实现现代化的重要保证，因此，必须用计划、预测、规划等手段来考虑长期目标的需要。理论性和基础性研究人才是长期目标的重要条件，所以，中国教育今后在应用性迅速发展的同时，不可过分削弱和轻视理论性人才和基础性研究的发展，应通过计划和预测来保证适度的、必需的理论性人才的培养量和基础性研究的开展。

三、教育发展不均衡的问题更引起关注

中国国情之一是发展很不均衡，在教育上也是如此。沿海与内地教育、城市与农村教育、高等与基础教育、重点与一般学校等，存在很大差距；而且发展得快和好的那部分只占全国人口和面积的少数，而发展得慢和差的那

部分则占全国人口和面积的大多数，这是中国长期以来的教育发展状况。对于教育发展不均衡，目前有两种观点：一是认为发展不均衡是客观规律，不可避免，也不可能消除，存在发展不均衡不必大惊小怪；由于我国经济实力小，不可能拿出太多钱让各地齐步发展，只能让少部分先走一步，而沿海、城市教育和重点学校有条件发展得更快些，应优先让这些地区和学校加快发展；与其将有限的经费投入到全国十几亿人的汪洋大海中，不如将其用于重点支持少部分基础和条件较好的沿海、城市和重点学校，使这部分能发展得较快较好，以利保证国家急需的高级的、优秀的人才和沿海、城市地区经济发展的需要。另一种观点认为，教育发展不均衡不仅是我国教育发展的客观存在，也是我国长期以来重沿海、城市、高等教育和重点学校，轻内地、农村、基础教育和一般学校的指导思想支配下的发展结果，也就是说，教育发展不均衡不能仅归于客观原因，更重要的是人为的结果；长期以来，不平衡的双方，不是差距在缩小，而是在拉大，矛盾在加剧，现在已出现城市、沿海人才过于集中、学非所用、闲置等现象，而农村、边远地区人才严重缺乏，农民和工人素质难以得到较快提高；而且随着教育发展不均衡进一步加剧，以上现象也将会更严重。因此，应该将教育投入重点转向农村、边远地区、基础教育和一般学校，以制止教育发展不均衡的进一步加剧。我们认为，双方的观点都不是没有一定道理，但只强调不均衡的某一方，轻视甚至不顾另一方的看法是片面的。从理想和平等的角度看，各地和各级各类教育都能得到较快较满意的发展，达到较高水平，使人人受到较好较高程度的教育，这是任何人都不会反对的。但客观上，由于中国人口多，经济实力较弱，地域广阔，若干年的发展不均衡已使各地各级各类教育之间存在较大差距，今后不可能使它们都齐步走；此外，中国现代化建设也需要一部分基础和条件较好的沿海和城市教育以及重点学校先走一步，发展得较快些。但是，这并不等于说教育发展不均衡是合理的，差距拉大的问题可以忽视和不顾；反过来，内地、边远地区和农村教育、基础教育、一般学校长期处于发展缓慢和落后状态是不合理的，而且从长期目标看，对我国经济发展并不利，但也不能以此为理由，要求放慢沿海、城市、高等教育和重点学校的发展步伐。从中国教育现代化的现实途径看，使沿海、城市教育和重点学校先走一步，率先接近现代化,是正确的。现在的问题主要是,在实际发展过程中,不均衡的差距正在拉大,教育较发达的地区和部分,步子越来越快,而教育较落后的地区和部分步子仍不大或较缓慢甚至停滞。这个趋势越来越明显,长期下去,后果可能是严重的。不仅可能由于占人口和面积大多数的农村、内地、基础教育和一般学校发展较差,而制约中国经济的长期目标的实现,而且还由于差距拉大后,中国经济文化教育的两极分化可能会带来较大的社会矛盾和冲突,其后果是难以预测的。因此,从现在起,中国在支持较发达的那部分教育地区和单位尽量利用自己的较好条件和基础加快发展的同时,也应从实际政策和行动上加大对较落后的那部分教育地区和单位的支持,使它们能取得扎扎实实的、较明显的发展,使它们与前者的差距不要拉得很大,甚至使一些地区和单位缩小差距。当然,这是一个很大的难题,一个需要长期坚持不懈努力解决的难题。

中国教育现代化的未来趋势和问题,当然不只是以上三个方面,还有其他的一些趋势和问题,例如,社会主义市场经济正在对中国教育产生越来越大的影响,但是,社会主义市场经济到底与教育应是何种关系,目前仍在热烈讨论之中,有些观点甚至是针锋相对的;又如,如何从根本上解决中国现代化建设和人民群众对教育的需求、期望越来越大与教育经费紧缺和教育条件薄弱优质教育资源总体不足的矛盾问题;再如,如何大面积提高各级各类学校教师的质量和稳定教师队伍的问题;等等。这些问题对中国教育现代化的方向和进程具有较大影响。总之,中国教育现代化的大方向正在比较明确,有中国特色的社会主义教育体系正在逐步形成,并将会越来越充实和完善;但也会有许多困难和矛盾。我们相信,经过中国人民的长期努力和艰苦奋斗,随着中国现代化总体目标的实现,中国教育现代化的目标也一定会实现。